国家社会科学基金一般项目
（18BJL039）结项成果

创业政策图谱

企业家精神视域下政策供给强化研究

李程　赵佳妮　赵梦影　李智忠　著

上海交通大学出版社
SHANGHAI JIAO TONG UNIVERSITY PRESS

内容提要

本书通过对创业政策供需匹配及其对企业绩效影响机制的研究，探寻优化我国创业政策供给环境的有效方式，旨在探讨如何通过创业政策供给激发企业家精神，提升企业绩效，从而提高创业成功率和企业竞争力，进而推动我国创新型经济的健康发展。

全书共 10 章，第一章和第二章重点介绍创业政策、创业政策供给和企业家精神概念的界定，第三章是创业政策供给的横截面与时序面分析，第四章是创业政策供给阶段性演进分析，第五章是基于政策工具的创业政策三维量化交叉分析，第六章介绍企业家精神层次及其测度体系，第七章是基于企业家精神的创业政策宏观供给导向研究，第八章是创业政策供需匹配分析，第九章是创业政策对企业绩效的影响机制分析，第十章是对研究的总结与展望。

图书在版编目（C I P）数据

创业政策图谱：企业家精神视域下政策供给强化研究 / 李程等著. — 上海：上海交通大学出版社，2024.6
ISBN 978－7－313－30801－6

Ⅰ. ①创… Ⅱ. ①李… Ⅲ. ①就业政策－中国－图解
Ⅳ. ①F249.20－64

中国国家版本馆 CIP 数据核字（2024）第 103559 号

创业政策图谱：企业家精神视域下政策供给强化研究
CHUANGYE ZHENGCE TUPU: QIYEJIA JINGSHEN SHIYU XIA ZHENGCE GONGJI QIANGHUA YANJIU

著　者：李　程　赵佳妮　赵梦影　李智忠			
出版发行：上海交通大学出版社	地　　址：上海市番禺路 951 号		
邮政编码：200030	电　　话：021－64071208		
印　　刷：上海万卷印刷股份有限公司	经　　销：全国新华书店		
开　　本：710mm×1000mm　1/16	印　　张：23.75		
字　　数：410 千字			
版　　次：2024 年 6 月第 1 版	印　　次：2024 年 6 月第 1 次印刷		
书　　号：ISBN 978－7－313－30801－6			
定　　价：78.00 元			

前　言

　　创业是扩大就业的倍增器,推进就业创业活动是中国一以贯之的重点工作与重大战略部署。中共中央"十三五"规划建议指出要完善创业扶持政策,鼓励以创业带动就业;国务院下发的《"十三五"促进就业规划》强调不断完善促进创业的政策体系,积极提升服务水平;党的十九大报告强调必须积极发扬企业家精神,支持并激励越来越多的社会成员投身创新创业;党的二十大报告指出要完善促进创业带动就业的保障制度,支持和规范发展新就业形态。以创业带动就业,不仅能稳定就业形势,优化就业格局,还有助于提升资源配置效率,以创业活力带动和促进经济增长,转变经济发展方式,不断积累和沉淀经济发展的新动能,最终形成经济增长的长效机制。在此背景下,各类创业相关政策陆续出台,鼓励创业、扶持创业制度在各地区各层级逐步落实,包括劳动力供给、市场供给、要素供给、投融资政策、降低税费政策、工商登记等简政放权政策、创业培训政策、技术支持政策等诸多方面的优惠和扶持,以此形成我国创业政策的宏观供给体系。政策体系的建立有利于解除供给约束,冲破利益固化和惯性阻碍的藩篱,充分激发微观经济主体的创业活力,从而使社会成员愿意主动参与创业活动。在全国范围内,创业精神持续弘扬,创业意识不断增强,创业文化逐步形成,这些都与创业政策的引导密不可分。

　　虽然我国已陆续推出大量创业相关政策措施,但创业政策的适用性、针对性、有效性和持续性效用略显偏弱,现阶段中国面临的创业问题,究其原因正是由中国的创业政策供应不足与人们不断增加的创业需求之间的矛盾引发。创业政策在制定和完善上存在若干问题,亟需关注和解决,例如,创业政策的阶段性演化具有哪些特征?创业政策在政策工具运用方面是否合理?如何激发和保护企业家精神,鼓励创业带动就业,优化政策供给,充分激发和释放大众创业潜能？目前企业所享受到的创业政策与企业实际对创业政策的需求是否匹配？创业政策对企业绩效是否具有显著促进作用？因此,本著作着力在如何优化创业政策环境,把握中国创业政策基本面和演化规律,基于政策工具深入解析中国创业政策多维协调关系,构建创业政策图谱,基于企业家精神指出创业政策强化供给路径,全面剖析创业政策供需匹配关系,探究创业政策对企业绩效的影响机制等方面展开研究,以期丰富和发展创业政策理论研究,为深化与完善创业带动就业保障制度提供科学依据,强化创业政策供给路径,充分释放全社会创业潜能,为在更大范围、更高层次、更深程度上推进"创业带动就业"提供助力。

本书以创业政策为研究对象,以"激发和保护企业家精神,鼓励更多社会主体投身创新创业"和"强化创业政策供给,充分释放全社会创新创业潜能"为聚焦,沿着"创业政策量化—企业家精神层级—创业政策匹配—绩效影响机理"的途径进行理论和实证研究,刻画了中国创业政策知识图谱,拓展了中国创业政策量化研究深度,实现了创业政策工具的自动分类,构建了三大层面的企业家精神指标体系及其逻辑关系,分析了创业政策、企业家精神与企业绩效间的互动机理,基于政策匹配视角研究了创业政策感知偏差,指出了创业政策精准供给方向,提出了激发企业家精神的创业政策强化供给举措。本书主要内容与重要观点可分为六大部分:

第一,拓展了中国创业政策量化研究深度,研判了创业政策供给的基本面与阶段性演进特征,创业政策图谱初步形成。全面收集创业政策文件,科学划分创业政策边界和研究范畴,建立了包含470份国家层面创业政策的文本库。从府际关系、法规层级和时序等角度科学梳理和量化分析现有创业政策基本面。通过构建政策引文网络,测量创业政策力度并识别核心创业政策,建立中国创业政策主题词库,参考20年来中国创业发展的重要事件,从历史沿革的时序角度出发,结合对核心及纲领性政策文件的具体研读,划分我国创业政策发展阶段,从"政策主题和政策力度"双视角解析我国创业政策的阶段演进特征。

第二,建立了创业政策工具分类模型,实现了创业政策三维量化交叉研究,创业政策图谱进一步深化。从政策工具角度入手,建立创业政策工具体系,结合对创业政策及相关法律的研究建立创业法规层级维度,结合对创业政策发展阶段的研究建立创业政策发展阶段维度,提出创业政策工具三维分析框架。建立政策工具分类模型（PLM＋MLP），识别并自动分类创业政策文本中的政策工具，基于分类结果，从"政策工具—法规层级—发展阶段"三维立体视角，三维量化交叉研究创业政策工具运用种类和力度，深入剖析我国创业政策在政策工具运用上的得与失，为更深层次剖析我国现有创业政策存在的问题提供扎实的研究基础，也为强化政策对创业主体和创业实践的引领作用提供依据。

第三，构建了企业家精神三大层次及其测度体系，验证了企业家精神指标体系的合理性，确立了创业政策强化施力方向。基于企业家精神内涵界定与文献综述，将企业家精神划分为个人特质、企业组织与社会空间三大层面，探讨三大层面企业家精神的作用机理。构建起包括创新、学习、诚信、敬业和责任等在内的五大维度共18个题项的个人特质层面企业家精神量表，构建起包括企业创新活动、企业风险活动和企业战略更新在内的三大维度13个题项的企业组织层面企业家精神量表，运用因子分析法和结构方程模型从探索性与验证性两方面对问卷数据进行信度检验和效度检验。针对社会空间层面的企业家精神，利用权威二手宏观数据，在对国内297座城市的数据进行模型拟合的基础上，创造性地建立起社会空间层面的企业家精神指数的间接测算模型，在理论和方法上为合理测度社会空间层面的企业家精神提供重要依据。

第四，实证了创业政策供给差异性，提出了激发企业家精神的创业政策强化供给举措，完善了创业政策供给机制。基于企业家精神角度分析了我国改革开放以来的创业活动历程，通过方差检验研究了不同所有制类型、不同发展阶段、不同城市和不同创建动机的企业之间的差异，为创业政策差异性供给政策实施奠定了实证基础。同时从企业家精神、营商环境与企业绩效的实证关系出发，对我国39座主要城市的企业家精神进行了排序，并在聚类分析基础上形成对不同城市的类型划分与创业政策供给方向性指导，为激发企业家精神的相应政策举措的制定奠定了基础。

第五，建立了创业政策供需匹配模型，指明了创业政策精准供给方向。从供需匹配视角出发，基于我国近20年创业政策供给研究基础，构建创业政策供需匹配模型，通过问卷调查收集创业主体对创业政策供给和需求的评价数据，以供给序值和需求序值作为具体的量化手段，以匹配度、匹配环境、匹配等级及匹配类型作为衡量政策供需匹配情况的量化指标，归结出异质企业创业政策供需匹配特征图,总结出不同地区创业政策供需匹配等级。将基于问卷数据的供需匹配分析结果与基于政策工具自动分类的供需匹配分析结果进行对比,分析创业政策实际供给与创业主体感知之间的偏差,发现创业主体主要在财税扶持、贸易管制和海外交流等政策工具上存在明显的感知偏差。研究不仅有助于进一步完善和深化政策匹配理论,还有助于为创业政策供给精准优化提供基础。

第六,研究了创业政策、企业家精神与企业绩效之间的互动机理,提高了创业政策的精准性。基于政策工具理论体系及问卷调查,从供给型、需求型和环境型三个维度出发,对创业政策与企业绩效的影响关系进行全面描述,并将企业家精神考虑其中,实证分析并验证创业政策、企业家精神和企业绩效三者之间的影响机制。借助结构方程模型,实证分析不同类型的创业政策、不同层面的企业家精神和不同维度的企业绩效之间的互动机理,以及企业家精神在创业政策与企业绩效之间的中介作用。依据企业的异质性特征进行多群组分析,深入探讨不同影响路径对不同类型企业影响的差异性,进一步明晰和拓展了创业政策、企业家精神与企业绩效间的关系,准确把握创业政策对企业家精神和企业绩效路径的影响,有利于政策制定者进一步提高政策制定及完善的精准性和针对性。

本书系国家社会科学基金一般项目"企业家精神视阈下创业政策图谱及政策供给强化研究"(项目编号:18BJL039)的结项成果。感谢上海工程技术大学学术著作出版专项的资助,也感谢国家社会科学基金鉴定专家提出的宝贵意见和建议。

限于作者水平,书中的缺点和不足在所难免,殷切期望有关专家和广大读者批评指正。

李 程

2023 年 10 月

目　录

第一章　研究缘起

中华人民共和国成立伊始，面临一穷二白的开端。我国以计划经济模式集中资源，在最短的时间内建立起比较完整的工业体系和国民经济体系，重工业、国防工业、重点项目成绩斐然，中国经济发展的巨擎独立自主地开动起来了。改革开放和加入世界贸易组织（WTO）以来，在党的正确和坚强领导下，我国在经济建设、社会发展和民生保障方面取得了举世瞩目的成就：逐渐探索和建立了社会主义市场经济体制；不但成为世界第一大工业国，农业、轻工业、外贸、服务业也成功融入世界经济分工格局，并成为经济全球化的主要引领者之一，甚至已是当今世界经济发展驱动的重要旗手；民营和国有等多种经济成分不但并存，而且"各显神通"，互相竞争又互为补充，成为彼此不可替代的重要力量。然而成绩掩盖不了矛盾和挑战，中国从落后追赶者逐渐转变为孤独的前行引领者，经济增长到无法再韬光养晦，贸易摩擦、科技竞赛方兴未艾，地缘国际政治局势复杂多变，国际贸易保护主义抬头。当前，国内经济增速放缓，动能不足。在此种情况下，就业创业对于稳定民生和驱动经济高质量发展具有重大意义。

世界是矛盾的也是运动的，上述情况是我国经济社会及综合国力发展到更高阶段时必然面临的矛盾和新的挑战，也是新时期摆在我们面前必须着力思考、分析和系统解决的历史任务。习近平总书记提出的供给侧结构性改革等战略措施正是新时期解决困难及挑战的重要科学方法，而对创业政策供给的深入研究正是政策供给侧改革的一个子课题。

当前，中国社会的主要矛盾出现了重大改变，已经逐渐转变成人民日益增长的美好生活需要和不平衡不充分的发展之间的矛盾。新增就业是关系到稳定社会发展和提高民生福祉的重要抓手。从创业政策供给角度，在以上历史和现实背景下如何优化创业政策环境，更好地搭建创业平台，激发和保护企业家精神，鼓励创业带动就业，优化政策供给，突破发展卡点，充分激发和释放大众创业潜能，在更大广度、更高水平、更深程度上落实和推进大众创业，显得尤为紧迫和关键。

第一节　研究背景

早在 18 世纪，法国经济学家就把 entrepreneur（创业者，创业家）一词引入经济学（Singh，2001），由此创业问题进入了经济学家的视野。大量的理论经验和实践结果证实，在经济发展过程中，创业是不容或缺的动力引擎（Venkataraman & Shane，2000）。创业往往孕育着技术的迭代更新，孕育着管理的优化和升级。创业意味着新增生机和活力，意味着经济增长的新的驱动。创业与经济增长和就业扩张之间存在着正相关关系（Woodward，1988），因此营造创业扶持环境，引导创业尝试，加强创业观念，支持创业活动，激励创业成果，是国民经济维持稳健增长、实现又好又快发展的动力来源。纵览整个社会经济发展的历程，无论是国内还是国外，无论是发达国家还是发展中国家，创业活动都为经济发展注入了强大的动力（德鲁克，2002）。我国实施改革开放之后，逐渐由传统的计划经济体制慢慢发展成为社会主义市场经济体制，由过去的国营一支独秀，到国有、民营、外资、合资、个体百花齐放，再到走出国门，面向和融入全球化进程，创业活动为经济的发展作出了明显且巨大的贡献，创业的作用和影响将是长期且深远的。

中共十六届五中全会报告指出，坚持实施积极的就业政策，千方百计增加就业岗位；中共十六届六中全会通过的《中共中央关于构建社会主义和谐社会若干重大问题的决定》中指出，积极支持自主创业、自谋职业；党的十七大报告首次提出，实施扩大就业的发展战略，促进以创业带动就业；党的十八大报告指出，推进高质量就业，推行就业优先策略与有效的就业扶持保障政策，优化国家的就业支持政策系统，进一步增强对灵活就业的扶持与保障力度。中共中央"十三五"规划建议指出要完善创业的扶持政策，鼓励以创业带动就业，建立面向大众的创业服务平台载体；国务院下发的《"十三五"促进就业规划》强调不断完善促进创业的政策体系，积极提升服务水平。党的十九大报告更是强调必须积极发扬企业家精神，支持并激励越来越多的社会成员实施创新创业。党的二十大报告指出，完善促进创业带动就业的保障制度，支持和规范发展新就业形态。可见，推进就业创业活动是党和政府近年来一以贯之的重点工作，也是在总结我国经济、社会发展实践，深入认识扩大就业的有效规律，科学分析和总结我国就业形势的基础上提出来的重大战略部署。

创业是扩大就业的倍增器（Suzuki et al.，2002），是缓解当前就业压力和满足就业需求的重要途径。在经济"新常态"大背景下，我国既面临经济发展方式逐步转型，产业架构升级与改造的一系列挑战，又面临全面提升经济发展质量与效能的良好契机。创业已经成为一种新的就业模式，这种模式能够为社会群体创造新的就业岗位，能为社会经济高质量发展与和谐社会共同富裕作出贡献。随着数字经济的崛起，以云计算、大数据、人工智能、移动互联网、生物工程、5G、区块链等新兴技术为主导的创新驱动发展，不仅给经济注入了长久的新动力，也为创业活动提供了有利条件，创业已成为我国经济发展的重要推动力量。另外，我国从20世纪末开始实施大学扩招政策，如今既带来了素质教育的普及，也带来了大众整体知识水平的大幅提升，更为创业就业打下了坚实基础。可见，我国的创业活动开始朝着高质量的方向发展（刘畅，2018）。

创业实践的逐步探索和需要促进了创业支持体系的建立和逐步完善。创业支持体系是对创业进行指引的重要保障。完善的创业支持体系是增强创业者的创业意识和能力、支持并保障其创业成功的有效途径及先决条件（刘刚等，2016）。创业支持体系的建立和完善，离不开国家政策干预，离不开高水平的公共服务系统，离不开良好社会氛围的营造。在这种背景下，我国各种创业相关政策陆续出台，鼓励创业、扶持创业的制度在各地区、各层级逐步落实，包括劳动力供给、市场供给、要素供给、投融资政策、降低税费政策、工商登记等简政放权政策、创业培训政策、技术支持政策等诸多方面的优惠和扶持，以此形成我国创业政策宏观供给体系。政策体系的建立有利于解除供给约束，冲破利益固化和惯性阻碍的藩篱，充分激发微观经济主体的创业活力，从而使社会成员主动参与创业活动，真正使创业变成未来中国的一种核心就业路径与就业方式。特别是2014年我国创造性地提出"大众创业、万众创新"这一方针，大量和创新创业有关的政策随之发布，意味着我国的创业发展又上了一个新台阶。

第二节　研究目的与意义

一、研究目的

以创业带动就业，从政策供给角度看，是政府部门通过制定并完善一系列政策措施，引导和支持社会大众通过实现自我雇用或成立新的企业，缔造更多的就业岗位，从而推动社会就业的一系列活动过程。以创业带动就业，不仅能稳定就业形势，优化就业格局，还有助于提升资源配置效率，以创业活力带动和促进经济增长，转变经济发展方式，不断积累和沉淀经济发展的新动能，最终形成经济增长的长效机制。

值得注意的是，虽然近年来创业活动在我国蓬勃发展，但其中存在着诸多问题，例如，创业企业普遍存在资金匮乏、技术欠缺、场地短缺、融资难等难点，市场环境则存在证照办理环节多、基础设施不完善、公共服务不配套等痛点，而这些问题直接导致大众创业的成功率不高，创业企业的存活率不高（高伟，2018）。因此，如何通过政府政策鼓励创业，实现创业企业在市场中的长久发展，以创业带动就业，实现经济增长和扩大就业的良性互动，建立就业增长的长效机制，最终实现充分就业，已经成为社会高度重视的问题。可见，制定并完善创业政策是保障创业实践顺利进行的前提条件。同时，在鼓励创业以及提升创业成功率方面，创业政策的影响也是至关重要的。政府需要采取相应的宏观经济政策，特别是积极的创业政策，并对创业政策给予持续的关注。

新中国成立以来，尤其是改革开放以来，中国的经济发展秩序渐趋规范，市场经济的法律法规逐步丰富和健全，国家层面对于创业活动的扶持政策也更灵活多样，层出不穷。各地方政府也积极响应党和国家"大众创业"政策号召，纷纷结合本地区各行业特征有针对性、有重点地出台了一系列引导创业、扶持创业的政策。在全国范围内，创业精神持续弘扬，创业意识不断增强，创业文化逐步形成，这些都与创业政策的引导密不可分，这些政策有助于推动"以创业带动就业"要求的快速落地。但与此同时，我们必须注意到，虽然国家已陆续推出大量与创业有关的政策措施，但创业政策的适用性、针对性、有效性和持续性效用略显不足，很多政策的执行力度与成效不如人意。同时，现阶段中国面临的创业问题，究其原因正是由中国的创业政策供应不足与人们不断增加的创业需求之间的矛盾所引发。创业政策在制定和完善上存在若干问题亟须关注和解决，例如，我国创业政策的发展现状如何，创业政策的阶段性演化具有哪些特征，创业政策在政策工具运用方面是否合理，目前企业所享受到的创业政策与企业实际对创业政策的需求是否匹配，创业政策对企业绩效是否具有显著的促进作用等。

因此，本书重点关注如何优化创业政策环境，把握中国创业政策的基本面和演化规律，基于政策工具深入探讨中国创业政策的多维协调关系，全面分析创业政策的供需匹配关系，探究创业政策对企业绩效的影响机制等。本研究不仅有助于准确把握当前我国创业政策制定的不足之处，为后续我国创业政策的制定、修订和完善提供科学依据，更有助于我国政府强化创业政策供给,突破创业发展瓶颈,充分释放全社会创业潜能,为在更大范围、更高层面、更深程度上推进"创业带动就业"提供助力。

二、研究意义

随着创业环境的不断优化,创业热潮不仅出现在实践领域,也出现在学术领域。随着 2008 年全球金融危机的爆发以及 2020 年开始的新冠肺炎疫情的广泛影响,在经济增长放缓甚至在局部年度或部分地区出现经济负增长的状况下,创业与经济增长以及创业与经济可持续发展之间的关系引起了学界日益广泛的兴趣。中国作为世界第一大制造国、世界第一大贸易国、世界第二大经济体,在经济增长动能渐缓和转型升级迫在眉睫的宏观环境下,国内学者对创业各层面的研究也日趋深入:立足于微观角度,主要对创业主体展开了分析;立足于中观角度,主要对创业团队进行了探讨;立足于宏观角度,主要对国家创业政策进行了研究(高伟,2018)。其中,国家出台的创业政策是否科学合理有效,更是得到了社会各界的广泛关注与讨论。但从总体来看,我国对创业政策的研究正处于起步阶段,创业实践中出现的众多问题都需要政府相关部门给予适时反馈、解答、指引和解决。基于此,本书对我国创业政策供给、供需匹配及其对企业绩效的影响进行研究,研究的意义主要体现为以下三个方面。

1. 有利于丰富和支持创业政策理论的研究和发展

以往对创业政策的研究多是从定性的方法入手,时间跨度短,而且分析方法及研究角度都比较单一。本书对中国近 20 年国家级创业政策文本进行系统梳理及深入剖析,构建了中国创业政策文本库,对创业政策的府际关系进行了网络特征分析,梳理了我国创业政策的法规层级关系,分析了我国创业政策的时序特征,构建了创业政策引文关系网络、主题词共现网络,不仅实现了创业政策的阶段性演化分析,还实现了创业政策工具的自动分类,并对我国创业政策工具运用的种类和力度实现了三维量化交叉分析。研究综合运用多种科学方法,如内容分析法、社会网络分析法、文本分析、计量分析、问卷调查等,深化了对中国创业政策的量化研究。所以,本书的探究对丰富与完善前人的创业政策理论研究成果大有裨益。

2. 有利于深化并推进创业政策优化的对策研究

以往对创业政策的研究以定性居多,因此研究结论缺乏量化支撑,这对创业政策优化的对策研究非常不利,因为政策制定者无法依据泛泛而模糊的研究结果提出准确而有针对性的对策建议。本书通过对创业政策供给的系统梳理、深入剖析和量化研究,取得了丰富的研究成果:如我国创业政策的府际关系特征、法规层级特征、时间序列特征；我国创业政策的引文网络特征、主题词共现特征，以及我国创业政策的阶段性演进特征；我国创业政策在"政策工具—法规层级—发展阶段"结构中的三维立体特征；我国创业政策的供需匹配特征；创业政策、企业家精神与企业绩效的相互作用特征等。这些研究成果有助于对我国创业政策的优化提出针对性强、准确性高且切实可行的对策建议。因此，本书有利于深化并推进创业政策优化的对策研究。

3. 有利于拓展创业的成功空间

我国目前的创业困境正是欠完善的创业政策供给体系与日益多元化、异质性的创业政策需求之间的矛盾。通过研究，有利于发现我国创业政策存在的不足和问题，而这些问题直接导致了我国创业的成功率不高以及创业企业的存活率不高。本书不仅有利于政策制定者准确找到我国创业政策制定的症结所在，还可以帮助政策制定者依据量化的研究结果提出切实有效的优化对策。而创业政策的有效制定和改善，不仅有利于激发更多潜在创业者的创业热情，更有利于提高创业企业绩效，拓展创业的成功空间，实现创业企业在市场中的长久发展。这对于促进就业、缓解城市就业压力、推进产业现代化、推进社会主义新农村建设、构建小康社会具有重要的实践意义。

第三节　研究的主要内容

本书对中国创业政策供给、企业家精神、供需匹配及其对企业绩效的影响机制进行研究，主要分为六个部分：

1. 创业政策供给的基本面与阶段性演进分析

首先，全面收集创业政策文件，科学划分创业政策的边界和研究范畴，建立包含470份国家层面创业政策文本的创业政策文本库。其次，从府际关系、法规层级和时间序列等角度对现有创业政策基本面进行科学梳理和量化分析。再次，通过构建政策引文网络，测量创业政策的力度并识别核心创业政策。最后，构建中国创业政策主题词库，并参考20年来中国创业发展的重要事件，从历史沿革的时序角度出发，结合对核心及纲领性政策文件的具体研读，对我国创业政策的发展阶段进行划分，并从政策主题和政策力度双视角分析我国创业政策的各阶段演进特征，对我国创业政策的演进过程进行规律性研判。

2. 创业政策三维量化交叉分析

首先,从政策工具的角度入手,建立创业政策工具体系,并结合对创业政策法规层级的研究建立创业法规层级维度,结合对创业政策发展阶段的研究建立创业政策发展阶段维度,最终建立创业政策工具三维分析框架。其次,对部分创业政策文本中的政策工具进行分析单元的划分及人工编码。接着,基于本研究提出的政策工具分类模型 PLM＋MLP 对创业政策文本中的政策工具进行识别并自动分类。最后,基于政策工具的自动分类结果,从"政策工具—法规层级—发展阶段"的三维立体视角,对创业政策工具运用的种类和力度进行三维量化交叉分析,从而深入剖析我国创业政策在政策工具运用上的得与失,为更深层次剖析我国现有创业政策存在的问题提供扎实的研究基础,也为强化政策对创业主体和创业实践的引领作用提供依据。

3. 三大层面企业家精神体系的构建与实证测度

一方面,在对企业家精神进行内涵界定与文献综述的基础上,将企业家精神划分为个人特质、企业组织与社会空间三大层面。另一方面,在探讨三大层面企业家精神作用机理的基础上,针对个人特质和企业组织层面的企业家精神量表体系,运用因子分析法和结构方程模型从探索性与验证性两方面对问卷数据进行信度检验和效度检验,从而建立起符合信度和效度的量表体系;针对社会空间层面的企业家精神,利用权威二手宏观数据,在对国内 297 座城市的数据进行模型拟合的基础上,创造性地建立起社会空间层面企业家精神指数的间接测算模型,在理论上和方法上为合理测度社会空间层面的企业家精神提供重要依据。

4. 基于企业家精神的创业政策供给分析

从企业家精神角度分析了我国改革开放以来的创业活动历程,并对不同所有制类型、不同发展阶段、不同城市和不同创建动机的企业之间的差异进行了方差检验与分析,为创业政策的差异性供给政策实施奠定了实证基础,同时从企业家精神、营商环境与企业绩效的实证关系出发,对我国 39 座主要城市的企业家精神进行了排序,并在聚类分析基础上形成对不同城市的类型划分与创业政策供给方向性指导,为后续分析我国企业家精神的两大痛点与难点,以及出台激发企业家精神的相应政策举措奠定了基础。

5. 创业政策供需匹配分析

首先,从供需匹配视角出发,在对我国近 20 年创业政策供给研究的基础上,构建创业政策供需匹配模型,通过问卷调查收集创业主体对创业政策供给和需求的评价数据,并以供给序值和需求序值作为具体的量化手段,以匹配度、匹配环境、匹配等级及匹配类型作为衡量政策供需匹配情况的量化指标,实现对我国创业政策供需匹配的实证研究。其次,在此基础上,分别基于创业动机、发展阶段、企业规模、企业类型和不同地区,对异质企业的创业政策供需匹配情况深入分析。最后,分别基于问卷数据和创业政策工具自动分类数据,对创业政策实际供给与创业主体感知之间的偏差进行分析,深度挖掘创业政策供需不匹配的原因所在。本书有助于为创业政策的制定及优化提供理论支持。

6. 创业政策对企业绩效的影响机制分析

基于政策工具理论体系及问卷调查,从供给型、需求型和环境型政策三个维度出发,对创业政策与企业绩效的影响关系进行全貌描述,并将企业家精神考虑其中,实证分析并验证创业政策、企业家精神和企业绩效三者之间的影响机制。一方面,借助结构方程模型,实证分析不同类型的创业政策、不同层面的企业家精神和不同维度的企业绩效之间的互动机理,以及企业家精神在创业政策与企业绩效之间的中介作用。另一方面,在上述研究的基础上,对异质性的企业类别进行多群组分析,进一步探讨不同影响路径对不同类型企业影响的差异性。研究旨在探讨如何通过创业政策供给激发企业家精神,提升企业绩效,从而提高创业成功率和企业竞争力,进而推动我国创新型经济的健康发展。

本书的内容框架如图 1.1 所示。

第四节　研究的创新点

本书的创新点具体来说表现于如下六点。

1. 提出了中国创业政策量化研究框架,拓展了中国创业政策量化研究的宽度和深度

以往对创业政策的研究多是针对某个地区或某类群体进行的,而缺乏对我国创业政策现状及发展趋势的整体把握。本书立足于国家层面,打破地域和群体限制,关注我国创业政策的宏观供给,构建了 2001—2020 年较为全面且相关性强的中国创业政策文本库。该文本库具有一定通用性,不但是本研究的基础,亦可作为基础数据库辅助其他学者开展各类创业政策的相关研究。另外,现有对创业政策供给的研究仍以定性分析为主,量化分析的深度和广度有明显局限。本书则突破了以往研究角度单一的问题,从府际关系、法规层级、时序特征、政策引文关系、主题词共现、阶段性演进

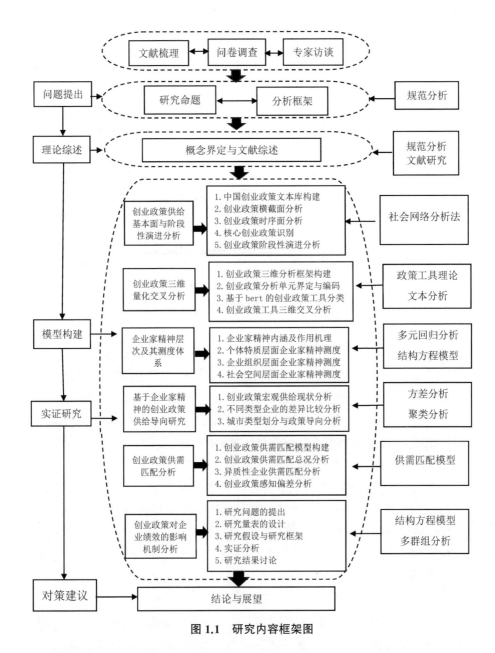

图 1.1　研究内容框架图

特征以及政策工具交叉分析等多维视角,对我国创业政策进行了系统化立体分析,拓展了研究的宽度。同时,每一个研究环节均有定量分析的参与,每一个主要研究结论的产生都有相应的量化研究为支撑,大大增强了研究的客观性,从而拓展了中国创业政策量化研究的深度。

2. 建立了创业政策工具分类模型，实现了创业政策工具的自动分类

政策工具一直是各类政策研究的基石，以往研究中对政策工具的分类多采用人工编码并复核的方式，不但主观性强，而且分类数量有限，大大降低了政策工具的研究效率，对于政策工具的自动分类算法目前尚缺乏研究。本课题采用基于预训练语言模型的文本分析技术，建立了创业政策工具分类模型，实现了创业政策工具的自动分类，最终测试集的 F1 值达到0.86，取得了良好的分类效果。正是这种自动分类算法的应用，使本课题获取到万余条较为准确的政策工具分类数据，为后续的创业政策工具三维量化交叉分析以及创业政策感知偏差分析提供了充足且扎实的数据基础，因此获得了可信度更高、更有价值的研究成果。模型的提出大大提高了政策工具的分类效率和分类的客观性，不仅为创业政策的研究，更为广义的政策工具研究提供了新思路。

3. 构建起三大层面的企业家精神指标体系及其逻辑关系，从理论和实证角度验证了其指标体系的合理性

个人特质层面企业家精神构建起包括创新、学习、诚信、敬业和责任等在内的五大维度共 18 个题项的量表，企业组织层面企业家精神构建起包括企业创新活动、企业风险活动和企业战略更新在内的三大维度 13 个题项的量表，并验证了量表的信度和效度。社会空间层面企业家精神指标体系构建中，以往学者将企业家精神与环境的"合力"结果作为社会空间层面企业家精神指标体系本身，这存在逻辑上的缺陷，且忽视了社会空间层面企业家精神的不可直接测度性。为此，课题组研究提出运用间接途径测度社会空间层面企业家精神的方法，利用现有权威预测指数，在对国内 297个城市的数据进行实证分析的基础上，验证了城市营商环境在城市企业家精神与城市创新创业综合指数影响中的调节作用，为综合考量社会空间层面企业家精神，在理论上有所创新性，在实证中有所验证。

4. 基于不同特征与梯队的创业政策宏观供给策略

对 847 份问卷进行方差分析的基础上，发现所有制类型中合资企业与国有企业和民营企业之间，企业初创期与成长期和成熟期之间，上海与广东和福建之间，生存推动型创业与机会拉动型创业和创新驱动型创业之间都存在统计上的显著差异，并测算了其科恩 d 值与效应尺度，这为创业供给政策的分类实施提供了实证依据。同时在对我国 39 座主要城市排序和分类的基础上，结合城市营商环境与城市企业家精神的比较，将城市划分为三种特征的四个梯队的城市类型，均衡型中第一梯队为深圳市，第二梯队有广州市、杭州市、天津市、南京市和武汉市，第三梯队有济南市、西安

市、郑州市和合肥市等，第四梯队有昆明市、哈尔滨市等城市；强精神型中第一梯队为苏州市，第二梯队有宁波市，第三梯队有青岛市、长沙市和佛山市等，第四梯队有长春市、石家庄市；优环境型中，第一梯队有上海市，第二梯队有北京市、重庆市，第三梯队有成都市，第四梯队中无其他城市。为此，在实施创业政策供给方面，需要结合城市类型进行相机抉择，即"补短板、强优势、向高梯队城市靠拢"。同时，结合激发企业家精神的两大痛点与难点，提出从思想上、行动上、制度上、市场上和数据上通过创业政策宏观供给激发企业家精神的政策举措建议。

5. 构建了多维的政策供需匹配研究框架，从供需匹配视角对创业政策感知偏差给予关注，完善了创业政策精准供给路径

现有研究对政策供需匹配的分析多限于获得研究对象的总体匹配度，而对研究对象异质性匹配特征的分析凤毛麟角。本课题基于创业动机、企业发展阶段、企业规模和企业类型等不同角度，对异质企业的创业政策匹配情况进行了较为详细的分析，归结出异质企业创业政策供需匹配特征图；并对不同地区的创业政策供需匹配情况进行了对比分析，总结出不同地区创业政策供需匹配等级分类。另外，现有研究尚缺乏从供需匹配视角分析创业政策实际供给与创业主体感知之间的差异性，本书通过将基于问卷数据的供需匹配分析结果与基于政策工具自动分类的供需匹配分析结果进行对比分析，发现创业主体主要在财税扶持、贸易管制和海外交流等政策工具上存在明显的感知偏差。研究不仅有助于政策匹配理论的进一步完善和深化，更有助于为创业政策供给的精准优化提供基础。

6. 提出了创业政策、企业家精神与企业绩效的互动机理，提高了创业政策制定及完善的精准性

以往对创业政策与企业绩效关系的研究，缺乏从政策工具视角对创业政策的全貌描述及整体考虑，并且鲜有学者对创业政策、企业家精神和企业绩效三者的相互作用关系进行深入探讨。本书正是基于这种考虑，尝试从供给型、需求型和环境型政策三个维度出发，对创业政策与企业绩效的关系进行全貌描述，并借助结构方程模型，实证分析不同类型的创业政策、不同层面的企业家精神和不同维度的企业绩效之间的互动机理，以及企业家精神在创业政策与企业绩效之间的中介作用。以此为基础，依据企业的异质性特征进行多群组分析，深入探讨不同影响路径对不同类型企业影响的差异性。研究使创业政策、企业家精神与企业绩效的关系得到了进一步明晰和拓展，通过对创业政策影响企业家精神和企业绩效路径的准确把握，有利于政策制定者进一步提高政策制定及完善的精准性和针对性。

第二章　概念界定与文献综述

本章首先对创业、创业政策等概念进行分析和界定，并在此基础上，进一步分析梳理目前国内外关于创业政策供给、企业家精神、创业政策供需匹配以及创业政策与企业绩效关系等领域的研究文献。通过对上述研究文献的整理分析，提出现有创业政策文献研究的优势及不足，进而提出本书的切入点。

第一节　创业概念的界定

一、创业的概念

20 世纪 40 年代初，创业的概念被著名经济学家熊彼特（J. A. Schumpeter）提出，他认为"创业"是推动人类社会变革的助力（熊彼特，1990）。首先，创业是通过奉献必要的时间和努力，创造不断增长财富的动态过程（Ronstadt，1984）；其次，创业是通过周边资源以及个人努力，创造出具有价值的、与众不同的新东西的活动（德鲁克，2002；赫里斯、彼得斯，2004）；最后，创业需要有利机会和有进取心的个体存在（Venkataraman & Shane，2000）。

国内学者对创业的研究起步较晚，大多是在国外学者定义之上开展创业研究的，但也有部分学者在借鉴国外学者研究的基础上对创业提出了比较有见解的释义。一方面，创业属于高风险活动，同时也是具有创新的活动（牛泽民，2008）；另一方面，创业是对机会的识别和利用，是立足于此来开发设计出新的产品与新的服务，并发挥潜在价值的过程（李志能等，2006）。因此，创新是创业内涵中一个十分突出的特征，可以将创业理解为一个为适应产品创新与营销模式创新而构建的企业制度体系，尤其是企业组织管理体系的动态过程。

综上所述，国内外现有研究对创业的定义具有明显的共性，都是围绕创业的几个核心要素进行的。首先,创业是有进取心的个体识别和利用机会的过程。其次,创业是一个创新过程,包括产品、技术、服务、制度以及模式的创新。最后,创业是一个不断创造财富的动态过程。因此,本书所定义的创业,是具有一定进取心和创新动机的行为主体基于自身的资本或资源优势,利用社会环境中的有利条件,主动识别和利用市场机会,通过产品、技术、服务、制度以及模式等方面的创新,不断创造新的财富并承担相应的风险,最终实现建立新企业的行为过程。

二、创业与创新

国外学者从技术创新的角度阐述了创新与创业的关系,认为创新是创业活动的本质和源泉,而创业则是创新的载体和表现形式,创新只有通过企业家创业才能实现其更大的价值(Stevenson & Lunstrom,2002)。我们不能忽略创业和创新之间的关系,支持创业发展要注重开展创造和创新,创新和创业需相互协调、相互促进(Degadt,2008)。创新是创业的特殊工具,创业是创新的运用。

近些年来,创新和创业之间的关系越来越密切,两者之间也正在加快融合(李胜文等,2016)。创业是以创造价值为目的,把多种经济要素集合起来的经济活动(葛建新,2004)。创业的核心是创新,是通过对资源的有效配置,创立新的企业提供新产品或新服务,并在这个过程中实现价值(李时椿、刘冠,2007)。创业是用创新的方法整合现有市场的资源,从而创造出更多的价值(辜胜阻,2016)。可见,创业与创新密不可分,创业的过程必然包含着各种程度的创新,创新是创业过程中最为突出的要素。

综合国内外学者的研究,本书认为,创新是创业活动的手段、本质和源泉,创新是创业活动得以产生的最为核心的要素,而创业则是实现创新的重要载体、过程和表现形式,创业的过程必然包含着各种程度的创新。创业离不开创新的支持与保障,而创新则离不开创业的实践与应用。

三、创业与就业

就业本质上属于一项生产性活动,目的在于利用对生产要素的投入,创造更多的要素收入。生产要素具体来说包含人们的劳动力、土地、知识、资本等。因此一般来说,就业指劳动力与劳动报酬交换的过程(常云昆、肖六亿,2004)。在社会就业不够充分的情形下,国家为推动经济增长、保障社会平稳,必须发布一些有效的政策举措,以刺激就业需求增长(蔡昉等,2004)。而新创企业进入市场,会促进市场供给竞争,带来更高产出水平的同时增加就业。并且进一步研究发现，新建企业的数量能够显著地促进就业（Hitt & Ireland，2001）。创业不仅带动了就业，还在创业的过程中产生了新的更多的就业机会（赵建旭，2010）。

因此，创业和就业的关系可以归结为：就业的范围广于创业，创业是就业的一种形式；创业不仅能够带动就业，更具有就业倍增效应，对缓解就业压力具有重要的现实意义。

第二节　创业政策内涵界定

作为本书的核心概念，确定创业政策的内涵，明确创业政策涵盖的内容，清晰界定创业政策，是本书开展后续研究的重要基础。然而针对创业政策的定义，学术界尚未统一，目前仍处于讨论阶段。

一、创业政策目标

国家和政府对于创业政策的制定和推行，从很大程度上保障了创业活动的顺利开展，并积极带动民众的创业热情，鼓励民众投身于创业活动，开办企业，开创创业新文化，营造健康积极的创业环境。对于创业过程中的每一个环节，都应当被创业政策涵盖，通过政策的逐步推行，增强大众创业动力，培养创业技能，带动更多人加入创业活动，并以此来增加就业机会。同时，创业政策也着眼于完善金融和财税制度、加强基础设施建设和创业教育（Armington & Acs，2002）。创业政策包含面很广，是从中央到地方根据不同情况进行因地制宜的政策制定和实施，是政府有目的地使用政府权力以取得合意的社会产出的措施（Degadt，2008）。夏清华和易朝辉（2009）提出政府制定创业政策是一种底层设计，是激活经济活力和提高综合国力的重要支撑，具体可分为两种作用途径：一是将优秀的创业资源通过创业政策整合利用，保障创业企业生存；二是相关部门积极协调配合，把创业企业的健康成长视为己任。周劲波和陈丽超（2011）证明了创业政策是通过制定政策工具降低创业风险、增加创业机会和提高创业能力，终极目标在于打造健康的创业环境，使国家或地区的创业活动水平得到显著提高。

二、创业政策范畴

Collins（2003）清晰地界定了创业政策的发起者和作用对象分别是政

府和新兴创业企业,而创业政策就是政府为了扶持新兴创业企业所采取的一系列举措,这也再次印证了创业政策与中小企业政策交叉包含的观点。就政策执行过程来说,在创业时期,中小企业政策与创业政策之间存在一定的重合之处,然而两者执行阶段的侧重点明显不同。创业政策从创业意识和动机培育阶段开始,延伸到企业设立和成长阶段,而中小企业政策则从企业创立阶段开始向后延伸(Degadt,2008)。企业发展具有生命周期,创业过程同样具有生命周期(张钢&彭学兵,2008)。显然,中小企业也是创业企业发展的必经阶段,创业企业从无到有,从初创到壮大,其中必然经过中小企业的发展阶段(赵都敏、李剑力,2011)。

三、创业政策要素

Lunstrom & Stevenson(2001)认为创业政策应当涵盖以下三要素:一是鼓励创业者大胆尝试创业活动;二是确保创业者有充足的创业知识储备和技能;三是创造优良的创业环境,为创业者们提供所需的创业活动资源。三要素分别对应了创业活动中的动机、技能和机会,三者互相结合,密不可分。高建和盖罗它(2007)也将创业活动中的动机、技能和机会三大要素作为理论框架,坚持创业政策的制定需要以创业者本身的需求为中心,以良好的创业环境激发创业者的动力,并提供充足的技能政策支持。Kayne(2008)对于创业政策的理解囊括了五个要素:创业共识、税收和制度环境、资金的可获得性、创业教育和知识资本。Minniti(2013)则指出现有的创业资金支持、税收政策、全球化市场壁垒和地区制度环境会对创业政策产生一定影响,强调了创业政策并不具备唯一性,而是互相学习,但又相互区分。

综合上述对创业政策目标、范畴及要素的分析,本书将创业政策界定为:为了激发创业者的动机,提升创业者的技能,增加创业机会,培育良好的创业环境和市场氛围,提升创业质量,全面促进社会经济可持续发展,在创业活动的整个过程中,尤其是创业活动开始前和创业活动的初期,政府制定的促进中小企业创立和成长的一系列有正面影响意义的政策法规的总和,并以此对创业精神进行积极引导和正面鼓励,减少创业企业面临的不确定性。创业政策主要包含教育、财政、技术、服务、法治、金融、税收、贸易等多方面内容,并随着政策对象、所处环境和地区的不同而有所区别。

第三节　创业政策供给研究

一、创业政策演进分析

政策既是有意识地设计出来的，也是逐步演化而成的，研究创业政策的演化必须从创业政策的供给入手。近年来，学者们针对政策演变规律所做的探索与研究越发深入。

第一，目前已有文献主要从重要历史事件和对重要政策文本解读的角度对政策演化规律进行研究，以定性分析为主。Libecap（1978）立足于矿权的演进发展，对国民经济增长与国家法治建设之间的关联性进行研究。Mustar & Laredo（2002）着重研究了法国所出台的创新创业政策，对其政策演变过程与形式等作出了归纳与梳理。Smits & Kuhlmann（2004）主要对欧洲的创新创业政策进行了研究，同时阐述了欧洲的政策演变过程与形式。Lepori et al.（2007）选择了欧洲六国作为研究对象，主要对其持续30年政策演变的相似之处与差异点予以研究，并对这些国家的政策演变形式进行了归纳。Freitas & Tunzelmann（2008）围绕着英法两国150个政策方案展开比较研究，同时对两国的政策演变形势进行分析。高扬等（2015）对1999—2015年中国创新创业教育政策进行梳理，将其演变过程分为三个阶段，并对现有政策的合理性进行分析。林龙飞和陈传波（2019）认为，纵观中国的创业政策演变过程，主要涉及五大重要的阶段：一是许可个体经济，二是对私营经济给予大力扶持，三是支持非公有制经济，四是通过创业来推动就业，五是大众创业。整体而言，我国创业政策历经了不完善直至完善、碎片化直至全局化的循序渐进式演变过程。

第二，在研究的领域上，对大学生创业政策变迁的研究较为丰富。夏人青（2012）对1999—2011年我国大学生创业政策发生的诸多变化进行梳理。高健海等（2013）将创业政策的演变分为政策探索期、政策发展期和政策成熟期三个时期，提出大学生创业阻碍因素与创业政策的演进之间的关系。刘军（2015）认为中国的大学生创业政策得到了巨大的发展，逐渐由传统的探索和实践阶段步入全方位实施的阶段，已建立了涉及多维内容的大学生创业政策系统，例如创业融资、创业环境、创业教育、创业推动等一系列内容。陈德仙（2018）运用制度变迁理论与实证研究方法，分析杭州市大学生创业扶持政策的变迁轨迹。何昕芸和李剑富（2020）对江西省大学生创业政策的发展演变进行梳理，分析了创业政策体系的主要内容和发展现状,同时对现阶段所具有的问题和缺陷进行了归纳。李慧慧等(2020)创造性地把大学生创业政策的编制、演化和发展进程划分成四大重要的阶段:一是探索萌芽,二是局部推动,三是全面深化,四是丰富完善。冯英和张卓等(2021)以文本量化研究的方法对我国大学生创新创业政策进行系统性梳理与分析。白丽(2021)从大学生创新创业政策的四个历史演变阶段入手,分析了大学生创新创业政策存在的制度困境,并提出对策。

第三,近年来学术界开始尝试并逐渐重视对创业政策的量化研究。肖潇和汪涛(2015)围绕着国家出台的 49 个大学生创业政策,以内容分析法对其展开了定量评价,分析结论显示,国家提供的创业政策工具有效性较好。易高峰(2017)利用社会网络分析法和共词网络分析法,通过分析1986—2017 年这 31 年间我国出台的各项大学生创业政策,认为国家创业政策的发展历经了四大重要的过程。程华等(2018)通过主题词提取确定了创新创业政策中排名前 100 的主题词,同时实施了词云可视化展现,将每 5 年视作一个时期,对浙江省支持技术型人才自主创业政策的焦点内容与政策演化发展过程进行了研究。沙德春和孙佳星(2020)主要立足于政策角度,建立了"主体—环境"中国创业生态体系发展演化理论研究模型,并采用文献计量和内容分析方法,从创业主体要素和创业外部环境要素两个方面研究中国创业生态系统的发展过程和演进特征。张超和官建成(2020)从政策主题与政策力度两个维度出发,基于共词网络和引文网络,分析创新创业政策体系的演进。高秀娟和彭春燕(2021)通过对 172 份创业政策进行政策工具和共词网络分析,将中国创业政策演进划分为三个阶段,并对各阶段的政策文本类型、发文数量、政策主题与政策工具的运用进行了量化分析,在此基础上总结提出我国创业政策的演化特征和存在的问题。张慧玉等(2021)以话语历史分析理论框架为基本分析视角,基于自建主题词库对中国"三农"创新创业政策进行定性与定量相结合的历史演进研究。

由此,可以总结出目前中国创业政策演进研究中主要存在以下不足:首先,目前针对某个地区、某类群体的创业政策供给研究较为常见,而缺乏对我国创业政策演进趋势的整体把握。其次,现有研究对创业政策文本库构建的探讨不够深入,选取的政策文本的样本量偏少,研究缺乏系统性和全面性。再次,目前的研究仍以定性分析为主,主要是基于学者及专家对于创业政策的跟踪和主观认知分析政策的演进,量化分析处于起步和尝试阶段,虽已取得了一些可喜的成果,但分析的深度和广度都有一定局限,有必要在更广范围及更深层次上进一步研究。最后,现有对创业政策演进的量化研究多从某个单一角度入手，或对政策的主题进行分析，或对共词网络进行分析等，缺乏整体性和全面性，缺乏对创业政策演进的多角度综合量化判断。

综合上述分析，本书尝试从以下几个方面进行改进：首先，本书对创业政策的研究着眼于近 20 年中国国家层面创业政策的宏观供给，以对我国创业政策的整体演进和发展趋势进行把握。其次，本研究通过多方收集、层层筛选和补充，构建了较为全面的中国创业政策文本库（共 470 份创业政策），该文本库具有一定通用性，可以作为后续各类创业政策研究的基础。另外，在研究方法上，本研究对创业政策的演进分析以定性和定量分析相结合，并以量化分析为主，即每一个主要研究结论的产生都有相应的量化研究作为支撑，增强了研究的客观性。最后，对于现有研究缺乏系统性和全面性的问题，本书综合分析了创业政策的府际关系、法规层级关系及时序特征（见第三章）；借鉴学者张超和官建成（2020）的研究方法，通过构建政策引文网络识别出核心创业政策，并自建了创业政策主题词库，基于主题词共现网络和政策力度双视角，分析我国创业政策的各阶段演进特征（见第四章），从而进一步深化了中国创业政策的量化研究，对研究的系统性和全面性作出贡献。

二、创业政策协调性分析

一个完整的政策系统由各个子系统组成，因此政策系统的协调性即指各个政策子系统内部以及子系统之间的合理比例及协调发展关系（杨正联，2006；张顺，2004），政策的协调性是影响政策系统目标实现的重要因素。而创业政策作为公共政策的一个分支，近年来，其协调性也愈来愈受到政府和学者的关注。创业政策体系协调性不足就会产生政策的执行力不足、政策的延续性不足、适用对象错位、资金缺乏、发展布局不合理、基础设施供应不足等问题。创业政策之间，政策的条款之间，都需要相互协调、相互配合，才能使各政策得以顺利施行，完成创业政策目标。

政策协调性最早被讨论是在西方国家，1994 年来自澳大利亚的一项研究采用政策一致性和政策输入两个维度对机构合并政策的协调性进行了评估（Craswell & Davis，1994）。Mindell et al.(2010)在开发新的政策协调综合评价量表的基础上，借助专家评议，对伦敦的医疗卫生政策协调状况进行了评价。Carley(2011)通过量化分析的手段研究了美国州政府出台的一系列能源环境政策，同时还对脱碳方面的相关政策展开了协调性评估。Hughes et al.(2013)对澳大利亚药物政策的协调性现状进行了分析与评价。Agénor & Jia(2017)运用博弈论的方法,在货币联盟的两国模型中,对宏观审慎政策协调的好处进行了评估。而国内学者关于政策协调性的研究多集中在宏观经济调控政策、货币政策和金融政策上,研究内容多为政策不协调的表现、原因和影响方面,多数观点认为,协调性是一切公共政策保持生命力的根本(高莉娟、刘春春,2011;朱光喜,2015)。

对于创业政策协调性的研究,杜爱萍(2011)指出,我国现行创业政策体系存在的主要缺陷为创业政策缺乏整体协调性、政策取向核心不突出、缺乏灵活性。肖潇与汪涛(2015)围绕着北京中关村与武汉东湖新技术开发区出台的49个大学生创业政策展开分析,基于"三维一体"政策评价模型,全方位、系统化地分析了政策的协调性。张兵(2016)针对我国创业政策的"井喷"趋势,提出从增强政策的协调性、提高政策的可行性、扩大政策的受益面和提升政策的有效性等方面优化高校大学生创业扶持政策。王建洲(2017)提出应从增强政策的宏观协调性、微观可行性以及加大宣传、监督、评估力度等方面优化创业激励政策,提高高校毕业生创业的成功率和创业企业生存率。赵永慧(2019)认为中国创新创业政策一个突出的问题是其体系的完整性、协调性较差,要解决此问题需要引入生态学理论,并进一步提出,区域创新创业政策体系的构建需要从动力机制角度出发,以资源生成与整合、资源互换、组织汇聚三大机制为基础,设计政策体系框架。高秀娟和彭春燕(2021)针对中央及部委发布的172项创业政策文本进行内容挖掘,分析创业政策热点议题的演进态势以及现有政策的协调性。李鹏利等(2021)采用政策文本内容分析法从政策非均衡性、冗余性、缺失性、矛盾性和错位性等方面对我国2006—2020年国家层面发布的科技创业政策的协调性进行梳理分析。

综合上述研究,目前学者对创业政策的协调性研究多采用专家评价法,主要以定性分析为主,分析深度有限。而肖潇和汪涛(2015)提出的基于政策工具、法律层级和创业阶段的"三维一体"的大学生创业政策协调性评价方法给出了创业政策协调性量化研究的新思路。但美中不足的是,该研究对创业政策工具的划分仍采用人工编码并复核的方式,增加了研究的主观性,降低了研究效率。本书将致力于解决这个问题。

三、创业政策工具理论

政策工具作为国家对社会公共事务进行治理时应用非常普遍的一种治理方式,在政策目标与政策结果之间扮演着十分重要的桥梁角色。在具体政策的解读中,政策工具的选择和运用体现了公共政策的多样性(邓恩,

2002）。在公共政策实施的过程中，不同的政策工具会造成政策目标的不同；除此之外，评价政策工具效果的标准也会影响最终的政策目标（张杰，2011）。政策工具影响着政策的目标和执行情况，作为政策的基本要素，政策工具为实现政策目标提供具体方法论。政府针对不同行业领域的情况对政策工具进行多次组合设计，以达到高度适应性。总体来说，政策从制定直至被践行到位的一系列过程均离不开政策工具的支持。为了不断完善已有政策体系，需要构建比较完整的政策工具分析框架，并能够很好地对现有政策进行分析，同时为政策调整提供思路。因此，为了能够更全面充分地把握我国创业政策的优势与不足，建立以政策工具视域为基础的政策分析框架是十分必要的（陈振明、张敏，2017；谢青、田志龙，2015；范丽莉、唐珂，2019）。

目前，学界对政策工具的分类没有统一的标准，公共政策的研究者基于不同的研究问题、研究兴趣和研究领域提出了不同的分类标准，政策工具的类型也呈现出多样性的特点（Rothwell & Zegveld，1985；Mcdonnell & Elmore，1987；Ingram，1990；Howlett，2009）。其中，以1985年美国斯坦福大学教授罗斯威尔（Rothwell）和泽格维德（Zegveld）提出的分类标准的应用最为普遍（休斯，2001；Rolfstam，2009；陈振明、张敏，2017）。该分类方式根据政策工具对主客体影响的差异性，将其分为供给型、需求型和环境型三种类型。而创业政策不仅要关注政策制定者（各级政府部门），还要关注施策对象（各类创业主体及重点群体），这正好与罗斯威尔和泽格维德提出的供给型、需求型和环境型三类政策工具不谋而合（胡赛全等，2013），它们具有天然的契合性，主要体现在：一方面，该政策工具体系有助于创业政策与创业行为的深度融合。通过比较三类政策工具的具体应用频次与比重，可以精确有效地对政府如何有规划地对创业活动过程施以影响进行研究，分析各种创业主体和重点群体的现实需求，从而优化创业政策结构和政策要素，推进创业政策供给侧结构性协同改革。另一方面，该政策工具体系有助于把宏观层面的创业政策化为具体可操作性手段。将这三类政策工具高效组合起来，可以支持和帮助相关职能机构建立不同的政策保护空间，克服创业行为在人才、资金、技术等供给侧以及产业需求侧方面的滞后性，尽快推进创业政策与创业主体在供需结构、供需质量、供需水平上的匹配程度。在对政策工具的研究过程中，很多学者采纳了这种分类方式，并在此基础上，按照所研究的公共政策的不同方向给出了政策具体的二级分类项目（张雅娴、苏竣，2001；樊霞、吴进，2014），使政策工具的指向更加具体，并取得了良好的研究效果。

目前,理论界对政策工具的类别划分研究主要采用人工编码并复核的方式(张永安等,2015;黄曼,2016;周城雄等,2017),不但主观性较强,而且大大降低了政策工具的研究效率,而目前基于文本分析的自动分类算法在此领域尚缺乏应用。因此,综合对现有文献的分析,本书将从"政策工具—法规层级—发展阶段"的角度出发,构建我国创业政策"三维一体"的协调性分析框架,并在此基础上进行较为深入的量化交叉分析(见第五章)。其中,在政策工具的分类上,本书采用罗斯威尔和泽格维德提出的三维度分类标准并结合创业政策的内容进一步给出二级分类指标。而针对以往政策工具的具体分类方式较为主观的问题,本书尝试应用文本分析技术进行创业政策工具的自动分类。

第四节　企业家精神研究

一、背景分析

党的十八大以来,中央明确提出要尽快转变经济发展方式,尽快形成创新驱动经济发展的新格局。为此,2015 年国务院政府工作报告发布"大众创业、万众创新"的发展新思路,同年 6 月,国务院发布《国务院关于加快构建大众创业万众创新支撑平台的指导意见》,各部、各地也相继出台配套政策、措施助推全民创业,全国各地营商环境得以逐步趋于优化与完善。然而,如何优化现有营商环境,聚焦不同企业群体;不同城市、不同规模、不同发展阶段、不同创业动机的企业是否应该相机抉择,实施不同宏观政策服务供给,这些都是亟须解决的现实问题。解决这些现实问题的核心是"企业家精神",这是创新创业的源泉和力量。通过深入研究企业家精神的内涵与外延,分析不同层面的企业家精神,构建反映不同层面企业家精神的维度与指标体系,进而探讨企业家精神与营商环境、政策服务供给、企业绩效之间的作用关系,对于宏观政策更好地与企业家精神相协同、更好地促进企业家精神群体良好氛围的形成与扩散,进而产生良好的经济效益和社会效益,巩固和拓展地区与国家的核心竞争力,意义重大。

产业界与学术界普遍有共识:创业成败的关键在于创业者的企业家精神(entrepreneurship)。冒险性(risktaking)、开拓性(proactiveness)与创新性(innovation)通常被认为是企业家精神的三大核心维度(曾铖、李元旭、开燕华,2018),企业家精神是促进企业持续发展的核心动力。基于此共识,2017 年 9 月,中共中央、国务院进一步印发《中共中央　国务院关于营造企业家健康成长环境弘扬优秀企业家精神更好发挥企业家作用的意见》，首次通过专门文件明确了企业家精神在社会创业中的重要地位及其社会价值。

在当前经济新常态的背景下，国际形势波谲云诡，各种力量相继登台角逐，我国面临百年未有之大变局，如何更好地发挥企业家精神助推产业转型升级、助推科技创新突破，需要深入探究企业家精神的内在本质及其与创新创业的作用机理。只有这样，才能更好地发挥企业家精神的主观能动性，通过宏观政策供给营造适宜企业家精神成长的创业土壤或外部氛围，即广义的营商环境。可以认为，好的营商环境需要创业政策的宏观供给，需要政府相机提供创业服务，这是企业家精神得以发挥作用的客观条件。

当前，企业家创新精神和创业意识已然提升至宏观政策层面，探究企业家精神内涵及外延就显得尤为必要。从企业家精神的个体特质层面的研究到单个企业组织层面的研究，再到社会空间层面的研究，构建起科学衡量与测度企业家精神指数的逻辑体系与具体方法，深入探索企业家精神与营商环境、创新创业之间的潜在逻辑关系，促进政府通过宏观政策导向和创业供给服务政策，为科技成果转化和创业效果的提升提供施政方向与政策着力点。

二、内涵界定

成功的企业家在驱动社会经济繁荣发展中呈现出极为重要的作用（Kirzner，2009），企业家相关内容研究是经济学界一直以来的一个重要研究领域。"企业家"（entrepreneur）这个专业术语最早由坎蒂隆（1755）提出，并指出这是一个通过承担风险进行生产和交易的群体，即"冒险事业的经营者或组织者"。斯密（1776）进一步指出企业家承担风险的动机在于获取利润。法国经济学家萨伊在其19世纪初出版的《政治经济学概论》中提出创造产品的三个步骤，其中第二个步骤是"应用既得知识去创造供人类消费的产品"，聚集起生产所必需的工具，指挥工人完成产品制作任务，这是由企业家来承担的。企业家利用自身名誉和关系筹措并提供资金，这需要具备"往往不可兼得的品质和技能，即判断力、坚毅、常识和专业知识"，还需要承担创业风险，甚至包括非自身过失导致的破产风险，以达成盈利目标。桑巴特（1936）认为企业家具有组织功能、谈判能力、精于经济计算和资本节约的能力。随后，熊彼特（1934）提出创新理论，将企业家置于市场经济的中心位置，区别于管理者，企业家的职能就是引入新组合或实现创新,并将创新这种"创造性破坏"引发的失衡作为经济发展的标准,而这较好地解释了 20 世纪后期美国经济发生的变化。德鲁克在《创新与企业家精神》中把创新作为解释企业家和企业家精神的着眼点,认为创新是企业家精神的外在体现,不一定与技术有关,也未必一定要承受高风险,而是一个经济或社会术语。可见,企业家来源于企业经营者但又是更高层次的企业经营者,不同于企业管理者,企业家必须具备企业家精神,是企业家精神孜孜不倦的追求者。而正是因为企业家自身的"非理性"或"个人情感"因素,与经济学中的"理性"假设传统格格不入(Kirzner,1973),使得企业家的研究一直难以给出一个较为精确的定义(Baumol,1990)。

综上所述,本书认为,企业家是一种职业选择(Shane,1996),企业家精神是由企业家所承载精神力量的内在体现,是企业家个人所具备的适应商业社会规律的商业特质的综合体现,这种个体商业特质在一定的营商环境下,通过企业层面、社会层面及其相互作用可以进一步扩展形成企业组织层面的企业家精神和社会空间层面的企业家精神,并成为企业文化和社会商业文化形成的重要基础和核心要素。企业家精神本身是一个多维概念,不仅具有广泛性、不稳定性和多层次性(靳卫东等,2008),还具有环境依赖性、多元性和难以测度性等特征。

三、文献综述

(一)关于企业家精神内涵维度的研究

对企业家精神内涵维度的研究,可划分为三大学派(Hébert & Link,1989):以杜能和熊彼特(Thünen & Schumpeter)为代表的德国学派,强调企业家的创新精神;以奈特和舒尔茨(Knight & Schultz)为代表的芝加哥学派,注重企业家的风险承担能力、冒险精神与应对市场失衡的能力;以米塞斯和柯兹纳(Mises & Krizner)为代表的奥地利学派,关注企业家对市场机会的识别能力(Hébert & Link,1989;Wennekers & Thurik,1999)。从企业家精神内涵维度构建的企业家精神测度指标,首推 Covin & Slevin(1991)提出的经典 C-S 模型,该模型认为企业家精神是"愿意冒险的、有创新的,而且积极主动的"。随后众多学者在此基础上进行了理论拓展,但基本都将冒险性、积极主动性和创新性作为企业家精神的核心维度,如我国曾铖、李元旭和开燕华(2018)就将冒险性、开拓性和创新性作为衡量企业家精神的三个关键指标,王艳茹(2011)则增加了市场机会的识别能力。随着社会的进步,在现代企业制度越来越强调企业社会责任的前提下,契约性也成为企业家精神的另一个重要维度标准(杨利军,2016)。

（二）关于企业家精神类型的划分

对企业家精神类型划分的研究，多围绕企业家精神的异质性特征展开分类。Owen（1999）将企业家精神区分为创业型和经理型两种类型。Glancey & Mcquaid（2000）等人从个人应对风险的做法不同，将企业家精神区分为开拓型和保守型两种类型。Thurik（2001）则最早提出将企业家创业动机划分为生存型驱动（necessity-pull）和机会型驱动（opportunity-pull）两种类型。国内文献也普遍采纳了 Thurik 的这种分类（刘鹏程等，2013），他们认为：中国存在众多规模小、数量多、进出频繁、以"个体户"形式为主的生存型创业，在提供就业岗位、产业升级、提升经济竞争力等方面存在较大劣势，是一种较低层次的创业类型；而中国私营企业则主要是个人或团队通过开发市场机会而创业的结果，具有较强的机会型创业特征。曾铖、李元旭和开燕华（2018）进一步将企业家精神划分为以个体工商户为代表的生存型企业家精神和以私营企业为代表的机会型企业家精神，以高科技企业为代表的科技型企业家精神等三种类型。

（三）关于企业家精神激发因素的研究

对企业家精神激发因素的研究方面，Venkataraman（2004）提出要发挥好企业家精神对创新驱动的积极作用，并认为激励企业家选择高质量创业，比单纯刺激创业数量的增加更具现实意义。所谓高质量创业，反映在企业家的愿景驱动、资源和技能、风险承担等行为特征上（Ma & Todorovic，2012），以及在创造价值和就业、增加经济产出潜力等方面具有积极作用（Schneider et al.，2010）。更多学者则从不同角度提出激发企业家精神的措施，如优化创业政策环境，搭建创新创业平台，激发和保护企业家精神，鼓励创业带动就业，强化政策供给，突破发展瓶颈，充分释放全社会创新创业潜能，在更大范围、更高层次、更深程度上推进大众创业、万众创新等。

第五节　创业政策的供需匹配及与企业绩效的关系研究

一、创业政策供需匹配研究

政策被视为市场行动，它是经济市场的延伸（鲍鲁阿，2000）。该观点将供需分析融入对公共政策的分析研究之中，对于公共政策研究具有十分重要的影响。政策供给是对政策需求的回应，产生有效的政策供给是由于存在一定的政策需求，政策的供给过程就是不断满足政策相关者利益需求的过程,政策供给方需要通过不断的政策创新,使政策各利益相关者的效益增加。一个新的政策形成必然是社会各利益相关者在追求利益最大化过程中相互博弈而最终确定的,是调整不同政策主体间权利平等关系而自主创造的(涂琼理,2013)。在政策创新的过程中,实现一种螺旋式的由均衡到非均衡,再由非均衡到均衡的政策体系的不断演进,当政策供给与需求相匹配时,政策供给方和需求方的效益达到最大(邓岩,2009)。

创业政策是公共政策的一种,创业政策中同样存在供需双方以及彼此间的相互作用。创业政策就是政策的供需双方在不断地相互博弈和互动的过程中演进的。政策匹配属于政策评估范畴。虽然目前理论界对政策评估问题的解决效果有限(Gonzalez & Pazo,2008),但在实践操作中,政策评估在政策学习、政策调整以及补充合法性方面都具有十分重要的作用(Piric & Reeve,1997)。为了进行政策评估,学者们将政策供需范畴的研究纳入其中。向玉琼(2007)假定政策制定者都是从公共政策供给主体角度按照成本—收益原则进行决策,即他们都是有限理性经济人,但在普遍认知中,在潜在的更大利益面前,由于经济人是优先机会主义的,因此集体的最优状态与个人理性选择无必然联系。傅晋华(2010)从政策"需求侧"出发,针对我国基层科技政策的演变过程,从多个角度为基层产业的拓展提供方法。周翼翔(2021)从供需匹配和感知价值两个角度入手,构建了"认知—利用"落差情境下的创业政策效果评估模型,实证分析结果表明,供需匹配和感知价值是现阶段中国创业政策"认知—利用"落差产生的直接原因,其直接影响了中国创业政策的落地以及后续成果。

很多学者对大学生群体创业政策的供需匹配问题显示出浓厚的兴趣。张蕾(2010)通过问卷调查和实证分析法,研究了大学生创业者在不同创业发展阶段中面临的主要资源约束与需求,并进一步阐述了现有大学生创业政策能否实现大学生创业阶段全覆盖,并与阶段资源需求高度匹配等问题。陈婷婷等(2016)梳理了福建省大学生创业扶持政策,并通过问卷调查收集福建高校毕业生自主创业需求,分析了创业需求与现有政策的契合性。黄艳(2016)以湘潭市为例,全面分析了当地大学生创业政策落地对于经济发展以及大学生创业者的影响,从而进一步分析大学生对创业政策的需求,通过对比分析提出现有政策的问题与不足并提出对策和建议。冯江涛(2017)将顾客满意指数模型与研究的实际问题相结合,构造出能够反映大学生创新创业政策满意度的指数模型,通过问卷调查收集数据,对大学生创新创业政策的供给和需求匹配度进行研究。谈敏(2019)通过问卷调查充分了解我国高校大学生创业活动的现状和困难,结合国家对大学生创业政策的供给,从供需匹配的视角,分析我国大学生创业政策的供需关系。李瑶等(2021)采用问卷调查法,建立了大学生创业政策要素体系,构建了供需匹配度测算模型,实证分析了大学生创业政策供需匹配情况。此外,一些学者基于问卷调查和实证分析,对不同地区、不同群体的政策供需情况进行了分析探讨,例如徐福志(2013)对浙江省自主创新政策供需状况的分析,倪咸林(2016)对政策供给偏差危害的讨论,王林春(2018)对海归青年创业政策供需匹配关系的分析等。但这些研究在数量上和深度上尚未形成优势。

值得一提的是,随着研究的不断深入,近年来,一些学者开始将越来越多的模型及量化分析引入到政策供需匹配的研究中,并不断深化,在实践中取得了不错的效果。徐福志(2013)在对浙江省自主创新政策的供需研究中,采用问卷调查获得政策需求数据,并将每个政策文本作为一个分析单元对应于唯一一个政策类型,从而统计政策供给数据,并按照每个政策类型分别在需求和供给中的排序情况,定性分析自主创新政策的供需匹配情况。该文献中采用了供需序值作为研究政策供需的依据,但对供需匹配仍停留在定性分析阶段。徐德英和韩伯棠(2015)构建了政策供需匹配模型,并实证研究了北京市创新创业的政策匹配情况,为政策落地推进衍生出的供需一致化研究提供方法。之后,王进富(2018)在研究科技创新政策的供需匹配中,借鉴了徐福志(2013)的供需序值思想,将政策的供给和需求都转化为序值,并导入徐德英和韩伯棠(2015)提出的供需匹配模型中,实现了政策供需匹配的定量分析。但该文献在进行供需序值转化前,将政策的供给方按照政策发布机构分为五类(国务院、发改委、商务部、财务部和科技部),将政策的需求方分为三类(科研机构、高等院校和企业),而将科技创新政策作为中间变量,这种分析方法在样本容量较大且分类非常准确的情况下才能实现较好的效果,否则反而会使供需匹配类别过于分散而损失匹配效果。强国凤(2020)参考了徐德英和韩伯棠(2015)和王进富(2018)的研究成果,利用供需序值和供需匹配模型对陕西省绿色建筑政策供需匹配情况进行了实证分析,同时在同一类政策工具层面对政策供需序值予以排序。这一做法虽然在理论上有充分的依据,但在实践中,容易因排序等级过少而导致分析结果趋同,从而无法真实反映政策供需匹配情况。

在此之后,黄丹等(2020)利用南宁地区 5 所典型应用型本科院校的 288 份调查数据和 2015 年及以后国家层面上发布的关于大学生创新创业的文本资料,创建四象限匹配模型,探讨政策供给与大学生创新创业需求的匹配状况。李晨鸽(2020)结合西安市硬科技企业实地调研结果,从企业生命周期角度出发,在西安市硬科技企业对科技金融政策需求程度及供给满意度问卷调查的基础上,分析了西安市科技金融政策供需现状,并通过构建匹配模型量化分析科技金融政策供需匹配情况。盛东方和尹航(2020)以新冠肺炎疫情为研究背景,采用文本挖掘的方法,基于主题分布和关键词共现分析,以政策文本作为政策供给,以相关新闻报道作为中小企业的政策需求,探究突发公共事件下中小企业扶持政策供需匹配问题。这种方法更为客观新颖,但其数据降噪难度大,可实施性较差,目前仍无法证明其对创业政策研究的适用性。

综合上述分析,越来越多的学者意识到从政策供需匹配的角度研究创业政策供需关系的必要性,但相比于对创业政策供给方面的研究,目前学界针对创业政策供需匹配的研究相对较少,其研究总体上呈现如下几个特征:

第一,从研究对象看,对于大学生群体的创业政策供需研究在数量上最为突出,几乎占到现有研究的一半左右;而对于其他群体,如对创业企业、海归人员等的研究也有出现,但数量上非常有限,此外还有少数学者对某地区的政策匹配情况进行了研究。这说明目前学术界对某类群体或某个地区政策的匹配情况关注较多,但对我国创业政策整体匹配情况重视程度略显不足。为弥补这一缺陷,本书将研究范围确定为我国国家层面的创业政策供需匹配,关注广大创业主体对创业政策的需求和评价,以增加研究视角的全面性和普遍性。

第二,从政策需求数据的获取方式来看,目前几乎所有有关政策供需匹配的文献均采用了问卷调查的方法获取政策需求数据。虽然该方法偏重定性研究,主观性较强,但目前来说该方法无疑是学术界公认的获得创业者和创业企业政策需求数据的最直接和最有效的方法。当然,有学者(盛东方、尹航,2020)提出采用文本挖掘的方法从新闻报道或其他社交平台获取更为客观的需求数据,这种方法更为客观新颖,但其数据降噪难度大,可实施性较差,目前仍无法证明其对政策研究的适用性。而对于问卷调查方法,一直是研究该类问题的经典方法,对于其主观性强的问题,研究者可以在问卷设计、发放对象、数据搜集和数据处理环节加以干预,使其更好地满足研究目标。所以,本书也应用问卷调查这一有效的手段,获取有关创业政策供需匹配的数据信息。

第三,从政策供需匹配的研究方法来看,目前主要分为两类:一类是基于政策的供给和需求情况,定性分析其匹配效果;另一类是基于一定的算法或模型,对政策的供需匹配情况做量化分析。从目前的研究趋势来看,已经从定性分析为主逐步过渡到以量化分析为主的阶段。目前采用的主流的供需匹配度模型是基于余弦相似性原理的匹配模型,并且取得了良好的效果,其中以徐德英和韩伯棠(2015)的研究最有代表性;之后王进富等(2018)和强国凤(2020)又在徐德英、韩伯棠研究的基础上,提出用供需序值代替问卷量表的直接调研数据,并在匹配度和匹配环境变量的基础上,进一步提出用匹配等级和匹配类型综合衡量政策的供需匹配情况,确保匹配模型更具备合理性与有效性。因此,本书即采用将供需匹配模型和供需序值相结合的方式,确定创业政策供需的综合匹配情况。

第四,从分析的深度来看,现有研究对政策供需匹配的分析多限于获得研究对象的总体匹配度,而对研究对象的异质性匹配特征鲜有研究,且缺乏从政策供需匹配角度,对创业政策实际供给与创业主体感知的差异性进行分析。就目前掌握的研究文献来看,只有徐德英和韩伯棠(2015)对企业的异质性有所关注,但其也只对企业在生命周期、企业类型和企业规模方面进行了划分。而针对创业政策实际供给与创业主体感知偏差的研究尚比较缺乏。因此,本书在现有研究的基础上进一步深化,在对我国创业政策供需匹配进行总况分析的基础上,又分别基于创业动机、发展阶段、企业规模、企业类型和不同地区,对异质企业的创业政策供需匹配情况细化,在进行差异分析的同时更注重共性特征的抽取,并得到异质企业创业政策供需匹配特征图和不同地区创业政策供需匹配等级分类;在此基础上,尝试对创业政策实际供给与创业主体感知之间的偏差进行分析,深度挖掘创业政策供需不匹配的原因所在。本书将有利于拓展政策供需匹配的研究视角,研究结论将为我国创业政策供给的优化和完善提供更为翔实有力的依据。

二、创业政策与企业绩效的关系研究

近年来,学术界开始重视创业政策与企业绩效的关系研究,并在该领域获得了一些研究成果。现阶段,多数学者主要立足于以下两方面展开研究:

第一,对创业政策和企业绩效两者之间具有的直接关系展开分析。余绍忠(2013)和苏晓华(2013)研究了创业资源、创业胜任力等因素对创业绩效的影响机制。曹钰华(2017)采用结构方程模型研究了社会网络、创业学习、科技创业能力和科技创业绩效之间的相互关系和作用机制。徐喆等(2017)立足于政策彼此作用这一角度,在建立计量模型的基础上,以量化手段剖析了政策演化和经济绩效两者间存在的关联。黄聿舟等(2019)通过实证分析证明了金融支持政策、公共服务政策和创业孵化绩效之间呈倒U形关系,并且三者的关系均可由间接的支持政策所调节,并产生正向效果。杨微(2018)在多元回归条件下综合研究了六个方面对于海归人员创业绩效的影响,包括创业政策、宏观环境、资源因素、战略特点、创业者个人以及创业团队素质。姚蕾(2020)主要从技术扶持、审批办公服务、创业支持、土地优惠、信贷担保等一系列维度切入,利用多元线性回归、差异分析等诸多手段,针对国家支持政策对乡村创业绩效所具有的影响展开了实证研究。肖成英(2021)以创业能力为中介建立研究框架,实证得出创业政策对女性创业的绩效有一定的提升作用,创业能力在政策与女性创业的绩效关系间起到中介作用。王轶(2021)运用 Logit 模型研究了财税扶持政策对返乡人员创业绩效的影响,研究发现,税收减免、贷款担保、用地优惠和产业扶贫这四类财税扶持政策总体上都能显著提升返乡人员创业绩效。宁鑫等(2021)运用结构方程模型分析和构建农民工返乡创业资源获取机制,证明了农民工返乡创业的政策能够帮助创业者获取创业资源,而资源获取能力对农民工返乡创业绩效有正向促进作用。文亮(2011)研究了创业政策对企业绩效的影响,从研究结果来看,成长绩效、创新绩效和生存绩效都在良好的创业机会政策扶持下得到了积极的发展,同时,创业技能政策的扶持也起到了同样的效果。罗平实等(2013)研究了创业政策、创业者能力与企业绩效三者之间的关系,结论表明,创业主体能力和企业绩效之间存在显著的正相关关系,创业机会政策与创业技能政策和企业绩效之间具有一定的正向关系,由于受到创业机会与技能这两种政策的支持,企业绩效处于正向增加的状态,而企业绩效与创业意愿政策不相关。张钢和彭学兵(2008)将研究对象界定在技术创业,探究了在创业政策下技术创业的变化,明晰了技术创业的特征。张林(2018)将研究对象界定为创业绩效,实证分析了创业政策对资源整合和创业绩效提升的影响作用。

第二,一些学者对从政策感知、政策获取的角度入手,对创业政策与企业绩效的关系进行了研究。戚迪明和刘玉侠(2018)运用 Logit 模型和中介效应检验模型实证分析了人力资本、政策获取对返乡农民工创业绩效的影响,探究结论显示,在对返乡农民工创业绩效存在影响的诸多要素里,初始人力资本要素、能否得到政策扶持、国家政策扶持项数等要素对其发挥了显著的正向作用。李婷(2018)使用二元选择模型以及有序 Probit 模型,分别对农民获得创业政策资源的影响因素、农民获得创业政策资源数量的影响因素以及农民创业政策资源的可获得性对农民创业绩效的影响进行了实证分析。曹颖等（2020）将大学生创业公司高创业绩效及低创业绩效差异的多重并发因素和因果机制纳入了政策感知和意愿驱动的范畴。吕途等（2021）基于"认知—行为—绩效"理论范式和认知行为理论，验证了创业团队认知能力的三个维度对创业绩效均有显著正向影响。李纯萍（2021）通过实证分析验证了创业政策感知及其维度对创业绩效有明显的正向积极影响，在创业政策感知对创业绩效所具有的影响上，创业意愿发挥出了重要的桥梁功能。方鸣等（2021）在建立二元 Logit 模型的基础上，分析考察了培训政策认知与创业环境的变化对返乡创业培训绩效的影响作用。综上分析可以发现，目前在创业政策对企业绩效影响关系的研究方面主要存在两方面不足：一方面，现有研究多是从创业政策的某个或某几个角度出发，实证分析其对企业绩效的影响，缺乏从政策工具视角对创业政策与企业绩效关系的全貌描述及整体考虑；另一方面，现有研究多是对创业政策和企业绩效的关系进行直接研究，对两者之间的中介变量考虑较少，目前还鲜有学者对创业政策、企业家精神和企业绩效三者之间的作用关系进行研究探讨。可见，在创业政策和企业绩效的关系上还有很大研究空间及研究的必要性。基于上述问题，本书尝试从供给型、需求型和环境型三个政策维度出发，对创业政策与企业绩效的影响关系进行全貌描述，并将企业家精神考虑其中，实证分析并验证创业政策、企业家精神和企业绩效三者之间的作用机制，从而深化创业政策供给的研究成果。

第三章　创业政策供给的横截面
与时序面分析

虽然我国的创业发展起步较晚,但近年来,随着我国政府对创业的重视程度不断提高,创业对创新和就业的带动效应逐步显现,中央和地方各级政府都不约而同地加大了对创业活动的支持力度,尤其体现于创业政策的密集制定及出台上。近 20 年来,我国国家级创业政策数以百计,而地方级创业政策更是数以千计,同时,创业政策又以自上而下、自下而上和水平扩散的形式向外界传播。面对如此庞杂的公共政策群体,在对创业政策的内容进行深入剖析之前,先要全面搜集创业政策文件,科学划分创业政策的边界并构建创业政策文本库,并从横截面和时序面的角度对现有创业政策进行较全面、科学的梳理和量化分析,以期对创业政策构建一个较为科学、完整的认识体系。这些将为后续的研究奠定扎实的理论基础,为政策制定者提供翔实可靠的理论依据。

第一节　创业政策文本库的建立

一、政策文本来源确定

目前,我国正处于经济发展的新时期,经济体系逐渐从"管理型"经济转向"创业型"经济,各区域也将创新创业发展纳入区域发展规划之中(郑石明等,2019)。自 2000 年以来,创新创业逐步成为热点问题,中央和地方相继出台各项创新创业政策,有力地促进了我国创新创业事业的发展。综合考虑我国宏观政策导向和加入 WTO 的影响,以及我国历年创业政策的发布频次和政策研究对时间跨度的要求,本书将创业政策研究的时间跨度界定为 2001 年 1 月 1 日到 2020 年 12 月 31 日,共 20 年。横向上涵盖了不同职责权限和职能分工的各政策制定主体,纵向上穷尽我国过去 20 年来的各类创业政策文件。考虑到创业政策的权威性以及为避免地方区域性政策带来的噪声干扰，同时为保证政策文本的可得性、全面性和可靠性（张宝建等，2019），本书将研究重点放在我国国家层面的创业政策文件上，即下文所指的宏观政策，而对地方创业政策的研究仅限于政策文本库的建立、各地区发文量的横向比较和历年发文量的纵向统计。

基于上述目标，需要选择全面的政策数据库。经过对专业的法律网站和创业政策发布的权威平台进行对比分析，本书最终选择界内认可度较高、专业性较强且较为全面的法律网站"律商网"和"北大法宝网"作为创业政策搜集的核心基础网站，这两个网站均包含我国 1949 年至今的较全面的创业相关政策文件。本书还将中国政府网、国家创新创业政策信息服务网、人力资源和社会保障部官网以及国务院其他各部委官网等作为创业政策的补充来源。创业政策文本主要来源如表 3.1 所示。

表 3.1　创业政策文本主要来源网址列表

序号	网站名	网址
1	律商网	https://www.lexiscn.com/
2	北大法宝	http://www.pkulaw.com
3	中国政府网	http://www.gov.cn
4	国家创新创业政策信息服务网	http://sc.ndrc.gov.cn/①
5	中华人民共和国人力资源和社会保障部	http://www.mohrss.gov.cn
6	中华人民共和国教育部	http://www.moe.gov.cn
7	中华人民共和国财政部	http://www.mof.gov.cn
8	中华人民共和国国家发展和改革委员会	http://www.ndrc.gov.cn
9	中华人民共和国工业和信息化部	https://www.miit.gov.cn
10	中华人民共和国科学技术部	http://www.most.gov.cn
11	国家税务总局	http://www.chinatax.gov.cn
12	中国人民银行	http://www.pbc.gov.cn
13	中华人民共和国民政部	http://www.mca.gov.cn
14	中华人民共和国商务部	http://www.mofcom.gov.cn
15	中华人民共和国农业农村部	http://www.moa.gov.cn
16	中国共青团	http://www.gqt.org.cn

① 该网站现已不再使用。但在本著述撰写过程中，该网址可正常使用且提供了诸多的信息，故此处仍将此网站列出，特此说明。

基于上述创业政策数据源,先全面获取创业相关政策,再经层层筛选,批量删除与人工删除相结合,同时通过源头查找和文件追溯补充等方式,力争建立全面、专业、相关度高的创业政策文本库。

二、政策文本初步筛选

本书通过律商网和北大法宝网全面搜集近 20 年间国家层面的创业政策文本,使用高级搜索,结合创业政策的含义和《中国科技政策要目概览》(苏竣、黄萃,2012)提供的检索词索引确定检索词,发文日期为"2001.01.01—2020.12.31",文件有效性为"现行有效",文件有效范围为"全国"。剔除重复政策文本,初步获得国家级现行有效创业政策共 8532 项,且均为修订后的最新版本。为了确保政策文本的全面性,此时要对政策文本数据进行降噪处理,即删除其中与创业相关度低的政策文件。

首先,通过对政策标题的浏览,很容易辨别出大量政策文本虽然内容上含有"创业",但其内容主旨与创业政策相关度极低,例如《2020 年第一季度主办券商执业质量评价结果》《2020 年网络安全技术应用试点示范申报书》《国家现代农业科技示范展示基地》《2020 年全国邮政管理系统新闻宣传工作要点》等。第一轮将这些明显不相关的政策文本剔除,剩余创业政策文件 4483 项。

其次,通过检索发现,政策文本中包含大量专门针对证券、期货、券商等的文件,以针对"创业板"具体操作实施规定为主,例如《创业板首次公开发行股票注册管理办法(试行)》等,文件内容主要涉及创业板股票的上市、发行、监管及规范运作等,而与创业政策相关性极弱,因此将这类政策文本从创业政策库中剔除,剩余创业政策文件 2376 项。

最后,通过对政策文件标题的浏览分析,发现创业政策文本库中存在大量行政事务性通知,集中体现于:举办相关创业活动的通知,开展某项创业评比、评选、表彰的通知,各类创业大赛竞赛的通知或获奖名单公示,各类创业奖项、荣誉称号的申报通知,各类创业企业年检的通知,对某创业企业、创业基地的批复,各类创业活动周、活动月、会议的通知等,例如《国家发展改革委办公厅关于做好 2013 年度备案创业投资企业年检工作的通知》《关于 2018 年度工信创新创业特等奖学金评审结果的公示》《商务部关于同意清华力合创业投资国际有限公司增资的批复》《教育部办公厅关于召开推进高等学校创新创业教育和大学生自主创业工作视频会议的通知》等。这类创业政策文本虽然表面看起来与"创业"相关,但通过具体研读其政策内容可知,这些文本只是事务性的行政通知,并不能体现任何创业政策要素或着力点,因此在政策文本库中剔除,剩余创业政策文件571项。

三、政策文本补充及确定

通过对中国政府网、中华人民共和国人力资源和社会保障部官网、国务院其他各部委官网等权威的国家层面政策网站进行创业政策搜集,本书得到5982项政策文本。对这些文本进行去重、实体对齐,剔除失效、废除和已被修订的政策文本及征求意见稿,最后经人工甄别,删除与创业政策内容本身弱相关的活动通知、结果公示、评选评比、申报要求等类型的文本,最终得到国家级创业政策文本295项。

由于创业政策涉及领域多、覆盖范围广,因此需要从多角度综合考量政策的相关性。将创业政策专业网站收集的政策文本(295项)与初步筛选后得到的创业政策文本(571项)进行详细交叉比对、去重和实体对齐后,最后得到创业政策文本651项。

对651项政策文本进行人工分析及逐条筛选,进一步剔除不能集中、准确反映创业政策要素及政策着力点的弱相关政策文本,最终得到与创业政策高度相关的国家级创业政策文本470项。至此,我国2001—2020年国家创业政策文本库构建完成。依据同样的方法,搜集并筛选得到5533项我国地方创业政策相关文件,建立2001—2020年地方创业政策文本库,具体流程不再赘述。至此,我国2001—2020年国家和地方创业政策文本库初步建立完成。

第二节　创业政策供给府际关系分析

当前我国创业政策供给主体,既可以是中央政府,也可以是地方政府。政府在创业政策变迁中具有独特的作用,而相对于发达国家的政府而言,我国政府在经济转轨期间发挥作用的领域更多,因此,我国创业政策的演变总体上带有明显的政府主导型特征。创业政策制定相关部门,如国务院、人力资源和社会保障部、财政部、教育部以及国家发展和改革委员会等,均在各自的职能范围内制定促进创业的政策,同时实现部门联动,共同推进创业进程。本节通过对470项国家级创业政策文本进行分析,不仅对国家级创业政策文本的发文机构进行了独立的特征分析,还在此基础上,结合社会网络分析法对发文机构的府际关系特征展开探讨。

一、创业政策发文机构构成分析

政策发文机构即为政策主体,以主动的行为编制、发布、实施政策。在公共政策系统中,政策主体充当着至关重要的角色,其可以对政策的方向进行把控,决定政策的具体内容及政策实施对象,对政策总体的管理和决策工作负责。如图 3.1 所示,我国国家级创业政策文本中独立发文 295 项,约占创业政策文本库总量的 63%,两个机构联合发文 79 项,占比约为 17%,三个及以上机构联合发文 96 项,占比约为 20%。三个以上机构联合发文量高于两个机构联合发文量,而且联合发文总量达 37%,说明创业政策综合性强、涉及面广,政策边界欠清晰,往往需要多个部门联合发布并落实。

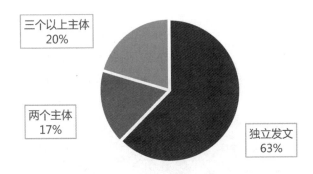

图 3.1 国家级创业政策发文主体构成

将创业政策文本库中的 470 份国家级政策文本按照发布部门进行归类统计。对于名称有变更的部门,统一按照变更后的部门名称进行统计;对于合并的部门,按照合并后的名称统计(见表 3.2)。

经过名称统一后,创业政策所涉及的发文机构共有 91 个,每个发文机构发布政策总量、独立发文量和联合发文量如表 3.3 和图 3.2 所示。

表 3.2 创业政策发布主体名称变更表

序号	变更前名称	变更后名称
1	国家经济贸易委员会	商务部
2	国家发展计划委员会	国家发展和改革委员会

（续表）

序号	变更前名称	变更后名称
3	建设部	住房和城乡建设部
4	信息产业部	工业和信息化部
5	农业部	农业农村部
6	国务院法制办公室	司法部
7	监察部	国家监察委员会
8	人事部	人力资源和社会保障部
9	劳动和社会保障部	
10	中国保险监督管理委员会	中国银行保险监督管理委员会
11	中国银行业监督管理委员会	
12	国家旅游局	文化和旅游部
13	文化部	
14	国家工商行政管理总局	国家市场监督管理总局
15	国家质量监督检验检疫总局	

表3.3　国家创业政策发文机构及发文量统计（前十名）

序号	发文机构	发文总量	独立发文量	联合发文量
1	人力资源和社会保障部	131①	52①	79②
2	财政部	99②	2	97①
3	教育部	70③	25⑤	45④
4	工业和信息化部	68④	26④	42⑤
5	国家发展和改革委员会	68⑤	17⑥	51③
6	科学技术部	50⑥	15	35
7	国家税务总局	47	11	36⑥
8	国务院	45	38②	7
9	国务院办公厅	40	37③	3
10	共青团中央	34	13	21
…	……	……	……	……
合计		1068	295	773

注：圈内数字标号表示发文量在该列中的排序，例如，"131①"表示人力资源和社会保障部的发文总量为131，在所有发文机构中排名第一。

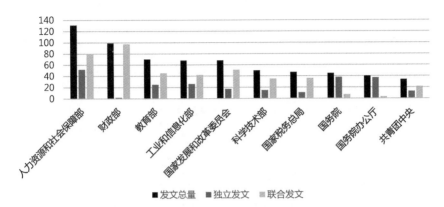

图 3.2　国家创业政策发文机构及发文量统计图（前十名）

　　按照发文总量由多到少排序,人力资源和社会保障部、财政部、教育部、工业和信息化部、国家发展和改革委员会以及科学技术部位居前列,说明这些部门在创业政策发布中发挥了重要作用。这 6 个部门占所有发文机构(91 个)的 6.59%,发文频次却达到所有部门总发文频次的 45.51%,无疑是国家级创业政策发布的核心机构。创业是我国促进就业的重要途径之一,因此人力资源和社会保障部作为创业政策的第一管理归口,近 20 年来发布了大量的综合性创业政策(发文总量 131 条,占国家级创业政策文本库总量的27.87%),同时,各地方的人力资源和社会保障局也是地方创业政策的第一管理归口,负责发布和汇总本地区的创业政策。财政部的发文量也非常突出(发文总量 99 条,占国家级创业政策文本库总量的21.06%),说明国家非常重视财政对创业的资金支持,这也是解决创业企业资金问题的一个最主要的途径。此外,教育部、工业和信息化部、国家发改委以及科学技术部的发文则体现出创业政策在人才培养、信息化建设、发展规划和科技创新方面的侧重和倾斜,是对创业政策要素的具体体现。

　　按照独立发文数量排序,人力资源和社会保障部、国务院、国务院办公厅、工业和信息化部、教育部和国家发展和改革委员会位居前列,其独立发文总量占全部独立发文量的 66.10%。其中,国务院作为纲领性政策文件的发布机构,其独立发文数量十分突出,而国务院办公厅作为国务院日常工作最重要的执行机构,其独立发文量与国务院基本相当,再次充分体现出国务院作为创业政策发文机构的引领和导向作用,同时也进一步体现出国务院与其下属各部委的法规层级关系:国务院作为国家最高权力机关的执行机关,主要负责发布纲领性政策文件,体现国家的总体政策导向和政策趋势,国务院下属各部委主要负责围绕纲领性政策出台配套性政策文件,各司其职。

从联合发文数量排序来看,财政部、人力资源和社会保障部、国家发展和改革委员会、教育部、工业和信息化部和国家税务总局名列前茅,其联合发文总量占全部联合发文量的45.28%。其中,值得一提的是财政部,其发文总量达99项,位居第二,仅次于人力资源和社会保障部,但其独立发文数量仅为2项,仅占发文总量的2%,其余全部为联合发文;另外,国家税务总局的联合发文量也远高于其独立发文量。这充分说明财政补贴及税收类政策通常要与其他类政策相配合,形成合力,共同作用于创业主体。而人力资源和社会保障部无论是联合发文、独立发文还是总发文量都位居前两名,再次说明该部门出台或参与出台了大量创业政策,是推进我国创业发展的核心机构。而国家发展和改革委员会、工业和信息化部以及教育部的联合发文和独立发文量也都比较靠前且排名不相上下,说明这些部委对创业政策的出台也起到了至关重要的作用。

二、府际关系研究基础

府际关系,即政策发文机构或政策主体之间的关系,包括各部门之间的配合、指导及协作关系等。公共政策可以划分为很多类别,而每一类都有其特定的政策对象和政策要素。同时,不同类别的政策之间、同一类别的不同政策之间,又有着明显的交互性,其涉及的政策要素往往交叉互联,你中有我,我中有你,而每个政策主体又有其职责权限的局限性,因此,某一类政策甚至某一个政策的制定和发布往往需要多个政策主体协作完成,因而在公共政策领域会出现复杂的府际关系。本节主要利用社会网络分析法中的中心性分析和网络密度分析等手段对创业政策发文机构之间的府际关系进行研究,并在此基础上利用 Ucinet 软件将分析结果进行可视化展示。

"中心性"是社会网络分析中一种重要的分析工具,目前,常用的中心性的分析方法主要有度中心性(degree centrality)和中介中心性(betweenness centrality)。在本书中,度中心性描述的是某个创业政策发布机构在整个创业政策府际关系网络中所具有的控制能力。如果一个创业政策发布机构与其他政策发布机构存在的联系越多,那么这个发文机构在整个网络中就越处于中心位置,也就是说这个发文机构在网络中拥有更多的控制权,是创业政策发布的主导者(肖潇、汪涛,2015)。具体说来,度中心性以中心点和其他点的联系为研究对象,这里指的是与某个发文机构直接相连的发文机构的数目。如果两个发文机构存在联合发文的情况,即代表两者直接相连。度中心性是衡量某个发文机构在整个府际关系网络中所处地位的指针,用来测量网络中发文机构的自身交互能力(殷沈琴等,2011),居于中心位置的发文机构往往比居于边缘位置的发文机构与其他发文机构的直接联系更多(沈建通、姚乐野,2009)。

中介中心性研究的是一个发文机构在多大程度上居于其他两个发文机构之间,测量的是发文机构对资源以及信息的控制程度(罗晓光、溪璐路,2012),体现的是某个发文机构在整个网络中的"中介"或"桥梁"作用。中介中心性越大,说明该发文机构控制其他发文机构间交往的能力越大,该发文机构的变动对整个网络的影响就越大。反之,中介中心性越小,说明该发文机构控制其他发文机构间交往的能力也就越小,该发文机构的变动对整个网络的影响就越小(邵云飞等,2009)。

网络整体密度指所有创业政策的发文机构彼此之间的联系程度,即所有发文机构互动联系的平均程度(徐军海等,2020)。这里,网络密度以网络中发文机构间实际拥有的连接数与最多可能拥有的连接数的比例来表示,即"发文机构实际存在的关系总数"和"理论上发文机构最多可能存在的关系总数"的比值。因此,网络密度的取值范围是[0,1],府际关系网络的密度越高,越接近1,则说明网络中各发文机构间的联系越紧密,信息在各发文机构间流通的速度和效率就越高,发文机构之间交流的通道越顺畅(孔德意,2021)。也就是说,在一个弱府际关系网络中,各发文机构间的联系不紧密,相互联系较少,这可能会导致发文机构之间信息交流不畅,阻碍他们之间的协作和共同发文;而对于一个强府际关系网络来说,各发文机构之间的联系紧密,其信息流通、合作发文等都会变得比较顺利和容易,也易取得更好的合作效果(潘峰华等,2013)。

三、创业政策府际关系网络特征分析

随着国家对创业行为的重视程度不断增加,越来越多的国家部门参与到创业政策的制定当中,联合发文情况越来越多,有的创业政策的发文机构甚至达到了十几个。创业政策内容既体现了不同部门各自的核心工作内容,同时又体现出不同部门之间的协作配合,联合发文更是体现出创业政策涉及面广、综合性强的特点。

本节运用社会网络分析方法,先在整理得出的470项国家级创业政策文本中提取出91个政策主体,建立加权关系矩阵。接着,运用 Ucinet 软件对该加权关系矩阵进行分析,得到创业政策府际关系的网络结构图(见图3.3)。图3.3中的节点表示发文机构,节点越大,说明与其联合发文的机

构和频次越多,节点之间的连线表示两者有过联合发文,连线越粗,表示两个机构联合发文的频次越多。

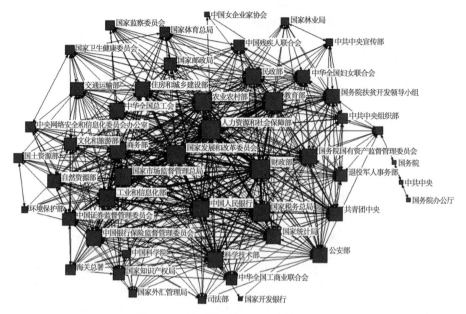

图 3.3　创业政策府际关系网络结构图

（一）网络中心性分析

我们先对创业政策的发文机构进行中心性分析。根据研究需要,本节主要通过度中心性和中介中心性来分析创业政策发文机构的网络中心性（network centralization）。

利用 Ucinet 软件对创业政策发文机构的度中心性进行测量,如果创业政策的发文机构的度中心性较高,说明该发文机构在所有创业政策发文机构中处于中心位置,起着非常重要的作用。结果如图 3.4 所示,其中人力资源和社会保障部以及财政部的度中心性最大,为 43,说明这两个部门在参与创业政策的制定中与其他部门的合作能力以及在网络中的影响力是最强的,不但联合发文较多,而且合作的机构较多。由图 3.3 也可以看出,这两个节点处于网络的核心地位,并且与其他发文机构存在众多协作关系,属于联合发文的第一梯队。此外,教育部、国家发展和改革委员会、国家税务总局、中国人民银行、农业农村部和国家市场监督管理总局也具有较高的度中心性,虽然这些部门的独立发文并不多,但其联合发文能力非常突出,其处于网络的次中心地位（见图 3.3）。这主要是由这些部门的职能性质决定的,说明他们的工作内容更需要与其他部门相互配合,形成合力。另外,中心势能够说明整个网络的合作活跃度情况。此网络中,度中心性对应的中心势为 43.10%(见图 3.4),说明网络的总体合作水平偏弱,较强的合作能力主要体现在少数一些机构之间。

		1 Degree	2 NrmDegree	3 Share
1	人力资源和社会保障部	43.000	82.692	0.038
2	财政部	43.000	82.692	0.038
3	教育部	41.000	78.846	0.036
4	国家发展和改革委员会	40.000	76.923	0.035
7	国家税务总局	38.000	73.077	0.033
11	中国人民银行	37.000	71.154	0.033
12	农业农村部	37.000	71.154	0.033
15	国家市场监督管理总局	37.000	71.154	0.033
5	工业和信息化部	36.000	69.231	0.032
16	民政部	34.000	65.385	0.030
14	商务部	34.000	65.385	0.030
6	科学技术部	33.000	63.462	0.029
....	....	....	....	....
8	国务院	2.000	3.846	0.002
49	国家开发银行	2.000	3.846	0.002
9	国务院办公厅	1.000	1.923	0.001

Network Centralization = 43.10%
Heterogeneity = 2.57%. Normalized = 0.70%

Actor-by-centrality matrix saved as dataset FreemanDegree

图 3.4 府际关系网络度中心性测量结果

同样利用 Ucinet 软件对创业政策发文机构的中介中心性进行测量,结果如图 3.5 所示。其中,中央军事委员会所表现出来的中介中心性最大,其次是国务院。说明这两个部门在网络中的中介能力非常突出,拥有很大的权力,对其他主体的控制能力很强。配合图 3.3 进行辅助分析,我们发现网络右侧边缘出现了一个相对独立的紧密群集,由国务院、中共中央和国务院办公厅组成,说明其在网络中几乎不与其他发文机构发生联系。通过对表 3.3 和这三个部门的具体发文进行研读,这种情况得到了进一步验证。在 470 份国家创业政策文本中,国务院仅与中共中央有过 6 次联合发文,与中央军事委员会有过 1 次联合发文①,而国务院办公厅仅与中共中央有过 3 次联合发文,因此国务院和国务院办公厅分别与中共中央

---

① 此处所指为《国务院 中央军委关于加强退役士兵职业教育和技能培训工作的通知》(国发〔2010〕42 号)。

连接,这三个主体依靠中央军事委员会与整个网络相连。发文机构网络中出现这种紧密群集现象主要是由这几个政策主体的性质、地位和法规层级决定的,从侧面反映出他们与其他发文机构的区别,也为本研究在后续研究中将国务院办公厅单独设置为一个法规层级提供了依据。另外,人力资源和社会保障部、财政部、教育部的中介中心性也比较高,说明他们在该网络中的桥梁作用比较突出,对其他主体的合作发文起到了很大的联结作用。此外,中介中心性对应的中心势为 9.13%(见图 3.5),数值非常低,即该网络主体之间对应的中介节点并不多,说明网络中大多数政策主体之间的连接并不需要其他主体作为媒介。

```
                          1          2
                   Betweenness  nBetweenness
                   -----------  ------------
50     中央军事委员会       135.000     10.181
 8     国务院              92.000      6.938
 1     人力资源和社会保障部   74.920      5.650
 2     财政部              61.989      4.675
 3     教育部              60.242      4.543
23     中共中央            47.000      3.544
 6     科学技术部           38.313      2.889
 7     国家税务总局          35.923      2.709
 4     国家发展和改革委员会    30.170      2.275
......
```

Network Centralization Index = 9.13%

Output actor-by-centrality measure matrix saved as dataset FreemanBetweenness

图 3.5　府际关系网络中介中心性测量结果

(二)网络密度分析

对创业政策的发文机构进行网络密度分析,结果如图 3.6 所示。网络密度为 0.4122,说明整个网络的连接程度处于中等偏弱状态,各发文机构存在一定的合作关系,但合作并不十分紧密,或者说具有普遍合作关系的主体并不多。此外,均方差为 0.4922,说明整个网络的离散度不高。合作关系一般,离散度又不高,说明网络中的政策主体间可能存在紧密群集现象,即紧密群集内部关系紧密,但在外部与整个网络联系并不紧密,正是这些紧密群集的存在降低了网络密度。前面我们已经对紧密群集现象进行了讨论,这里不再赘述。

Relation: Sheet1

Density (matrix average) = 0.4122
Standard deviation = 0.4922

Use MATRIX>TRANSFORM>DICHOTOMIZE procedure to get binary image matrix.
Density table(s) saved as dataset Density
Standard deviations saved as dataset DensitySD
Actor-by-actor pre-image matrix saved as dataset DensityModel

图3.6　创业政策府际关系网络密度

第三节　创业政策供给法规层级分析

由于不同创业政策文本的发文机构不同,法规层级也不尽相同,而不同法规层级的政策文件其政策的效力和影响力有很大区别。例如,同一政策工具在国务院文件中提及和在其他部委文件中提及,其作用和影响力都是不同的,也说明国家对该项政策工具的重视程度不同。因此,有必要对创业政策的法规层级进行分析。

从政策类别的角度看,470项创业政策文本中,包含"法律"7项,"纲要"1项,"条例"7项,"公告"4项,"指引"3项,"规定"2项,"办法"1项,以及报告、答复、函、通报等7项,其余均为"意见"或"通知"(共有438项,占比为93%以上)。从政策发布部门来看,包括"全国人民代表大会常务委员会"发布的政策文本7项,"中共中央"或"国务院"发布的政策文本45项,"国务院各部委"发布的政策文本418项。其中,值得一提的是,国务院办公厅是国务院日常工作最重要的执行机构,是国务院经常事务性工作的管理部门,也是国务院政令法规的发出部门。虽然其与国务院其他各部委属于平级关系,但国务院办公厅发文的效力和影响性实际上要略强于其他部门,而且该部门一般独立发文,这也说明其与国务院其他各部委存在一定区别。因此,本书将"国务院办公厅"发布的40项创业政策文本单独作为一个法规层级进行研究。

因此,兼顾政策法规层级的规范性和多层次性,结合政策类别和政策发布机构两方面考虑,本书将我国创业政策文本分为四个层级:以全国人民代表大会常务委员会发布的法律文件为载体的创业政策,以中共中央或国务院发布的纲要、条例、意见或通知为载体的创业政策,以国务院办公厅发布的意见或通知为载体的创业政策,以及国务院各部委发布的创业政策,具体如表3.4所示。

（一）以法律为载体的创业政策

以法律为载体的创业政策是所有创业政策中法律效力最高的一类。这类创业政策具有鲜明的特征，其规范性、权威性和约束性都明显强于其他级别的创业政策。正是由于这个原因，这类政策的制定和发布都要慎之又慎。目前我国与创业相关的法律文本只有 7 项，并且这些法律文本都只针对于创业的某个要素或某个群体，目前还没有覆盖面大、适用范围广的综合性创业法律文件出台。

（二）以中共中央或国务院发布的纲要、条例、意见或通知为载体的创业政策

这类政策是由中共中央或国务院制定的，通常以"纲要""条例""通知""意见"等多种形式出现。这些法规的法律效力及约束力与第一层级相比有所减弱，是对法律的补充，尤其是"纲要""条例"等在成熟的情况下会被补充进法律，其地位仅次于法律。此类创业政策的主要特点是具有很强的规范性、权威性，在实践检验中被证实是行之有效的，且大多属于纲领性或标志性文件，对于国务院下属各部委以及地方政府来说属于导向性、引领性政策文件。相对于第一层级政策而言，这一类的创业政策涉及的层面更为具体，其数量明显增加，占创业政策总量近 10%，而且其针对性大大加强，与创业主体和创业行为之间具有强关联性，在我国创业政策文本中处于核心地位。

表 3.4　我国国家级创业政策法规层级

发文机构	政策类型	数量/项	占比/%	政策文本部分列举
全国人民代表大会常务委员会	法律	7	1.49	《中华人民共和国科学技术进步法》（2007年修订） 《中华人民共和国促进科技成果转化法》（2015年修订） 《中华人民共和国就业促进法》（2015年修正） 《中华人民共和国中小企业促进法》（2017年修订） 《中华人民共和国残疾人保障法》（2018年修正） 《中华人民共和国企业所得税法》（2018年修正） 《中华人民共和国退役军人保障法》（2020）

发文机构	政策类型	数量/项	占比/%	政策文本部分列举
中共中央或国务院	纲要、条例、意见、通知等	45	9.57	《国家创新驱动发展战略纲要》(2016) 《融资担保公司监督管理条例》(2017) 《人力资源市场暂行条例》(2018) 《中华人民共和国企业所得税法实施条例》(2019年修订) 《优化营商环境条例》(2019) 《关于进一步做好新形势下就业创业工作的意见》(2015) 《关于大力推进大众创业万众创新若干政策措施的意见》(2015) 《关于强化实施创新驱动发展战略进一步推进大众创业万众创新深入发展的意见》(2017) 《关于推动创新创业高质量发展打造"双创"升级版的意见》(2018)等
国务院办公厅	意见、通知等	40	8.51	《国务院办公厅关于金融支持小微企业发展的实施意见》(2013) 《国务院办公厅关于做好2014年全国普通高等学校毕业生就业创业工作的通知》(2014) 《国务院办公厅关于同意建立推进大众创业万众创新部际联席会议制度的函》(2015) 《国务院办公厅关于印发促进科技成果转移转化行动方案的通知》(2016) 《国务院办公厅关于建设大众创业万众创新示范基地的实施意见》(2016) 《国务院办公厅关于支持返乡下乡人员创业创新促进农村一二三产业融合发展的意见》(2016) 《国务院办公厅关于深化商事制度改革进一步为企业松绑减负激发企业活力的通知》(2020)等

（续表）

发文机构	政策类型	数量/项	占比/%	政策文本部分列举
国务院各部委	意见、通知等	378	80.43	《劳动和社会保障部关于进一步推动再就业培训和创业培训工作的通知》(2003) 《创业投资企业管理暂行办法》(2005) 《国家发展改革委关于配合财税部门做好创业投资企业税收优惠政策实施工作的通知》(2007) 《人民银行 财政部 人力资源和社会保障部关于进一步改进小额担保贷款管理积极推动创业促就业的通知》(2008) 《教育部关于大力推进高等学校创新创业教育和大学生自主创业工作的意见》(2010) 《财政部关于印发《小微企业创业创新基地城市示范工作绩效管理暂行办法》的通知》(2017) 《关于进一步做好创业担保贷款财政贴息工作的通知》(2018) 《人力资源社会保障部 财政部 农业农村部关于进一步推动返乡入乡创业工作的意见》(2019)
合计		470	100	

（三）以国务院办公厅发布的意见或通知为载体的创业政策

国务院办公厅是国务院日常工作最重要的执行机构,是国务院经常事务性工作的管理部门,也是国务院政令法规的发出部门。第一,国务院办公厅发文的范围和效力都要弱于国务院发文;第二,国务院办公厅发文的针对性更强,内容更加具体;第三,虽然国务院办公厅与国务院其他各部委属于平级关系,但国务院办公厅发文的效力和影响性实际上要略强于其他部门,而且该部门一般独立发文。因此,国务院办公厅的政策文件在国务院和国务院各部委之间起到了很好的承上启下的桥梁作用。470项创业政策文本中,国务院办公厅发文量与国务院发文量基本相当。

（四）国务院各部委发布的创业政策

这类创业政策一般是由国务院下属各行政部门制定并发布的,因此属于部门规章的范畴,"意见""通知""办法"等是这些部门规章较为常见的表现形式,其效力明显弱于国务院出台的行政法规,属于纲领性政策的配套政策。相对于前几类创业政策而言,这一类的创业政策涉及的层面最为具体,针对性最强,数量也最多,约占创业政策总量的80%。这类政策文本在内容上体现得更加具体,是以法律为载体的创业政策、国务院及国务院办公厅发布的创业政策的进一步细化,其重点关注的是各类创业政策的具体落实和实施。这类创业政策在规范化与法律效力方面不及上述几类政策文件,但其在灵活性和针对性方面又具有上述几类政策所不具备的特点,因此在具体实施方面更具优势。

综上所述,本书将我国国家层面的创业政策文本主要分为四个法规层级,它们相互配合、相辅相成。

第四节　创业政策供给时序面分析

一、国家创业政策时序分析

深入剖析创业政策的时序发展趋势,有助于更好地理解创业政策的发布背景、政策的推进路径以及政策的面向对象,从而为创业政策的主题演进和阶段性分析提供依据。本节对创业政策进行时序分析,主要从历年创业政策发文的数量入手,暂不涉及政策文本的内容和主题。创业政策文本的历年发文量统计如图3.7所示。

由图3.7可以看出,受国家政策、经济发展及就业环境的影响,我国国家级创业政策在时序上呈现出波浪式上升的发展态势。2014年以前,我国创业政策发展比较平稳,虽偶有回落,但基本是稳中有升。从2015年开始,我国创业政策呈现出明显的激增趋势,仅2015年一年的创业政策数量就比2014年的政策数量翻了一倍还多。因此,从总体上来看,我国创业政策呈现S形增长趋势,即渐进式与激增式相结合的发展趋势。

2005年我国创业政策年发布量首次突破个位数,之后一系列促进中小企业发展的政策陆续出台。2007年"以创业带动就业"的政策方针被明确提出,进而社会效应和政策效应交替促进,加之2008年全球金融危机的深度影响,造成我国创业政策在2009年出现再次激增,首次突破20项。

2013年10月,中共中央在国务院常务会议上正式提出创新创业的号

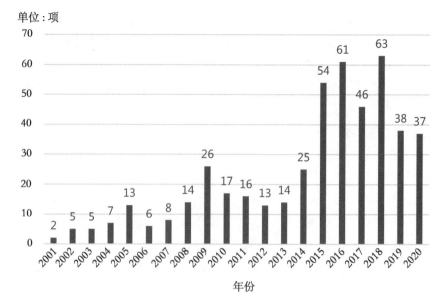

单位：项

图 3.7　中国创业政策时序走势图

召(李良成等，2019)；2014 年 9 月，"大众创业，万众创新"的号召首次提出；2015 年 4 月《国务院关于进一步做好新形势下就业创业工作的意见》出台；同年 6 月，具有里程碑意义的《国务院关于大力推进大众创业万众创新若干政策措施的意见》正式发布。至此在全国范围内掀起了一股创新创业的风潮，此后的几个月里国务院各部委的配套政策相继出台，迎来了我国创业政策文本发布的又一高峰。在 2015 年之后的几年中，我国创业政策文本数高位波动，平均每年发文量近 50 项。"双创"逐步成为国家战略，创新创业也成为近年来我国政府转型发展的热点问题，奠定了中国未来一段时期创业发展的基本导向。

二、地方创业政策时序分析

对于地方创业政策的发文数量进行分析，如图 3.8 所示，在 5533 项地方创业政策中，江苏省、广东省、山东省、浙江省和福建省位居前五位，此东南五省合计发文总量占所有地方创业政策文本量的 36%，占比高于 1/3，可见此五省是我国名副其实的创业政策供给大省。另外，上海、北京、天津三个直辖市近 20 年的创业政策发文量分别为 161 项、156 项和 149 项，相当可观。根据李守伟(2021)对我国 2013—2018 年创新创业活跃度的测量和研究，北京、广东、浙江、江苏、天津、福建以及上海这 7 个地区是我国创新创业活跃度最高的一类地区，这些地区的个体创业、企业创业、资金投入、人才投入、专利产出、新产品和技术交易等分类指数均高于其他地区，也是对国家创业政策响应度和运用度最高的地区。因此，不难看出，创业活跃度越高的地区其创业政策的发布量也越多，创业政策为创业活动提供了必要的政策基础及保障，而创业活动实践也进一步促进相关政策的修订、调整和发布，两者既互为动力又互为结果，形成良性发展机制。

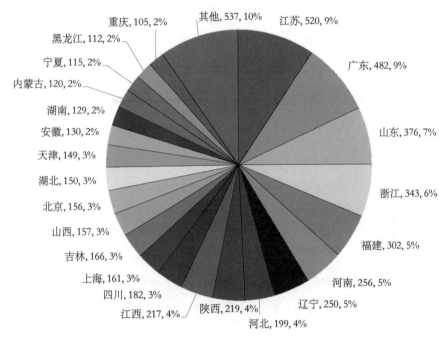

图3.8　2001—2020年地方创业政策发文数量统计

　　将我国国家及地方创业政策按照发布年份进行对比分析，如图3.9所示。从图3.9可以看出，我国地方创业政策发文量有四个明显的"突点"，分别出现在2003、2006、2009和2015年。利用图3.8我们知道，我国地方创业政策的总体发文量主要受江苏省、广东省、山东省、浙江省和福建省这东南五省的影响，但在每个具体年份内，在发文数量上起主导作用的地区又有所差异。经过对各地区历年创业政策发文数量的横纵交叉对比分析发现，2003年地方政策总体发文量的激增主要受广东、江苏、浙江、安徽、河北等省份发文数量影响；2006年政策发文量的激增则主要来自广东、江苏、浙江、安徽、河北、河南、四川、山西、湖北、吉林等多个省份的共同贡献。可见，此时的地方创业政策呈现出"百花齐放"的局面。

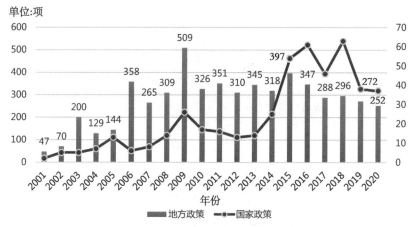

图 3.9 我国地方创业政策与国家政策时序走势对比图

一般来说,政策的扩散有三种情况:第一种是自上而下的扩散,即由中央到地方的扩散,一旦较高层次政策法规出台,往往需要各地区出台更具操作性的细则、解释或具体规定配套施行;第二种是自下而上的扩散,即由地方到中央的扩散,当部分试点地区的规范性文件和地方法规行之有效,则会被中央的某个行政机关所吸收采纳,并以国家级政策文本的形式进行发布和推广;第三种是平行扩散,即由地方到地方的扩散,当某个地区出台的政策在实践中产生良好的效果时,其他地区政府部门则会主动学习和借鉴,并在本地区也出台类似政策(王班班等,2020;王浦劬、赖先进,2013)。如图 3.9 所示,2008 年以前,创业政策还未正式进入公众视野,而地方创业政策的发布已经出现两次"突点",说明在这一期间,我国创业政策主要以平行扩散形式为主,并伴随着隐形的自下而上的扩散趋势。2008 年,全球金融危机爆发,就业市场出现恐慌,我国中央及地方政府积极应对;同时,之前自下而上的扩散效应经过一段时间的累积蓄势待发。因此,在 2009 年,在上述两个主要原因的作用下,国家和地方政府都出台了大量就业创业政策,使得这一年成为创业政策发文数量的又一"突点"。在之后的几年里,我国创业政策的扩散方式转变为三种方式并行的形式,因此,这一时期国家和地方层面的创业政策都表现为比较平稳的发展态势。直到 2015 年,随着众多国家级创业政策的强势出台,国家层面创业政策的增长趋势明显超过地方政策,在国家级创业政策的带动下,全国各地方政府积极响应,形成了典型的自上而下的扩散趋势。

第四章　创业政策供给阶段性演进分析

面对庞大的创业政策文本库，有必要弄清楚我国近 20 年来创业政策的热点议题及演进逻辑，这也是后续进行政策工具分析的重要基础。考虑到创业政策的权威性，为了避免地方创业政策带来的噪声干扰，本书将 470 份国家层面的创业政策文本作为研究重点：一方面，通过构建政策引文网络测量创业政策的力度并识别核心创业政策；另一方面，构建中国创业政策主题词库，并参考 20 年来中国创业发展的重要事件，从历史沿革的时序角度出发，结合对核心及纲领性政策文件的具体研读，对我国创业政策的发展阶段进行划分，并从政策主题和政策力度双视角分析我国创业政策的各阶段演进特征，对我国创业政策的演进过程进行规律性研判。

第一节　核心创业政策识别

核心政策是指政策体系中重要程度较高、政策力度较大，并对后续政策乃至整个政策体系有着深远影响的政策（Magro & Wilson，2013）。核心政策的识别，有助于政策实施对象对政策意图的理解，辅助企业战略决策。同时，因为核心政策的前瞻性及引领性作用将在一定时期内影响着其他政策发文主体的政策方向、政策内容和政策数量，因而可能在一定程度上影响整个政策体系发展演进的方向，因此其对政策体系演进分析来说具有相当重要的作用（Rogge & Reichardt，2016）。

一、政策引文网络构建

许多政策在政策制定的过程中以其他已有政策为依据，并参考了其他相关政策的内容，本书将这种现象称为政策的引文关系，政策之间的引文关系构成了政策引文网络。以往有学者利用引文分析进行文献之间的关系跟踪，并识别影响某个领域发展的核心文献（Ruhl et al.，2017；黄萃等，2015；Abbasi et al.，2012）。因此，受这个思路的启发，本节将根据创业政策之间的引用关系构建创业政策引文网络，通过对各种网络参数的分析识别出中国创业政策体系中的核心政策。这种分析方法能够更加高效、客观地对政策文本进行分析，为后续创业政策的阶段性演进分析提供锚点，从而减少定性分析中对专家知识和经验判断的依赖性（刘云等，2014；李政等，2018）。

本书先对 470 份创业政策文本进行数据清洗。因为我们的目标是在 470 份政策文本中识别核心政策，因此我们的政策引文网络仅限于展示这 470 份创业政策之间的引用关系，而对 470 份政策之外的其他政策的引用暂不考虑。通过对部分创业政策的研读，我们发现它们在相互引用中存在如下特点：第一，不同政策在引用其他相关政策时，其标题的引用方式可能与被引政策的原标题有所出入，被引政策原标题的发文机构通常会被省略或缩写；第二，创业政策的标题中存在部分二重标题的情况，即外层标题套内层标题，例如，《人事部关于印发〈留学人员创业园管理办法〉的通知》《关于印发〈中国青年创业行动工作目标考核标准〉的通知》等，这类政策多为印发或转发文件，这类政策在被引用时通常只引用内层标题；第三，有些政策被引用时，其发文编号并没有一同被引用，因此根据发文编号来识别引文也是不妥的。综合上述创业政策文本的引用特征，我们既不能根据政策文本的现有标题直接进行引文识别，也不能根据发文编号进行引文识别，因而要对创业政策文本的现有标题进行一定的预处理。

首先，对于标题中存在二重标题的情况，我们提取内层标题作为政策名称。例如前文提到的《人事部关于印发〈留学人员创业园管理办法〉的通知》，提取《留学人员创业园管理办法》作为其政策名称。值得注意的是，对于少量非印发转发类的含有二重标题的政策文本，虽然其核心要义不是内层标题所指向的政策文件本身，而是对内层政策文件的进一步加强、深化或拓展，但其内容与内层政策联系非常紧密，有着一定的代际关系，可以看作内层政策的同宗文件，因此为了提高研究的可行性和研究效率，本书将其视为内层文件的同名文件处理。例如《国家经贸委关于做好〈中华人民共和国中小企业促进法〉学习宣传贯彻实施工作的通知》（简称《通知》），其虽然并不是《中小企业促进法》本身，但可以看作《中小企业促进法》的同宗文件，对《通知》的引用即可视为对《中小企业促进法》的引用，而《通知》中对其他政策文件的引用也可视为是《中小企业促进法》对其他政策文件的引用。因此在构建引文网络时，可以将两者政策名称都统一为《中华人民共和国中小企业促进法》，并设置为一个键值，但该键值所指向的内容为两个独立的政策文本。这样做不但能提高研究的可行性和研究效率，也能使创业政策引文网络更加紧凑,更有助于突出表现引文网络的核心特征。

其次,剔除标题中的发文机构信息。根据创业政策名称的特点,剔除名称中"关于"之前的内容,对于名称中存在多个"关于"的情况,只保留最后一个"关于"及其后面的内容。例如对于《劳动和社会保障部、国家发展计划委员会、国家经济贸易委员会、监察部、财政部、建设部、中国人民银行、国家税务总局、国家工商行政管理总局、中央机构编制委员会办公室、中华全国总工会关于贯彻落实中共中央、国务院关于进一步做好下岗失业人员再就业工作的通知若干问题的意见》,提取《关于进一步做好下岗失业人员再就业工作的通知若干问题的意见》作为政策名称。若名称中存在(××××年修订)或(××××年)的年份标记,则将其去除,例如对于《中华人民共和国就业促进法(2015 年修正)》,提取《中华人民共和国就业促进法》作为政策名称。

经上述处理后,我们得到 455 个相互独立的政策名称,每个名称下对应的政策文本可能不唯一,政策文本总数仍为 470 项。对于清洗后的政策文本,我们以字典的形式保存,其中政策名称保存为键值,而每个政策名称下对应的政策文本被保存为一个列表,同一个政策名称下含有不同政策文本时,每个政策文本即为列表中的一项信息,在进行引文识别时将每个列表中的不同政策文本视为一个独立的个体,但其产生的引用关系我们把它关联到同一个政策名称下。

再次,进行引文关系识别。遍历所有的政策名称下的所有政策文本,再对每一项政策文本遍历所有的政策名称。若政策名称 a 下的政策文本 a1 中包含了和 a 不相同的政策名称 b 和 c,政策名称 a 下的政策文本 a2 中包含了和 a 不相同的政策名称 d,则认为政策 a 引用了标题分别为 b、c、d 的三篇政策,则以关系边(a,b)、(a,c)、(a,d)的形式保存下来。例如《关于建设大众创业万众创新示范基地的实施意见》的政策文本中包含了《关于大力推进大众创业万众创新若干政策措施的意见》《中华人民共和国促进科技成果转化法》和《高新技术企业认定管理办法》这三个政策名称,则认为第一个政策引用了后三个政策。按照这样的方式,将所有的关系识别并保存下来,即得到了引文网络的关系数据,由此构建出政策引文关系网络。

最后,借助 Gephi 软件对创业政策引文网络进行可视化展示并计算网络相关数据。该引文网络的基本信息如表 4.1 所示。创业政策引文网络共有 238 个节点、256 条边,意味着整个网络发生了 256 次引用行为,涉及 238 个政策文本,其中 180 篇政策文本存在引用其他文件的行为,93 篇政策文件被其他文件引用过。另外注意到，创业政策引文网络包括 16 个子网，其中最大子网节点数为 153，也就是说其余的 15 个子网只包含 85 个节点。这说明，中国创业政策引文网络以一个最大子网为核心，以 15 个子网为辅助。为了提高分析的效率和效果，并在较为繁杂庞大的创业政策引文体系中准确地识别出核心政策文本，本书重点分析创业政策引文网络的最大子网。

表 4.1　创业政策引文网络基本信息

整体网络		最大子网	
节点数	238	平均度	1.196
边数	256	平均加权度	1.196
引用节点	180	网络直径	5
被引节点	93	密度	0.008
子网数	16	模块 Q	0.778
最大子网节点数	153	聚集系数	0.046
最大子网边数	183	平均路径长度	1.5

二、引文网络特征分析与核心政策识别

利用社会网络分析法中的度中心性、中介中心性和特征向量中心性等网络参数分析创业政策引文网络的特征，识别核心政策。图 4.1～图 4.3 分别描绘了创业政策引文网络最大子网的度中心性、中介中心性和特征向量中心性。图中的节点代表创业政策，节点越大说明政策的中心性越高，即政策越重要，连线为有向线段，从引用政策指向被引政策。因此，我们可以依据对这些中心性指标的综合分析，找出创业政策体系中的核心文本。

度中心性刻画的是一个创业政策被其他政策直接引用的频次。如果某个政策文本被其他很多政策都直接引用过，那么该政策的度中心性就越高，说明这个政策在网络中越处于中心地位。如图 4.1 所示，在创业政策引文网络中，《中华人民共和国中小企业促进法》《创业投资企业管理暂行办法》《关于进一步做好新形势下就业创业工作的意见》《关于大力推进大众创业万众创新若干政策措施的意见》《中华人民共和国促进科技成果转化法》《关于支持农民工等人员返乡创业的意见》和《中华人民共和国企业所得税法》处于网络的核心地位，通过分析图中连线的箭头方向可以发现，这些政策主要是作

为被引用政策出现在引文网络中,说明他们被其他政策引用的频次较多,即说明它们对其他政策的制定具有重要的参考价值。

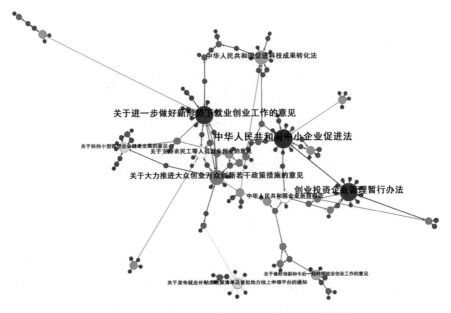

图 4.1　创业政策引文网络(最大子网)度中心性网络图

中介中心性刻画的是某一个政策处于其他两个政策引用最短路径上的次数。也就是说,一个政策的中介中心性越高,意味着该政策在引文网络中经常充当其他两个政策联系的媒介,即代表了这一政策对网络内信息流动和传递的控制能力较强(Chung & Hossain,2009),如果该政策不存在了,则很可能增加其他政策间相互联系的困难。例如,创业政策 a 引用了政策 b,政策 b 又引用了政策 c,那么政策 b 即为政策 a、c 之间的媒介,可以理解为政策 a 通过政策 b 对政策 c 进行了间接引用,如果政策 b 不存在了,那么政策 a 和 c 之间的关系也就被切断了,因此政策 b 的中介作用对于整个引文网络的构建具有重要作用。如图 4.2 所示,《创业投资企业管理暂行办法》《关于建设大众创业万众创新示范基地的实施意见》《关于支持农民工等人员返乡创业的意见》《中华人民共和国企业所得税法》《关于支持返乡下乡人员创业创新促进农村一二三产业融合发展的意见》和《高新技术企业认定管理办法》依次为中介中心性较高的几项创业政策,说明它们在政策网络中具有很强的媒介作用。

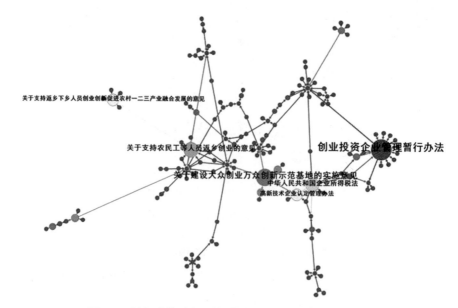

图 4.2 创业政策引文网络（最大子网）中介中心性网络图

引文网络中政策的特征向量中心性是其相邻政策的中心性的函数，其刻画的是一个政策在整个引文网络中的影响度，即如果引用该政策或被该政策引用的政策越重要，那么该政策的重要性也就越高。换言之，创业政策引文网络中可能存在这样的一些政策节点，它们在网络中并没有与很多政策直接发生引用关系，也没有很强的中介作用，但与其具有引用关系的邻居政策的重要性都很高，因此该政策也具有很高的重要性。因此，特征向量中心性可以反映出某一创业政策相邻节点的重要性。在图 4.3 中，《高新技术企业认定管理办法》《中华人民共和国残疾人保障法》《中华人民共和国企业所得税法》《中华人民共和国中小企业促进法》《关于进一步做好新形势下就业创业工作的意见》和《外商投资创业投资企业管理规定》具有较高的特征向量中心性，说明与它们发生引用关系的政策具有较高重要性，那么它们在政策网络中也具有一定的重要地位，这点从这些政策的法规层级也可窥见一斑。

上述引文关系网络的特征指标从不同角度测量了创业政策的力度。通过对三个指标的综合分析，我们可以将上述在各指标中表现突出的核心政策分为三个梯队（见表 4.2）：第一梯队的核心政策为三个中心性指标均排名前十的创业政策，其政策力度最大，因此，可以认为《创业投资企业管理暂行办法》和《中华人民共和国企业所得税法》是我国近 20 年来最为重要的两项创业政策。第二梯队的核心政策为三个中心性指标中有两个排

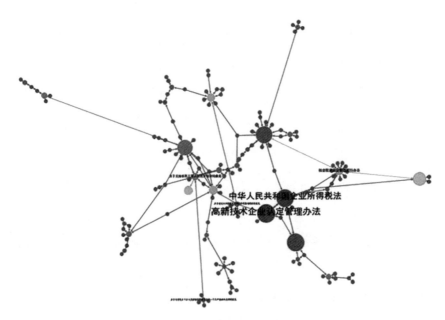

图 4.3　创业政策引文网络（最大子网）特征向量中心性网络图

名前十的创业政策，如《中华人民共和国中小企业促进法》《关于进一步做好新形势下就业创业工作的意见》等六项创业政策，它们的政策力度较第一梯队稍弱。第三梯队的核心政策为三个中心性指标中只有一个排名前十的创业政策，如《关于扶持小型微型企业健康发展的意见》《关于发布就业补贴类政策清单及首批地方线上申领平台的通知》等 14 项政策，其政策力度较第二梯队继续下降。至此，我们在 470 份创业政策文本中识别出了22 项核心政策。值得注意的是，在这 22 项核心创业政策中，有 4 项为国家立法机构颁布的法律文件，有 9 项为国务院及其办公厅出台的各项意见，说明核心创业政策的法律层次总体较高。

表 4.2　核心创业政策及其中心性指标

重要度	核心政策名称	度中心性	中介中心性	特征向量中心性
第一梯队	《创业投资企业管理暂行办法》	14.000000**	0.001133**	0.273935**
	《中华人民共和国企业所得税法》	8.000000**	0.000654**	0.952359**

（续表）

重要度	核心政策名称	度中心性	中介中心性	特征向量中心性
第二梯队	《中华人民共和国中小企业促进法》	15.000000**	0.000000	0.888247**
	《关于进一步做好新形势下就业创业工作的意见》	14.000000**	0.000000	0.794431**
	《关于大力推进大众创业万众创新若干政策措施的意见》	11.000000**	0.000000	0.304301**
	《中华人民共和国促进科技成果转化法》	10.000000**	0.000000	0.291693**
	《关于支持农民工等人员返乡创业的意见》	8.000000**	0.000741**	0.198285
	《高新技术企业认定管理办法》	5.000000	0.000523**	1.000000**
第三梯队	《关于扶持小型微型企业健康发展的意见》	7.000000**	0.000000	0.118917
	《关于发布就业补贴类政策清单及首批地方线上申领平台的通知》	7.000000**	0.000000	0.000000
	《关于做好当前和今后一段时期就业创业工作的意见》	6.000000**	0.000000	0.106309
	《残疾人职业技能提升计划》	5.000000	0.000261**	0.148567
	《关于建设大众创业万众创新示范基地的实施意见》	5.000000	0.000871**	0.086534
	《关于支持返乡下乡人员创业创新促进农村一二三产业融合发展的意见》	5.000000	0.000523**	0.050434
	《中小企业发展专项资金管理办法》	5.000000	0.000174**	0.050434
	《中华人民共和国残疾人保障法》	4.000000	0.000000	0.957025**
	《外商投资创业投资企业管理规定》	4.000000	0.000000	0.626921**
	《关于创业投资企业和天使投资个人有关税收政策的通知》	4.000000	0.000174**	0.037825
	《关于推行终身职业技能培训制度的意见》	3.000000	0.000174**	0.055875
	《关于建设第二批大众创业万众创新示范基地的实施意见》	2.000000	0.000261**	0.012608
	《关于建立大众创业万众创新示范基地联系协调机制的通知》	2.000000	0.000261**	0.012608
	《关于对小微企业免征有关政府性基金的通知》	1.000000	0.000000	0.343827**

注：**表示该政策在该中心性指标中位居前十。

第二节　创业政策主题词库构建

本书将从主题词共现网络和政策力度两方面分析我国创业政策阶段性演化特征。在构建主题词共现网络之前先要构建创业政策主题词库，本节即完成这项工作。

一、创业政策主题词识别

由于目前我国没有公共的政策词库，故使用通用的中文词库（jieba 词库）进行初步分词及词频统计等试探性分析，统计结果如表 4.3 所示。

表 4.3　创业政策文本主题词初步提取及词频统计（示例）

主题词	词频	主题词	词频	主题词	词频	主题词	词频	主题词	词频
企业	14 836	培训	4 473	信息	3 763	职业	2 762	落实	2 372
创业	11 215	建设	4 215	资源	3 438	投资	2 718	鼓励	2 357
服务	10 699	技术	4 215	高校	3 334	教育	2 713	完善	2 347
就业	9 039	支持	4 198	毕业	3 144	项目	2 662	相关	2 329
发展	7 106	管理	4 162	人员	2 988	实施	2 584	政府	2 314
创新	7 046	科技	4 068	毕业生	2 970	机制	2 546	推动	2 305
工作	6 537	国家	4 063	产业	2 869	市场	2 472	改革	2 302
社会	4 665	小企业	3 945	组织	2 832	平台	2 470	人才	2 268
政策	4 595	机构	3 849	保障	2 799	提供	2 429	经济	2 068
部门	4 531	中小企业	3 816	建立	2 790	推进	2 379	劳动	2 017

创业政策作为政策的一个分类，其行文方式和措辞都有着鲜明的特点，如果完全依赖于通用词库，则分词后得到的主题词比较孤立，且每个词的含义过于宽泛和模糊，无法聚焦，也无法体现政策的主题与着力点。显然，表 4.3 中的主题词并不能直接用于后续的文本分析。这些词语单元较小，一般以二字居多，而且很多词语本身并不能传达出创业政策的用意或政策要素。例如，创业政策文本中的"创业投资引导基金"一词，如果用通用的分词词库，会被拆分成四个词，即"创业""投资""引导"和"基金"，把这四个词孤立地抽取出来并不能表达它的原有意思，这样的词语即使词频很

高也不能为后续的分析提供有价值的参考。经过对创业政策的内容研读发现，根据该词在创业政策中的本意，将该词作为一个整体进行文本分析最能够完整准确地体现它的意思。但在进行文本分析时，词语过长并不利于后续算法或模型的应用，并且以牺牲词语在文本中的词频和普适性来换取词意的准确并不十分可取。综合上述原因，针对专业程度较高的创业政策文本，为了兼顾词语的含义和普适性，经过与专家多次探讨，最终确定将"创业投资引导基金"按照"创业投资"和"引导基金"进行分词较为合理。因此，为了保证主题词的有效性，有必要根据创业政策文本的内容特点进行自定义词表的构建。

鉴于此，本书通过对创业政策文本内容的具体研读，经多次小组研讨，构建出自定义创业政策主题词库（见表4.4），并将自定义主题词加入公共词库中，构成创业政策主题词库。

表4.4　创业政策自定义主题词库（示例）

	例　词			
主题词	创新创业	本科教学	创新驱动	创新示范区	大学科技园
	创业带动就业	创新投资基金	引导基金	促进再就业	多证合一
	创客空间	创业便利化	产业布局	促进创业	发展基金
	创客文化	创业补贴	产业集聚	单一窗口	"放管服"
	城市示范工作	促进就业	产业集群	弹性学制	创业导师
	城乡创业	技能培训	产业融合	出口信贷	服务体系
	城乡统筹就业	科技孵化器	创业基地	出口信用	服务外包
	城乡一体化	创意孵化	保就业	乡村振兴	技术创新
	成果转化	贷款贴息	担保贷款	负面清单	技术转移
	成果转移	本科教育	放管结合	跟踪扶持	简政放权

二、去停用词及同义词合并

1. 去停用词

建立了创业政策自定义主题词库后，我们需要进行词频统计，通常词频的高低与该词在文本中的重要性成正比。但对于某一类专业文本来说，总会存在一些出现频率很高，但又无法体现文本主题或核心要义的词，这些词无疑是一种噪声。创业政策文本作为政策文本中的一类也具有这个特点,即文本中存在一些经常出现,但又不能体现政策文本内容主旨和文本特点的词,需要将其加入停用词表中,对创业政策词库进行降噪处理。因此,本书将自定义停用词表加入通用停用词库中,这些词将不出现在后续的主题词抽取过程中。自定义停用词库内容如表4.5所示。

表 4.5　创业政策停用词表(示例)

	例 词				
停用词	创业	制度	内容	面向	会同
	企业	情况	主体	备案	形式
	政策	单位	中央	年度	对象
	国家	标准	依法	功能	总局
	部门	力度	办理	比例	材料
	机构	意见	优势	时间	力量
	社会	全国	部署	过程	总体
	人员	水平	主管部门	形式	文件
	重点	直辖市	原则	思想	电子
	政府	自治区	符合条件	着力	活力

2. 合并同义词

创业政策主题词库中包含了很多异词同义或意思相近的词语,例如,"创投"和"创业投资","本科教育"和"本科教学","产业集群"和"产业集聚","成果转移"和"成果转化"等,这些词表达的意思非常相近。为了使后续分析的创业政策主题更加聚焦,本书在进行主题词抽取时将异词同义的词语统一之后进行统计。此外,创业政策主题词库中还存在一些词表面看起来并不一样,但其在创业政策文本中所体现的意思相同、相近或具有包含关系,它们体现相同的政策要素,因此也作归一化处理。例如,将创业基金、创业投资子基金、投资基金、天使基金、种子基金等,统一为"创投基金";将创业带动就业、加强就业、就业促进、灵活就业等,统一为"促进就业";将返乡创业、入乡创业、下乡创业等,统一为"返乡入乡创业"等。综上,构建创业政策同义词库(见表4.6)。词义统一有助于将创业政策的着力点及政策要素更加集中统一体现出来,避免多词一意分散主题词词频及权重,进而使后续的政策文本主题分析更加鲜明、准确。

表 4.6　创业政策同义词表（示例）

统一后	统一前
产业集聚	产业集聚、产业聚集、产业园、产业链
创投基金	创业投资子基金、投资基金、创业投资资金、天使基金、种子基金
"三农"	农村、农业、农民
教育培训	创业培训、创业指导、创业辅导、创业教育、SIYB
创业基地	见习基地、创新基地、人才培训基地、实习基地、实训基地
服务体系建设	服务平台、服务外包、服务项目、服务业、服务机构、服务设施、服务网络
信息服务	信息网络、信息平台、信息技术、信息共享、信息互联、信息惠民
促进就业	创业带动就业、就业再就业、就业和再就业、加强就业、就业促进、稳就业、稳定就业、保就业、灵活就业

三、确定创业政策主题词库

导入 470 份国家级创业政策文本，并将前述构建的自定义词表导入公共词库（jieba 词库），根据停用词表和同义词表，进行分词处理。利用 Python 中 scikit-learn 模块中的 tfidfvectorizer 函数构建"政策—主题词—权重"矩阵。此时，发现该矩阵维数巨大且为稀疏矩阵，即矩阵中含很多主题词权重为 0 的元素。对于稀疏矩阵直接进行计算误差较大，因此，在对精确度影响极小的情况下，我们需要对原始数据进行降维处理，以提高后续分析的效率（张宝建等，2019）。

通过观察发现，每篇政策文本所对应的主题词中，一般在 5 个主题词之后权重就已经降得很低，有些甚至出现了权重为 0 的情况。另外，根据以往学者的研究，一篇文档的主题词一般为 5～7 个时，最后得到的 Fl 测度值和召回率达到最大（李芳芳等，2011）。综合考虑上述原因，加之创业政策文本的长度及词语量通常与中文网页的长度和词语量相当，因此本书保留每篇创业政策中权重排前五的主题词，以达到初步降维目的。

初步降维后，整个创业政策文档的理论维度为 470×5＝2350 维，维度仍然较高，且仍为稀疏矩阵。因此，考虑对矩阵进一步降维。统计这 2350 个主题词在所有样本政策中出现的词频，将词频按从高到低排序，发现无论是名词性主题词还是动词性主题词，排名 100 以后的主题词词频都非常有限（词频降到 50 以下）。因此，本书最终抽取前 100 个高频名词作为整个创业政策文本库的主题词库（见表 4.7），并在此基础上进行创业政策文本的后续分析。

表 4.7 创业政策主题词库

主题词	词频	主题词	词频	主题词	词频
中小企业	3 940	创业孵化	576	制造业	229
高等院校	3 564	社会保障部	556	电子商务	226
毕业生	2 979	职业教育	553	创业服务	224
三农	2 600	创业基地	548	基础设施	223
创新创业	2 597	大数据与人工智能	536	创业项目	222
服务体系建设	1 714	下岗失业人员	492	创新驱动	217
小微企业	1 640	企业家精神	454	四众	210
人力资源	1 348	创业补助	409	创业大赛	204
农民工创业	1 331	新兴产业	399	跟踪服务	202
社会保障	1 322	科技部	378	创新发展	197
知识产权	1 288	科技企业	373	竞争力	196
人才队伍建设	1 241	教育部	366	产业化	196
创业投资	1 241	科技创新	362	放管服	191
就业创业	1 214	财政扶持	357	专项资金	189
互联网＋	1 189	信贷支持	344	新冠疫情防控	188
教育培训	1 070	归国人员创业	334	降低成本	188
职业技能培训	1 064	科技成果转移转化	334	市场拓展	188
公共服务	1 054	自主创业创新	327	信用体系	186
精准扶贫	977	创投基金	315	乡村振兴	185
创业融资	930	科研机构	313	行业协会	179
促进就业	876	众创空间	309	小额贷款	176
信息化建设	857	贷款担保	297	贴息	174
青年创业计划	851	股权债权	297	政府采购	165
返乡入乡创业	832	女性创业	282	创业平台	157
协同	819	法律法规	281	转型升级	156
大学生创业	793	专利申请	277	简政放权	144
金融服务	781	产学研融合	275	技能考核	136
重点群体	739	商事制度改革	267	高等教育	135
产业集聚	699	收费减免	254	国际交流合作	100
税收优惠	685	市场准入与监管	254	所得税	68
优化营商环境	644	第三方服务	238	创业指导	56
创业示范区	588	创新能力	235	风险补偿	53
信息服务	586	配套	235		
创业补贴	578	政策扶持	231		

第三节　创业政策供给的阶段性演化

创业主体所需要的政策供给会随着企业所处的发展阶段的变化而变化,因此,创业政策供给的阶段性特征在某种程度上体现了创业行为的阶段性特征。纵观中国创业政策近 20 年的发展情况,一些重要政策文本的引领和带动作用不容忽视,它们既包括本研究已经识别出来的核心创业政策,也包括一些法规层级比较高的纲领性创业政策,它们在整个政策的演化变迁过程中起到了里程碑式的作用,为我们进一步划分创业政策的发展阶段提供了锚点。通过对核心政策的识别和反复研读,结合 20 年来中国创业发展的重要事件,本节从历史沿革的时序角度出发,将近 20 年我国创业政策的发展历程划分为四个阶段,并根据每个时期的主要特点分别命名为促进就业期(2001 年 1 月—2007 年 1 月)、法治提升期(2007 年 2 月—2015 年 2 月)、创新成长期(2015 年 3 月—2017 年 6 月)和强化推进期(2017 年 7 月—2020 年 12 月)。在此基础上,本节对我国创业政策文本的发展嬗变过程进行梳理和分析,从政策主题和政策力度两个维度进一步探索每个发展阶段的基本特征,揭示每个发展阶段的核心内容。

一、促进就业期

(一)政策主题分析

本书将 2001 年 1 月—2007 年 1 月的创业政策划分为创业政策的第一个发展时期。我们利用主题词共现网络来分析每个发展阶段的主题特征。如果两个主题词在同一项政策文本中同时出现,则称这两个主题词存在共现关系,众多主题词的共现关系则构成共现网络(Aiden & Michel,2013)。主题词共现网络可以直观地反映出政策的主旨及核心着力点。为了凸显重点主题词并保证可视化效果,本节仅对每个发展时期排名前 30 的主题词(见表 4.8)进行共现网络分析。第一,构建主题词共现矩阵,矩阵值为两个主题词同时出现的政策篇目数。例如,如果两个主题词在同一篇创业政策中同时出现,那么其对应的矩阵值为 1;如果这两个主题词在 30 篇政策文本中都同时出现过,则其对应的矩阵值即为 30。第二,把主题词共现矩阵导入 Ucinet 软件中,得到的分析结果如图 4.4 所示。

表 4.8　促进就业期创业政策主题词词频统计

主题词	词频	主题词	词频	主题词	词频
中小企业	634	大学生创业	123	归国人员创业	58
毕业生	491	人才队伍建设	101	三农	57
高等院校	387	创业补助	91	信息服务	55
青年创业计划	365	就业创业	89	财政扶持	54
下岗失业人员	340	职业技能培训	83	创新能力	51
促进就业	209	科技企业	78	第三方服务	50
创业投资	173	自主创业创新	73	创业孵化	49
教育培训	143	女性创业	71	创业补贴	49
服务体系建设	134	产业化	66	创业融资	44
社会保障	132	信贷支持	58	收费减免	44

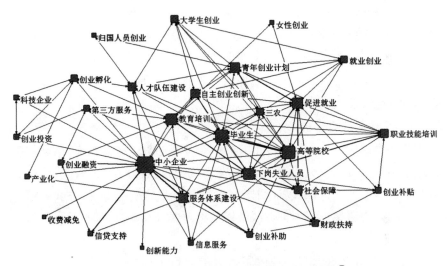

图 4.4　促进就业期创业政策主题词共现网络①

由上述图表可以看出,排在前十位的主题词基本都处于网络中心位置,说明这些主题词不但多次被提及,而且涉及的政策文本面比较广,这些词对应的政策着力点交叉共存,联系紧密,是本阶段创业政策的核心主旨。其中,"中小企业""毕业生""高等院校""下岗失业人员""教育培训""促进

———————
① 为简化显示,图表中所用主题词"三农"均去掉了双引号,全书其他情况均同此,不再一一说明。

就业"等主题词不但节点标识较大，而且处于网络的最中心，说明这些主题词与其他主题词共同出现的频率较高，即与其他主题词联系最为紧密，是这一阶段政策文本内容的重中之重，而这些主题词很好地体现了"促进就业"的核心要义。另外，一些主题词处于网络的边缘位置，说明这些主题词与其他主题词的联系稍弱，是这一阶段政策文本中的次重点。

另外，有9个主题词只在这一时期主题词共现网络中有所体现，所以值得关注。它们分别是"下岗失业人员""科技企业""女性创业""产业化""信贷支持""财政扶持""创新能力""第三方服务"和"收费减免"，约占这一阶段主题词的30%，这一阶段独有的主题词可以反映出当时创业政策的发展烙印和时代特征。"下岗失业人员"既是这个阶段的高频词，又是本阶段前30个主题词中独有的，充分体现了这一阶段"促进就业"的特征。1995—2002年，全国各地政府推行经济体制改革，原有国有和集体企业的职工成为这一时期下岗失业人员的主体。如何安置下岗职工，并促进下岗职工再就业，成为这一时期政策的重中之重。因此，有关"下岗失业人员"的创业政策频频出台。另外，"科技企业""创新能力"等主题词体现出这一时期创业政策中创新要素的萌芽；而"信贷支持""财政扶持"和"收费减免"等主题词则体现出这一时期对创业主体的资金帮扶。这一时期，政府已经认识到要从多角度以多种方式引导创业活动，但各项政策的具体实施细则还不够细化和深入。

（二）政策力度分析

2002年6月《中华人民共和国中小企业促进法》发布实施，该文件把促进中小企业发展上升到事关国家兴旺及民族强盛的战略高度，该法为"创业扶持"单独立章，足以证明国家政府对创业的高度重视。同时，由表4.2可知，该项法律在我国创业政策体系中占据核心地位，具有很强的政策力度。

同年9月，针对国有企业改革造成的大量下岗失业人员的再就业问题，国务院出台《关于进一步做好下岗失业人员再就业工作的通知》。该文件鼓励下岗失业人员自谋职业和自主创业，并为下岗失业人员自谋职业和自主创业提供小额贷款以及经营场地等支持。该文件奠定了中国特色积极就业政策的框架，明确了以创业带动就业的核心思想。随后，国务院所属各部委和地方政府纷纷出台相应的配套措施，如国务院办公厅《关于加快推进再就业工作的通知》等，由此拉开了以促进就业为核心的创业政策的序幕。

另外，值得一提的是，2005年11月，国家发展和改革委员会等十个部门联合出台了《创业投资企业管理暂行办法》,该办法首次对"创业投资企业"及"创业投资"给出了定义。通过本章第二节对核心创业政策的识别,我们知道该办法为近 20 年我国创业政策体系中最为核心的创业政策之一,但由图 4.4 可知,"创业投资"并不处于这一时期主题词共现网络的中心。这主要是由于"创业投资"及"创业投资企业"的概念及相关管理办法在这一时期初次提及,政策尚未受到足够的重视,政策的引领作用尚未体现,其在整个政策体系中的核心地位尚未形成。

综上分析,这一时期的创业政策主要是促进创业者创业,鼓励下岗职工积极行动,激发创业热情,积极为创业者提供各方面支持。因此,将这一发展阶段总结为促进就业期。

二、法治提升期

(一)政策主题分析

本书将 2007 年 2 月—2015 年 2 月的创业政策划分为创业政策发展的第二个时期。同样,对本阶段创业政策中排名前 30 的主题词(见表 4.9)进行共现网络分析,分析结果如图 4.5 所示。

表 4.9 法治提升期创业政策主题词词频统计

主题词	词频	主题词	词频	主题词	词频
中小企业	1 688	教育培训	381	人才队伍建设	259
高等院校	1 452	人力资源	347	金融服务	257
毕业生	1 323	创业融资	338	归国人员创业	246
农民工创业	857	公共服务	336	税收优惠	237
三农	753	职业技能培训	324	创业基地	213
小微企业	594	创业投资	319	信息化建设	195
重点群体	557	促进就业	315	创投基金	190
服务体系建设	467	青年创业计划	301	自主创业创新	178
大学生创业	429	法律法规	284	精准扶贫	175
社会保障	392	就业创业	267	创业补助	169

第一,从主题词共现网络可以看出,这一时期的主题词网络关系要比上一时期更为密集,说明核心主题词的联系更为紧密,共现频率更高。其中,"中小企业""高等院校""毕业生""社会保障""服务体系建设"和"教育

培训"是这个网络的绝对核心,其度中心性较高,说明大部分主题词都是围绕这几个中心词展开的。第二,"中小企业""社会保障""服务体系建设"等主题词的中介中心性较高(分别为 107、37 和 30),说明其他主题词很多都是因为这几个主题词的桥梁作用而连接在一起的,体现出这些政策点对创业政策的保障作用。第三,30 个高频主题词当中,排在前 10 位的主题词依次为"中小企业""高等院校""毕业生""农民工创业""三农""小微企业""重点群体""服务体系建设""大学生创业"和"社会保障"。因此,无论从主题词词频表还是主题词共现网络图谱都可以看出,中小企业创业和毕业生创业仍是这一时期政策的核心内容。第四,与前一时期相比,前 10 个主题词中有些词出现了排名变化,例如"农民工创业""三农""小微企业""重点群体"和"大学生创业"等主题词热度升温,跻身前 10 名,说明随着时间的推移,创业政策文本中的核心内容也发生了位移。这一阶段,国家除了对毕业生就业创业持续关注外,对农民工创业、"三农"问题及其他重点群体的就业创业关注度明显上升,政策力度也明显加强。第五,有三个主题词是在这一阶段独有的,分别为"法律法规""创业基地"和"创投基金"。从"法律法规"可以看出,本阶段创业政策在延续上一阶段的政策核心外,法治建设力度明显加强,这也是发展阶段的必然要求。另外,"创业基地"和"创投基金"两个主题词在这一阶段的政策文本中频现可以透射出,创业基地的建设和创业投资基金的设立已然成为这一阶段我国创业活动发展的工作重点。

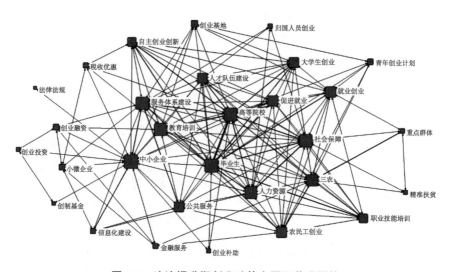

图 4.5　法治提升期创业政策主题词共现网络

（二）政策力度分析

2000 年以来，在党中央、国务院的领导和全社会共同努力下，经过几年的建设，我国创业政策环境明显改善，政策数量明显增加，政策质量不断提高。创业活动也随之大量涌现，创业实践的逐步探索也导致各种创业政策推陈出新。迈入 2007 年，以《中华人民共和国企业所得税法》《中华人民共和国就业促进法》《中华人民共和国科学技术进步法》《中华人民共和国残疾人保障法》为主的一系列法律的制定，将中国特色的创业政策提升到了新高度，这既是促进就业期创业政策的沉淀和积累，又是创业政策法治提升的开启，为后续规范创业、促进就业的政策法规的制定提供了法律依据。

由表 4.2 可知，《中华人民共和国企业所得税法》是整个创业政策网络中最为核心的政策文本之一，其政策力度非常突出。该法律颁布的几天之后，《关于配合财税部门做好创业投资企业税收优惠政策实施工作的通知》出台。同年 12 月，国务院发布《企业所得税法实施条例》，对创业投资企业的类别、投资形式和税收减免形式做出了具体规定。

2007 年 8 月下旬，经过多年的政策理论与政策实践积累，《中华人民共和国就业促进法》正式登上历史舞台，标志着我国促进就业政策已经达到法治化高度。同年 10 月，"以创业带动就业"重要议题首次被明确提出，这一举措有利于实现劳动者平等就业的权利，有效增强了劳动者的创业意识和提高自身素质的动力。2008 年，《关于促进以创业带动就业工作指导意见的通知》的出台进一步贯彻落实《中华人民共和国就业促进法》中对以创业促就业的宏观指导。

另外，值得一提的是，2014 年 10—12 月，《关于扶持小型微型企业健康发展的意见》和《关于对小微企业免征有关政府性基金的通知》相继出台，这两项政策的政策力度较高（见表 4.2），并且政策发力点都聚焦于小微企业，可见国家扶持小微企业的决心和力度。

综上可知，这一时期最为突出的特点是出台了多个较高层次的法律法规。在法律层面，有全国人大常委会发布的《中华人民共和国企业所得税法》《中华人民共和国就业促进法》《中华人民共和国科学技术进步法》《中华人民共和国残疾人保障法》；在行政法规层面，有国务院发布的《残疾人就业条例》《企业所得税法实施条例》《个体工商户条例》及其修订、《退役士兵安置条例》等。可见，这一发展阶段的法律体系与其他三个发展阶段相比最为健全，政策文件的法律层次最高，而且高层次政策文本数量最多。因此，本书将其归纳为创业政策的法治提升期。

三、创新成长期

(一)政策主题分析

本书将 2015 年 3 月—2017 年 6 月的创业政策划分为创业政策发展的第三个时期。2014 年 9 月,在党中央的号召下,中国掀起了"大众创业""草根创业"的新浪潮,奠定了这一时期创业政策的主旨基调。时间短,发文量集中,政策力度大,是这一发展阶段的突出特点。对本阶段创业政策中排名前 30 的主题词(见表 4.10)进行共现网络分析,分析结果如图 4.6 所示。

表 4.10 创新成长期创业政策主题词词频统计

主题词	词频	主题词	词频	主题词	词频
创新创业	1 489	返乡入乡创业	425	协同	284
三农	759	人才队伍建设	395	产业集聚	275
中小企业	739	信息化建设	381	创业融资	263
互联网＋	739	就业创业	379	农民工创业	257
高等院校	704	人力资源	366	信息服务	250
知识产权	684	金融服务	321	创业孵化	246
小微企业	681	教育培训	318	众创空间	235
服务体系建设	551	社会保障	314	税收优惠	222
创业投资	534	公共服务	305	科技成果转移转化	212
毕业生	524	创业示范区	300	职业技能培训	198

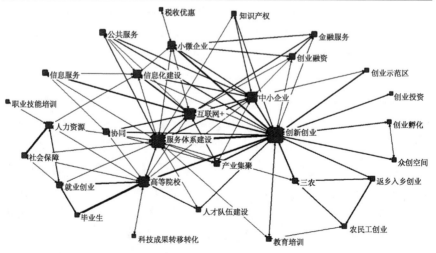

图 4.6 创新成长期创业政策主题词共现网络

综合分析本阶段主题词词频表和主题词共现网络图谱，第一，可以明显看出，这一时期的主题词网络关系与前两个时期相比较为稀疏，是四个发展阶段中最为稀疏的一个时期；同时，主题词之间的粗连线比较多。这两点充分说明这一时期的创业政策主题词相互之间比较独立，而且主题词共现关系较为单一，体现出这一时期的政策着力点比较集中。其中，"创新创业"一词是这个网络的绝对核心，其度中心性最高，说明大部分主题词都是围绕"创新创业"展开的，"服务体系建设"和"互联网＋"的度中心性次之。第二，"创新创业""服务体系建设""高等院校"等主题词的中介中心性较高（分别为171、92和73），说明其他主题词很多都是因为这几个主题词的桥梁作用而连接在一起的，再次体现"创新创业"在这一时期的核心地位和作用。第三，"互联网＋"和"知识产权"两个词是前两个发展时期主题词表中没有出现过的，体现出这一时期随着"以创新引领创业"的提出，国家对"互联网＋"和知识产权保护的重视。第四，有三个主题词是在这一阶段独有的，分别为"创业示范区""众创空间"和"科技成果转移转化"。这三个词都透射出政策中的创新要素，其中"创业示范区"和"众创空间"是创新活动实施的重要载体，而"科技成果转移转化"则为"以创新引领创业"的重要手段。

（二）政策力度分析

如表4.11所示，我国22项核心创业政策中有15项是在这一时期出台的。2015年4月，《关于进一步做好新形势下就业创业工作的意见》提出调动科研人员创业积极性，鼓励农村劳动力创业以及营造大众创业良好氛围等具体举措。随后，《关于大力推进大众创业万众创新若干政策措施的意见》首次将"大众创业，万众创新"纳入国家层面的政策法规，将就业和创业相结合、以创业带动就业为政策目标，强调大众创业、提升就业质量和就业效率，形成小企业"铺天盖地"、大企业"顶天立地"的发展格局。与此同时，国家对《中华人民共和国促进科技成果转化法》进行修订，进一步保护创新成果的知识产权，营造以创新促进创业的良好环境，推进经济提质增效升级，进一步体现国家"以创新引领创业"的力度和决心。从上述国家密集出台的创业政策纲领性文件可以看出，"创新"已成为这一时期创业政策的又一核心内容，也直接导致2015年全国创业政策较以往增幅较大。从2016年开始，围绕上述纲领性创新创业政策，相关配套政策陆续出台。为巩固前期政策效果，国务院趁热打铁，在简政放权、公平竞争、降低企业成本、促进创业投资健康发展、推进"互联网＋"等方面再出重拳，以引领创新创业政策向纵深发展。

表 4.11 创新成长期核心创业政策及其中心性指标

重要度	核心政策名称	度中心性	中介中心性	特征向量中心性
第二梯队	《关于进一步做好新形势下就业创业工作的意见》	14.000000**	0.000000	0.794431**
	《关于大力推进大众创业万众创新若干政策措施的意见》	11.000000**	0.000000	0.304301**
	《中华人民共和国促进科技成果转化法》	10.000000**	0.000000	0.291693**
	《关于支持农民工等人员返乡创业的意见》	8.000000**	0.000741**	0.198285
	《高新技术企业认定管理办法》	5.000000	0.000523**	1.000000**
第三梯队	《关于扶持小型微型企业健康发展的意见》	7.000000**	0.000000	0.118917
	《关于做好当前和今后一段时期就业创业工作的意见》	6.000000**	0.000000	0.106309
	《残疾人职业技能提升计划》	5.000000	0.000261**	0.148567
	《关于建设大众创业万众创新示范基地的实施意见》	5.000000	0.000871**	0.086534
	《关于支持返乡下乡人员创业创新促进农村一二三产业融合发展的意见》	5.000000	0.000523**	0.050434
	《中小企业发展专项资金管理办法》	5.000000	0.000174**	0.050434
	《外商投资创业投资企业管理规定》	4.000000	0.000000	0.626921**
	《关于建设第二批大众创业万众创新示范基地的实施意见》	2.000000	0.000261**	0.012608
	《关于建立大众创业万众创新示范基地联系协调机制的通知》	2.000000	0.000261**	0.012608
	《关于对小微企业免征有关政府性基金的通知》	1.000000	0.000000	0.343827**

注:**表示该政策在该中心性指标中位居前十。

　　本阶段的另一个特征,是集中对上一阶段出台的法律法规进行修订。出现这种情况主要有两方面原因:一方面,前一阶段我国创业政策的法治建设突飞猛进,不但法律层次在四个发展阶段中最为丰富,而且高层次法律及行政规章的密集出台也是罕见的,那么,短时期内出台多部法律和行政法规,这些法律法规的适用性、可实施性和有效性无疑受到了极大的考验；另一方面，从 2014 年下半年"大众创业，万众创新"的提出，到 2015 年 6 月国务院正式将其纳入国家层面的政策法规，我国创业政策的理论和实践领域都发生了脱胎换骨的变化，因此，对相关法律法规进行修订势在必行。综合上述分析，本书将这一时期总结为创新成长期。

四、强化推进期

（一）政策主题分析

本书将 2017 年 7 月—2020 年 12 月的创业政策划分为创业政策发展的第四个时期。对本阶段创业政策中排名前 30 的主题词（见表 4.12）进行共现网络分析，其结果如图 4.7 所示。

表 4.12　强化推进期创业政策主题词词频统计

主题词	词频	主题词	词频	主题词	词频
三农	1 076	职业技能培训	506	小微企业	369
高等院校	1 058	人才队伍建设	495	返乡入乡创业	367
中小企业	1 011	就业创业	482	创业融资	320
创新创业	928	协同	464	产业集聚	316
精准扶贫	673	知识产权	456	创业补贴	294
毕业生	645	优化营商环境	442	社会保障部	282
人力资源	635	大数据与人工智能	440	促进就业	275
服务体系建设	598	职业教育	438	教育培训	272
社会保障	559	互联网＋	417	企业家精神	265
重点群体	542	公共服务	412	信息化建设	251

首先，这一时期的主题词网络关系要比第三阶段密集许多，与一、二阶段类似，其中，"人力资源""高等院校""创新创业""社会保障""服务体系建设"和"三农"等主题词是这个网络的核心，并且这些主题词的节点大小相似，说明它们在网络中的度中心性均较高，并没有地位特别突出的主题词。

其次，"创新创业""人力资源""高等院校""服务体系建设"和"三农"等主题词的中介中心性较高（分别为 70、48、45、41 和 30），说明本阶段其他主题词多数是借助这几个主题词的桥梁作用而连接在一起的。很明显，本阶段主题词度中心性和中介中心性的排序重合率非常高，充分说明这些主题词是本阶段创业政策文本的核心内容。

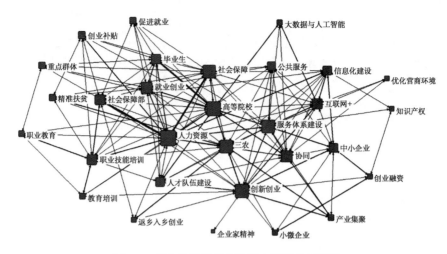

图 4.7　强化推进期创业政策主题词共现网络

　　再次，30 个高频主题词中，排在前 10 位的主题词依次为"三农""高等院校""中小企业""创新创业""精准扶贫""毕业生""人力资源""服务体系建设""社会保障"和"重点群体"。其中，有几个主题词出现了排名变化，"三农""精准扶贫"和"人力资源"三个主题词热度迅速提升，跻身前十名，体现出随着创业活动和创业实践的不断发展，创业政策的核心内容也有所变化。农村、农业、农民创业是大众创业的重要力量，也是我国实施创新驱动发展的重要载体。"精准扶贫"的重要思想最早于 2013 年 11 月由习近平总书记提出，2017 年习近平总书记在党的十九大报告中再次强调要坚决打赢脱贫攻坚战，而农村正是脱贫攻坚战的主战场。因此，"三农"问题和精准扶贫成为这一时期创业政策的核心内容。

　　最后，有 5 个主题词是在这一阶段独有的，分别为"优化营商环境""大数据与人工智能""职业教育""社会保障部"和"企业家精神"。其中，"优化营商环境"和"职业教育"是这一阶段创业政策深化的重点方向，"大数据与人工智能"和"企业家精神"突出地体现出这一时期的时代发展特征，"社会保障部"则体现了这一时期创业政策的发文机构以人力资源和社会保障部为主的特征。

　　（二）政策力度分析

　　2017 年 7 月，国务院出台《关于强化实施创新驱动发展战略进一步推进大众创业万众创新深入发展的意见》，标志着创新创业政策的发展进入了强化推进阶段。2018 年 9 月，国家政策供给再次发力，《关于推动创新创业高质量发展打造"双创"升级版的意见》发布实施。这两个意见的出台,直接推动我国创业政策的发展在短期内掀起了两个小高潮,并奠定了这一时期的创新创业政策向纵深发展的基调。针对上述两个意见强化推进的重点领域,相关配套政策文件主要从三个方面给予了具体阐释,分别为创新政府管理方式、促进实体经济转型升级和拓展企业融资渠道,相应政策见表4.13。

表 4.13　强化推进期配套创业政策

政策主旨	核心政策文本名称
创新政府管理方式	《关于进一步做好人力资源和社会保障领域深化简政放权放管结合优化服务改革工作有关问题的通知》(2017) 《关于加快推进全国一体化在线政务服务平台建设的指导意见》(2018) 《关于成立国务院推进政府职能转变和"放管服"改革协调小组的通知》(2018) 《关于印发全国深化"放管服"改革转变政府职能电视电话会议重点任务分工方案的通知》(2018) 《关于聚焦企业关切进一步推动优化营商环境政策落实的通知》(2018) 《优化营商环境条例》(2019) 《关于营造更好发展环境支持民营企业改革发展的意见》(2019) 《关于深化商事制度改革进一步为企业松绑减负激发企业活力的通知》(2020)
促进实体经济转型升级	《关于营造企业家健康成长环境弘扬优秀企业家精神更好发挥企业家作用的意见》(2017) 《关于进一步推进中央企业创新发展的意见》(2018) 《关于大力发展实体经济积极稳定和促进就业的指导意见》)(2018) 《关于推动先进制造业和现代服务业深度融合发展的实施意见》(2019) 《关于支持新业态新模式健康发展 激活消费市场带动扩大就业的意见》(2020)
拓展企业融资渠道	《融资担保公司监督管理条例》(2017) 《关于开展小微企业金融知识普及教育活动的通知》(2017) 《关于进一步做好创业担保贷款财政贴息工作的通知》(2018) 《关于创业投资企业和天使投资个人有关税收政策的通知》(2018) 《关于有效发挥政府性融资担保基金作用切实支持小微企业和"三农"发展的指导意见》(2019)

本阶段平均年创业政策发文数量较第三阶段有所回落,并趋于稳定。政策覆盖的广度与创新成长期基本保持一致,但政策内容和政策力度明显向纵深发展。综上所述,本书将本阶段定义为我国创业政策的强化推进期。

第五章　基于政策工具的创业政策三维量化交叉分析

对于每一个政策文件而言，其政策的作用对象、政策要素以及政策的着力点都是通过政策中的各种政策工具具体体现的，因此有必要深入政策的内容之中，对创业政策文本中政策工具的运用进行具体分析。本章首先从政策工具的角度入手，建立创业政策工具体系，并结合第三章对创业政策法规层级的研究建立创业政策法规层级维度，结合第四章对创业政策发展阶段的研究建立创业政策发展阶段维度，最终建立创业政策工具三维分析框架；其次，基于预训练语言模型对创业政策文本中的政策工具进行识别和分类；最后，基于政策工具的分类结果，从"政策工具—法规层级—发展阶段"的三维立体视角，对创业政策工具运用的种类和力度进行三维交叉分析，从而深入剖析我国创业政策在政策工具运用上的得与失，为更深层次剖析我国现有创业政策存在的问题提供扎实的研究基础，也为强化政策对创业主体和创业实践的引领作用提供依据。

第一节　创业政策三维分析框架构建

一、政策工具维度构建

作为分析和研究政策的一个重要途径，政策工具的实质是政府推行其政策理念、实现其政策目标的重要方法与手段（黄萃等，2011）。本书充分参考前人的研究成果，在政策工具的分类上采用理论界认可度较高的罗斯威尔和泽格维德提出的供给型、需求型和环境型三维度分类标准（Rothwell & Zegveld，1985）。在此基础上，结合对核心创业政策文本的深入研读以及相关学者的研究结论（施丽萍，2011；樊霞、吴进，2014），在三个一级指标之下提出了 12 个二级指标，最终确定了本书的创业政策工具分析框架（见图 5.1）。

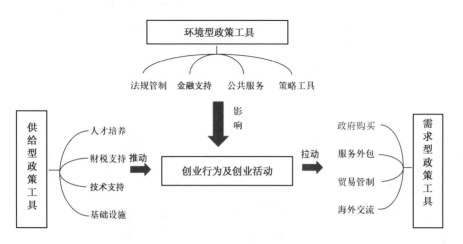

图5.1　创业政策工具分析框架图

（一）供给型政策工具

供给型政策工具顾名思义就是为创业行为和创业活动提供各种要素和资源供给，包括人才、资金、税收、技术和基础设施等，主要体现为政策对创业行为的推动力，让创业主体可以更便捷地获得更多更丰富的创业资源，更顺利地开展各种创业活动。因此，供给型创业政策工具主要是推动和吸引更多的主体投身创业，激发更多的创业实践，重点解决创业从无到有的过程。

以往一些学者倾向将税收优惠类政策纳入环境型政策工具范畴（徐硼、罗帆，2020；周城雄等，2017），认为其为创业者和创业企业提供了良好的创业环境。但本书通过前期对政策文本主题词的分析，发现税收政策往往和政府财政资金投入政策相伴出现，两者经常出现在同一政策文本中，说明这两类政策关联性较强，密不可分。因此，本书将传统供给型政策工具中的"政府资金投入"类政策工具和环境型政策工具中的"税收优惠"类政策工具合并为"财税扶持"类政策工具，纳入供给型政策工具范畴。同样，以往一些学者习惯将公共服务类政策归入供给型政策工具范畴（陈振明、张敏，2017），而本研究通过前期对政策文本主题词的分析发现，从广义来说，营商环境类政策包括公共服务、创业融资、金融支持、法治环境等内容，这些政策都为创业活动提供了一个良好的外部环境，所以将公共服务归为环境类政策工具更为客观。另外，从狭义范围来看，公共服务、金融支持和法治环境又可以作为营商环境具体指向的几个方面单独列出，这样有助于使政策工具的划分更加具体，指向更加明确，也使后续的政策工具量化分析更有针对性和说服力。因此,本书将公共服务类政策从供给型政策工具中剥离,并将公共服务、金融支持和法规管制分别作为独立的二级指标,归入环境型政策工具类别。

综上分析,我们最终将供给型创业政策工具分为人才培养、财税支持、技术支持和基础设施四个方面,政策工具的具体含义见表5.1。

表5.1 供给型创业政策工具二级指标体系

一级指标	二级指标	指标核心要义
供给型政策工具 A	人才培养 A1	政府积极完善各级教育体系及各种培训体系,开展培育创业意识、创业精神、创新创业能力、创新思维为主的教育。政府相关职能部门结合创业方向和所需,针对人才培训给出战略目标和具体方案。鼓励以提高就业为目的的技能培训,鼓励各类人才流动与人才引进,吸引国外留学人才回国发展,打造国际人才交流平台等
	财税支持 A2	政府在财政投入和税收优惠上对创业企业的支持。财政投入主要包括政府直接利用财政资金为创业活动提供支持,政府为创业企业提供的专项资金或专项基金等,政府对创业企业研发活动提供的研发经费、启动资金及创业投资引导基金等,以及对于达到标准的创业企业拨付一定比例的资金、奖励等,也包括财政补贴,贷款贴息等支持。税收优惠主要包括政府对创业企业及个人给予税收优惠及费用减免,常见于企业所得税、增值税的相关政策,以及租金减免、免租税抵扣、加速折旧等
	技术支持 A3	政府面向创业企业提供技术指导和技术咨询,协助产业实现技术创新。为创业者提供技术平台及技术支持,帮助引进国外先进技术,推进科技成果转移转化,推动产学研联合,鼓励自主创新等
	基础设施 A4	政府为了保障创业的顺利进行,提供相应的配套设施,为创业企业发展打造顺畅无阻的空间,健全创业基础设施,包括各种创业园、创业基地、众创空间以及孵化器的建设等

（二）需求型政策工具

需求型政策工具主要体现政策对创业行为的拉动力,政府通过出台相应的措施以鼓励相关企事业单位、社会团体及人民群众扩大对创业产品及创业成果的需求和购买力,以需求为导向拉动创业行为和创业企业的发展。因此,需求型创业政策工具重点关注创业企业的生存和发展,提高创业成功率,避免创业企业夭折,解决创业企业从有到优的问题。

具体而言,此类政策工具可以细分为政府购买、服务外包、贸易管制和海外交流。政府对创业活动进行跟踪分析,努力降低外部因素对创业的不良影响,通过优先购买创业产品和服务,帮助创业产品和创业服务获得更多的推广和输出,提高创业企业产品和服务的知名度和市场占有率,促进创业企业成长及提升产品质量;通过政策鼓励企事业单位将研发设计、公共服务等外包给创业企业,提高创业企业的研发设计水平和服务水平,助推创业企业发展;放松创新创业企业贸易管制,降低创业产品及服务的输出门槛;促进创业企业与海外企业及机构进行技术交流、联合研发等,对创业企业获得海外订单给予直接或间接的支持。需求型政策工具的具体含义见表 5.2。

表 5.2　需求型创业政策工具二级指标体系

一级指标	二级指标	指标核心要义
需求型政策工具 B	政府购买 B1	政府对创业企业所生产的产品或提供的服务等进行购买,提高政府购买创业产品及创业服务的份额及比例,为创业企业提供一个明确稳定的市场,减少企业创业过程中所面临的不确定性,激发创业企业核心竞争力
	服务外包 B2	鼓励政府及企事业单位以各种形式将研发设计、公共服务等外包给创业企业,以此来带动创业企业的产品和服务输出,提高创业企业产品和服务的知名度和市场占有率,促进创业企业成长及提升产品质量
	贸易管制 B3	放宽对创业企业及创业成果的贸易管制,放宽与其有关的进出口政策,如贸易协定、关税等,以支持创业企业的发展。在技术引进及产品和服务的出口上给出支持政策,推动创业企业发展
	海外交流 B4	鼓励创业企业"走出去,请进来",与海外企业及机构进行技术交流、联合研发等,对创业企业获得海外订单给予直接或间接的支持

(三)环境型政策工具

创业的推进发展需要一个良好的外部环境,包括政策环境和社会环境,而环境型政策工具正是通过政策对创业的外部环境进行渗透和影响,提高社会对创业的认知度、配合度、参与度和包容度,在全社会范围内营造"大众创业""以创业促就业"的良好氛围。环境型政策工具的任务是调整和优化政策环境,与供给型和需求型政策相比,环境型政策属于一种间接的政策工具。因此,环境型政策工具重点关注在创业企业整个生命周期中,创业企业发展的政策软环境和发展空间,包括为创业活动提供公平公正的法治环境,鼓励金融机构以多种方式为创业者和创业企业提供资金支持,健全创业公共服务体系,以及制定政府保障措施和进行文化宣传等。

值得一提的是,近年来,我国政府通过角色转变促发展,努力建设服务型政府,提出"简政放权,放管结合,优化服务",通过一系列商事制度改革,不断降低创业准入门槛和创业成本,优化营商环境,让更多人愿意创业、敢于创业,为创业活动提供最大的便利性,推动创业可持续发展,这些都属于优化公共服务的政策范畴。因此,我们将公共服务类政策作为一项单独的政策工具归入环境类政策工具中,其内容涵盖商事制度改革和狭义的营商环境政策。

此外,需要指出的是,金融支持类政策不但包括创业融资政策还包括创业投资政策,这里的投融资政策主要以民间的企事业单位、社会团体和银行等金融机构为主体,而政府参与的资金扶持政策主要归入供给型政策工具中的财税支持一项,因为其对创业行为的推动作用更加明显。

另外,对创业者和创业企业来说,政府对创业的作用和态度至关重要。政府的作用主要体现于组织领导、统筹协调、强化推进等保障措施的制定和实施上。政府对创业的态度则主要体现在对大众创业舆论的引导,对创业政策的宣传,繁荣创业文化,举办各种赛事活动,发掘典型案例,推广成功经验等。这些都为创业者勇于创业、乐于创业、感受创业光荣提供了良好的环境氛围,有助于"大众创业"深入人心。因此,我们将政府保障措施和文化宣传类政策工具合并为策略工具,纳入环境型政策工具范畴。

法规管制类政策工具一直是公认的环境型政策工具的重要一项,我们仍然沿用这种分类。综上,我们将环境型政策工具细分为法规管制、金融支持、公共服务和策略工具四个方面,具体政策工具含义如表 5.3 所示。因此,综合上述三类政策工具建立创业政策工具体系,如图 5.2 所示。

表 5.3　环境型创业政策工具二级指标体系

一级指标	二级指标	指标核心要义
环境型政策工具 C	法规管制 C1	为创业企业发展创造公平有序的市场环境。政府针对创业企业的发展市场给出针对性的规章制度,强化知识产权保护及信用制度建设等,规范各种审批流程及监督制度,完善相关的法律法规建设、公平交易法则和监管规定等,维护市场秩序
	金融支持 C2	政府鼓励各类金融机构为企业提供贷款、风险投资、信用担保、基金、风险控制以及其他金融支持,促进中小企业和个人开展创业;拓宽融资渠道,引导社会资本进入创业领域;进一步规范民间创业投资基金及风险投资的运作,以满足创业企业发展所需的资金要求
	公共服务 C3	健全创业公共服务体系及深化商事制度改革。公共服务体系包括政府为保障创业顺利进行而提供的各项配套服务,如项目开发、开业指导、法律咨询、代理记账、信息服务等,以及为创业者提供教育、医疗等公共服务等。深化商事制度改革主要包括简政放权、放管结合、优化服务,明确标准,缩短办事流程,限时办结,推广"一个窗口"受理、网上并联审批等
	策略工具 C4	充分发挥政府的保障作用和文化宣传作用。政府的保障措施主要包括组织领导、统筹协调、强化推进和统计监测等。文化宣传方面主要包括对创业政策的宣传,鼓励举办各种赛事活动,发掘典型案例,推广成功经验等,让创业文化蔚然成风

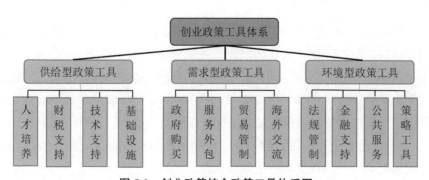

图 5.2　创业政策综合政策工具体系图

二、法规层级维度构建

在第三章中，我们已经对创业政策文本的法规层级进行了划分和初步分析，这里，我们将对创业政策的法规层级进一步量化。目前，彭纪生等(2008)提出的对政策层级的量化标准被广泛采用(张国兴等，2014；王晓珍等，2016；洪伟达、马海群，2021)，即按照发文机构的层级与政策文本的类型确定不同法规层级的政策文本的重要度，并予以赋值，政策发文主体的行政级别越高、法律地位越高，分值越大。本研究也采纳上述方法。在进行政策工具归类后，将权重(赋值)作用于每一个分析单元，即将每个分析单元乘以其对应的权重后再进行政策工具量化统计。由于我国创业政策文本类型比较单一，93%以上均为"意见"和"通知"，因此，本书主要以政策发文机构的级别作为分类赋值的依据，暂不考虑文件类型的影响。根据第三章对创业政策法规层级的分类，本节将创业政策的法规层级维度分为四个层次，每个层次的赋值(权重)标准如表5.4所示。

表5.4　创业政策法规层级量化标准

法规层级	级别划分标准	权重赋值
第一层级 a	全国人民代表大会常务委员会发文(法律文件)	4分/次
第二层级 b	国务院发布的纲要、条例、意见及通知等	3分/次
第三层级 c	国务院办公厅发布的意见、通知及函等；	2分/次
第四层级 d	各部委发布的意见、通知、公告等	1分/次

三、发展阶段维度构建

在第四章中，我们已经对国家层面的创业政策进行了阶段性演化分析，并将我国近20年国家层面的创业政策划分为四个发展阶段，分别为：促进就业期、法治提升期、创新成长期和强化推进期。创业政策为创业主体和创业企业提供宏观引导及指导，为创业企业提供政策扶持。因此，创业政策的阶段性特征间接地反映了同时期创业企业的阶段性发展特征；反之，每一个阶段企业所需要的创业政策和扶持都存在差异，创业主体所需要的政策会随着创业进程的变动而变动。

政策的制定要充分考虑到不同发展阶段的企业的需求，这样才能让政策制定有的放矢，改善政策实施效果。企业从诞生到消亡的过程一直是企业生命周期理论所密切关注的(翟胜宝等,2021;王苗苗,2018)。虽然生命周期理论已经发展得比较成熟,但直接按照生命周期理论进行划分创业政策的发展演化阶段并不妥当,主要是因为:其一,创业企业和创业政策是两种不同类别的事物,虽然密切相关,但其发展阶段并不能完全等同,例如,企业有衰退期,但政策并无衰退期;其二,创业政策与不同发展阶段的创业企业的对应关系并不显而易见,也就是说,从创业政策文本的内容来看,多数政策工具并没有明确指出其适用的企业阶段,或者说,创业政策的制定大多是以政策对象或着力点为目标,而提及企业发展阶段的凤毛麟角。因此,本书以第四章创业政策的四个发展阶段为主要依据,通过对不同发展阶段创业政策工具进行分析,探究各时期政府的政策目标及侧重点。

综上所述,本书构建出创业政策三维分析框架(见图5.3)。其中,政策工具维度包括三个大类十二个子类,分别用 A1－A4、B1－B4、C1－C4 表示;发展阶段维度包括四个层次,分别为:①促进就业期,②法治提升期,③创新成长期,④强化推进期;法规层级维度也包括四个层次,分别为:a－全国人民代表大会常务委员会发文,b－国务院发文,c－国务院办公厅发文和d－其他各部委发文。因此,该三维分析框架由12×4×4 共192 个子类构成,如图5.3 中每一个小立方体即为一个子类。子类的标识按照"发展阶段—政策工具—法规层级"的顺序,例如,①A1a代表"促进就业期全国人民代表大会常务委员会发布的人才培养类政策";③C2d 则代表"创新成长期国务院各部委发布的金融支持类政策",以此类推。同时,按照前面确定的量化标准将政策工具进行赋值,如 a 级政策工具每出现 1 频次记 4分,b 级政策工具每出现 1 频次记 3 分,以此类推。创业政策三维分析框架将创业政策发展阶段、创业政策法规层级和使用的政策工具很好地结合起来,能够直观、形象地体现出各类创业政策工具的运用特征及量化关系,为创业政策工具的三维量化交叉分析奠定了基础。

第二节　政策工具分析单元界定与编码

由于本章后续将基于文本分析对创业政策工具进行自动分类,因此在本节我们先进行部分政策工具的人工标记和分类,以获得文本分析的实验数据。

一、分析单元界定

在进行政策工具的人工标记之前,首先要确定政策工具的最小分析单

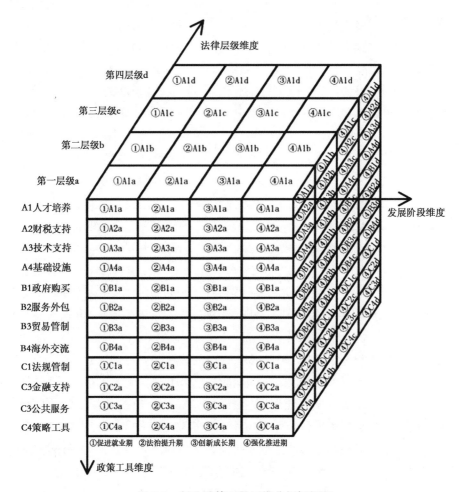

图 5.3 创业政策工具三维分析框架图

元,确定分析单元也是内容分析法应用的前提。分析单元指的是用来分析的最小对象单位,分析单元可以是文本中的每个字、每个词、每个句子、每一条、每一款、每个段落、每个小节、每一章、每一篇等。分析单元的选取和确定主要是基于目标文本的特点、形式及其所提供信息的方式。目前,多数学者将政策文本的分析单元定义为政策文本的具体条款,即一个条款对应一个分析单元,条款之下不再细分(黄萃等,2011)。

根据创业政策文本的特征,我们将内容分析单元界定为段落,即将每一个政策文本的每一个段落视为一个分析单元,其原因主要有两个:一,将政策条款作为分析单元会使分析过粗。根据对核心创业政策文本的研读,发现有相当一部分创业政策文本中存在一个政策条款对应多个段落的情况,即用多个段落从多角度对条款的核心要义进行解释,而这多个段落又可能体现出各自不同的政策工具。因此这种情况下，如果将政策条款直接作为分析单元，可能带来分析过粗的问题，会遗漏和掩盖很多政策工具。二，将每一个句子作为分析单元又会使分析过细，降低分析效率。虽然研读过程中发现一些政策文本中存在同一个段落内容中涵盖不同政策工具的情况，但如果将每个句子作为分析单元又可能破坏段落大意的完整性，而且会因为分析过细而增加政策工具的冗余性并降低研究效率。因此，我们选择将一个段落作为一个分析单元进行整体考量，并识别出其最突出的政策工具作为该分析单元的政策工具标识。

另外，创业政策文本中存在大量独立成段的小标题（见图5.4），通过对政策的研读可以发现，这类小标题通常是后续文本内容的概要，并被后续文本所解释说明，因此如果将这类独立成段的小标题单独进行编码，势必造成政策工具的重复编码和冗余，因而本研究在对政策工具进行人工编码及自动分类时，将这种独立成段的小标题不作考虑。

三、加强组织领导
（一）健全体制机制

各地区、各高校要把深化高校创新创业教育改革作为"培养什么人，怎样培养人"的重要任务摆在突出位置，加强指导管理与监督评价，统筹推进本地本校创新创业教育工作。各地区要成立创新创业教育专家指导委员会，开展高校创新创业教育的研究、咨询、指导和服务。各高校要落实创新创业教育主体责任，把创新创业教育纳入改革发展重要议事日程，成立由校长任组长、分管校领导任副组长、有关部门负责人参加的创新创业教育工作领导小组，建立教务部门牵头，学生工作、团委等部门齐抓共管的创新创业教育工作机制。

（二）细化实施方案

各地区、各高校要结合实际制定深化本地本校创新创业教育改革的实施方案，明确责任分工。教育部属高校需将实施方案报教育部备案，其他高校需报学校所在地省级教育部门和主管部门备案，备案后向社会公布。

（三）强化督导落实

教育部门要把创新创业教育质量作为衡量办学水平、考核领导班子的重要指标，纳入高校教育教学评估指标体系和学科评估指标体系，引入第三方评估。把创新创业教育相关情况列入本科、高职高专、研究生教学质量年度报告和毕业生就业质量年度报告重点内容，接受社会监督。

（四）加强宣传引导

各地区、各有关部门以及各高校要大力宣传加强高校创新创业教育的必要性、紧迫性、重要性，使创新创业成为管理者办学、教师教学、学生求学的理性认知与行动自觉。及时总结推广各地各高校的好经验好做法，选树学生创新创业成功典型，丰富宣传形式，培育创客文化，努力营造敢为人先、敢冒风险、宽容失败的氛围环境。

图5.4　政策文本中小标题示例（摘自《国务院办公厅关于深化高等学校创新创业教育改革的实施意见》）

二、样本选择及分析单元编码

为了实施后续基于文本分析的创业政策工具分类，本研究遵循直接相关、高度相关的原则，从470份国家级创业政策中选取了178份创业政策文本进行人工编码。这 178 份创业政策文本包含国务院发文 7 份,国务院办公厅发文 15 份,其他国家各部委发文 156 份,涵盖各部门各层级代表性创业文件;时间跨度贯穿 2001—2020 年,涵盖整个研究周期。

内容编码是内容分析法应用的重要一环,也是后续分析的重要基础。由于本研究分析创业政策内容的分析单元是段落,因此,我们以"政策序号——一级标题—二级标题······段落"的方式对筛选出的 178 份创业政策文本中的政策工具进行人工编码,最终共获得 1682 条符合本研究政策工具分类的分析单元,政策工具人工编码示例如表 5.5 所示。

表 5.5　创业政策工具人工编码示例

序号	政策名称	文号	分析单元内容概要	编码	归类
1	《国务院关于进一步做好新形势下就业创业工作的意见》	国发〔2015〕23 号	(五)营造宽松便捷的准入环境。······	1—5	C3
			(六)培育创业创新公共平台。······	1—6	A4
			(七)拓宽创业投融资渠道。······	1—7	C2
			(八)支持创业担保贷款发展。······	1—8	C2
			(九)加大减税降费力度。······	1—9	A2
			(十)调动科研人员创业积极性。······	1—10	A1
			(十二)营造大众创业良好氛围。······	1—12	C4
			(十七)强化公共就业创业服务。······	1—17	C3
			(十八)加快公共就业服务信息化。······	1—18	C3
			(十九)加强人力资源市场建设。······	1—19	C3
			(二十)加强职业培训和创业培训。······	1—20	A1
			(二十三)健全协调机制。······	1—23	C4
			(二十四)落实目标责任制。······	1—24	C4
			(二十五)保障资金投入。······	1—25	C4
			(二十六)建立健全就业创业统计监测体系。······	1—26	C4
			(二十七)注重舆论引导。······	1—27	C4

序号	政策名称	文号	分析单元内容概要	编码	归类
2	《国务院关于大力推进大众创业万众创新若干政策措施的意见》	国发〔2015〕32号	(一)完善公平竞争市场环境。……	2—1	C1
			(二)深化商事制度改革。……	2—2	C3
			(三)加强创业知识产权保护。……	2—3	C1
			(四)健全创业人才培养与流动机制。……	2—4	A1
			(五)加大财政资金支持和统筹力度。……	2—5	A2
			(六)完善普惠性税收措施。……	2—6	A2
			(七)发挥政府采购支持作用。……	2—7	B1
			(八)优化资本市场。……	2—8	C2
			(九)创新银行支持方式。……	2—9	C2
			(十)丰富创业融资新模式。……	2—10	C2
			(十一)建立和完善创业投资引导机制。……	2—11	C2
			(十二)拓宽创业投资资金供给渠道。……	2—12	C2
			(十三)发展国有资本创业投资。……	2—13	C2
			(十四)推动创业投资"引进来"与"走出去"。…	2—14	B4
			(十五)加快发展创业孵化服务。……	2—15	A4
			(十六)大力发展第三方专业服务。……	2—16	C3
……	……	……	……	……	……

三、信度效度分析

(一)信度检验

样本政策中分析单元的编码和分类是否合理可靠,直接关系到后续研究中政策工具分类的准确性,因此有必要对人工分类的结果进行信度效度分析。为了保证编码的准确性,避免研究者对政策文本产生由于主观意识和价值偏好造成的错误研判,保证较高的信度水平,我们采用内容分析法的信度公式(王霞等,2012)对编码进行信度检验。公式如下：

$$R = \frac{n \times k}{1 + (n-1) \times k} \tag{5.1}$$

式中,R 为信度;n 为评判员的人数,本研究中 $n=2$;k 为平均相互同意度(即两个评判员相互同意的程度),其公式为：

$$k = \frac{2M}{N_1 + N_2} \tag{5.2}$$

式中,M 为两个评判员评判一致的政策工具数目,N_1 为第一个评判员所评判的政策工具数目,N_2 为第二个评判员所评判的政策工具数目。本书中,两个评判员同时对 1682 条文本进行政策工具归类,并将归类结果进行对比分析,其中评判结果一致的有 1510 条,不一致的共有 172 条,因此平均同意度 $k=0.8977$,信度 $R=94.61\%$。一般认为,信度在 0.7 以上时可以认为前期的研究足够可信(李燕萍等,2009)。因此,说明本书针对政策内容分析单元的创业政策工具归类的类目是可信的。

为进一步提高政策工具归类的准确性,针对归类不一致的 172 条分析单元进行二次分析,由两个评判员讨论、协商,对分歧较大的分析单元采取专家咨询的方式,最终确定其政策工具类目划分。

(二) 效度评估

效度是测量工具有效性的体现(范柏乃、蓝志勇,2008),对于创业政策工具分析单元的效度评估将从以下三个方面进行：

首先,样本选择。本书选择律商网和北大法宝网作为创业政策采集的核心基础网站,将中国政府网、国家创新创业政策信息服务网、国务院及国家各部委官网等作为创业政策的补充来源。基于上述创业政策数据源,后期经过层层筛选,批量删除与人工删除相结合,并通过源头查找和文件追溯补充等方式,确定了 470 项国家层面的创业政策文本。接着,对核心创业政策文本的内容进行研读,遵循充分、必要、适度、重点突出以及直接相关、高度相关的原则,最终确定了 178 份具有代表性的创业政策文本作为内容分析样本,其中涵盖各部门各层级代表性创业文件,时间跨度贯穿2001 年到 2020 年,涵盖整个研究周期。

其次,类目设置。本书将经典的政策工具研究框架(Rothwell & Zegveld,1985)与创业政策文本的要素相结合(王苗苗,2018;孔德意,2021)确定创业政策工具研究框架。政策法规层级维度则是在第三章研究成果的基础上,充分考虑了不同发文机构的政策力度,并对每个层级进行量化处理得到的。政策发展阶段维度则是在第四章研究成果的基础上形成的。

最后,文本编码。我们先后完成国家发展和改革委员会规划课题《促进就业创业政策效用评估研究》,上海市科委课题《上海大学生科技创业环境研究》《支持协同创新的新型企业合作组织发展机理研究》等,因此,我们在长期的研究中对创业政策有了比较深入的了解和认知,具备了正确编码的素质和能力。

综上所述,本书采用的样本选择、类目设置以及文本编码方式是有效的,对创业政策工具的人工编码和分类结果是可信的。

第三节　基于预训练语言模型的创业政策工具分类

对众多政策文本中的政策条款进行政策工具分类是政策研究的重要基础,也是本研究进行创业政策工具三维量化交叉分析的重要依据。目前理论界对政策工具的类别划分主要采用人工编码并复核的方式(张永安等,2015;黄曼,2016;周城雄等,2017)。人工分类的方法有着准确率高,可解释等优点,然而人工分类却需要花费巨大的时间成本和经济成本,不但主观性较强,而且大大降低了政策工具的研究效率。而目前基于文本分析的自动分类算法在政策工具研究领域尚缺乏应用。因此,我们将尝试应用文本分析技术进行创业政策工具的自动分类。

一、研究基础

近年来,预训练—微调参数这一模式成为自然语言处理领域的新范式(Kalyan et al., 2021)。这一范式的过程如下:第一,预训练阶段。在超大规模语料库中设计一些自监督的学习任务来预训练模型。第二,微调阶段。在下游具体任务(如本研究的政策工具分类)中对预训练模型的参数进行微调。BERT (bidirectional encoder representations from Transformers)即为谷歌人工智能研究院在 2018 年提出的一个基于Transformer 网络的预训练语言模型。BERT 的出现是自然语言处理领域里程碑式的进步,其发布伊始便在多个自然语言处理任务中大幅超越了以往的模型(Qiu et al., 2020),目前已经被应用于文本总结、机器翻译、文本相似度计算、问答系统以及文本分类等领域(Peinelt et al., 2020)。

近年来,对于与政策、政治有关的文本挖掘已经成为自然语言处理领域的一个新的研究方向。D'Orazio et al.(2014)利用支持向量机这一模型判断某一政策文档是否包含军事的相关信息。Krebs(2015)从文档中抽取信息，从而识别出该文档中可能存在的民族主义意图。Chang & Masterson（2020）提出了一个通用的基于 LSTM 的深度网络模型，从而可以对不同的政策文本进行分类处理。Pujari & Goldwasser（2021）提出了一种基于 BERT 的神经网络模型，融合作者等相关信息，从而对社交媒体中的政策文本信息进行更加精确地编码。Mukherjee et al.（2022）利用 BART（bidirectional and auto-regressive Transformers），一种 BERT 的优化模型，将推特等社交媒体上的文本分为"公共卫生""政策"以及"其他"这三种类别。可见，目前理论界对于政策类文本进行文本挖掘的研究还十分有限，而在国内更是缺乏自然语言处理在政策工具分类领域的应用。

通常来讲，大多深度学习模型都需要海量数据来进行训练，然而我们的创业政策文本只有 470 项，可分割出的政策工具分析单元在万余项左右，与其他语料库相比数据偏少，而其中人工标注的政策工具数量不足 2000 条，如此少量的样本不适于训练参数过多的深度学习模型。然而，以 BERT 为代表的预训练语言模型可以在少量的样本中进行微调，这一特性使其在文本量较少的样本任务中也能够实现较好的效果（Qiu et al.，2020）。因此，在参考前人研究的基础上，我们提出一个基于 BERT 的深度学习模型对创业政策文本进行政策工具分类研究。

二、算法介绍

（一）模型结构

图 5.5 为 BERT 的模型结构图，主要为堆砌 N 个 Transformer 编码单元，其中 N 为预先设定的模型超参数，一般 N 为 12。

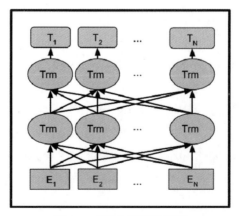

图 5.5　BERT 模型结构图

（二）预训练任务

BERT 主要提出了两个预训练任务，遮罩语言模型（masked language model，MLM）和上下句预测（next sentence prediction，NSP）。MLM 的核心思想在于将句子中的字符以一定概率进行随机遮掩，使得模型可以根据被遮掩字符的上下语境来对其进行预测。NSP 的核心思想为给定两个句子 A 和 B，使模型在具体语境中判断句子 B 是否为句子 A 的下文。通过在大型语料中进行随机采样，我们可以从中构造出正样本和负样本，从而组成 NSP 任务的训练集。

（三）文本嵌入

BERT 的嵌入（embedding）主要由三部分组成：字符嵌入（token embedding）、段嵌入（segment embedding）以及位置嵌入（position embedding）。其中，字符嵌入类似于自然语言处理中的词嵌入，可以用 BERT 分词器将文本分词后的字符一一映射到一个向量。由于 BERT 的输入可能为两个句子，因此段嵌入则是对不同的句子进行嵌入，如果输入仅为一句话 A，那么该输入的每个字符对应的段嵌入均为 E_A；如果输入为两句话，句子 A 和句子 B，那么句子 A 中的每个字符对应的段嵌入都为 E_A，而句子 B 中的每个字符对应的段嵌入都为 E_B，其中，E_A 和 E_B 分别为句子 A 和句子 B 的段嵌入。而由于 Transformer 结构中缺乏句子中字符的先后位置信息，因此我们需要对每个单词所在的位置进行位置嵌入，即将每个位置都映射为一个可学习的向量。

（四）Transformer 编码器及注意力机制

Transformer 编码器的核心思想是注意力机制的引入。例如，人们在阅读创业政策文本时，会更加重视"减税降费""担保贷款"等与具体政策工具有关的词语，而忽略"各地区""各部门"等一些辅助性或无实际意义的词语。Transformer 利用矩阵乘法来计算文本对不同词语分配的注意力，从而使得其可以在 GPU 上进行并行运算，这一特点也大大提升了模型的训练和推理速度。此外，Transformer 可以处理任意长度序列内部的词语依赖关系，而不需要考虑 RNN 网络中的梯度消失和梯度爆炸等问题。

BERT 模型则应用的是多头注意力机制。多头注意力机制输入以下三个向量：Query 向量 $Q \in \mathbf{R}^{l \times d_q}$、Key 向量 $K \in \mathbf{R}^{l \times d_k}$ 以及 Value 向量 $V \in \mathbf{R}^{l \times d_k}$，其中 l 为输入序列的长度，d_q 为 Query 向量的维度，d_k 为 Key 向量以及 Value 向量的维度。在实际运用中，Query 向量是通过对 Query 语句（或其隐层表示）进行线性变换得到，而 Key 向量和 Value 向量则是通过对 Key 语句和 Value 语句（或其隐层表示）进行线性变换得到。

在多头注意力机制中，每一个"头"都对应一个缩放点积注意力（scaled dot-product attention），假设给定多头注意力机制共有 h 个"头"，那么我们将 Query、Key 和 Value 向量分别输入到 h 个缩放点积注意力之中，最后将这 h 个输出进行拼接，作为该层多头注意力机制的输出，即为下一层多头注意力机制的输入。

缩放点积注意力的具体计算公式如下：

$$Attention(Q,K,V) = softmax\left(\frac{QK^T}{\sqrt{d_k}}\right)V \tag{5.3}$$

$$softmax(X) = \frac{e^{X_i}}{\sum_{j=1}^{N} e^{X_j}} \tag{5.4}$$

因此，最终多头注意力机制的输出为 $A = [A_1, A_2, \cdots, A_h]$，其中，$A_i$ 为第 i 个缩放点积注意力的输出。

三、政策工具分类模型构建

我们针对创业政策文本提出了一个基于预训练语言模型（pre-trained language model，PLM）和多层感知机（multilayer perception，MLP）的文本分类模型（PLM＋MLP），以对创业政策文本进行政策工具分类。我们先获取开源的中文 BERT 模型，该模型已经在大规模的中文语料库中进行了预训练，并从中学习了大量知识。在此基础上，利用本书中人工标记的创业政策工具样本对 BERT 模型进行微调。

本书中模型的结构如图 5.6 所示，主要由三部分构成：预训练语言模型、最大池化层（max-pooling）以及多层感知机。其中，预训练语言模型的目的在于从政策工具中抽取出融合上下文信息的矩阵表示；最大池化层的目的是对预训练语言模型抽取出的特征矩阵进行维度转换，即进行降维处理；多层感知机的目的在于对前述网络中抽取的文本特征进行分类，在本书中将创业政策工具分为 A1－C4 共 12 个类别，因此这里最终将政策工具分为 12 个类别。

由于中文 BERT 是以中文的字为单位进行分词的，因此模型的输入为一组字序列。我们采用的 BERT 模型输入是 512 个长度的字序列，例如，某个政策工具分析单元长度为 100 字，根据 BERT 模型的要求，我们在序列最前方加入一个特殊的字符"[CLS]"，分词后该字序列长度为 101，不足 512，因此我们在这个序列后面补 512－101＝411 个[pad]，使得最终句子长度为 512。其中，[pad]对应的向量为 768 维（768 即为隐藏层的维度），里面的数值均为 0。如果某个政策工具分析单元有 600 个字，那我们

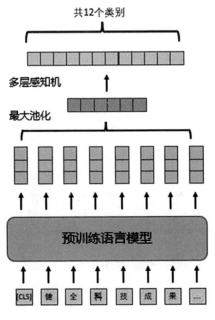

共12个类别

多层感知机

最大池化

预训练语言模型

[CLS] 健 全 科 技 成 果 …

图 5.6 政策工具分类模型结构图

就取这个句子的前 511 个字,首部再加上[CLS],组成 512 的字序列,作为 BERT 的输入。例如在创业政策文本中,待分类的政策工具分析单元为 "健全科技成果转化的体制机制……",我们首先利用 BERT 的分词器将 其分词,并在序列前方加上字符"[CLS]",由于本条政策工具不足 512 字, 因此在其尾部用[pad]补足,则最终分词后的字序列转变为["[CLS]""健" "全""科""技""成""果""转""化""的""体""制""机""制"……"[pad]" "[pad]"]。在得到这组分词后的字序列之后,我们根据 BERT 分词器中 的映射表,也就是字嵌入的词汇表,将每个字映射为一个 768 维的向量,再 将其与该字对应的段嵌入和位置嵌入的向量综合起来,最终作为该字的向 量输入到 BERT 模型中。

设预训练语言模型的输入序列为 X,如果用公式表示上述过程, 则有:

$$H = PLM(X) \tag{5.5}$$

式中,$PLM(*)$ 为预训练语言模型;$H \in \mathbf{R}^{l \times d_p}$ 为预训练语言模型的输出; l 为政策工具序列长度,本模型中 $l=512$,不足 512 的用[pad]不足;d_p 为 预训练语言模型隐层状态的维度,本模型中 $d_p=768$。

得到预训练语言模型的输出 H 之后,我们将 H 输入最大池化层之 中,这一步的目的在于将预训练语言模型输出的矩阵转化为向量,作为最终输入多层感知机分类器的特征向量。最大池化层的示意图如图 5.7 所示，即将预训练语言模型输出的 768*512 的矩阵的每一行都取最大值，得到一个 768 维的向量，该向量即为最大池化层的输出。用公式表示为：

$$M = MaxPool(H) \tag{5.6}$$

式中，$MaxPool(*)$ 为最大池化层，$M \in \mathbf{R}^{d_p}$ 为最大池化层的输出，本模型中 $d_p = 768$，因此 M 为 768 维的向量。

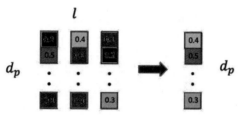

图 5.7　最大池化层示意图

最终，我们将最大池化层的输出 M 输入多层感知机中进行分类，得出模型的最终输出 L，计算公式如下：

$$L = W_2(\sigma(W_1 M + b_1)) + b_2 \tag{5.7}$$

式中，W_* 和 b_* 为模型的参数，$\sigma(*)$ 为激活函数，$\sigma(x) = \dfrac{1}{1 + e^{-x}}$，$L$ 为多层感知机的输出向量，L 的维度为政策工具类别的个数，本研究中即为 12。接着，再对 L 进行 $softmax$ 处理，使其归一化。因此，处理后的向量 $softmax(L)$ 第 i 个位置的数值即表示输入的政策工具分析单元属于第 i 类的概率，最终模型对于本次输入的政策工具分析单元的分类结果为向量中最大概率对应的类别。在"健全科技成果转化的体制机制……"的例子中，模型最终输出的向量为 [0.00562, 0.00013, 0.9573, 0.0073, 0.00182, 0.0009, 0.00212, 0.0075, 0.01427, 0.00007, 0.00171, 0.00135]，显然其中第 3 位的概率最大，为 0.9573，因此我们认为该政策工具样本最终分类结果为第 3 类，即为 A3 技术支持类政策工具。

四、实验设置及对比分析

（一）样本数据处理

在本章的第二节，我们已经详细介绍了创业政策工具的人工标记方式，最终我们从 178 份创业政策文本中获得了 1682 条人工标注的分析单元，即政策工具（见图 5.8），其中每个类别的政策工具频数如表 5.6 所示。

表 5.6　各类政策工具人工标注频次表

政策工具类别	A1	A2	A3	A4	B1	B2	B3	B4	C1	C2	C3	C4
政策工具数量	183	318	54	120	19	22	29	44	171	199	187	336

分类标签	政策工具内容
A1	遵循教育教学规律和人才成长规律，以课堂教学为主渠道，以课外活动、社会实践为重要途径，充分
C3	最大限度精简办事程序，减少办事环节，缩短办理时限，改进服务质量，努力实现行政许可事项和相
A1	组织实施培训。动员和推荐有创业愿望并具备创业条件的下岗失业人员到具有资质的培训机构参加创
A2	自主就业退役士兵在企业工作不满1年的，应当按月换算减免税限额。计算公式为：企业核算减免税总
A2	抓紧推广中关村国家自主创新示范区税收试点政策
A1	抓好队伍建设，确保培训质量。要加强创业培训教师队伍建设，逐步形成一支专业化的教师队伍。开
C4	主动对接辖区地方人民政府和高新科技园区，充分研究各地区、各园区现有科技金融支持政策，做好
A2	重点群体从事个体经营的，按照财税[2019]22号文件第一条的规定，在年度减免税限额内，依次扣减
C1	中证报价与共青团中央及其它征信机构，有权对其机构建立信息共享机制，对具有良好信用记录的项
A2	中央财政支持国家级大学生创新创业训练计划的资金，按照财政部、教育部《"十二五"期间"高等
A4	中央财政通过中小企业发展专项资金给予示范城市奖励支持，由示范城市统筹使用。示范城市不得将
B1	制定鼓励社会资本参与农村建设目录，鼓励政府职能转移目录，鼓励返乡农民工人员参与建设
B2	支持新兴业态发展。以新一代信息和网络技术为支撑，加强技术集成和商业模式创新，推动平台经济
B3	支持全面创新改革试验区、自由贸易试验区、国家自主创新示范区、战略性新兴产业集聚区、国家级
A2	支持农民工返乡创业，发展新型农业经营主体，落实定向减税和普遍性降费政策：依托存量资源整合
B1	政府采购，在同等条件下应当优先购买残疾人福利性单位的产品或者服务。
C2	证券公司承销创新创业公司债的情况，作为证券公司分类评价中社会责任评价的重要内容。
C2	在创业中心建设与发展的资金等筹建上，在各级科委、高新区继续加强投资的基础上，更要建立政府引
A4	在创业中心多样化发展中，当前重点应发展专业技术孵化器、大学孵化器、大中型企业办的企业孵化

图 5.8　创业政策工具标注示例

（二）实验环境与参数设置

本实验使用 Python 3 程序语言，并利用 PyTorch 这一深度学习框架来搭建模型，从而实现创业政策工具分类任务。本研究的实验环境如表 5.7所示：

表 5.7　实验环境一览表

名称	配置
CPU	Intel(R) Xeon(R) Silver 4114 CPU @ 2.20GHz
Memory	32GB
GPU	Tesla V100 16GB
System	Ubuntu 20.04

对于超参数的设置，将超参数的不同取值在合理的范围内进行网格搜索，部分结果如图 5.9 所示。其中，横轴为各个超参数的取值，纵轴为该取值条件下模型的效果。我们将在各个不同的超参数取值中模型效果最好的数值作为该超参数的取值。在本研究的模型中，Batch Size 为 8，

Learning Rate 为 2e-5 时模型效果最优。模型最终超参取值及相关训练细节设置如表 5.8 所示。

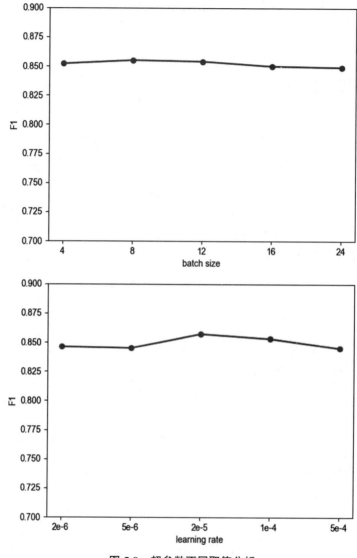

图 5.9 超参数不同取值分析

表 5.8 超参数设置一览表

名称	取值	含义
Optimizer Name	Adam	模型训练时的优化器类别

名称	取值	含义
Batch Size	8	模型每一步训练的数据量大小
Epochs	10	模型训练时在训练集上迭代的次数
Learning Rate	2e−5	优化器中的学习率大小
Dropout Rate	0.2	屏蔽某部分网络的概率大小

（三）评测指标

为了便于模型的效果评估，这里采用通用的评估标准，即使用准确率（Accuracy）、精确率（Precision）、召回率（Recall）以及 F1 作为测评指标。第 i 类样本的各测评指标的具体公式如下：

$$Accuracy = \frac{\sum_{i=1}^{N}(TP_i + TN_i)}{\sum_{i=1}^{N}(TP_i + TN_i + FP_i + FN_i)} \tag{5.8}$$

$$Precision_i = \frac{TP_i}{TP_i + FP_i} \tag{5.9}$$

$$Recall_i = \frac{TP_i}{TP_i + FN_i} \tag{5.10}$$

$$F1_i = \frac{2 \times Precision_i \times Recall_i}{Precision_i + Recall_i} \tag{5.11}$$

式中，TP_i 为真正值的个数，TN_i 为真负值的个数，FP_i 为假正值的个数，FN_i 为假负值的个数。

上述公式是对第 i 类样本的评测指标，评测模型的综合性能则需要对每个类别的评测指标进行整合。通常整合的方法有取最大值、取最小值及加权平均等。在本书中，我们选择加权平均法对每一类的评测指标进行整合，具体计算公式如下：

$$Precision = \sum_{i=1}^{N}(Precision_i \times w_i) \tag{5.12}$$

$$Recall = \sum_{i=1}^{N}(Recall_i \times w_i) \tag{5.13}$$

$$F1 = \sum_{i=1}^{N}(F1_i \times w_i) \tag{5.14}$$

式中，w_i 为第 i 类样本在所有样本中所占的比例。

（四）实验过程及对比分析

为了更好的在训练过程中评估模型的效果，我们按照 8∶2 的比例对样本数据集进行随机切分，最终取得训练集和测试集。训练集的目的在于训练模型，优化模型参数，测试集的目的则在于对模型的效果进行评测。

对人工标注的政策工具样本进行观察不难发现，样本中存在严重的类别不平衡问题，即每个类别的样本在总体样本中的比例不平衡。如图 5.10 所示，其中数量最多的 C4 类在样本中占比 19.98%，而数量最少的 B1 类仅占比 1.13%。总体来看，B 类政策工具样本所占的比例明显低于其他各类。

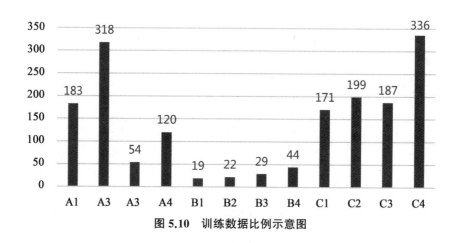

图 5.10 训练数据比例示意图

对于这一问题，实验中利用 Focal Loss 来对模型常规的损失函数 Cross Entropy Loss 进行优化。这一损失函数可以提高样本数量少的类别的损失权重，降低样本数量多的类别的损失权重，以此来提高模型对数量少的类别的关注度。下式为 Focal Loss 的具体计算公式：

$$FL(p_t) = -(1-p_t)^{\gamma}p_t \tag{5.15}$$

式中，p_t 为第 t 个类别的模型输出，即为政策工具属于第 t 类的概率，γ 为 Focal Loss 预先设定的超参数，γ 的取值分析如图 5.11 所示，最终，本研究中 γ 取 2 时，模型效果最优。

实验中，我们首先使用 bert-base-chinese 作为预训练模型，最终在测试集的 F1 为 0.82。接着，对于样本中政策工具类别不均衡问题，我们利用 Focal Loss 来对模型常规的损失函数 Cross Entropy Loss 进行优化，再次进行实验，最终在测试集的 F1 为 0.84，相比第一次实验提升了两个百分点。

接着，将不同 BERT 模型进行对比分析。由于 RoBERTa（Liu et al.，2019）模型对 BERT 预训练过程中的参数进行了进一步调优，最终在多个

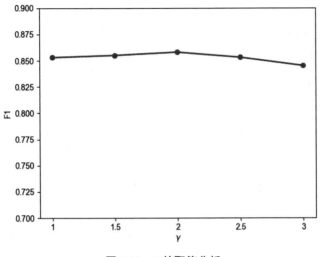

图 5.11　γ 的取值分析

下游任务中取得了比原始的 BERT 模型更好的效果。因此，本研究也尝试用 chinese-roberta-wwm-ext 模型替换 bert-base-chinese 模型，进行同样的实验，最终 chinese-roberta-wwm-ext 在测试集的 F1 为 0.86，又比之前的预测效果提高了 2 个百分点。

因此，本书最终采用 chinese-roberta-wwm-ext 作为预训练语言模型。图 5.12 为本书提出的模型在训练过程中的损失值变化图，其中横轴为训练的步数，纵轴为当前步数下的损失值。显然，模型的参数在 2000 步之后趋于收敛，损失值保持在 0.1 以下且不再波动。

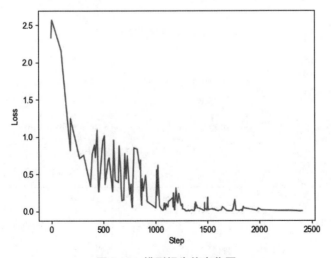

图 5.12　模型损失值变化图

图 5.13 为训练过程中每一次迭代结束时模型在测试集上的效果,横轴为已经完成训练的迭代次数,纵轴为评测指标的数值。由此可以看出,我们的模型在第 10 次迭代后效果达到最优,各项评测指标均为最高。

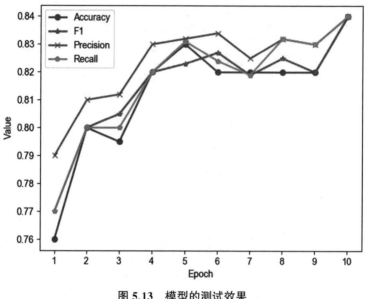

图 5.13　模型的测试效果

为了进一步验证模型的有效性和可行性,将本研究提出的政策工具分类模型(PLM+MLP)的实验结果同其他在以往研究中表现较好的三种模型的实验结果进行对比。表 5.9 为对比模型名称与其对应的具体含义。

表 5.9　对比实验模型一览表

模型名称	含义
TF-IDF ＋ SVM	利用 TF-IDF 对文本进行量化,然后将文本向量输入 SVM 中进行分类
TextCNN	随机初始化词向量,输入 TextCNN 中进行分类
LSTM	随机初始化词向量,输入 LSTM 中进行分类
PLM+MLP	本书提出的基于预训练语言模型的分类模型

表 5.10 为不同文本分类模型的分类结果,后三种为本研究提出的分类模型(PLM+MLP),其中预训练模型一列为预训练语言模型的具体名

称,由于 TF-IDF＋SVM、TextCNN 以及 LSTM 均不涉及预训练语言模型,因此该项为空。

表 5.10　对比实验结果一览表

模型	预训练模型	损失函数	Accuracy	F1	Precision	Recall
TF-IDF ＋ SVM	—	CE	0.75	0.74	0.75	0.75
TextCNN	—	CE	0.67	0.66	0.68	0.67
LSTM	—	CE	0.67	0.67	0.71	0.67
PLM＋MLP	bert-base-Chinese	CE	0.82	0.82	0.83	0.83
PLM＋MLP	bert-base-Chinese	Focal	0.83	0.84	0.85	0.83
PLM＋MLP	Chinese-roberta-wwm-ext	CE	0.85	0.86	0.86	0.85

从表 5.10 我们可以看出,不论基于何种预训练语言模型,PLM＋MLP 模型的效果均远超前三种,这主要是由于预训练语言模型在预训练阶段能够从大规模的语料库中学习到更多通用的知识,因此大大增强了文本的表示能力,即使下游文本的训练数据较少,该模型仍能取得较好的效果。同时,从实验结果可以看出,基于 chinese-roberta-wwm-ext 的模型效果比基于 bert-base-chinese 的模型更好,这主要是由于该模型在预训练阶段对模型的参数设置等进行了更好的优化,从而能够学习到比原始 BERT 更好的表示,因而在政策工具分类的下游任务中的效果也就更好。

另外,由表 5.10 我们发现,TF-IDF＋SVM 模型的效果甚至要比 LSTM 和 TextCNN 更好,其原因主要在于:政策文本的用语都非常规范,并且每个政策工具类别的文本往往都包含一些固定的词语,例如,A1 人才培养类的政策工具通常含有"人才""教育"等词语,而 TF-IDF 能够很好地抽取出这些文本特征;而由于我们的训练语料较少,因此 TextCNN 和 LSTM 模型反而很难训练出一个良好的词向量特征,因此其分类效果大打折扣。

五、政策工具分类的实现

(一)数据处理

首先,通过对创业政策文本的研读,我们发现创业政策的开头均为对政策下达对象的称呼,称呼之后的第一段通常是政策发布背景的介绍,这两部分都没有体现具体政策工具的运用,因此,在进行政策工具分割之前,先将这两个部分从政策文本中删除。

其次,本书是以创业政策文本中的段落为基础划分政策工具分析单元的,即每个段落记为一个政策工具的运用频次,因此,在进行模型训练之前,我们先根据"\n"这一换行的转义字符将 470 份政策文本逐一进行政策工具分析单元分割。

最后,在分析单元中去除独立成段的小标题。正如前文所述,为了避免重复编码和造成政策工具分析单元的冗余,在进行政策工具分类时将政策文本中独立成段的小标题去掉。通过对创业政策文本的研读,发现这类小标题的编号不一,各类形式均有应用,如"一,(一),1,(1),"等,因此我们很难根据小标题的编号来去除。同时研读发现,这类小标题通常在 20 字以下,因而我们将 20 字以内的独立成段的短文本作为小标题的识别依据。需要说明的是,虽然这一数字不甚精确,个别小标题有超过 20 字的情况,但这一标准却能排除大部分的小标题,兼顾了算法的可行性和合理性,因此是可取的。去除小标题后,共得到 13040 个分析单元。

(二)预测结果

将本书提出的 PLM＋MLP 模型应用于经过数据处理的政策工具分析单元,得到分类后的政策工具 13040 条,其部分分类结果如表 5.11 所示。可以看出,我们建立的 PLM＋MLP 模型在政策工具的分类上取得了较好的预测效果。因此,其分类结果可以用于本书的后续研究,该模型亦可以在未来的研究中用于我国地方创业政策的政策工具分类。

此外,为了进一步提高后续分析的准确性,本研究在后续研究中将预测概率低于 0.3 的政策工具分析单元不予考虑。这是因为,通过对预测后获得的政策工具分类数据的观察发现,对于预测概率低于 0.3 的分析单元来说,其对应的政策工具的类别特征往往已经非常模糊,即已经很难准确划分其所属的政策工具类别,或存在一个分析单元同时运用了多种政策工具的情况,这也体现出按照段落来划分分析单元的一个弊端。这样的分析单元无法很好地体现出其政策工具的运用特征。鉴于此,为了保证后续政策工具运用特征分析的准确性,我们只将预测概率高于 0.3 的分析单元提取出来用于后续研究,从而得到分类后的政策工具分析单元 10965 条,其分类结果如图 5.14 所示。

表 5.11　创业政策工具预测结果示例

政策工具	预测类别	实际类别
各地区、各高校要明确全体教师创新创业教育责任,完善专业技术职务评聘和绩效考核标准,加强创新创业教育的考核评价……,支持教师以对外转让、合作转化、作价入股、自主创业等形式将科技成果产业化,并鼓励带领学生创新创业	A1 (0.9599) A3 (0.0105) C3 (0.0100)	人才培养 A1
(七)取消减免一批政府性基金,扩大小微企业免征范围。……将教育费附加、地方教育附加、水利建设基金免征范围由月销售额或营业额不超过 3 万元的缴纳义务人扩大到月销售额或营业额不超过 10 万元的缴纳义务人	A2 (0.9850) C2 (0.0050) B1 (0.0017)	财税支持 A2
(十八)健全科技成果转化的体制机制。纵深推进全面创新改革试验,深化以科技创新为核心的全面创新。完善国家财政资金资助的科技成果信息共享机制,畅通科技成果与市场对接渠道。试点开展赋予科研人员职务科技成果所有权或长期使用权……	A3 (0.9573) B4 (0.0075) A4 (0.0073)	技术支持 A3
五、树立一批"创业孵化示范基地"。各级人力资源社会保障部门要加强本地区创业孵化基地建设和日常管理工作,做好基地的认定、指导、服务、监管和相关政策落实……,我部将按照优中选优原则适时认定一批示范性强的国家级"创业孵化示范基地"	A4 (0.9814) C3 (0.0049) A3 (0.0025)	基础设施 A4
政府采购,在同等条件下应当优先购买残疾人福利性单位的产品或者服务	B1 (0.8934) B2 (0.0385) C3 (0.0155)	政府购买 B1
(六)加快推广知识内容众包。支持百科、视频等开放式平台积极通过众包实现知识内容的创造、更新和汇集,引导有能力、有条件的个人和企业积极参与,形成大众智慧集聚共享新模式	B2 (0.8178) C3 (0.0324) A4 (0.0301)	服务外包 B2
49.科学研究机构、技术开发机构、学校等单位进口符合条件的商品享受免征进口环节增值税、消费税	B3 (0.9262) B2 (0.0152) A3 (0.0126)	贸易管制 B3

（续表）

政策工具	预测类别	实际类别
二、科学技术部管理和指导中国海外科技创业园的工作,具体工作由科学技术部火炬高技术产业开发中心(以下简称火炬中心)承担。中国海外科技创业园的工作机构,应接受我国驻所在国使(领)馆科技处(组)的指导	B4（0.9143） B3（0.0181） C1（0.0146）	海外交流 B4
91. 推进侵权纠纷案件信息公示工作,严格执行公示标准。将故意侵权行为纳入社会信用评价体系,明确专利侵权等信用信息的采集规则和使用方式,向征信机构公开相关信息。积极推动建立知识产权领域信用联合惩戒机制	C1（0.9616） C3（0.0172） A3（0.0055）	法规管制 C1
(七)拓宽融资渠道。积极推动金融产品和金融服务创新,支持推动以创业带动就业。积极探索抵押担保方式创新,对于符合国家政策规定、有利于促进创业带动就业的项目,鼓励金融机构积极提供融资支持。……引导和促进创业投资企业的设立与发展	C2（0.9898） B2（0.0016） C3（0.0014）	金融支持 C2
(十八)强化公共就业创业服务。着力推进公共就业创业服务专业化,合理布局服务网点,完善服务功能,细化服务标准和流程,增强主动服务、精细服务意识。创新服务理念和模式,……推广网上受理、网上办理、网上反馈,实现就业创业服务和管理全程信息化	C3（0.9892） B2（0.0028） A1（0.0018）	公共服务 C3
(十九)加强组织协调。各地区、各部门要高度重视农民工等人员返乡创业工作,健全工作机制,明确任务分工,细化配套措施,跟踪工作进展,及时总结推广经验,研究解决工作中出现的问题	C4（0.9844） C3（0.0044） C1（0.0040）	策略工具 C4

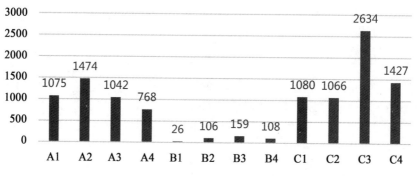

图 5.14　模型预测结果分布图

第四节　创业政策工具三维交叉分析

一、创业政策工具三维统计

基于所建立的三维评估框架，将上述分类得到的 10965 条政策工具按照"政策工具—发展阶段—法规层级"进行三维归类，即在政策工具频数统计的基础上，按照政策阶段进行归类统计，最后根据所处政策层级的权重计算分值。最终形成如表 5.12 所示的创业政策工具三维量化统计表。

二、政策工具与法规层级交叉分析

（一）维度间分析

不同类型的政策工具在运用上呈现出不同的特征。根据表 5.12 中的数据，我们进一步得到表 5.13 和图 5.15，并对其分析发现，使用频率较高的是环境型和供给型政策工具，两者占比总和已达 96% 以上，而需求型政策工具使用频率严重失调，在所有政策工具中占比不到 4%。由图 5.15 可以看出，各政策工具的发文数量（频次）和发文得分的比例趋势基本一致，说明各政策工具在发文的法规层级上也基本一致。

因此，可以初步得出：①，需求型政策工具的运用在频次上明显不足，远远少于供给型和环境型政策工具；②，需求型政策工具的发文层级也不突出，与其他两类政策工具基本一致。上述两个原因最终导致需求型政策工具无论在发文频次还是得分上都明显失衡。

表 5.12　创业政策工具三维量化统计表（频次）

发展阶段	政策工具	法规层级					工具类别得分	发展阶段得分（占比）
		a 级（$\omega=4$）	b 级（$\omega=3$）	c 级（$\omega=2$）	d 级（$\omega=1$）	政策工具得分		
促进就业期	①—A1 类	0	4	8	99	127	358	1 091（6.31%）
	①—A2 类	0	18	1	109	165		
	①—A3 类	0	5	0	11	26		
	①—A4 类	0	3	0	31	40		

（续表）

发展阶段	政策工具	法规层级				政策工具得分	工具类别得分	发展阶段得分（占比）
		a级（ω=4）	b级（ω=3）	c级（ω=2）	d级（ω=1）			
促进就业期	①－B1类	0	0	0	0	0	45	1 091（6.31%）
	①－B2类	0	0	0	0	0		
	①－B3类	0	2	0	9	15		
	①－B4类	0	0	0	30	30		
	①－C1类	0	10	0	40	70	688	
	①－C2类	0	11	0	72	105		
	①－C3类	0	26	8	227	321		
	①－C4类	0	14	1	148	192		
法治提升期	②－A1类	5	38	12	240	398	1 568	3 847（22.26%）
	②－A2类	10	58	21	329	585		
	②－A3类	66	9	1	105	398		
	②－A4类	3	10	13	119	187		
	②－B1类	2	2	0	3	17	93	
	②－B2类	0	3	0	12	21		
	②－B3类	3	3	4	19	48		
	②－B4类	1	0	0	3	7		
	②－C1类	24	19	3	77	236	2 186	
	②－C2类	6	13	26	349	464		
	②－C3类	1	123	43	475	934		
	②－C4类	0	43	19	385	552		
创新成长期	③－A1类	16	17	31	147	324	1 815	4 797（27.75%）
	③－A2类	17	32	36	148	384		
	③－A3类	50	82	59	176	740		
	③－A4类	3	21	62	168	367		
	③－B1类	0	2	1	2	10	251	
	③－B2类	2	22	10	20	114		
	③－B3类	1	9	10	33	84		
	③－B4类	0	4	7	17	43		

发展阶段	政策工具	法规层级					工具类别得分	发展阶段得分（占比）
		a级（ω=4）	b级（ω=3）	c级（ω=2）	d级（ω=1）	政策工具得分		
创新成长期	③-C1类	29	79	73	167	666	2 731	4 797（27.75%）
	③-C2类	7	57	14	179	406		
	③-C3类	53	114	92	415	1 153		
	③-C4类	7	37	56	255	506		
强化推进期	④-A1类	45	49	17	347	708	3 179	7 549（43.68%）
	④-A2类	113	185	23	374	1 427		
	④-A3类	7	33	6	432	571		
	④-A4类	13	32	35	255	473		
	④-B1类	5	2	3	4	36	244	
	④-B2类	0	6	1	30	50		
	④-B3类	3	8	12	43	103		
	④-B4类	0	2	5	39	55		
	④-C1类	68	150	60	281	1 123	4 126	
	④-C2类	22	79	31	200	587		
	④-C3类	115	142	134	666	1 820		
	④-C4类	15	25	39	383	596		
法规层级发文量/占比		712（6.49%）	1 603（14.62%）	977（8.91%）	7 673（69.98%）	10 965（100%）	17 284（100%）	
法规层级得分/占比		2 848（16.48%）	4 809（27.82%）	1 954（11.31%）	7 673（44.39%）	17 284（100%）		

表 5.13 政策工具与法规层级维度统计表（频次）

工具类型	工具名称	a级	b级	c级	d级	工具得分	总得分及占比
A	A1 人才培养	66	108	68	833	1 557	6 920（40.04%）
	A2 财税扶持	140	293	81	960	2 561	
	A3 技术支持	123	129	66	724	1 735	
	A4 基础设施	19	66	110	573	1 067	

（续表）

工具类型	工具名称	a级	b级	c级	d级	工具得分	总得分及占比
B	B1 政府购买	7	6	4	9	63	633 (3.66%)
	B2 服务外包	2	31	11	62	185	
	B3 贸易管制	7	22	26	104	250	
	B4 海外交流	1	6	12	89	135	
C	C1 法规管制	121	258	136	565	2 095	9 731 (56.30%)
	C2 金融支持	35	160	71	800	1 562	
	C3 营商环境	169	405	277	1 783	4 228	
	C4 策略工具	22	119	115	1171	1 846	
法规层级 发文量/占比		712 6.49%	1 603 14.62%	977 8.91%	7 673 69.98%	10 965 100%	
法规层级 得分/占比		2 848 16.48%	4 809 27.82%	1 954 11.31%	7 673 44.39%	17 284 100%	

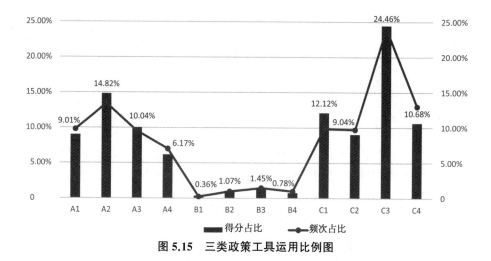

图 5.15　三类政策工具运用比例图

　　目前，从上述分析来看，政府比较倾向于采取间接影响的环境型政策工具和直接推动的供给型政策工具，但对需求型政策工具应用比例甚小。这说明政府对如何鼓励推动社会群体投身创业从事创业活动考虑较多，而对创业之后企业的产品和服务如何销售和推广，企业如何在市场中占有一席之地，考虑甚少或还未找到行之有效的拉动方式。需求型政策工具的缺失直接导致政策对创业企业的拉动力严重不足，这将导致创业企业发展不稳定、不平衡、存活率低,也将影响供给型政策工具的效果进一步持续和显现。

从政策工具的法规层级来看,在所有政策工具的运用上,国务院各部委发布的政策(d级)无论在频次还是得分上均具有压倒性优势,之后是国务院发布的各类政策(b级),而全国人民代表大会常委会(a级)和国务院办公厅(c级)独立发布的政策较少。因此,我国创业政策工具在运用上形成以国务院各部委的政策工具为主,其他高级别的政策工具为辅的结构。

另外,在所有政策工具的使用中,环境型政策工具的"公共服务"(4228分)得分最高,接下来依次是"财税扶持"(2561分)、"法规管制"(2095分)以及"策略工具"(1846分)。排名前四的政策工具中环境型政策工具占据三席,其使用频率之高再次可见国家对环境型政策工具的重视程度。

(二) 维度内分析

第一,供给型政策工具分析。供给型政策工具属于直接推动的策略。如图5.16所示(依据表5.13绘制),在供给型政策工具中最受政府关注的是财税扶持(维度间占比为14.82%),依次是技术支持(维度间占比为10.04%)和人才培养(维度间占比为9.01%)。

财税扶持类政策工具运用较多,说明向创业企业直接提供扶持性政策资金或税费优惠仍然是政府向创业企业提供资金帮扶的最为重要的方式之一。财税扶持类政策的文本数量虽然不多,但每篇政策文本中的条款(即分析单元)较多,而且这些条款在政策工具的分类上具有高度集中性,基本都属于财税扶持类政策工具,这也正说明财税类创业政策文本的针对性和专属性较强。例如《"大众创业 万众创新"税收优惠政策指引》(2021)、《关于进一步落实重点群体创业就业税收政策的通知》(2018)、《关于认真做好小型微利企业所得税优惠政策贯彻落实工作的通知》(2015)等,基本通篇都是财税类政策工具,这也是财税类创业政策文本的一个突出特点。另外,创业和就业不同,它属于创新型就业、创造性就业,创业比就业的门槛高很多,因此对创业者的文化素质要求更高,创新能力要求更高,国家也一直对创业者和潜在创业者的教育培训和技术支持高度重视,因此人才培养和技术支持类政策工具运用也较多。

此外,政策工具的得分是经过政策法规层级维度的加权得出的,政策层级越高权重越大,因此高层级的政策越多,该类政策工具的得分就越高。而从表5.13和图5.16可知,供给型政策中财税扶持类的高层级政策工具的运用远多于其他同组类别,其次是技术支持和人才培养类。因此,这也是导致财税扶持类、技术支持类和人才培养类政策工具得分较高的一个重

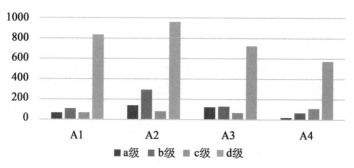

图 5.16　供给类政策工具在不同法规层级中的运用

要原因。可以看出,有相当数量的财税扶持和技术支持类政策工具是以法律或国务院发文的形式发布的,这也说明国家对这两类创业政策工具的高度重视。

　　第二,需求型政策工具分析。需求型政策工具与其他两类政策工具相比,存在严重失调现象,整体得分占比仅为总体的3.66%。其中,占比最高的贸易管制类政策工具,其占比仅为1.45%。另外,从政策工具的法规层级上来看(如图5.17所示,依据表5.13绘制),贸易管制类政策工具在各个法规层级上的运用比例均较高;而服务外包类政策正是由于其高级别的政策工具的运用,才在总体得分上超过了海外交流类政策工具。而政府购买类政策工具则在四个法规层级上的运用都相形见绌。

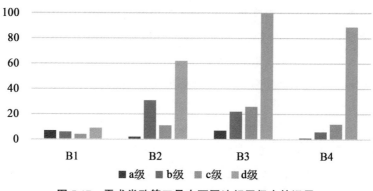

图 5.17　需求类政策工具在不同法规层级中的运用

　　需求型政策工具能够很好的消除创业者的疑虑和后顾之忧,不仅有助于创业企业的顺利起步,更能在企业遇到生存危机之时,帮助企业渡过难关,因此可以作为创业企业生存和发展的基础保障。政府不但应该增加需求型政策工具的数量,更应该创新需求型政策工具的类型和手段,全方位多角度地拉动创业行为。

第三，环境型政策工具分析。环境型政策工具重在为创业营造良好的社会环境和市场环境，属于间接影响的策略。对图 5.15 进行分析发现，相比于供给型和需求型政策工具，环境型政策工具在运用上覆盖面全，且整体比例较高，除金融支持类略低外，其他三项政策工具整体占比均高于10%。其中，公共服务类比例最高，究其原因主要有四点：首先，公共服务类政策的覆盖面比较广，其不但包含为创业企业和创业者提供各种服务的政策，还包含改善企业营商环境和商事制度的各项相关政策；其次，客观需求强，我国创业企业的基础条件、能力和水平都还处于比较低的层次，因此，对政府公共服务方面的需求已经迫在眉睫；再次，政策集中度高，"简政放权、放管结合、优化服务"等优化商事制度的政策和举措是我国政府于经济新常态背景下提出的，虽然提出时间不长，但已经在短时间内受到我国政府各部门的广泛重视；最后，由图 5.18（依据表 5.13 绘制）可以看出，公共服务类政策工具在各个法规层级上的运用比例均较高，这也是该类政策工具运用比例偏高的主要原因。

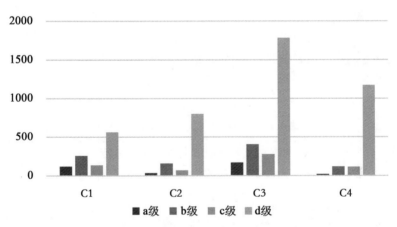

图 5.18 环境类政策工具在不同法规层级中的运用

另外，法规管制类政策工具运用比例也较高。说明我国政府对创业及其相关领域的规范运作及法律法规建设相当重视，虽然我国目前还没有独立的专门针对创业的法律法规，但相关的法规管制内容已经涵盖在各级政策文件中。同时，值得注意的是，由图 5.15 可以发现，法规管制类政策工具是 12 项政策工具中唯一发文频次占比与得分占比有明显变化的类别，其得分占比较频次占比有明显提升（从 9.85% 提升至 12.12%）。法规管制类政策正是由于其高级别的政策工具的运用，才在总体得分上超过了策略性政策工具。

虽然金融支持类政策工具在组内占比是最低的，但其在整体政策工具运用中的比例尚可（9.04%）。说明我国政府比较重视民间资本对创业活动的扶持作用，这与我国的宏观政策一致，即鼓励社会资本投入到创新创业领域。综合供给类和环境类政策工具分析，可知我国政府对创业的资金扶持重视程度较高，并且是政府的资金扶持（财税扶持）和民间的资金扶持（金融支持）两手抓，两手都要硬。另外，金融支持类政策工具在相关政策中运用较少，这也是导致其最后的得分占比较低的主要原因。

三、政策工具与发展阶段交叉分析

（一）维度间分析

创业政策的阶段性演化特征能够反过来体现创业企业在不同发展阶段的特征和需求。由表 5.12 得到表 5.14，可以看出，"促进就业期"的政策工具占总体得分的 6.31%，"法治提升期"政策工具占 22.26%，"创新创业期"政策工具占 27.75%，"强化推进期"政策工具占 43.68%。可见，我国创业政策工具的运用会随着发展阶段的演进而呈现明显的上升趋势（见图5.19，依据表 5.14 绘制）。此外，供给型和环境型政策工具在法治提升期和强化推进期均有明显的跳跃性增长，而需求型政策工具则在创新成长期增长比较明显。

表 5.14　政策工具的阶段性运用统计表

工具类型	工具名称	促进就业期	法治提升期	创新成长期	强化推进期	得分	总得分及占比
A	A1 人才培养	127	398	324	708	1 557	6 920 (40.04%)
	A2 财税扶持	165	585	384	1 427	2 561	
	A3 技术支持	26	398	740	571	1 735	
	A4 基础设施	40	187	367	473	1 067	
B	B1 政府购买	0	17	10	36	63	633 (3.66%)
	B2 服务外包	0	21	114	50	185	
	B3 贸易管制	15	48	84	103	250	
	B4 海外交流	30	7	43	55	135	

工具类型	工具名称	促进就业期	法治提升期	创新成长期	强化推进期	得分	总得分及占比
C	C1 法规管制	70	236	666	1123	2 095	9 731 (56.30%)
	C2 金融支持	105	464	406	587	1 562	
	C3 营商环境	321	934	1 153	1 820	4 228	
	C4 策略工具	192	552	506	596	1 846	
发展阶段得分/占比		1 091 6.31%	3 847 22.26%	4 797 27.75%	7 549 43.68%	17 284 100%	

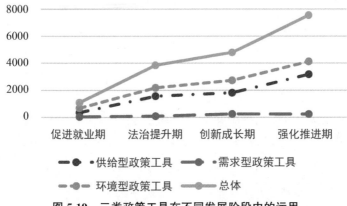

图 5.19　三类政策工具在不同发展阶段中的运用

从创业政策四个发展阶段的走势来看（见图 5.20，依据表 5.14 绘制），供给型政策工具的总体比例有所提高，从 32.81% 提高到 42.11%；环境型政策工具的总体比例有所下降，从 63.06% 缩减到 54.66%；而需求型政策工具的总体比例在四个发展阶段一直在低位徘徊。由此可见，随着创业政策的阶段性演进，国家越来越倾向采用比较直接的供给型政策工具拉动创业行为，而对起间接作用的环境型政策工具的运用有所减缓，但在比例上仍然后者略高。另外，国家对需求型政策工具的运用起色不大，有发展乏力之感，可见我国亟须创新需求型政策工具的种类及运用方式。

（二）维度内分析

从政策工具的二级分类来看，由图 5.21（依据表 5.14 绘制）可知，随着创业政策的阶段性发展，各个政策工具的运用比例发生了较为明显的动态变化。其中，上升趋势比较明显的主要有财税扶持、技术支持、基础设施及法规管制类政策工具；下降趋势比较明显的主要有人才培养、金融支持、公

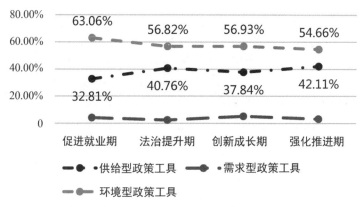

图 5.20 三类政策工具在不同发展阶段中的运用比例

共服务及策略性政策工具；而外贸管制类政策工具的走势基本平稳。可见，二级政策工具的变化趋势与一级政策工具的变化趋势基本一致，即环境型政策工具的运用比例下降而供给型政策工具上升。进一步由图 5.21 可知，环境型政策工具下降主要是因为金融支持、公共服务及策略工具等三类政策工具均有不同程度的下降；而供给型政策工具上升主要由于财税扶持、技术支持及基础设施等三类政策工具均有不同程度的上升。这些趋势反映出国家层面创业政策的可操作性和实用性逐步增强，更加注重对创业行为的直接拉动。

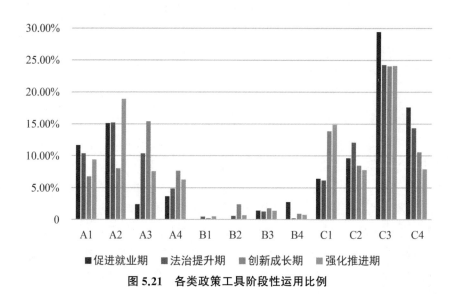

图 5.21 各类政策工具阶段性运用比例

四、法规层级与发展阶段交叉分析

接下来,对政策工具的法规层级和发展阶段进行交叉分析。我们对于同一法规层级中政策工具在不同发展阶段的运用比例进行分析。由表5.12得到表5.15,并依据表5.15绘制出图5.22,可知,对于每一个法规层级来说,其政策工具的阶段性演进趋势都高度一致,即在法治提升期运用比例出现明显提升,但在创新发展期又出现了不同程度的回落,最后又在强化推进期出现运用比例激增的现象。值得注意的是,在强化推进期,全国人大常委会(a级)和国务院发布(b级)的政策工具运用比例增长最为突出,这说明随着创业政策发展阶段的演化,国家越来越重视提高政策工具运用的法律级别和法律效力,并借此来强化创业政策的实施效果。

表 5.15 政策工具法规层级的阶段性运用(频次)

法规层级	促进就业期	法治提升期	创新发展期	强化推进期	总频次
第一法规层级	0	93	18	776	887
第二法规层级	121	321	142	2 116	2 700
第三法规层级	185	476	451	1 727	2 839
第四法规层级	406	713	366	3 054	4 539
总频次	712	1 603	977	7 673	

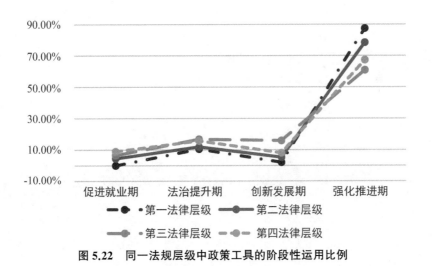

图 5.22 同一法规层级中政策工具的阶段性运用比例

我们对于同一发展阶段中政策工具在法规层级中的运用比例进行分

析。由表 5.15 和图 5.23（依据表 5.15 绘制）可以发现其中的两个主要特征：其一，对于每一个发展阶段来说，基本都是低层级政策工具的运用比例远高于高层级政策工具的运用比例；其二，随着发展阶段的不断演进，高层级政策工具的运用比例显著提升。在促进就业期，第一个特征体现尤为明显，说明在创业政策发展初期，国家基本依靠国务院各部委发文来推动创业活动的发展。到了法治提升期，第二个特征开始出现，国务院各部委发布的政策工具的运用比例有所下降，而高层级政策工具的比例有所提高，说明创业政策已经开始引起政府高层的关注。而在创新发展期，第二个特征明显凸显，首次出现国务院办公厅发布的政策工具高于国务院各部委发布的政策工具，标志着政策工具运用的法规层级的突破性提高，充分体现了该时期国家促进创新创业的决心、力度和迫切性。进入强化推进期，第二个特征继续发力，国务院级别的政策工具运用比例明显上升。因此，可以将创业政策工具在不同发展阶段中的运用特征概况为：以低层级政策工具为主，高层级政策工具比例不断攀升。政策工具法规层级的提高充分说明国家对创业行为越来越重视，随着政策的阶段性演化，政府希望用更高级别的政策来提高创业政策的效力和效果，提高社会各界对创业的重视程度。

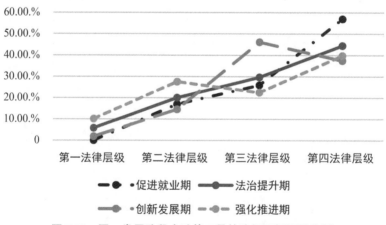

图 5.23 同一发展阶段中政策工具的法规层级运用比例

第六章 企业家精神层次及其测度体系

企业家精神是一种精神品质，是企业家个人所具备的适应商业社会规律的特质的综合体现，是一个多维概念，具有广泛性、不稳定性和多层次性，以及环境依赖性、多元性和难以测度性。

本章将企业家精神划分为个人特质、企业组织与社会空间三大层面，研究企业家精神作用机理，构建起三大层面的衡量企业家精神的指标体系及其逻辑关系，从理论和实证角度验证其合理性。

第一节 企业家精神作用机理与指标体系的构建

一、三大层面企业家精神及其作用机理研究

（一）三大层面的企业家精神

企业家精神从应用角度看，可划分为三大层面：个体特质层面、企业组织层面和社会空间层面。三大层面的企业家精神之间存在紧密的联系。由于企业家精神是一种精神品质，是企业家个人所具备的适应商业社会规律的商业特质的综合体现，因此企业家精神首先被认为是一种个人特质、一种意识形态的价值抽象，在一定的营商环境中，该特质通过企业家个人作用于企业法人实体，这是个体特质层面意义上的企业家精神，体现为企业家个人的冒险性、积极主动性、创新性、守约性等特质。在特定营商政策环境中，企业组织中的创业者、管理者、员工及其相互作用共同形成企业组织层面的企业家精神，并由此塑造出企业独特的文化，形成企业特有的价值取向，并最终影响与决定企业的组织架构与发展战略决策，这是企业组织层面的企业家精神。而当一个区域或地区众多企业组织在特定营商环境下，相互作用并共同形成的区域企业家精神和价值取向，则是该区域或地区特有的商业文化和区域商业精神的集中体现，这是社会空间层面意义上的企业家精神。

（二）企业家精神作用机理

企业家精神首先是一种个体特质，是个体所具有的适应商业社会规律的特质，该特质通过企业家个体所具有的独特的个人素质、价值取向以及思维模式的抽象表达，在对市场环境和未来发展预判的基础上，产生创立企业的动机，通过战略构想产生企业战略愿景、使命描述与规划目标，并制定企业的组织架构与制度安排，形成企业文化、管理制度与管理风格（见图6.1）。在国家营商政策与创业服务供给的作用下，这种企业文化、管理制度与管理风格，由创业者、管理者与员工相互作用、相互影响就形成了企业组织层面的企业家精神，这是企业创新创业的动力与源泉。而区域内众多企业的博弈则形成区域特有的商业文化、商业管理惯例与营商做法，在广义营商环境大背景下最终形成社会空间层面的企业家精神。可以认为，个体特质层面的企业家精神是形成企业组织层面的企业家精神的重要基础和力量，而企业组织层面的企业家精神则是形成社会空间层面的企业家精神的重要基础和力量。

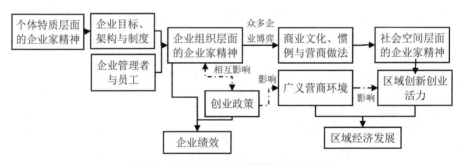

图 6.1　三大层面企业家精神作用机理图

从国家政策角度来看，出于公平性、政策实施成本和操作可行性考虑，政府不可能针对每个企业单独制定政策，而是制定商业法律法规来规范商业秩序，并在此基础上形成针对各行业或各地区的具体政策细则。因此，政策作用的是社会空间层面的企业家精神，深入理解社会空间层面的企业家精神，是制定相关政策的理论基础和必要前提。然而，社会空间层面的企业家精神，是不可观测的，也是不可直接度量的，虽然有学者（如应千凡，2011；王霞等，2017）基于国家、区域或行业的宏观数据指标来"测度"社会空间层面的企业家精神，然而所用指标更多是企业家精神与广义营商环境综合作用的结果或效果。可以认为，区域内众多企业的"精神合力"形成区域商业惯例和营商做法，这是区域经济发展的内因，而政治环境、经济环境、社会环境、文化环境与技术环境等在内的广义营商环境是区域经济发展的外因，内外因相互作用、相互影响，共同促成区域内创新创业活力，并产生相应的经济发展结果。Baumol（1990）也认为企业家能否发挥作用主要取决于经济制度能够为他们提供的回报，因此制度和规则的变化决定了企业家资源的配置，并最终影响经济的发展。据此，我们研究认为，社会层面企业家精神只能通过间接途径进行测度，区域经济发展结果是社会层面企业家精神与广义营商环境综合作用的结果，因此，反过来可以根据区域创新创业发展水平与广义的营商环境间接测算出社会空间层面的企业家精神。

企业组织层面的企业家精神可以通过企业创新创业行为与战略决策，来反映企业面对市场环境下的战略选择行为与决策结果，这种选择受当时的创业政策的引导与制约，同时也会反作用于创业政策本身，甚至促成政策的出台、更新或取缔，最终共同作用并形成企业的绩效。通过研究企业组织层面的企业家精神、创业政策与企业绩效的关系，有助于更准确地把握企业组织层面的企业家精神对企业经营结果，即企业绩效的影响程度及其大小。

个体特质层面的企业家精神是针对个体而言的，通过具有信度和效度的量表设计可以在很大程度上把握个体与所在企业组织层面的企业家精神的达成程度，即测算出该个体与企业组织层面的企业家精神之间的契合度，以反映该个体多大程度上适合作为该企业的领导者，或者与组织文化的适应性或匹配程度。

二、个体特质层面的企业家精神量表构建

诸多学者从不同角度关注并研究了企业家个体所具备的普遍性特征，即企业家的个体特质。如 Hornaday & Abound（1971）、Schumpeter（1921）、Drucker（1985）、Knight（1921）、Douglas 等（1999）、Schumpeter（1921）、Gupta 等（2004）等分别从个人利益、理想、资源创造性整合、应对不确定性或风险能力、企业家的领导和组织能力等角度展开了研究。随着对个体特质层面企业家精神的研究走向深入，学者们发现，企业家精神不仅仅是企业家个人特质的表现，同时也是多种精神特质的综合表现。Dodd（2002）用旅游（journey）、赛跑（race）、战争（war）、破除迷信（iconoclasm）、监护人（parenting）、建设（building）等六种隐喻来描述这种个人特质，Peredo 等（2014）则提出创造某种社会价值等能力、识别并利用机遇来创造价值的能力、利用创新的能力、容忍风险的能力和拒绝接受可

接受资源限制的倾向等五方面的能力特征。Huefner et al.(1996)对以往个体层面企业家精神量表进行了总结和比较，选取并评判了创业商量表（entrepreneurial quotient，EQ）、创业态度倾向度量表（entrepreneurial attitude orientation，EAO）、Myers-Briggs 类型指示器量表（MBTI）和 Herrmann 脑力优势工具量表（HBDD）的优劣，发现对个体而言，EQ 对创业者与非创业者的区分最强，EAO 次之，而对组织而言，EQ/EAO/MBTI 组合更能预测组织成员的创业倾向。目前国内普遍认可的是李兰等（2019）采用创新、学习、诚信、敬业和责任等五个维度共 18 个题项来反映企业家自身对企业家精神的认识与自我评价指标体系（见表 6.1），他们对邮寄收回的 1595 份问卷进行实证研究，剖析了各个时代下我国企业家精神的代际升级，并提出当前企业家精神呈现五大重要新特点：更加重视创新，更勇于冒险和承担风险；更加善于学习，独立思考，对相关政策更加敏感；更加重视诚信、遵规守纪；更加敬业，乐于奉献并坚忍不拔；对员工、客户、社会更负责任。该量表较为全面地反映了企业家精神在个体层面所需具备的创新、学习、诚信、敬业和责任意识，具有很强的代表性，也符合我国实际。因此，本书借鉴该研究成果，构造个体特质层面企业家精神的指标体系，以反映受访者对所在企业领导者个人特质的认识和评价。研究题项中，考虑到受访者未必详细了解企业领导者的人际关系情况，因此原题项中的第 9 项用"遵规守法"替代"人际关系"，其他题项保持不变。最终的量表包括创新精神四个指标，学习精神三个指标，诚信精神四个指标，敬业精神三个指标以及责任精神四个指标。

表 6.1　个体特质层面的企业家精神量表

序号	维度	题项	本研究所用题项
1	创新精神	（1）对环境有敏锐的洞察力 （2）有冒险精神，敢于承担风险 （3）勇于创新 （4）善于抓住机遇	（1）企业领导者对环境有敏锐的洞察力 （2）企业领导者有冒险精神，敢于承担风险 （3）企业领导者勇于创新 （4）企业领导者善于抓住机遇
2	学习精神	（5）及时把握国家及地方新政策 （6）独立思考 （7）重视团队学习	（5）企业领导者善于及时把握国家及地方新政策 （6）企业领导者善于独立思考 （7）企业领导者重视团队学习

序号	维度	题项	本研究所用题项
3	诚信精神	(8)信守承诺 (9)良好的人际关系 (10)尊重他人 (11)宽容员工的失败	(8)企业领导者信守承诺 (9)企业领导者遵规守法 (10)企业领导者尊重他人 (11)企业领导者宽容员工的失败
4	敬业精神	(12)事业和家庭平衡发展 (13)对事业坚韧不拔 (14)勇担责任,乐于奉献	(12)企业领导者事业和家庭平衡发展 (13)企业领导者对事业坚韧不拔 (14)企业领导者勇担责任,乐于奉献
5	责任精神	(15)具有时代使命感 (16)对员工负责 (17)具有社会责任感 (18)保护环境	(15)企业领导者具有时代使命感 (16)企业领导者对员工负责 (17)企业领导者具有社会责任感 (18)企业领导者注重保护环境

三、企业组织层面的企业家精神量表构建

企业家精神表现为组织特质(Lynskey,2012)。"适当的"企业组织结构有助于企业家精神个体特质"传递"到企业组织层面,而"适当的"结构属性包括决策权的去中心化、扁平化的阶层结构、各部门间的紧密合作与自由的沟通渠道等(Slevin & Covin,1990)。在量化处理方面,鉴于企业家精神总是基于企业自身,仅仅从企业家个体特质层面考虑企业家精神具有一定的片面性,Covin & Slevin(1991)从企业层面建立了一套切实可行的度量企业家精神的指标体系,可以用来考察公司维度的企业家精神。随后Ireland & Hitt(1997)也从企业表现角度来度量企业家精神。

目前,通常有两类构建企业组织层面企业家精神量表的做法,一种采用企业自身的客观指标,主要是财务指标来构建指标体系(蒋春燕、赵曙明,2010;张铁铸,2014;金碚、龚健健,2014),将企业组织层面的企业家精神界定为创新性、竞争性和冒险性三个方面,并在每个层次下选取替代变量进行衡量,从而利用客观真实的数据在微观层面上侧面反映出企业家精神的几个特征。另一种是采用企业家精神测量量表,通过开发量表,对企业组织层面的企业家精神进行测度。比较常用的是 Zahra(1996)开发的企业家精神量表,该量表包括三个维度,分别是创新活动、风险活动和战略更新的 16 个题项,题项从"1 分"(代表"非常不同意")到"5 分"(代表"非常

同意")。其中创新活动维度指的是企业支持创造性活动的意愿以及行动，诸如导入新产品、重大革新、开发新工艺等活动。Mille(1988)对于企业创新的研究强调了企业产品和市场创新方面，Covin & Slevin(1989)则增加了创新在开发新产品的数量和产品线变化的频率等方面的重要性。Zahra(1996)则概括了前人研究并将创新维度用五个题项来反映。风险活动主要通过自行创立企业来进入新的市场领域(Zahra,1993)或者收购兼并其他企业(Block & Millan,1993)来实现。战略更新是指通过改善内部战略和舍弃不盈利的部门来实现领域重构(Hoskisson & Hitt,1994)、重新激活企业的竞争能力(Stopford & Fufler,1994)。

本书在借鉴 Zahra(1996)量表的基础上，结合陈伟等(2011)在 Zahra 量表基础上借鉴和完善的结果(见表 6.2)，考虑到受访者系企业不同职位人员，项目组在预调查基础上与受访者对问卷各题项进行了讨论与沟通，考虑受访者对语义理解和信息所得基础上，对各题项进行了适当删减和修改。其中每个维度删去了一个题项，分别为原题项中的第 2 项、第 10 项和第 14 项，这三项均存在理解歧义或难以获悉真实信息的情形，最终保留 13 个题项(见表 6.2)。

表 6.2　企业组织层面的企业家精神量表

序号	维度	题项	本书所用题项
1	创新活动	(1)在过去三年里推出了大量的新产品和服务 (2)比主要的竞争对手取得了更多的专利 (3)在本行业的突破式创新上起领头羊的作用 (4)在产品或服务提升方面花费了远远高于行业平均的精力 (5)舍得在新产品或服务上投资	(1)贵公司对开发新产品新服务非常积极 (2)贵公司的突破式创新在行业中突出 (3)贵公司在产品或服务提升方面投入的精力远高于行业平均 (4)贵公司舍得在新产品或服务上投资
2	风险活动	(6)进入了新的市场领域 (7)创立了新的企业 (8)在现有的市场上找到了新的立足点 (9)对新的商业机会舍得投资 (10)创立了新的半自动化和自动化部门	(5)贵公司敢于进入新的市场领域 (6)贵公司敢于创立新的企业 (7)贵公司善于在现有市场上找到新的立足点 (8)贵公司敢于对新的商业机会投资

序号	维度	题项	本书所用题项
3	战略更新	(11)剥离了一些不盈利的部门 (12)改变了一些部门的竞争战略 (13)为了加强部门之间的合作和交流重组了一些部门 (14)重新定义了公司所在的行业 (15)引进了创新的人力资源管理体系 (16)行业内首个引进新的商业概念和实践	(9)贵公司剥离了一些不盈利的部门 (10)贵公司改变了一些部门的竞争战略 (11)贵公司为了加强部门间的合作和交流重组了一些部门 (12)贵公司引进了创新的人力资源管理体系 (13)贵公司在行业中率先引进新的商业概念和实践

四、社会空间层面的企业家精神模型构建

(一)现有文献评述

围绕社会空间层面的企业家精神,有学者在实证研究中采用单一指标,如自我雇佣比率来反映,但更多学者通过构建指标体系来衡量社会空间层面的企业家精神,比较有代表性的如应千凡(2011)构建的包括 20 项指标的企业家精神指标体系,分自我雇佣比率、新兴企业发展水平、市场化程度、城镇和农村居民收入水平、经济发展状态和科技创新能力等六个维度(见表 6.3)。基于企业家精神指标体系构建,通过指标赋权,得到社会空间层面的企业家精神指数。

表 6.3　应千凡(2011)构建的企业家精神指标体系

维度	指标个数	指标
自我雇佣比率	5	个体经济从业人员占比、私营经济从业人员占比、万人个体企业、万人私营企业、万人乡镇企业
新兴企业发展水平	3	个体经济规模、私营经济规模、乡镇企业规模
市场化程度	3	投资市场化指数、生产市场化指数、劳动市场化指数
城镇和农村居民收入水平	6	城镇居民经营性收入、城镇居民财产性收入、农村居民家庭经营收入、人均 GDP、城镇居民人均可支配收入、农村居民人均纯收入

维度	指标个数	指标
经济发展状态	2	——
科技创新能力	1	R&D 占 GDP 比重

在构建社会空间层面的企业家精神指标体系时，较为常见的是借鉴 C-S理论模型来界定并构建指标体系，比较典型的是王霞等（2017）结合当代企业资本化、全球化和互联网＋的特点，借鉴吸收王信东（2001）、黄亮（2015）、曾铖等（2014）的做法，从冒险性、开拓性和创新性三方面构建企业家精神指标体系（见表 6.4）。

然而，当前学者们构建的社会空间层面的企业家精神指标体系，更多的并非社会层面企业家精神这种内在的动力本身，而是这种精神或意志的累计效果或集中体现，是一种营商环境与企业家精神相互作用的"合力"结果或效果。换句话说，现有社会空间层面企业家精神指标体系中选取的指标不仅仅受到企业家精神的影响，也受到广义营商环境的影响，是社会层面所有企业与外部环境综合作用的结果，而非单纯的企业家精神自身导致的结果，更加不能简单地等同于企业家精神本身。因此，需要探索出其他适合的测度社会空间层面企业家精神的方法。

表 6.4　企业家精神的测度指标体系

目标层	准则层	指标层	变量符号	计算公式＆说明	单位	数据来源
冒险性	创业密度	万人拥有市场主体数	X1	市场主体数/常住人口	个/万人	各城市统计年鉴，各城市市场监督管理局统计数据
	用工规模	企业从业人员占比	X2	企业从业人员数/就业人口	%	
	扩张倾向	企业平均产值规模	X3	规模以上工业总产值/规模以上工业企业数	亿元	中国区域经济统计年鉴，各城市、各省份统计年鉴
	财务杠杆	资产负债率	X4	规模以上工业企业负债/规模以上工业企业资产总计	%	

目标层	准则层	指标层	变量符号	计算公式&说明	单位	数据来源
开拓性	品牌意识	万人拥有商标有效注册量	X5	商标有效注册量/常住人口	件/万人	国家工商行政管理总局商标局
	技术引进	百万人口吸纳技术成交额	X6	吸纳技术成交金额/常住人口	万元/百万人	火炬中心全国技术市场统计年度报告
开拓性	资本运作	百万人口A股上市公司数	X7	A股上市公司数/常住人口	个/百万人	国泰安CSMAR数据库 WIND资讯
		百万人口新三板挂牌公司数	X8	新三板挂牌公司数/常住人口	个/百万人	
		百万人口风险投资机构数	X9	风险投资机构（机构总部所在地）/常住人口	个/百万人	
创新性	创新能级	国家级科技企业孵化器数	X10	——	个	科技部、火炬中心网站中国火炬统计年鉴
		火炬中心众创空间	X11	科技部火炬中心第一批认定名单	个	
		火炬计划软件产业基地收入规模	X12	——	百亿元	
		百万人口纳斯达克上市公司数	X13	纳斯达克上市中国公司数/常住人口	个/百万人	WIND资讯
创新性	创新投入	万人R&D人员数	X14	R&D人员数/常住人口	人/万人	中国科技统计年鉴、各城市统计年鉴各城市科技统计年鉴、科委统计公报
		R&D经费投入强度	X15	R&D经费支出/GDP	%	
	创新产出	万人专利申请受理量	X16	专利申请受理量/常住人口	件/万人	国家知识产权局专利统计年报
		新产品产值率	X17	规模以上工业企业新产品产值/规模以上工业总产值	%	各城市统计年鉴、统计公报
		开发区高新技术企业出口占收比	X18	开发区高新技术企业出口总额/总收入	%	中国统计年鉴

（二）测算模型构建

技术革新的培育与传播涉及多个企业，这种复杂交互网络关系也是企业家精神的重要组成部分（Fischer et al.，2001），因此需要考虑企业家精神与环境之间的互动关系（Bernier，2001），环境影响着企业家活动，是企业家精神孵化、强化的重要条件，而企业家则通过特定的活动来影响和选择环境，并最终对区域经济增长产生重要作用。因此，企业活动是企业与社会互动和体制综合的结果。企业家精神不能仅仅从"个性特征"或贫乏的经济角度来理解（Peredo & McLean，2014），而应该从社会层面进行研究，关注企业过程或企业事件（即新创公司）等"关系经理人"（Nijkamp，2013），关注企业家与背景的互动（Feldman，2001），否则就是"全能而孤独的狼"（Gartner，1989）。

我们认为，社会空间层面的企业家精神只能通过间接途径进行测度。考虑到社会空间层面的企业家精神，并不是空间范围内的企业组织层面企业家精神的简单相加，而是各个企业在特定环境中，相互博弈相互作用的"精神合力"结果，这个结果又会与广义营商环境产生相互促进又相互制约的矛盾统一，是区域内部创新创业的活力之源，即存在下列关系：

$$inno^* = f(envi^*, r\_spir^*) + \mu$$

式中，$inno^*$ 表示区域经济发展综合指数，$envi^*$ 表示区域营商环境指数，r_spir^* 表示社会空间层面的企业家精神指数，μ 表示误差项。

结合数据的可得性，如果用"城市"来替代"区域"，那么，从城市指标角度考虑，一个城市的企业家精神、城市营商环境与城市的创新创业效果存在正相关关系，即城市营商环境越好、企业家精神越有效，则城市的创新创业效果越好，可以建立公式 6.1 的模型来衡量城市企业家精神的相对值，即社会空间层面的企业家精神：

$$r\_spir = f(inno, envi) + \mu \qquad (6.1)$$

式中，r_spir 表示城市企业家精神指数，$inno$ 表示城市创新创业综合指数，$envi$ 表示城市营商环境指数。

考虑到社会空间层面的企业家精神与广义营商环境之间可能的相互作用，即调节效应，因此，项目组提出研究社会空间层面的企业家精神指数，即社会空间层面的企业家精神的完整间接测度方法，模型如下：

$$inno = b0 + b1 \times envi + b2 \times r\_spir + b3 \times c\_envi \times c\_r\_spir + \mu \quad (6.2)$$

式中，$c\_envi = envi - \overline{envi}$，$c\_r\_spir = r\_spir - \overline{r\_spir}$，$c\_envi$ 和 c_r_spir 分别为 $envi$ 和 r_spir 中心化后的结果（即减去其均值），$b0$、$b1$、$b2$、$b3$ 是系数，μ 表示误差项。

这里的系数 b1 和 b2 的符号一般应该是正的,这是因为好的营商环境充满机遇,更容易给企业带来好的回报,包括资本、劳动力可获得性、金融市场完善程度、资本家等的广义营商环境是企业家成功的首要因素,企业家也更倾向于选择法治健全和障碍较小的环境(姚伟峰,2007)。而较高的企业家精神意味着企业更倾向于冒险与创新,更愿意承担高风险以便获得高回报,这从社会空间层面总体上看会给企业带来更高的收益。这里的系数 b3 的符号取决于所用 envi 与 r_spir 变量,可能是正的也有可能是负的,因为企业家精神不等同于企业的经营管理能力,而是表现为企业的冒险性、创新性与开拓性等特征,有利的营商环境会促进企业家精神的发挥。

在公式 6.2 的基础上,可以对不同企业家精神(r_spir)变量的表现进行评价,以便选取使得整个模型更为显著的变量作为衡量企业家精神的指标。进而,根据求出的公式 6.2 中的各个系数,对公式 6.2 转换后可得到如下社会空间层面的企业家精神的间接测度模型,可用来测算或预测不同城市及其营商环境下的社会空间层面的企业家精神指数。

$$lnspir* = \frac{inno - b0 - b1 \times envi + b3 \times envi \times \overline{r\_spir} - b3 \times \overline{envi} \times r\_spir}{b2 + b3 \times envi - b3 \times \overline{envi}}$$

$$(6.3)$$

第二节 数据来源及描述性统计分析

一、问卷设计

(一)问卷设计及预调研相关说明

问卷调查是一种较为科学的获取数据的方法,目前该方法在各类实证分析的研究中广为应用。采用该方法时,问卷设计是否合理、问卷的题项表达是否准确、调研的过程是否科学严谨,都会对研究结果造成直接影响。因此在实施调研的过程中要遵守一定的规范和原则,选择适合的方法和手段。本研究学习参考了多位学者(钟柏昌、黄峰,2012;李俊,2009;贺珍,2018)关于如何实施问卷调研的看法,采用的具体步骤如下:

首先,确定调研内容。搜集并梳理创业政策文本以及相关文献,将政策、文献与前期研讨、访谈获得的信息相结合。自 2018 年 6 月确定研究方向以来,笔者便开始大量查阅、梳理、学习与创业政策相关的研究文献,确定研究的切入点。自 2019 年下半年,全面收集下载我国近 20 年来的创业政策文件,并对其进行梳理、研读、不断补充。在此基础上,走访了上海市某高新技术园区的相关企业，并与企业负责人进行了深度访谈，了解企业对创业政策的认识和需求。同时，我们进行充分沟通及讨论，明确了调研的总体思路和调研内容。

其次，从研究问题、目标和内容出发，确定所要采用的量表。对于企业家精神和企业绩效，我们直接采用文献中已有的较为成熟的量表，并对具体题项稍加修正（具体量表详见第六章第一节和第九章）；对于没有比较公认的成熟量表的创业政策量表，在政策工具体系的基础上，我们进行了三级指标及题项设计（见表 6.2）。在正式调查前进行了小规模的预调研，以检验量表的信度和效度，识别出问卷中不合理或表达不清楚的地方，以提高问卷的专业性、逻辑性和问题的独立性。对于测量结果不合格的题项进行修改或删除。

预调研阶段，共发放问卷 150 份，回收问卷 132 份，排查到无效问卷 20 份，问卷无效的原因主要包括空白问卷、问卷答题不完整、回答有规律等。因此，回收到的有效问卷共 112 份，问卷有效率为 84.85%。利用 SPSS 对 112 份有效样本进行统计分析，对各测量题项的平均值（mean）、标准差（standard deviation）、最小值（minimum）、最大值（maximum）、偏度（skewness）和峰度（kurtosis）等进行统计描述。从附录表 A2 结果可知，各题项的偏度和峰度的绝对值都小于 3，样本数据符合正态分布（Kline，1998；吴明隆，2010），因此满足后续分析条件。进一步对问卷中的所有题项进行 Harman 单因素检验，附录表 A3 结果表明，未旋转的第一个因子的方差解释率为 14.548%，小于 50%，因此可认为本问卷不存在严重的共同方法偏差。

接着，我们采用克朗巴赫系数 α（Cronbach's α）作为信度测量指标，通过探索性因子分析（exploratory factor analysis，EFA）对预调研量表效度进行检验。对创业政策量表的信度分析结果表明，如附录表 A4 所列，海外交流政策第 3 题"鼓励企业进行海外销售的政策"的 CITC（经校正的题项与总体的相关性）值为 0.240，低于最低接受值 0.4，表明海外交流政策第 3 题与其余题项间联系不紧密，一致性差，且 CAID 值（删除题项后的 α 值）为 0.757，高于维度 Cronbach's α 系数 0.615，表明删除该题后维度信度能够得到有效提升，故信度分析提示，海外交流政策第 3 题需要进行优化。另外，财税扶持政策第 4 题"贷款贴息等财政补贴方面的政策"的 CAID 值为 0.805，高于维度 Cronbach's α 系数 0.795；公共服务政策第 2 题"行政机构优化服务的政策"的 CAID 值为 0.795，高于该维度 Cronbach's α 系数 0.774；策略工具政策第 1 题"加强行政机构组织领导作用的政策"的 CAID

值为 0.853,高于该维度 Cronbach's α 系数 0.838。因此,信度分析提示,删除以上题项均能够提高对应维度内部一致性。对创业政策量表的探索性因子分析结果表明,如附录表 A5 所列,KMO＝0.894＞0.7,巴特利特球形度检验卡方值＝4366.232,自由度 df＝703,P＜0.001,因此满足因子分析条件,可以进行后续分析。进一步分析发现,如附录表 A6 所列,海外交流维度因子矩阵不符合预期假设;策略工具政策第 1 题未能旋转出特征值大于 0.4 的因子;财税扶持政策第 4 题旋转后因子矩阵与基础设施政策融合;公共服务政策第 2 题旋转后因子矩阵与预期不符。因此,探索性因子分析结果提示,以上变量需要结合信度分析进行优化。接着,分别对企业家精神量表和企业绩效量表进行信效度检验,其各题项的上述检测指标值均可以通过检验,故可以认为企业家精神量表和企业绩效量表的信度效度表现均良好。

因此,结合上述信效度的分析结果,经与相关专家讨论,我们在正式调研前将创业政策量表中的财税扶持政策第 4 题、海外交流政策第 3 题、公共服务政策第 2 题和策略工具政策第 1 题等 4 个题项作删除处理,保留创业政策量表的其他 34 个题项。而对企业家精神量表和企业绩效量表不做改动。

对创业政策量表进行优化后,再次通过探索性因子分析对其进行效度检验,如附录 A8 所列,分析结果表明,创业政策量表在提取出 12 个公因子后的累计方差贡献率为 76.620%＞60%,表明本书采用主成分分析策略能够较好地涵盖主要信息。采用最大方差法旋转因子矩阵,并呈现高于 0.4 的因子载荷。旋转后的各公因子成分符合原始假设,公因子分别为金融服务政策、策略工具政策、贸易管制政策、法规管制政策、技术支持政策、财税扶持政策、人才培养政策、公共服务政策、海外交流政策、政府购买政策、服务外包政策和基础设施政策。各题项的因子载荷与共同度提取值(Extraction)均大于 0.5,同时 KMO＝0.889＞0.7(见附录表 A7)。因此,可认为优化后的创业政策量表效度良好,故在正式调研时采用优化后的创业政策量表。关于预调研阶段问卷的统计分析及检验数据详见附录 A。

最后,再次优化问卷的整体设计。再次邀请相关专家和部分访谈对象,就量表以外的题项设计和量表模块的整体安排进行讨论,进一步优化问卷的整体设计,使问卷更易读、易懂,界面更友好。经反复推敲,最后确定问卷的最终形式(见附录 B)。

(二)问卷相关说明

个体特质层面的企业家精神是形成和塑造企业组织层面的企业家精

神的重要基础，而企业组织层面的企业家精神则是企业整体意志的集中体现，企业制度安排、企业章程与规定、企业文化，都是这种意志的集中体现。为全面衡量个体特质层面和企业组织层面的企业家精神，需要合理设计问卷。其中个体特质层面的企业家精神调研的是企业的创业者，即企业家的个体特质，企业组织层面的企业家精神调研的是企业本身。考虑到调研难度、调研成本与调研对象的不可控制性，我们进行了一个设计，即问卷调研时将企业不同管理者与员工（包括员工、主管、部门/项目负责人、总经理、私营业主等）都纳入到调研对象中，后续则通过对不同职位人员对题项回答的差异性来评判对问卷受众不进行限定是否合理，即判断不同职位人员对问题的回答是否有差异，如果没有差异，则认为可以不对受众进行限定，否则对问卷受众不进行限定的调研结果就是不可信的。

为了给后续开展统计分析奠定基础，整套问卷内容共涉及六大部分（包括后文研究需要），详见附录 B。

第一、第二部分是社会特征统计调查，包括个人信息和企业基本情况，其中前者包括受访者的性别、年龄段、教育程度、所在省市、目前从事的行业和目前职位等 6 个问题，后者包括企业所有制类型、企业所处发展阶段、企业规模、企业创建动机等 4 个问题。

第三部分是企业绩效调研，包括生存绩效、成长绩效和创新绩效 3 个维度 11 个题项。在测量尺度上，量表采用 Likert 的 5 点计分法，分值"1～5"，分别表示"显著下降～显著提高"，分值越高，则反映企业绩效越高。

第四部分是现有创业政策供给及需求调研，分为人才培养、财税扶持、技术支持、基础设施、政府购买、服务外包、贸易管制、海外交流、法规管制、金融服务、公共服务和策略工具等共 12 个维度。在测量尺度上，量表采用 Likert 的 5 点计分法，分值"1～5"，分别表示"供给力度小～供给力度大"以及分别表示"不需要～非常需要"，分值越高，则反映该样本企业创业政策供给力度越大。

第五、第六部分是企业家精神调查，分个体特质层面和企业组织层面的企业家精神，前者由个人创新精神、个人学习精神、个人诚信精神、个人敬业精神和个人责任精神构成五大维度共 18 个题项（见表 6.1）；后者借鉴 Zahra（1996）量表，由创新活动、风险活动和战略更新活动三大维度共 13 个题项构成（见表 6.2）。在测量尺度上，量表采用 Likert 的 5 点计分法，分值"1～5"，依次表示"完全不同意～完全同意"，分值越高，则表示企业家精神指标的得分也越高。

二、数据来源

为了提高样本数据的全面性和多样性，以及为后续分析不同地区创业政策供需匹配差异化提供基础数据，本书对七个不同地区展开调研。根据李守伟（2021）对我国 2013—2018 年创新创业活跃度的测量和研究，发现北京、广东、浙江、江苏、天津、福建以及上海这七个省份和地区是我国创新创业活跃度最高的一类地区，这些地区的个体创业、企业创业、资金投入、人才投入、专利产出、新产品和技术交易等分类指数均高于其他地区，也是对国家创业政策响应度和享用度最高的地区。同时，这些地区本身也出台了大量创业激励政策和措施，身处这些地区的创业者和创业企业也是对我国创业政策最为了解和最有发言权的群体。因此，本研究问卷发放的地区主要集中于上述七个地区。

本研究问卷发放的途径主要有三个：一是通过关键的中间人来发放问卷。这类中间人主要包括部分地区的科学技术协会以及人力资源和社会保障局的工作人员，主要发放对象为相关高新技术园区、创业园、科技园、产业园的部分企业。二是直接发放，即通过笔者自己及亲属的关系网将问卷发放给各类企业的从业人员。三是借助相应的网络平台发放问卷。这种方式的优势是可以提高问卷的受众面，尤其适合对地区有要求的问卷调查，因此我们主要采用这种方式对问卷不足的地区进行补充调研。我们与上海市松江高新技术园区有着长期良好的合作关系，问卷的前期研讨、预调研和正式调研都获得了该园区企业的广泛支持。因此，我们以第一种方式为主、第二种第三种方式为辅的形式发放问卷。发放问卷的方式兼顾纸质问卷和电子问卷，并优先采用纸质问卷。回收问卷的方式或是被调查者直接交给研究者，或是由中间人收齐后统一转交给研究者。

我们在正式调研之前进行了预调研环节。预调研能够准确发现问卷中有待完善的问题，帮助提高题项表述的准确性，纠正问卷中存在的逻辑问题。在预调研阶段，我们共发放问卷 150 份，回收问卷 132 份，排查到无效问卷 20 份，问卷无效的原因主要包括空白问卷、问卷答题不完整、回答有规律等。因此，回收到的有效问卷共 112 份，问卷有效率为 84.85%。

正式调查阶段，共发放问卷 1500 份，回收问卷 1024 份，其中无效问卷 177 份，主要无效原因为答题有规律、地区不符合要求等。最后回收有效问卷 847 份，问卷有效率为 82.71%。一般认为在使用问卷调查进行研究时，调查样本数量通常是题项的 5～10 倍，并且需要达到 100 份以上为宜（邵志强，2012）。本研究问卷中涉及的题项共有 86 项，因此本研究样本规模符合要求。

三、数据预处理

通过数据定义与预处理，为后续开展统计分析奠定基础。问卷分六大部分，第一、第二部分社会统计特征调查中，性别定义为 gender，其中 1 代表男性，0 代表女性；年龄段定义为 age，其中 1 代表 18～25 周岁，2 代表 26～45 周岁，3 代表 46 周岁以上；教育程度定义为 educ，其中 1 代表大专及以下（含高职），2 代表大学本科，3 代表硕士，4 代表博士及以上；所在省市定义为 area，其中 1 代表北京，2 代表福建，3 代表江苏，4 代表上海，5 代表天津，6 代表浙江，7 代表广东；目前从事行业定义为 industry，其中 1 代表农林牧渔业，2 代表工业（采矿业，制造业，电力、热力、燃气及水生产和供应业），3 代表交通运输、仓储和邮政业，4 代表建筑业、组织管理服务，5 代表租赁和商务服务业（不含组织管理服务），6 代表批发业，7 代表零售业，8 代表住宿和餐饮业，9 代表信息传输、软件和信息技术服务业，10 代表房地产开发经营，11 代表房地产业（不含房地产开发经营），12 代表科学研究和技术服务业，13 代表水利、环境和公共设施管理业，14 代表居民服务、修理和其他服务业，15 代表教育，16 代表卫生和社会工作，17 代表文化、体育和娱乐业；职位用 position 定义，其中 1 代表员工，2 代表主管，3 代表部门/项目负责人（含正副职），4 代表总经理（含正副职），5 代表私营业主。公司所有制类型用 company 定义，其中 1 代表国有企业，2 代表外资企业，3 代表民营企业，4 代表合资企业；公司所处发展阶段用 stage 定义，其中 1 表示初创期（一般为 6 年及以下），2 表示成长期（一般为 7～14 年），3 表示成熟期（一般为 15 年及以上）；公司规模用 scale 定义，其中 1 表示微型企业，2 表示小型企业，3 表示中型企业，4 表示大型企业；公司创建动机用 motiv 表示，其中 1 表示生存推动型，企业是因为迫于生存压力而创建的，2 表示机会拉动型，企业是因为发现市场中新的商机而创建的，3 表示创新驱动型，企业是因为致力于新产品新服务的研发与供给而创建的。

第三部分是企业绩效，包括生存绩效（用 jxsc 表示）、成长绩效（用 jxcz 表示）、创新绩效（用 jxcx 表示）三大维度，其中生存绩效包括 jxsc1～jxsc3 共 3 个题项，成长绩效包括 jxcz1～jxcz5 共 5 个题项，创新绩效包括 jxcx1～jxcx3 共 3 个题项。所有维度均采用维度对应的各项题项的均值作为维度值，企业绩效指数取所属三大维度的均值。第四部分是现有创业政策供给及需求调研，其中企业创业政策供给中，包括三大维度，分别是供给型政策（用 supply1 表示）、需求型政策（用 supply2 表示）和环境型政策（用

supply3 表示),供给型政策维度包括人才培养政策(用 s1 表示)、财税扶持政策(用 s2 表示)、技术支持政策(用 s3 表示)、基础设施政策(用 s4 表示)共 4 个指标;需求型政策包括政府购买政策(用 s5 表示)、政府外包政策(用 s6 表示)、贸易管制政策(用 s7 表示)、海外交流政策(用 s8 表示)共 4 个指标;环境型政策包括法规管制政策(用 s9 表示)、金融服务政策(用 s10 表示)、公共服务政策(用 s11 表示)、策略工具政策(用 s12 表示)共 4 个指标。企业产业政策需求中,三大维度分别定义为 demand1、demand2 和 demand3,对应指标用 d1~d12 表示。所有维度均采用维度对应的各个题项的均值作为维度值,政策供给与政策需求分别用 supply 和 demand 表示,均取所属三大维度的均值。

第五、第六部分企业家精神调查,各题项取值为“1~5”,依次表示“完全不同意~完全同意”,分值越高,则表示企业家精神指标的得分也越高。如表 6.5 所列,个体特质层面的企业家精神量表中,个人创新精神定义为 grcx,包括 grcx1~grcx4 共 4 个题项;个人学习精神定义为 grxx,包括 grxx1~grxx3 共 3 个题项;个人诚信精神定义为 grch,包括 grch1~grch4 共 4 个题项;个人敬业精神定义为 grjy,包括 grjy1~grjy3 共 3 个题项;个人责任精神定义为 grzr,包括 grzr1~grzr4 共 4 个题项。企业组织层面的企业家精神量表中,企业创新活动定义为 qycx,包括 qycx1~qycx4 共 4 个题项;企业风险活动定义为 qyfx,包括 qyfx1~qyfx4 共 4 个题项;企业战略更新定义为 qyzl,包括 qyzl1~qyzl5 共 5 个题项。所有维度均采用维度对应的各项题项的均值作为维度值,个体特质层面企业家精神指数定义为 gr_spirit,取所属 5 个维度得分的均值,企业组织层面的企业家精神指数定义为 qy_spirit,取所属 3 个维度得分的均值。

表 6.5　个体特质层面和企业组织层面的企业家精神量表

个体特质层面企业家精神 gr_spirit				企业组织层面企业家精神 qy_spirit			
序号	维度	题项	命名	序号	维度	题项	命名
1	个人创新精神 grcx	企业领导者对环境有敏锐的洞察力	grcx1	1	企业创新活动 qycx	贵公司对开发新产品新服务非常积极	qycx1
2		企业领导者有冒险精神敢于承担风险	grcx2	2		贵公司的突破式创新在行业中突出	qycx2

创业政策图谱：企业家精神视域下政策供给强化研究

个体特质层面企业家精神 gr_spirit				企业组织层面企业家精神 qy_spirit			
序号	维度	题项	命名	序号	维度	题项	命名
3	个人创新精神 grcx	企业领导者勇于创新	grcx3	3	企业创新活动 qycx	贵公司在产品或服务提升方面投入的精力远高于行业平均	qycx3
4		企业领导者善于抓住机遇	grcx4	4		贵公司舍得在新产品或服务上投资	qycx4
5	个人学习精神 grxx	企业领导者善于及时把握国家及地方新政策	grxx1	5	企业风险活动 qyfx	贵公司敢于进入新的市场领域	qyfx1
6		企业领导者善于独立思考	grxx2	6		贵公司敢于创立新的企业	qyfx2
7		企业领导者重视团队学习	grxx3	7		贵公司善于在现有市场上找到新的立足点	qyfx3
8	个人诚信精神 grch	企业领导者信守承诺	grch1	8		贵公司敢于对新的商业机会投资	qyfx4
9		企业领导者遵规守法	grch2				
10		企业领导者尊重他人	grch3				
11		企业领导者宽容员工的失败	grch4				
12	个人敬业精神 grjy	企业领导者事业和家庭平衡发展	grjy1	9	企业战略更新 qyzl	贵公司剥离了一些不盈利的部门	qyzl1
13		企业领导者对事业坚韧不拔	grjy2	10		贵公司改变了一些部门的竞争战略	qyzl2
14		企业领导者勇担责任乐于奉献	grjy3	11		贵公司为了加强部门间的合作和交流重组了一些部门	qyzl3
15	个人责任精神 grzr	企业领导者具有时代使命感	grzr1	12		贵公司引进了创新的人力资源管理体系	qyzl4
16		企业领导者对员工负责	grzr2	13		贵公司在行业中率先引进新的商业概念和实践	qyzl5
17		企业领导者具有社会责任感	grzr3				
18		企业领导者注重保护环境	grzr4				

四、描述性统计分析

本研究采用的研究工具为 SPSS 和 AMOS,本章仅考虑社会统计特征变量、企业家精神变量和企业绩效变量。对于数值型变量主要采用均数和标准差进行描述,对于分类变量采用中值、众数、频数和百分比进行描述。对所有 847 份有效样本数据进行描述性统计,如表 6.6 所列为社会统计特征变量的均值、中值、众数、标准差、极小值、极大值、偏度与峰度统计指标。

表 6.6　定量与定序数据描述性统计表

类别	性别	年龄段	教育程度	职位	公司阶段	企业规模
均值	0.57	1.92	2.12	2.69	1.89	2.42
中值	1	2	2	2	2	2
众数	1	2	2	2	2	2
标准差	0.50	0.42	0.59	1.42	0.72	0.96
极小值	0	1	1	1	1	1
极大值	1	3	4	5	3	4
偏度	−0.27	−0.51	0.44	0.52	0.17	0.08
峰度	−1.93	2.21	0.99	−1.00	−1.06	−0.93

受访者中,根据众数显示,男性、26～45 周岁、大学本科、主管的群体居多。附录表 C2 的样本变量中,从均值来看,受访者对各题项的主观评分均值多位于 4 分左右,即处于"较同意"的状态。各维度中,个体特质层面企业家精神的均值要高于企业组织层面企业家精神的均值和企业绩效的均值;从标准差来看,其中企业绩效的标准差较高,为 0.695,而企业家精神的标准差相对较低,尤其是个体特质层面企业家精神变量的标准差只有0.553。从样本的正态性来看,各题项和维度的偏度和峰度均接近 0,绝对值在 3 以下,可以认为样本变量符合正态分布。

(一) 样本频率分析

如图 6.2 所示,样本中,男性占比 56.7%,高于女性占比的 43.3%,这与职场中男性多于女性的实际基本相符。

如图 6.3 所示,样本中主体为 26～45 周岁的人群,占比高达 81.4%,其次是 18～25 周岁的人群,占比 13.5%,46 周岁以上的最少,仅占 5.1%。

如图 6.4 所示,从教育程度看,样本中大学本科占比最高,达 68.4%,

其次是硕士，占比为 19.5%，再次是大专及以下学历，占比为 10.4%，而博士及以上的也有 1.7% 左右，数据显示受访者普遍具有较好的教育经历。

如图 6.5 所示，样本数据来源于 7 个省市，各省市占比较为接近，其中最多的是上海，占比为 20.3%，其次是北京，占比为 15.9%，最少的是天津，占比仅为 11.3%。

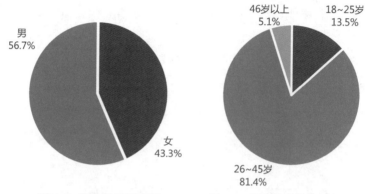

图 6.2　样本性别频率图　　　　图 6.3　样本年龄频率图

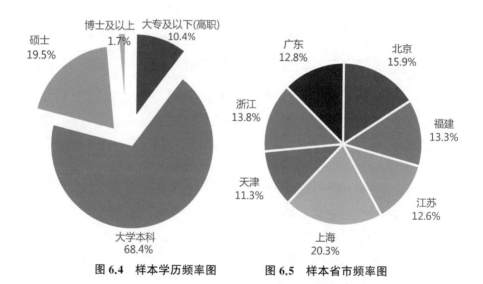

图 6.4　样本学历频率图　　　　图 6.5　样本省市频率图

如图 6.6 所示，受访者所在行业中工业占比最高，近 1/3，信息运输、软件和信息技术服务业其次，近 1/5，两者合计超过一半，其他行业合计占比 44.9%，每个行业占比均低于 6%。

如图 6.7 所示，受访者职位构成中，主管比重最高，达 30.7%，其次是员工,占比为 23.0%,部门或项目负责人和私营业主占比均略高于 1/5,最少的是总经理,占比仅为 3.8%。

如图 6.8 所示,从样本公司类型来看,民营企业占比最高,达 65.3%;其次是国有企业,占比 18.7%;之后是外资企业,占比为 10.2%;最少的是合资企业,占比仅 5.8%。

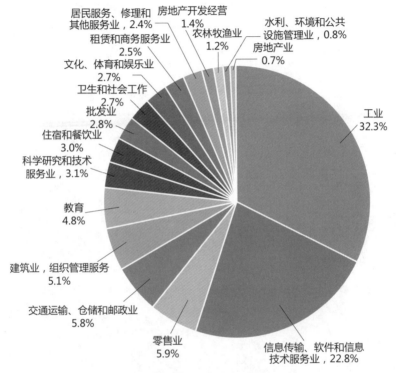

图 6.6　样本行业频率图

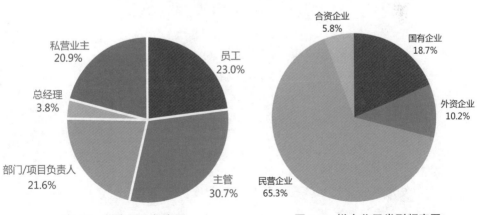

图 6.7　样本职位频率图　　　　图 6.8　样本公司类型频率图

如图 6.9 所示，从样本企业发展阶段来看，成长期最多，占比为47.1%，其次是初创期，占比为 32.0%，最后是成熟期，占比为 20.9%。

如图 6.10 所示，在样本企业中，数量最多的是中小型企业，合计占比达 66.5%，微型企业占比为 19.0%，大型企业占比为 14.5%，总体上样本企业规模分布与实际也较为接近。

如图 6.11 所示，在样本企业创建动机中，生存推动型、机会拉动型和创新驱动型分别占比为 27.2%、35.3%和 37.5%，各种类型差异不大，主要以创新驱动为主。

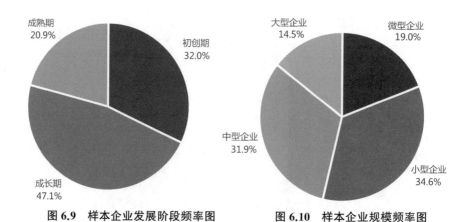

图 6.9　样本企业发展阶段频率图　　　图 6.10　样本企业规模频率图

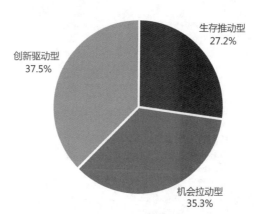

图 6.11　样本企业创建动机频率图

（二）样本相关分析

相关分析是研究变量之间相互关联程度的显著程度。从表 6.7 所列的 Pearson 相关分析表中可以得出下列结论：

表 6.7 Pearson 相关系数表

变量	1	2	3	4	5	6	7	8	9	10	11	12	13	14	15	16	17	18	19	20
1.性别	1																			
2.年龄段	0.052	1																		
3.教育程度	0.123**	0.032	1																	
4.职位	0.164**	0.085*	0.342**	1																
5.公司阶段	−0.029	−0.003	−0.109**	−0.131**	1															
6.企业规模	−0.015	−0.050	−0.061	−0.090***	0.597**	1														
7.个人创新精神	0.008	−0.028	−0.072*	−0.059	−0.006	−0.007	1													
8.个人学习精神	0.035	−0.018	−0.023	−0.026	−0.018	0.015	0.439**	1												
9.个人诚信精神	0.030	0.002	−0.059	−0.061	0.037	−0.007	0.474**	0.404**	1											
10.个人敬业精神	0.053	−0.017	−0.067	−0.059	0.038	0.004	0.504**	0.515**	0.476**	1										
11.个人责任精神	0.048	−0.020	−0.035	−0.038	−0.018	−0.048	0.489**	0.460**	0.515**	0.508**	1									
12.企业家精神个体特质层面	0.046	−0.021	−0.067	−0.063	0.009	−0.012	0.760**	0.736**	0.750**	0.789**	0.782**	1								
13.企业创新活动	0.050	0.009	−0.024	0.013	0.030	0.040	0.181**	0.287**	0.157**	0.273**	0.233**	0.297**	1							
14.企业风险活动	−0.025	−0.020	−0.051	−0.022	0.049	−0.006	0.210**	0.188**	0.141**	0.230**	0.222**	0.260**	0.522**	1						
15.企业战略更新	−0.009	−0.063	−0.062	0.020	0.046	0.026	0.173**	0.153**	0.149**	0.215**	0.197**	0.233**	0.452**	0.476**	1					
16.企业家精神企业组织层面	0.005	−0.031	−0.057	0.003	0.051	0.024	0.233**	0.257**	0.184**	0.295**	0.269**	0.324**	0.805**	0.832**	0.791**	1				
17.生存绩效	0.046	−0.009	−0.020	−0.057	−0.048	−0.007	0.238**	0.294**	0.235**	0.266**	0.263**	0.339**	0.305**	0.322**	0.261**	0.366**	1			
18.成长绩效	0.043	−0.063	0.016	−0.030	−0.084*	−0.056	0.193**	0.200**	0.169**	0.226**	0.216**	0.263**	0.241**	0.267**	0.203**	0.293**	0.489**	1		
19.创新绩效	0.034	−0.005	0.012	−0.029	−0.057	−0.026	0.207**	0.185**	0.187**	0.229**	0.197**	0.263**	0.286**	0.280**	0.209**	0.319**	0.475**	0.467**	1	
20.企业绩效	0.051	−0.030	0.002	−0.049	−0.077*	−0.035	0.265**	0.284**	0.247**	0.299**	0.281**	0.361**	0.346**	0.361**	0.280**	0.407**	0.833**	0.789**	0.797**	1
均值	0.567	1.916	2.124	2.688	1.889	2.419	4.054	4.129	4.105	3.971	4.093	4.071	3.702	3.602	3.688	3.664	3.477	3.655	3.839	3.657
标准差	0.496	0.423	0.591	1.417	0.719	0.957	0.717	0.711	0.714	0.735	0.743	0.553	0.814	0.890	0.838	0.686	0.952	0.787	0.843	0.695

注：** 表示在 0.01 水平（双侧）上显著相关；* 表示在0.05水平（双侧）上显著相关。

（1）企业绩效与公司发展阶段呈负相关关系（$r=-0.077$，$P<0.01$），与个体特质层面和企业组织层面的企业家精神各维度指标呈正相关。说明企业从初创期到成长期再到成熟期，绩效有不断下滑的趋势；同时，企业家精神越高，对企业绩效往往越有利。

（2）企业组织层面的企业家精神与个体特质层面的企业家精神呈正相关（$r=0.324$，$P<0.01$），两者各维度指标之间也相互呈正相关。

（3）性别与教育程度正相关（$r=0.123$，$P<0.01$），与职位也正相关（$r=0.164$，$P<0.01$），说明同等层次下，男性较女性有更高的教育程度和更高的职位。

（4）年龄段仅与职位正相关（$r=0.085$，$P<0.05$），年龄越大，职位越高。

（5）教育程度与职位正相关（$r=0.342$，$P<0.01$），与公司发展阶段负相关（$r=-0.109$，$P<0.01$），说明教育程度越高，一般职位也越高，且教育程度高的往往更倾向于选择发展成熟的公司。

（6）公司发展阶段与企业规模呈正相关（$r=0.597$，$P<0.01$），说明随着企业的发展，企业规模倾向扩大。同时，公司发展阶段与企业绩效负向相关，这符合企业生命周期理论，随着企业的发展，企业逐步走向成熟，企业绩效也逐步趋于平稳。

（三）样本的典型相关分析

考虑到个体特质层面企业家精神与企业组织层面企业家精神均有多个维度，因此采用典型相关分析来验证多维度变量组之间的相关关系，如表 6.8 所列，典型相关分析发现：第一对典型变量的典型相关系数为 CR1 $=0.351$，相关性显著；第二对典型变量的典型相关系数 CR2$=0.135$，相关性显著；第三对典型变量的典型相关系数 CR3$=0.045$，在 5% 的显著性水平下不显著。

表 6.8　个体特质层面企业家精神与企业组织层面企业家精神的典型相关分析

Group	Canonical Correlations	Wilk's	Chi-SQ	DF	Sig.
1	0.351	0.859	127.852	15	0.000
2	0.135	0.980	17.147	8	0.029
3	0.045	0.998	1.669	3	0.644

同理，对企业组织层面企业家精神与企业绩效进行典型相关分析如表6.9 所列，第一对典型变量的典型相关系数为 CR1$=0.416$，相关性显著，其

余两对均不显著。对个体特质层面企业家精神与企业绩效进行典型相关分析如表 6.10 所列,第一对典型变量的典型相关系数为 CR1=0.371,相关性显著,其余两对均不显著。

表 6.9　企业组织层面企业家精神与企业绩效的典型相关分析

Group	Canonical Correlations	Wilk's	Chi-SQ	DF	Sig.
1	0.416	0.826	161.419	9	0.000
2	0.042	0.998	1.728	4	0.786
3	0.017	1.000	0.248	1	0.619

表 6.10　个体特质层面企业家精神与企业绩效的典型相关分析

Group	Canonical Correlations	Wilk's	Chi-SQ	DF	Sig.
1	0.371	0.855	131.8	15	0.000
2	0.083	0.991	7.207	8	0.515
3	0.040	0.998	1.342	3	0.719

可见,个体特质层面企业家精神、企业组织层面企业家精神与企业绩效三者之间都存在明显的正相关关系。

第三节　基于个体特质层面的企业家精神指标实证测度

共同方法偏差的检验方法采用 Harman 单因素检验法。信度测量采用 Cronbach's α 法,效度测量采用探索性因子分析和验证性因子分析(confirmatory factor analysis,CFA),用 CR(composite reliability)和 AVE(average variance extracted)分别检测组合信度和收敛效度。

一、信度检验

信度反映了量表测量结果的一致性或稳定性,是选择变量量表的重要依据之一。观察变量的值包含实际值和误差值,实际值不会轻易发生变动,具有一定程度的稳定性。信度越高,表明观察变量的误差值越低,越接近实际值。通常,总量表的信度系数 Cronbach's α 最好在 0.8 以上,0.7～0.8 可以接受,校正的项总计相关性(简称 CITC)在 0.5 以上时,量表属于较好信度;分量表的信度系数最好在 0.7 以上,0.6～0.7 还可以接受。

通过运用 SPSS 软件对所有题项进行可靠性分析发现，如附录表 C2 所列，个体特质层面的 18 个题项的测量量表整体上具有很好的信度，总合 Cronbach's α 值达 0.909，远高于可接受值。分别对各维度分量表进行可靠性分析，各个分量表分别测信度系数和删除该指标后的 Cronbach's α 值（CAID），没有出现删除指标后 Cronbach's α 升高的现象，说明各个量表中的指标都体现出很高的同质性，且分量表的信度系数最低都在 0.757 或以上。因此，可以认为个体特质层面的测量量表内在信度理想，符合信度标准。

二、基于 EFA 的效度检验

数据的效度即有效性，是指测量工具能够测出其所要测量的特征的正确程度。效度越高，表示测量结果越能显示其所要测量的特征，反之，则效度越低。效度包括内容效度、结构效度、区分效度和聚合效度等，鉴于所用量表均采用现有成熟量表，且经过前期测试，因此内容效度较好。同时考虑到问卷存在多问项量表（multi-item scales），本书采用 EFA 以便检验量表的聚合效度和区分效度，并采用 CFA 来检验量表的结构效度。

为检验个体特质层面的聚合效度和区分效度，对 18 个问项进行探索性因子分析，如附录表 C3 所列，其中 KMO 值为 0.921＞0.7，Bartlett 的球形度检验近似卡方值为 6701.079，自由度 df 为 153，在 1% 的统计显著性水平上显著，说明适合进行因子分析。从解释的总方差来看，如附录表 C4 所列，虽然只有 4 个因子特征值大于 1，但因为累计方差贡献率最好超过 60%，且第 5 个因子的特征值很接近 1，因此提取 5 个因子，累计方差贡献率达到 68.15%，说明采用主成分分析策略能较好地涵盖主要信息。此外第 1 个因子旋转前的解释度为 39.641%，低于 50%，说明同源方差（common-method variance）不是一个严重问题，即不存在数据同源问题。

三、基于 CFA 的效度检验

验证性因子分析的效度检验通常采用结构方程模型（SEM）技术，该技术可以采用硬模型（hard modeling），即利用最大似然估计的协方差结构分析求得系数估计值，如 LISREL 法；也可以采用软模型（soft modeling），即通过偏最小二乘法的方差分析求出系数估计值，如 PLS 路径模型（PLSPM）。根据 Wold（1975，1982，1985），PLS 路径模型分析包括测量模型（又称"外部模型"）和结构模型（又称"内部模型"），前者用于描述测量变量与潜变量之间的关系，后者用于刻画潜变量之间的相互联系（Luthans，

2002)。

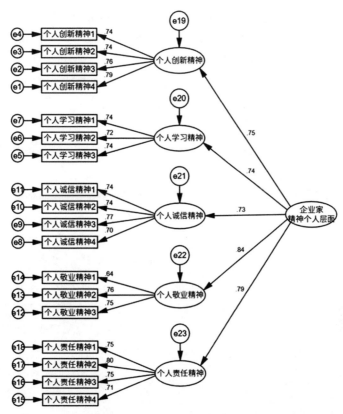

图 6.12　个体特质层面企业家精神的验证性因子分析模型图

　　基于量表理论结构与探索性因子分析结果，在前述 EFA 分析基础上，本研究采用 AMOS 软件进行验证性因子分析，以便探讨量表效度。首先建立测量模型，借鉴 Mathieu & Farr（1991）的处理方法，对个体特质层面企业家精神的 5 个维度变量进行 CFA，结果如图 6.12 所示，潜在变量各测量指标的标准化因素负荷量 t 值均达到 99% 的显著水平，这证明所用量表具有良好的收敛效度。从模型拟合度角度考察，相关指标如附录表 C5 所列，相应的卡方值＝332.359，自由度＝130，其中 χ^2/DF 值（又称 CMIN/DF 值）为 2.557，低于适配标准临界值 3，绝对适配指数 RMSEA 为 0.043，远低于临界值 0.08，适配达到要求（Bagozzi & Yi，1988，1999）；增值适配指数 NFI、IFI、TLI、CFI、GFI 等值均高于 0.9 的匹配标准。说明适配指标值达到模型可接受标准，测量模型与数据匹配结果理想，模型整体可以接受，维度间区分效度佳。

根据图 6.12 中变量间两两协方差结果显示,各个变量之间的协方差均显著,如附录表 C6 所列。可以看出,标准化路径系数(Standard,即因子载荷)均大于 0.5,表明因子载荷满足设计需要;各变量的平均方差提取量均大于 0.50,表明本研究中各变量具有较好的收敛效度。各变量的组合信度均高于 0.70,表明本研究中各变量具有较好的组合信度。因此可以认为个体特质层面企业家精神量表具有较高效度。综合上述分析,问卷数据通过信度检验和效度检验,可以用于后续分析。

第四节　基于企业组织层面的企业家精神指标实证测度

一、信度检验

通过运用 SPSS 软件分别对所有题项进行可靠性分析发现,如附录表 C7 所列,企业组织层面的 13 个题项的测量量表整体上具有很好的信度,总体 Cronbach's 值达 0.894,远高于可接受值。分别对各维度分量表进行可靠性分析,可以看出,CITC 的值最小为 0.626＞0.4,各个分量表的 CAID 值没有出现删除指标后 Cronbach's α 升高的现象,且分量表的信度系数都在 0.835 以上。因此,可以认为企业组织层面的测量量表内在信度符合标准。

二、基于 EFA 的效度检验

企业组织层面的量表同样采用的是现有成熟量表,且经过前期测试,因此内容效度较好。为验证企业组织层面的聚合效度和区分效度,对 13 个题项进行因子分析,如附录表 C8 所列,其中 KMO 值为 0.9071＞0.7,Bartlett 的球形度检验近似卡方值为 5257.752,自由度 df 为 78,在 1% 的统计显著性水平上显著,说明适合进行因子分析。经探索性因子分析,从解释的总方差来看,如附录表 C9 所列,有 3 个因子特征值大于 1,累计方差贡献率达到 67.54%,超过 60%,说明采用主成分分析策略能较好地涵盖主要信息,故可提取 3 个因子,而且第 1 个因子旋转前的解释度为44.178%,低于 50%,说明同源方差不是一个严重问题,即不存在数据同源问题。

相应采用最大方差法,进行旋转成分矩阵分析,如附录表 C9 所列,因子载荷均高于 0.4。各题项的因子载荷和共同读题取值(extraction)均大于 0.5,公因子分别为:企业创新活动、企业风险活动、企业战略更新,旋转后的各公因子成分符合原始假设,各因子之间区分度较好,表明所用企业组织层面的企业家精神量表具有较好的区分效度和聚合效度。

三、基于 CFA 的效度检验

企业组织层面企业家精神的 3 个维度变量进行 CFA,结果如图 6.13 所示,潜在变量各测量指标的标准化因素负荷量 t 值均达到 99% 的显著水平,这证明所用量表具有良好的收敛效度。从模型拟合度角度考察,相关指标如附录表 C10 所列,其卡方值=185.353,自由度=62,其中 χ^2/DF 值为 2.990,略低于适配标准临界值 3,绝对适配指数 RMSEA 为 0.048,低于标准值 0.05,适配达到要求(Bagozzi & Yi,1988,1999);增值适配指数 NFI、IFI、TLI、CFI、GFI 等值均高于 0.9 的匹配标准。说明适配指标值达到模型可接受标准,测量模型与数据匹配结果理想,模型整体可以接受,维度间区分效度佳。

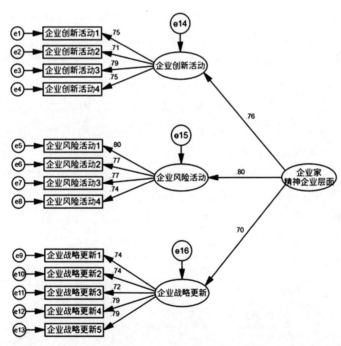

图 6.13　企业组织层面的企业家精神的验证性因子分析模型图

根据图 6.13 中变量间两两协方差结果显示,各个变量之间的协方差均显著,如附录表 C11 所列。可以看出,标准化路径系数(standard,即因子载荷)均大于 0.5,表明因子载荷满足设计需要;各变量的平均方差提取量最低为 0.563，大于 0.50，表明本研究中各变量具有较好的收敛效度。各变量的组合信度均远高于 0.70，表明本研究中各变量具有较好的组合信度。因此可以认为企业组织层面企业家精神量表具有较高效度。综合上述分析，企业组织层面企业家精神量表数据通过信度检验和效度检验，可以用于后续分析。

第五节　基于社会空间层面的企业家精神指标实证测度

一、数据来源

考虑到目前科研机构研究的城市创新创业综合指数已经具备一定的权威性和代表性，能较好地反映区域创新创业的宏观经济行为与结果，而在社会空间层面，正是基于城市营商环境与城市企业家精神两者共同作用形成城市创新创业综合指数的逻辑过程。为此，利用现有科研机构的权威性研究成果，这样做不仅可以减少重复性研究，而且有助于聚焦问题，将问题简化。

城市创新创业综合指数采用《中国城市创新竞争力发展报告》（王瑞军等，2018）的城市创新竞争力指标体系计算得到的综合评分值，该指标体系分创新基础竞争力、创新环境竞争力、创新投入竞争力、创新产出竞争力、创新可持续发展竞争力五个二级指标，如表 6.11 所列，数据主要来源于《中国城市统计年鉴》及各省统计年鉴、科技部火炬中心、各省相关统计等，通过对指标采取功效系数方法进行无量纲化处理，将其变换为无量纲的指数化数值或分值后，对五个二级指标的权重均设为 20% 并构建线性组合模型，计算得到城市创新竞争力的综合得分。

表 6.11　我国城市创新竞争力评价指标体系及数据来源

一级指标	二级指标	数据来源
创新基础竞争力(0.2)	GDP	中国城市统计年鉴
	人均 GDP	
	财政收入	
	人均财政收入	
	外商直接投资	
	金融存款余额	

一级指标	二级指标	数据来源
创新环境 竞争力(0.2)	千人因特网用户数	中国城市统计年鉴
	千人手机用户数	
	国家高新技术园区数	科技部火炬中心
	国家高新技术企业数	各省相关统计
	高等院校数	中国城市统计年鉴
	电子政务发展指数	中国城市电子政务发展水平 调查报告
创新投入 竞争力(0.2)	R&D 经费支出总额	中国城市统计年鉴
	R&D 经费支出占 GDP 比重	
	人均 R&D 经费支出	
	R&D 人员	各省统计年鉴
	研发人员占从业人员比重	
	财政科技支出占一般预算支出比重	
创新产出 竞争力(0.2)	专利授权书	各省统计年鉴
	高新技术产业产值	
	高技术产品出口总额	
	高技术产品出口比重	
	全社会劳动生产率	根据其他指标计算
	注册商标数	国家商标局
	单位工业产值污染排放量	中国城市统计年鉴
创新可持续 发展竞争力 (0.2)	公共教育支出总额	中国城市统计年鉴
	公共教育支出占 GDP 比重	
	人均公共教育支出额	根据其他指标计算
	R&D 人员增长率	
	R&D 经费增长率	
	城镇居民人均可支配收入	各省统计年鉴

资料来源:王瑞军等.中国城市创新竞争力发展报告(2018)[M].北京:社会科学文献出版社,2018.

　　城市营商环境指数采用《中国城市营商环境评价》(李志军,2019)的城市营商环境指标体系的综合评分值,该综合评分值分别从政府服务、人力资源、金融信贷、公共服务、市场环境、创新环境等六个因素来考量,具体城市营销环境评价指标体系及其数据来源如表 6.12 所列。指标处理上采用效用值法进行无量纲化处理，权重采取主观与客观相结合，其中客观方法为变异系数法，在确定权重后，通过分层逐级加权平均得到最后的城市营商环境指数。

表 6.12　我国城市营商环境评价指标体系

一级指标	二级指标	权重/%	数据来源
政府效率 （0.15）	一般预算内支出(万元)	50	中国城市数据库
	政府服务效率	50	中国地方政府效率研究报告
人力资源 （0.2）	平均工资水平(元)	40	中国城市数据库
	高校在校人数(人)	30	
	年末单位从业人员数(万人)	30	
金融服务 （0.15）	民间融资效率(万元)	50	中国城市数据库
	总体融资效率(万元)	50	
公共服务 （0.2）	人均道路面积数(平方米/人)	15	中国城乡建设数据库
	供水能力(万吨)	25	
	供气能力(万立方米)	25	
	供电能力(万立方米)	25	中国城市数据库
	医疗卫生服务(张/万人)	10	
市场环境 （0.2）	人均 GDP(元)	40	中国城市数据库
	固定资产投资总额(万元)	30	
	当年实际使用外资金额(万元)	30	
创新环境 （0.1）	科学支出(万元)	50	中国城市数据库
	创新能力指数	50	中国城市和产业创新力报告

资料来源：李志军.中国城市营商环境评价[M].北京：中国发展出版社，2019.

对于社会空间层面企业家精神的测算，目前，学术界尚未形成较为一致的观点。西方学者常常采用自我雇佣比率衡量城市企业家精神，知名的全球创业观察（global entrepreneurship monitor，GEM）采用创业活跃度劳动力市场法或生态学法，即区域内新建立私营企业数分别与劳动力人口数或企业总数的比值（TEAOPP/TEANEC 统计值）来衡量（叶文平等，2018）。本书认为，从制度上看，我国是以公有制为主体，市场经济占主导地位的高度开放的体制。国有企业和外商企业占相当大的比重，一方面，我国私营和个体从业人员并非都是主动选择创业或就业的,因为有竞争力的就业者往往更倾向于选择国有企业或外资企业;另一方面,GEM 的指标将那些同样具备开拓性与进取性精神的大量国有企业、外资企业排除在外,显然不合理,因此不适合简单照搬国外的"衡量标准"或"指标"。为此,项目组考虑采用两种方法来测量企业家精神,一种是以具有企业家精神的"个体数占比"来衡量,分为"个体占从业人员比"和"个体占总人口比",另一种是以具有企业家精神的"企业数占比"来衡量,分为"每万从业人员企业数"和"每万人企业数"。

1. 具有企业家精神的"个体数占比"来衡量

以个体数占比衡量企业家精神的,仍然借鉴 GEM 的做法,采用私营企业和个体企业从业人数占总从业人数比重来衡量城市企业家精神,如我国孔令池和张智(2020)就采用城市私营企业人数与 14～65 岁劳动人口的比值来衡量。此外,考虑到一个城市从业人员占总人口的比重在一定程度上也可以反映城市的老龄化程度、影响城市的活力与创造力,为此,同时采用"私营企业和个体企业从业人数占总人口比重"指标进行对比参考。

2. 具有企业家精神的"企业数占比"来衡量

以企业数占比来衡量企业家精神的,采用"规模以上工业企业数"与总从业人员或总人口的比例来衡量,这里的"规模以上工业企业数"是由规模以上的内资企业数、外商投资企业数和港澳台投资企业数合计得到,这一方面是因为规模以上的企业的"合力"是城市企业家精神的代表,而众多规模以下的企业对城市企业家精神的影响较弱;另一方面是考虑到我国已深度融入世界经济大循环,外商投资和港澳台投资都占了一定的比重。为此,分别用"每万从业人员规模以上工业企业数"和"每万人规模以上工业企业数"两个指标分别来衡量企业数占比的企业家精神。

本书选取了国内 297 个城市(详见附录 D),相关变量及其数据来源如表 6.13 所列。考虑到企业家精神与营商环境作用的时滞影响,城市创新创业综合指数采用 2018 年的数据,而城市企业家精神指数采用的是 2017 年的数据,分母是从业人员数或总人口数,分子是私营和个体人数或规模以上工业企业数,其中"城市"数据根据范围又可分为全市和市辖区两种情形,共对应四组数据:第一组是私营和个体人数占从业人员比重(r_spir11 和 r_spir12),反映城市从业人员结构中,私营和个体企业的相对发达程度;第二组是私营和个体人数占总人口比重(r_spir21 和 r_spir22),反映城市私营和个体企业对人口的吸纳程度,吸纳比例越高,说明私营和个体企业越有活力,发展越兴旺;第三组是规模以上工业企业数占从业人员比重

（r_spir31 和 r_spir32），反映城市工业企业的规模，一般城市企业家精神指数越高，城市商业发达程度就越高，规模以上企业就会越多；第四组是规模以上工业企业数占总人口比重（r_spir41 和 r_spir42），反映规模以上企业对人口的吸纳程度，或者人口所能承载的规模以上企业数，越高说明企业家精神指数越高，做大做强的企业越多。之所以选择这四组企业家精神指标来分析，是为了研究哪一组更能体现与城市创新创业综合指数的关系，为间接测度社会空间层面的企业家精神提供有效手段。同时，为避免城市营商环境指数变化的影响，城市营商环境指数分别选取了 2017 年和 2018 年的数据。

表 6.13 城市创新创业相关变量及其来源

衡量因素	名称	指标名	含义	计算公式	指标年份	数据来源
城市创新创业水平	城市创新创业综合指数	inno	城市创新创业综合指数	2018 城市创新创业综合指数	2018	王瑞军、李建平、李闽榕等，2018
城市营商环境	城市营商环境指数	envi1	城市营商环境综合指数 1	2017 年城市营商环境综合指数	2017	李志军，2019
		envi2	城市营商环境综合指数 2	2018 年城市营商环境综合指数	2018	
城市企业家精神	个体占从业人员比（第一组）	r_spir11	私营和个体人数占从业人员比重（全市）	全市城镇私营和个体从业人员数÷全市年末单位从业人员数	2017	EPS 平台"中国城市"的数据整理计算
		r_spir12	私营和个体人数占从业人员比重（市辖区）	市辖区城镇私营和个体从业人员数÷市辖区年末单位从业人员数	2017	
	个体占总人口比（第二组）	r_spir21	私营和个体人数占总人口比重（全市）	全市城镇私营和个体从业人员数÷全市年末总人口数	2017	
		r_spir22	私营和个体人数占总人口比重（市辖区）	市辖区城镇私营和个体从业人员数÷市辖区年末总人口数	2017	

衡量因素	名称	指标名	含义	计算公式	指标年份	数据来源
城市企业家精神	每万从业人员企业数（第三组）	r_spir31	规模以上工业企业数占从业人员比重（全市）	全市规模以上工业企业数÷全市年末单位从业人员数	2017	EPS平台"中国城市"的数据整理计算
		r_spir32	规模以上工业企业数占从业人员比重（市辖区）	市辖区规模以上工业企业数÷市辖区年末单位从业人员数	2017	
	每万人企业数（第四组）	r_spir41	规模以上工业企业数占总人口比重（全市）	全市规模以上工业企业数÷全市年末总人口数	2017	
		r_spir42	规模以上工业企业数占总人口比重（市辖区）	市辖区规模以上工业企业数÷市辖区年末总人口数	2017	

二、描述性统计分析

首先利用 STATA 软件对数据进行相关性分析，各变量 Pearson 相关性分析如表 6.14，可以看出：

（1）城市创新创业综合指数（inno）、城市营商环境指数（envi1 与 envi2）与总人口衡量的城市企业家精神指数（第二组和第四组）显著相关，而与从业人员衡量的城市企业家精神指数（第一组和第三组）不相关。其中，第一组反映的是私营和个体就业人数占从业人数的占比，说明城市的私营与个体企业吸纳就业能力与发达程度；第三组反映的是每万人规模以上工业企业数，说明城市工业企业平均规模水平，两者均与城市的创新创业水平和营商环境无显著关系。而第二组反映的是总人口中私营和个体企业的就业人口比例情况，第四组反映的是每万人规模以上工业企业数和工业企业的密集度水平。

表 6.14　各变量 Pearson 相关性分析表

Variable	inno	envi1	envi2	ɪ spir11	ɪ spir12	ɪ spir21	ɪ spir22	ɪ spir31	ɪ spir32	ɪ spir41	ɪ spir42
inno	1										
envi1	0.9411 *	1									
envi2	0.9455 *	0.9960 *	1								
ɪ spir11	−0.007	−0.0502	−0.0479	1							
ɪ spir12	0.0311	−0.0098	−0.005	0.7767 *	1						
ɪ spir21	0.6025 *	0.5498 *	0.5617 *	0.3178 *	0.3223 *	1					
ɪ spir22	0.5752 *	0.5063 *	0.5254 *	0.4293 *	0.5242 *	0.8440 *	1				
ɪ spir31	0.0465	−0.0542	−0.0488	0.3136 *	0.1974 *	0.0036	0.0442	1			
ɪ spir32	0.0918	0.0036	0.0105	0.3383 *	0.2854 *	0.1301 *	0.0364	0.8430 *	1		
ɪ spir41	0.5370 *	0.4301 *	0.4463 *	0.0786	0.0622	0.7686 *	0.5503 *	0.4581 *	0.4765 *	1	
ɪ spir42	0.4954 *	0.3880 *	0.4048 *	0.112	0.0912	0.7223 *	0.5465 *	0.4937 *	0.5479 *	0.9658 *	1
Obs	274	286	286	271	248	271	248	290	289	291	290
Mean	18.119	9.740	9.617	1.488	1.392	0.178	0.243	23.191	17.164	2.742	3.107
Std. Dev.	8.321	8.908	8.655	0.762	0.798	0.191	0.181	14.418	11.663	3.202	3.228
Min	6.4	1.86	1.83	0.0615	0.1053	0.0085	0.005	0.86	1.19	0.06	0.19
Max	70	69.64	66.15	5.1368	4.3513	2.0126	1.2348	77.36	75.12	33.21	33.21

注：* 表示在 0.05 水平（双侧）上显著相关。由于 ɪ spir41 与 ɪ spir42 的相关系数高达 0.9658，说明分析时，采用全市数据与采用市辖区数据区别不大，采用全市数据构建的散点图也是趋于一致的，后续构建模型可以采用表现较好的企业家精神指数即可。
如图 6.16 和图 6.17 也可以看出城市企业家精神指数与其他变量的散点图。

（2）城市营商环境指数中，两年的城市营商环境指数与其他变量的相关性较为接近，且 envi2 较 envi1 均呈现更强的显著相关性，说明 2018 年的城市营商环境较上一年的城市营商环境受总人口衡量的城市企业家精神影响可能更明显，且与 2018 年的城市创新创业综合指数也更相关。

（3）在城市企业家精神指数各变量之间，除第一组和第四组之间，第二组和第三组之间外，其他各组变量之间都显著相关。

综上，结合表 6.14 的相关性系数结果，说明按总人口衡量的城市企业家精神可能更有助于体现与城市创新创业水平和城市营商环境之间的关系。

为进一步研究城市企业家精神指数、城市营商环境指数和城市创新创业综合指数三者的关系，将相关性显著的以总人口企业家精神衡量的城市企业家精神指数（第二组和第四组）分别与 2018 年城市营商环境指数和城市创新创业综合指数做两两散点图进行探索性分析，如图 6.14 到图 6.17 为 r_spir21、r_spir22、r_spir41、r_spir42 分别与 2018 年城市营商环境（envi2）和城市创新创业综合指数（inno）三者的两两散点图。可以看出四个散点图形状较为接近，均为正向关系，其中城市营商环境与城市创新创业综合指数之间呈较为明显的线性关系，而城市企业家精神与城市创新创业综合指数之间呈发散关系，后续分析考虑分别用线性与交叉项来拟合。

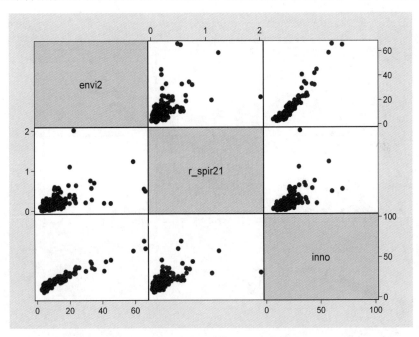

图 6.14　城市营商环境指数（envi2）、企业家精神指数（r_spir21）与城市创新创业综合指数（inno）的两两散点图

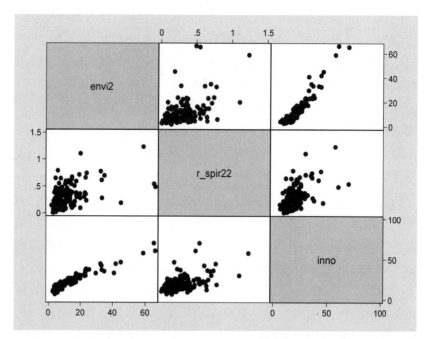

图 6.15　城市营商环境指数（envi2）、企业家精神指数（r_spir22）与城市创新
创业综合指数（inno）的两两散点图

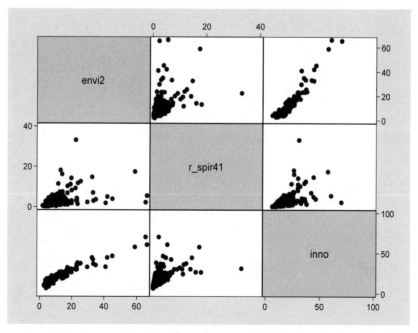

图 6.16　城市营商环境指数（envi2）、企业家精神指数（r_spir41）与城市创新
创业综合指数（inno）的两两散点图

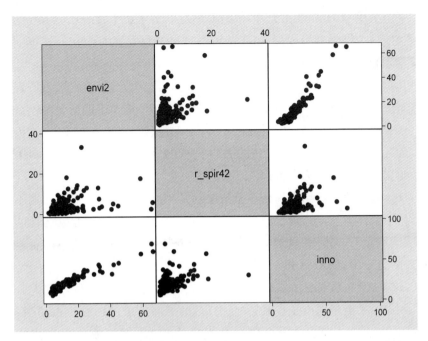

**图 6.17   城市营商环境指数（envi2）、企业家精神指数（r_spir42）与城市创新
创业综合指数（inno）的两两散点图**

三、模型拟合与实证分析

对于城市企业家精神与城市营商环境之间的共同影响，即调节作用的
检验，分三个步骤进行分析：

（1）自变量（城市企业家精神指数）和调节变量（城市营商环境指数）进
行中心化处理。通过中心化可以降低交互项与其他变量之间的相关，且不
会对模型估计产生影响，交互项的系数在中心化前后也没有发生改变。

（2）将中心化后的自变量与调节变量相乘，构建交互项。

（3）在自变量和调节变量的基础上，将交互项放入回归方程，利用公式
6.2 分别对不同变量进行回归分析，分析交互项对因变量（inno）的影响是
否显著。

以城市创新产业综合指数（inno）为因变量，城市分"全市"和"市辖区"
两种不同行政区域情形分别进行回归，如表 6.15 和表 6.16 所列。将衡量
城市企业家精神的四组变量分别与城市营商环境指数（envi1 和 envi2）及
其交互项进行回归。对比不同模型结果，结合 R 方、F 值及回归系数显著
性，可以发现：

（1）采用 2018 年城市营商环境指数较 2017 年城市营商环境指数的表现更好，这个结果容易理解，当年的营商环境数据显然对当年的城市创新创业影响要更大一些。

（2）按个体衡量的企业家精神（第一组和第二组）的市辖区数据表现较好，而按企业衡量的企业家精神（第三组和第四组）的全市数据表现较好；

（3）按从业人员衡量的企业家精神（第一组和第三组）的交互项均为正值，且有部分模型不显著；而按总人口衡量的企业家精神（第二组和第四组）的交互项均显著为负值；

（4）按从业人员衡量的企业家精神（第一组和第三组）的调节作用不明显，其中个体占从业人员比（r_spir11 和 r_spir12）衡量的企业家精神的交互项均不显著，每万从业人员企业数（r_spir31 和 r_spir32）衡量的企业家精神的交互项仅 M231 模型不显著。

综上，全市数据中 M241 模型整体表现最好，适合用每万人企业数（r_spir41）来衡量城市企业家精神，而市辖区数据中的 M222 模型和 M242 模型均表现较好，适合用个体占总人口比（r_spir22）或每万人企业数（r_spir42）来衡量城市企业家精神。此外，所有模型的 R 方均在 0.9 左右，说明这些模型均能解释 90% 以上的信息，具有较好的解释度；交互项显著表明调节变量（城市营商环境指数）在城市企业家精神指数与城市创新创业综合指数之间的关系中起到了调节作用。同时，表 6.15 和表 6.16 最后一行均同时列出了不同模型的稳健标准回归，以便验证各模型异方差的严重程度，发现除 F 值有所下降外，各变量的显著性基本没有改变，可以认为各个模型均不存在明显异方差。接下来分别选择 M241 模型、M222 模型和 M242 模型的回归结果进一步分析如下：

表 6.15 中的 M241 模型结果表明，假定保持其他变量不变，城市企业家精神指数每增加 1 单位，或者说每万人增加 1 个规模以上工业企业，城市创新创业综合指数上升 0.5746 个单位，同时受交互项影响，营商环境指数对城市创新创业综合指数的边际作用下降 0.0196 单位。显然，城市营商环境指数和城市企业家精神指数在影响城市创新产业综合指数中具有明显的替代关系，且都具有显著的正向促进作用。考察调节效应时发现，这里的交叉项（c_envi2 * c_r_spir41）的系数为负，且调节变量 envi2 的系数显著为正，这表明整体而言，调节变量 envi2 弱化或削弱了 r_spir41 对 inno 的正向影响，即变量 envi2 对 r_spir41 与 inno 间的影响关系具有显著的削弱抑制作用，具有显著的负向调节效应。为进一步分析调节效应的影响特征，以 r_spir41 为自变量 idv，inno 为因变量 dv，envi2 为调节变量

mod，以 envi2 变化正负一个标准差作图可得图 6.18 中的模型 M241，当 envi2 值在较低（envi2＝0.9828）和较高（envi2＝18.6965）的情况下，其直线的斜率都差不多，但是较高的城市营商环境比较低的城市营商环境的城市创新创业综合指数要高得多；较高的城市企业家精神（r_spir41）也对应较高的城市创新创业综合指数。进一步分析其他模型的调节作用，如图 6.18 与图 6.19，可以看出其他模型的调节效应图与模型 M241 类似。

表 6.16 中的模型 M222 结果表明，假定保持其他变量不变，城市企业家精神指数每增加 1%，或者说私营和个体人数占总人口比重增加 1%，城市创新创业综合指数上升 0.059474 个单位，同时受交互项影响，城市营商环境指数对城市创新创业综合指数的边际作用下降 0.0176 个单位。显然，城市营商环境指数和城市企业家精神指数在影响城市创新产业综合指数中都具有显著的正向促进作用，具有明显的替代关系。进一步考察调节效应时发现，这里的交叉项（c_envi2 * c_r_spir22）的系数为负，且调节变量 envi2 的系数显著为正，这表明整体而言，调节变量 envi2 弱化或削弱了 r_spir22 对 inno 的正向影响，即调节变量 envi2 具有显著的负向调节效应。

表 6.16 中的模型 M242 结果表明，假定保持其他变量不变，城市企业家精神指数每增加 1 单位，或者说每万人增加 1 个规模以上工业企业，城市创新创业综合指数上升 0.5162 个单位，同时受交互项影响，城市营商环境指数对城市创新创业综合指数的边际作用下降 0.0176 个单位。显然，城市营商环境指数和城市企业家精神指数在影响城市创新产业综合指数中都具有显著的正向促进作用，具有明显的替代关系。进一步考察调节效应时发现，这里的交叉项（c_envi2 * c_r_spir42）的系数为负，且调节变量 envi2 的系数显著为正，这表明整体而言，调节变量 envi2 弱化或削弱了 r_spir42 对 inno 的正向影响，即调节变量 envi2 同样具有显著的负向调节效应。同时，从调节效应图 6.19 中可以看出，模型 M242 图形的斜率要大于模型 M222 图形的斜率，说明模型 242 的城市企业家精神指数（r_spir42）的变动较模型 M222 的城市企业家精神指数（r_spir22）对城市创新产业综合指数（inno）的影响要大一些。

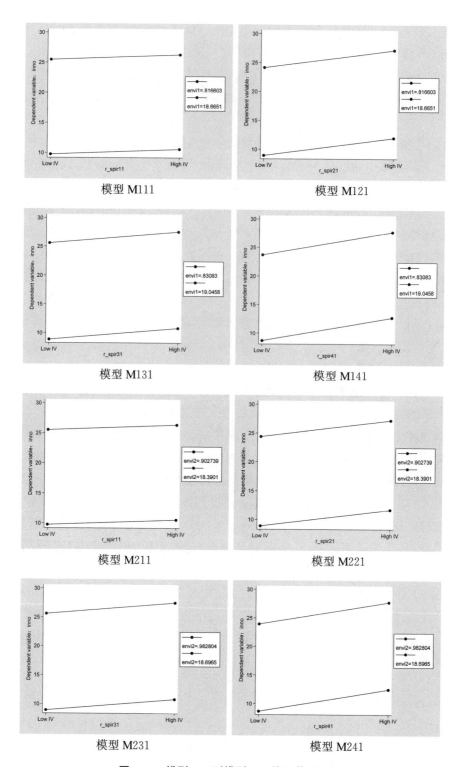

图 6.18　模型 111 到模型 241 的调节效应图

表6.15 城市创新创业综合指数（inno）的回归分析结果（全市）

解释变量	模型							
	M111	M121	M131	M141	M211	M221	M231	M241
常数项	8.6475***	8.6012***	7.4572***	0.2621***	8.5690***	8.4565***	7.3594***	8.2918***
envi1	0.8811***	0.8503***	0.9179***	0.8233***				
envi2					0.9019***	0.8867***	0.9424***	0.8627***
r_spir11	0.5509*				0.5246*			
r_spir21		7.6791***				7.1235***		
r_spir31			0.0681***				0.0656***	
r_spir41				0.6088***				0.5746***
c_envi1*c_r_spir11	0.0401							
c_envi1*c_r_spir21		−0.2406***						
c_envi1*c_r_spir31			0.0060***					
c_envi1*c_r_spir41				−0.0178***				
c_envi2*c_r_spir11					0.0397			
c_envi2*c_r_spir21						−0.2673***		
c_envi2*c_r_spir31							0.0056	
c_envi2*c_r_spir41								−0.0196***
N	253	253	266	266	253	253	266	266
R方	0.8893	0.9028	0.9043	0.9149	0.8950	0.9076	0.9115	0.9205
F值	666.45***	770.57***	825.67***	938.43***	707.56***	814.99***	899***	1011.5***
稳健性F值（对比）	170.94***	207.31***	319.54***	277.32***	195.66***	246.09***	339.22***	311.71***

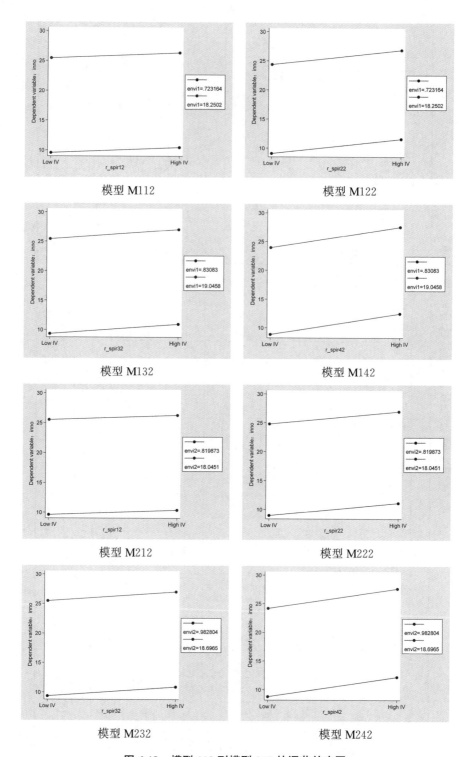

图 6.19　模型 112 到模型 242 的调节效应图

表 6.16　城市创新创业综合指数（inno）的回归分析结果（市辖区）

解释变量	模型							
	M112	M122	M132	M142	M212	M222	M232	M242
常数项	8.5582***	8.1667***	8.1770***	8.3459***	8.5447***	8.0244***	8.0788***	8.1681***
envi1	0.9058***	0.8713***	0.8838***	0.8291***				
envi2					0.9230***	0.9185***	0.9097***	0.8681***
r spir12	0.5852*				0.5134*			
r spir22		6.7385***				5.9474***		
r spir32			0.0691***				0.0650***	
r spir42				0.5453***				0.5162***
c envi1* c r spir12	0.0707							
c envi1* c r spir22		−0.1761**						
c envi1* c r spir32			0.0056**					
c envi1* c r spir42				−0.0153***				
c envi2* c r spir12					0.0660			
c envi2* c r spir22						−0.2446***		
c envi2* c r spir32							0.0051**	
c envi2* c r spir42								−0.0176***
N	233	233	266	266	233	233	266	266
R方	0.9020	0.9142	0.8980	0.9119	0.9064	0.9180	0.9051	0.9178
F值	702.38***	813.49***	768.71***	903.87***	739.45***	854.99***	833.17***	975.12***
稳健性 F 值（对比）	159.48***	319.11***	213.51***	273.22***	190.54***	350.92***	231.42***	319.17

四、社会空间层面的企业家精神指标间接测算

分别以模型 M241、M222 和 M242 为例，根据公式 6.3，可间接测算或预测出社会空间层面的企业家精神指数。

其中，根据模型 M241 的结果，可测算出企业家精神的单位增量：

$$\triangle = 0.5746 - 0.0196 * envi2 + 0.0196 * mean(envi2) = 0.7630 - 0.0196 * envi2$$

利用公式 6.3，可进一步得到社会空间层面的企业家精神指数的预测公式：

$$r\_spir41* = \frac{inno - b0 - b1 \times envi + b3 \times (envi - \overline{envi}) \times \overline{r\_spir})}{b2 + b3 \times envi - b3 \times \overline{envi}}$$

$$= \frac{inno - 8.2918 - 0.8627 \times envi2 - 0.0196 \times (envi2 - 9.6167) \times 2.7415}{0.5746 - 0.0196 \times (envi2 - 9.6167)}$$

$$= \frac{inno - 7.7755 - 0.8823 \times envi}{0.7629 - 0.0196 \times envi2}$$

同理，根据模型 M222 的结果，也可测算出对应的企业家精神的单位增量：

$$\triangle = 5.9474 - 0.2446 * envi2 + 0.2446 * mean(envi2) = 8.2997 - 0.2446 * envi2$$

利用公式 6.3，可得到社会空间层面的企业家精神指数的预测公式：

$$r\_spir22*$$

$$= \frac{inno - 8.0244 - 0.9185 \times envi1 - 0.24461 \times (envi1 - 9.6167) \times 0.2431}{5.947393 - 0.24461 \times (envi1 - 9.6167)}$$

$$= \frac{inno - 7.4527 - 1.1631 \times envi}{8.2997 - 0.24461 \times envi2}$$

同理，可得模型 M242 对应的企业家精神的单位增量：

$$\triangle = 0.6852 - 0.01758 * envi2$$

利用公式 6.3，可得到社会空间层面的企业家精神指数的预测公式：

$$r\_spir42* = \frac{inno - 7.6429 - 0.8857 \times envi}{0.6852 - 0.0176 \times envi2}$$

需要说明的是，如果城市营商环境指数和城市企业家精神的均值发生较大改变，需要重新利用公式 6.3 测算企业家精神的单位增量和社会空间层面的企业家精神指数。

第七章　基于企业家精神的创业政策宏观供给导向研究

改革开放 40 余年来的企业创业历程,受创业政策的影响,创业者群体也相应发生了巨大变化。由早期的个体创业到以突出战略更新、防止大企业病为主要目的的公司创业,再到公司、政府平台推动创业,创业范围也从个体到产业集群,从孵化器到众创空间,再到创新创业生态系统的发展。

本章深入剖析基于企业家精神的创业政策供给,研究不同所有制类型、不同生命周期阶段、不同城市和不同创建动机下的企业与个体特质层面的企业家精神、企业组织层面企业家精神的差异性。基于企业家精神、营商环境与企业绩效的实证关系,对 39 座主要城市进行企业家精神指数排名与类型划分,研究不同城市创新创业的内在机制,提出需要结合城市类型进行相机抉择,形成对不同城市的类型划分与创业政策供给方向性指导。同时,结合激发企业家精神的两大痛点与难点,提出从思想上、行动上、制度上、市场上和数据上通过创业政策宏观供给激发企业家精神的政策举措。

第一节　创业政策宏观供给现状分析

改革开放释放出我国蕴藏的巨大经济能量,掀起了创业热潮,外资力量受到鼓励,民间力量得到极大释放,体制外、系统外的创业力量逐渐进入主流,国有企业也在压力下改革突破,中华大地上各类企业以敢为人先的开拓性、承担风险的冒险性、变革突破的创新性,逐渐上升为内涵更加丰富并具有时代特征的中华企业家精神,这不仅使我国经济和社会迈入快车道,而且深刻改变了当代世界的政治经济格局。

创业活动对社会经济的重要性不言而喻,不仅是经济增长、结构变迁与工作创造的重要力量,还是减轻贫困的主要途径,为此,实施有效的创业政策是必要的。根据 Baumol(1990)的研究,经济体能否实现持续增长,关键在于企业家精神配置到创新等生产性活动中，还是配置到寻租等非生产性活动中，只有当企业家精神配置到创新等生产性活动中时，创新型经济才会得到快速发展。

改革开放以来我国的创业发展可以大致划分为四个阶段：

第一阶段从十一届三中全会的召开到 1992 年邓小平南方谈话。这一时期涌现的创业者多是以乡村能人、城市经济中的边缘青年、大型国企工厂的下岗人员，以及不甘平庸生活的基层官员为主。凭借从亲戚或朋友借来的少量钱财，他们在体制外、系统外萌生和发展起来，利用其精于算计并富有勇气的胆识开启创业历程。这一时期的企业家精神的突出特征是冒险性，企业创立动机多以生存推动型为主。

第二阶段从邓小平南方谈话到 2001 年我国正式加入 WTO。党的十四大正式提出建立社会主义市场经济体制，受国家政策的鼓舞，创业者群体转为党政干部和事业单位的知识分子，随后又受 1997 年东南亚金融危机、互联网公司兴起等经济技术因素影响，海归派和高科技出身的企业家也开始成为主流，创业者群体开始趋于多元化、大众化，但大都以迅速抢占市场份额，扩大出口，做大做强为主。这一时期的创业政策更多是宏观指导性的，企业创立动机也多是机会拉动型为主。

第三阶段自我国正式加入 WTO 到 2007 年我国《就业促进法》出台。这一时期的创业者群体更趋于多元化、大众化和年轻化，受互联网技术逐步普及影响，大大降低了创业门槛，但这一时期的创业政策更多是被动的，以鼓励和支持特定群体为主，如针对下岗失业人员再就业、贫困地区劳动力就业、农民工问题、残疾人就业等方面都出台了相关政策文件，此时的企业家精神开始逐步转向开拓性为主，企业创立动机也开始区域多元化，生存推动型、机会拉动型和创新驱动型都开始占据一定的比重。

第四阶段自 2007 年至今。这一时期创业者群体中大学生创业开始登上历史舞台，创业者群体更趋多元化、复杂化，国家创业政策也更加密集的推出，"大众创业、万众创新"成为时代主题，创业政策的配套措施与细则也相继推出和更新，受市场发展逐步成熟的影响，这一时期的企业家精神开始转向以创新性为主，企业成立动机中创新驱动型的比重明显上升。清华大学发布的《全球创业观察 2016/2017 中国报告》数据显示，我国机会推动型创业占比从 2009 年的 50.87% 提高到 2016—2017 年度的 70.75%，创业者认为自己提供的产品或服务具有创新性的比例由 2009 年的 20.19% 增加到 2016—2017 年度的 28.76%，创业者认为企业具备高成长潜力、可以在 5 年内创造 10 个及以上就业岗位的比例由 2009 年的 15.65% 提高到

2016—2017 年度的 22.74%,拥有海外客户的创业者比例更是由 2009 年的 1.4%提高到 2016—2017 年度的 7.67%。

与西方企业家相比,我国企业家受政策影响更深,在应对政策的不确定性和从事制度创新上花费的时间和精力也较多(张维迎,2010),如果把创业划分为商业创新和制度创新,显然,我国企业家有更多的制度创新,这也是我国改革的优势,由于政府决策能力强,中央与地方能很好地实现直接互动,自上而下的改革与自下而上的创新创业能相互促进,政策的落实快,基层创新与典型不断涌现,好的经验能够迅速被总结,并被作为示范和样本得以推广。2017 年 9 月国务院发布《关于营造企业家健康成长环境,弘扬优秀企业家精神,更好发挥企业家作用的意见》(以下简称《意见》),界定了优秀企业家精神的时代内涵:创新发展、敢于担当、专注品质、追求卓越、诚信守约、履行责任、艰苦奋斗、爱国敬业、服务社会。在《意见》的指引下,我国创业生态正趋于完善,创业类型除公司创业外,社会创业、公益创业、学术创业、技术产业和国际创业也不断涌现,政策在创业中的作用更加显著,企业家得以有一个大展拳脚的土壤和条件,未来优秀企业家在我国创新驱动发展、实现中华民族伟大复兴的中国梦的进程中必将发挥重要引领作用,提升我国企业家精神的整体水平。

第二节　不同类型企业的差异比较研究

为合理分析不同情形下,个体特质层面、企业组织层面企业家精神,以及企业绩效的差异,需要结合样本数据进行独立样本 t 检验或单因素方差分析。经方差分析发现,受访者的性别、年龄、教育程度、目前职位对企业家精神与企业绩效的影响均无显著差异,这说明从不同受访者中获得的对企业家和所在企业的认知和判断在统计学上是没有显著差异的,或者说来自不同职位人员的问卷信息是可信的,样本数据可以用来分析不同企业家和企业的相关指标。此外,企业所属行业对企业家精神与企业绩效的影响也无显著差异,这表明我国当前市场经济发展已经比较充分,行业之间的利润剪刀差在市场资源配置和合理流动的前提下,差异在统计上已经不再显著。

一、不同所有制类型企业的差异分析

对不同所有制类型,包括国有企业、外资企业、民营企业和合资企业进行单因素方差分析,发现个体特质层面的企业家精神在不同所有制类型下没有显著差异,而企业组织层面企业家精神中,企业战略更新维度同样没

有显著差异，其他维度和企业组织层面企业家精神则存在显著差异。

不同所有制类型下，企业组织层面企业家精神的各维度得分均值与标准差等相关数据如表 7.1 所列。根据方差齐性假设检验结果如表 7.2 所列，除企业战略更新维度方差齐性外，其他维度的 P 值均小于 0.05，可以认为方差齐性假定不成立。

基于单因素方差分析的结果，如表 7.3 所列，不同所有制类型（国有企业、外资企业、民营企业、合资企业）的企业，他们在企业创新活动和企业战略更新的得分的综合均值上没有显著统计差异，但是在企业风险活动的得分综合均值上存在显著统计差异，$F(3,843)=3.238$，P 值＝0.022，这就导致在企业家精神的企业组织层面的总得分的综合均值上也存在近似显著的统计差异，$F(3,843)=2.599$，P 值＝0.051。

表 7.1　不同所有制类型下的均值与标准差比较

维度	不同所有制类型	N	均值	标准差
企业创新活动	国有企业	158	3.6297	0.83166
	外资企业	87	3.6379	1.00273
	民营企业	553	3.7147	0.79264
	合资企业	49	3.9082	0.57213
	总数	847	3.7022	0.81428
企业风险活动	国有企业	158	3.4620	0.96811
	外资企业	87	3.4971	0.97981
	民营企业	553	3.6361	0.86479
	合资企业	49	3.8469	0.64513
	总数	847	3.6015	0.89002
企业战略更新	国有企业	158	3.6886	0.87644
	外资企业	87	3.6621	0.83822
	民营企业	553	3.6723	0.84234
	合资企业	49	3.9061	0.62330
	总数	847	3.6878	0.83784
企业家精神企业组织层面	国有企业	158	3.5935	0.69531
	外资企业	87	3.5990	0.78862
	民营企业	553	3.6744	0.67825
	合资企业	49	3.8871	0.48972
	总数	847	3.6639	0.68631

表 7.2　不同所有制类型下的各维度单因素方差分析与方差齐性检验

维度	来源	df	平方和 SS	均方 MS	F	显著性	Levene 统计量	Levene 统计量 显著性
企业创新活动	组间	3	3.354	1.118	1.690	0.168		
	组内	843	557.584	0.661				
	总数	846	560.938				5.084	0.002
企业风险活动	组间	3	7.634	2.545	3.238	0.022		
	组内	843	662.509	0.786				
	总数	846	670.143				3.822	0.010
企业战略更新	组间	3	2.526	0.842	1.200	0.309		
	组内	843	591.339	0.701				
	总数	846	593.865				1.650	0.176
企业家精神企业组织层面	组间	3	3.651	1.217	2.599	0.051		
	组内	843	394.832	0.468				
	总数	846	398.484				2.659	0.047

进一步进行研究,考虑到方差非齐性,进行单因素方差分析的 Dunnett T3 多重续后分析(post hoc analysis)的结果表明,如表 7.3 所列,比较各维度的得分综合均值,可作出如下结论:

(1)国有企业与合资企业的企业风险活动存在显著统计差异(P 值为 0.01),但与外资企业和民营企业的企业风险活动不存在显著统计差异(P 值分别为 1 和 0.228)。进一步对照表 7.2 的均值结果,合资企业的均值 3.8469,较国有企业的均值 3.4620 高出 0.3849。

(2)企业家精神企业组织层面总得分,国有企业与合资企业存在显著统计差异(P 值为 0.008),但与外资企业和民营企业的企业风险活动不存在显著统计差异(P 值分别为 1 和 0.727)。进一步对照表 7.2 的均值结果,合资企业的均值 3.8871,较国有企业的均值 3.5935 高出 0.2936。

(3)企业家精神企业组织层面,民营企业与合资企业存在显著统计差异(P 值为 0.038),但外资企业与合资企业仅存在近似显著统计差异(P 值为 0.056)。进一步对照表 7.2 的均值结果,合资企业的均值 3.8871,分别较民营企业和国有企业的均值高出 0.2127 和 0.2936。

表 7.3　不同所有制类型下单因素方差分析 Dunnett T3 多重"续后分析"比较

因变量	I企业	J企业	均值差（I−J）	标准误	显著性	95%置信区间下限	上限
企业风险活动	国有企业	外资企业	−0.03510	0.13026	1.000	−0.3815	0.3113
		民营企业	−0.17405	0.08535	0.228	−0.4004	0.0523
		合资企业	−0.38491*	0.12011	0.010	−0.7059	−0.0639
	外资企业	国有企业	0.03510	0.13026	1.000	−0.3113	0.3815
		民营企业	−0.13895	0.11130	0.760	−0.4370	0.1591
		合资企业	−0.34981	0.13974	0.078	−0.7229	0.0233
	民营企业	国有企业	0.17405	0.08535	0.228	−0.0523	0.4004
		外资企业	0.13895	0.11130	0.760	−0.1591	0.4370
		合资企业	−0.21086	0.09923	0.201	−0.4798	0.0581
	合资企业	国有企业	0.38491*	0.12011	0.010	0.0639	0.7059
		外资企业	0.34981	0.13974	0.078	−0.0233	0.7229
		民营企业	0.21086	0.09923	0.201	−0.0581	0.4798
企业家精神企业组织层面	国有企业	外资企业	−0.00558	0.10104	1.000	−0.2746	0.2634
		民营企业	−0.08092	0.06238	0.727	−0.2463	0.0845
		合资企业	−0.29361*	0.08919	0.008	−0.5322	−0.0550
	外资企业	国有企业	0.00558	0.10104	1.000	−0.2634	0.2746
		民营企业	−0.07534	0.08933	0.952	−0.3146	0.1639
		合资企业	−0.28803	0.10974	0.056	−0.5809	0.0049
	民营企业	国有企业	0.08092	0.06238	0.727	−0.0845	0.2463
		外资企业	0.07534	0.08933	0.952	−0.1639	0.3146
		合资企业	−0.21269*	0.07567	0.038	−0.4177	−0.0077
	合资企业	国有企业	0.29361*	0.08919	0.008	0.0550	0.5322
		外资企业	0.28803	0.10974	0.056	−0.0049	0.5809
		民营企业	0.21269*	0.07567	0.038	0.0077	0.4177

注：* 表示均值差的显著性水平为 0.05。

在得到上述差异后，需要对每对具有显著差异的效应尺度（effect size）进行讨论，以表明自变量与因变量关系的强弱程度，而科恩 d 值是评判效应尺度的标准。科恩 d 值的估算式为：

$$d = \frac{ND}{pooledSD} \qquad (7.1)$$

其中,MD 为均差值,Pooled SD 为标准偏差集合值。

根据续后分析结果,企业风险活动维度中,合资企业与国有企业的均差值为 0.38491,标准偏差集合值约为 [0.64513+0.96811]/2＝0.8066,因此 d＝0.477,根据科恩(1988)的定义,这是接近中偏低的效应尺度。同理,在企业组织层面的企业家精神企业中,合资企业与国有企业的均值差为 0.29361,标准偏差集合值约为[0.48972+0.69531]/2＝0.592515,因此 d＝0.4955,是接近中等的效应尺度,而合资企业与民营企业的效应尺度仅为 0.3642,是偏低的效应尺度。

二、不同发展阶段的企业差异分析

企业是一个生命体,在由小到大的发展过程中,不同生命周期阶段下行为特征或状态是有差别的。为此,根据企业的不同发展阶段,包括微型企业、小型企业、中型企业和大型企业进行单因素方差分析,发现企业组织层面的企业家精神在不同发展阶段没有显著差异,但是在个体特质层面的企业家精神中,则存在一定的显著统计差异。在企业绩效及其各维度中,则有更为明显的显著统计差异。

企业的不同发展阶段,各维度得分均值与标准差等相关数据如表 7.4 所列。根据方差齐性假设检验结果,如表 7.5 所列,除企业家精神企业组织层面及其维度外,其他的方差齐性 Levene 检验均不显著,可以认为企业组织层面的企业家精神的方差齐性假设不成立,而个体特质层面的企业家精神,以及企业绩效的方差齐性成立。

表 7.4 不同城市的均值与标准差比较

维度	发展阶段	N	均值	标准差	维度	发展阶段	N	均值	标准差
个人创新精神	初创期	271	4.0138	0.7528	企业创新活动	初创期	271	3.6716	0.8658
	成长期	399	4.1159	0.7145		成长期	399	3.7068	0.8120
	成熟期	177	3.9774	0.6562		成熟期	177	3.7387	0.7370
	总数	847	4.0543	0.7171		总数	847	3.7022	0.8143

维度	发展阶段	N	均值	标准差	维度	发展阶段	N	均值	标准差
个人学习精神	初创期	271	4.1046	0.7427	企业风险活动	初创期	271	3.5332	0.9583
	成长期	399	4.1813	0.6797		成长期	399	3.6284	0.8784
	成熟期	177	4.0471	0.7254		成熟期	177	3.6455	0.8020
	总数	847	4.1287	0.7112		总数	847	3.6015	0.8900
个人诚信精神	初创期	271	4.0609	0.7281	企业战略更新	初创期	271	3.6539	0.9057
	成长期	399	4.1253	0.7369		成长期	399	3.6752	0.8532
	成熟期	177	4.1285	0.6369		成熟期	177	3.7684	0.6788
	总数	847	4.1054	0.7141		总数	847	3.6878	0.8378
个人敬业精神	初创期	271	3.8856	0.7875	企业家精神企业组织层面	初创期	271	3.6196	0.7505
	成长期	399	4.0451	0.7047		成长期	399	3.6701	0.6839
	成熟期	177	3.9360	0.7042		成熟期	177	3.7175	0.5799
	总数	847	3.9713	0.7348		总数	847	3.6639	0.6863
个人责任精神	初创期	271	4.0886	0.7625	生存绩效	初创期	271	3.4969	0.9720
	成长期	399	4.1197	0.7386		成长期	399	3.5205	0.9131
	成熟期	177	4.0410	0.7260		成熟期	177	3.3503	0.9989
	总数	847	4.0933	0.7435		总数	847	3.4774	0.9517
企业家精神个体特质层面	初创期	271	4.0307	0.5896	成长绩效	初创期	271	3.7033	0.7682
	成长期	399	4.1175	0.5451		成长期	399	3.6912	0.8044
	成熟期	177	4.0260	0.5050		成熟期	177	3.5017	0.7613
						总数	847	3.6555	0.7872
					创新绩效	初创期	271	3.8672	0.8965
						成长期	399	3.8730	0.7985
						成熟期	177	3.7175	0.8479
						总数	847	3.8386	0.8426
					企业绩效	初创期	271	3.6891	0.7146
						成长期	399	3.6949	0.6827
						成熟期	177	3.5232	0.6803
	总数	847	4.0706	0.5530		总数	847	3.6572	0.6952

表 7.5　不同发展阶段的各维度单因素方差分析与方差齐性检验

维度	来源	df	平方和	均方	F	显著性	Levene 统计量	Levene 统计量 显著性
个人创新精神	组间	2	3.005	1.503	2.936	0.054	1.516	0.220
	组内	844	431.997	0.512				
	总数	846	435.002					
个人学习精神	组间	2	2.441	1.220	2.421	0.089	0.330	0.719
	组内	844	425.421	0.504				
	总数	846	427.862					
个人诚信精神	组间	2	.790	0.395	0.774	0.461	1.521	0.219
	组内	844	430.618	0.510				
	总数	846	431.408					
个人敬业精神	组间	2	4.385	2.192	4.090	0.017	2.298	0.101
	组内	844	452.361	0.536				
	总数	846	456.745					
个人责任精神	组间	2	.769	0.384	0.695	0.500	0.395	0.674
	组内	844	466.863	0.553				
	总数	846	467.632					
企业家精神个体特质层面	组间	2	1.660	0.830	2.726	0.066	2.016	0.134
	组内	844	257.021	0.305				
	总数	846	258.681					
企业创新活动	组间	2	.498	0.249	0.375	0.687	2.496	0.083
	组内	844	560.440	0.664				
	总数	846	560.938					
企业风险活动	组间	2	1.896	0.948	1.197	0.303	3.893	0.021
	组内	844	668.247	0.792				
	总数	846	670.143					
企业战略更新	组间	2	1.524	0.762	1.086	0.338	6.530	0.002
	组内	844	592.341	0.702				
	总数	846	593.865					
企业家精神企业组织层面	组间	2	1.057	0.529	1.123	0.326	4.743	0.009
	组内	844	397.426	0.471				
	总数	846	398.484					

（续表）

维度	来源	df	平方和	均方	F	显著性	Levene统计量	Levene统计量显著性
生存绩效	组间	2	3.704	1.852	2.050	0.129	1.026	0.359
	组内	844	762.502	0.903				
	总数	846	766.205					
成长绩效	组间	2	5.316	2.658	4.323	0.014	0.698	0.498
	组内	844	518.916	0.615				
	总数	846	524.232					
创新绩效	组间	2	3.289	1.644	2.323	0.099	2.034	0.131
	组内	844	597.326	0.708				
	总数	846	600.615					
企业绩效	组间	2	4.024	2.012	4.194	0.015	0.135	0.874
	组内	844	404.871	0.480				
	总数	846	408.894					

基于单因素方差分析的结果，如表 7.6 所列，不同发展阶段的企业，其中除企业组织层面企业家精神及其维度的得分的综合均值不存在显著统计差异外，个体特质层面的企业家精神的总得分综合均值存在近似统计显著差异，而企业绩效及其维度的得分综合均值上存在一定程度的统计显著差异，其中企业家精神个体特质层面的 $F_{(2,844)}=2.726$，P 值＝0.066，企业绩效的 $F_{(2,844)}=4.194$，P 值＝0.015。

为进一步进行研究，进行单因素方差分析的续后分析，结合表 7.6 中方差齐性的特点进行 Scheffe 多重"续后分析"，如表 7.7 所列，比较各维度的得分综合均值，结合表 7.5 的均值结果，可得出如下结论：①个体特质层面企业家精神各维度中，仅个人敬业精神维度存在显著差异，其初创期与成长期相比存在显著差异（P 值为 0.022），初创期低于成长期 0.1595。②企业绩效各维度中，成长绩效维度存在显著差异，初创期与成熟期存在显著差异（P 值为 0.029），初创期较成熟期高出 0.2016；成长期则与成熟期存在显著差异（P 值为 0.028），成长期较成熟期高出 0.1895。③受成长绩效维度显著差异影响，企业绩效总得分的综合均值有显著差异，初创期与成长期都与成熟期有显著差异，P 值分别为 0.047 和 0.026，但初创期和成长期分别较成熟期高出 0.1660 和 0.1717。

表 7.6 不同城市单因素方差分析的 Scheffe 多重"续后分析"比较

因变量	I	J	均值差(I−J)	标准误	显著性	因变量	I	J	均值差(I−J)	标准误	显著性
个人创新精神	初创期	成长期	−0.1021	0.0563	0.1941	企业家精神个人层面	初创期	成长期	−0.0868	0.0434	0.1366
	初创期	成熟期	0.0364	0.0691	0.8704		初创期	成熟期	0.0047	0.0533	0.9961
	成长期	初创期	0.1021	0.0563	0.1941		成长期	初创期	0.0868	0.0434	0.1366
	成长期	成熟期	0.1385	0.0646	0.1011		成长期	成熟期	0.0915	0.0498	0.1862
	成熟期	初创期	−0.0364	0.0691	0.8704		成熟期	初创期	−0.0047	0.0533	0.9961
	成熟期	成长期	−0.1385	0.0646	0.1011		成熟期	成长期	−0.0915	0.0498	0.1862
个人学习精神	初创期	成长期	−0.0767	0.0559	0.3900	生存绩效	初创期	成长期	−0.0235	0.0748	0.9517
	初创期	成熟期	0.0575	0.0686	0.7042		初创期	成熟期	0.1466	0.0919	0.2802
	成长期	初创期	0.0767	0.0559	0.3900		成长期	初创期	0.0235	0.0748	0.9517
	成长期	成熟期	0.1342	0.0641	0.1125		成长期	成熟期	0.1702	0.0858	0.1407
	成熟期	初创期	−0.0575	0.0686	0.7042		成熟期	初创期	−0.1466	0.0919	0.2802
	成熟期	成长期	−0.1342	0.0641	0.1125		成熟期	成长期	−0.1702	0.0858	0.1407
个人诚信精神	初创期	成长期	−0.0644	0.0562	0.5189	成长绩效	初创期	成长期	0.0121	0.0617	0.9810
	初创期	成熟期	−0.0676	0.0690	0.6189		初创期	成熟期	.20163*	0.0758	0.0295
	成长期	初创期	0.0644	0.0562	0.5189		成长期	初创期	−0.0121	0.0617	0.9810
	成长期	成熟期	−0.0032	0.0645	0.9988		成长期	成熟期	.18953*	0.0708	0.0282
	成熟期	初创期	0.0676	0.0690	0.6189		成熟期	初创期	−.20163*	0.0758	0.0295
	成熟期	成长期	0.0032	0.0645	0.9988		成熟期	成长期	−.18953*	0.0708	0.0282

（续表）

因变量	I	J	均值差(I−J)	标准误	显著性	因变量	I	J	均值差(I−J)	标准误	显著性
个人敬业精神	初创期	成长期	−.15950*	0.0576	0.0221	创新绩效	初创期	成长期	−0.0059	0.0662	0.9961
	初创期	成熟期	−0.0504	0.0708	0.7763		初创期	成熟期	0.1496	0.0813	0.1844
	成长期	初创期	.15950*	0.0576	0.0221		成长期	初创期	0.0059	0.0662	0.9961
	成长期	成熟期	0.1091	0.0661	0.2566		成长期	成熟期	0.1555	0.0760	0.1238
	成熟期	初创期	0.0504	0.0708	0.7763		成熟期	初创期	−0.1496	0.0813	0.1844
	成熟期	成长期	−0.1091	0.0661	0.2566		成熟期	成长期	−0.1555	0.0760	0.1238
个人责任精神	初创期	成长期	−0.0311	0.0585	0.8683	企业绩效	初创期	成长期	−0.0058	0.0545	0.9944
	初创期	成熟期	0.0476	0.0719	0.8031		初创期	成熟期	.16597*	0.0669	0.0467
	成长期	初创期	0.0311	0.0585	0.8683		成长期	初创期	0.0058	0.0545	0.9944
	成长期	成熟期	0.0787	0.0672	0.5035		成长期	成熟期	.17174*	0.0625	0.0235
	成熟期	初创期	−0.0476	0.0719	0.8031		成熟期	初创期	−.16597*	0.0669	0.0467
	成熟期	成长期	−0.0787	0.0672	0.5035		成熟期	成长期	−.17174*	0.0625	0.0235

注：* 表示均值差的显著性水平为 0.05。

根据续后分析结果,个人敬业精神维度中,初创期与成长期之间的效用尺度可利用公式 7.1,得到 d＝0.1595/0.7461＝0.2138,根据科恩(1988)的定义,这是接近偏低的效应尺度。同理,成长绩效维度中初创期与成熟期的 d 值为 0.2636,成长期与成熟期的 d 值为 0.2420,均为偏低的效应尺度,而企业绩效总得分中,初创期与成熟期之间的 d 值为 0.2379,成长期与成熟期之间的 d 值为 0.2519,均为偏低的效应尺度。

三、不同城市的企业差异分析

对不同城市,包括北京、福建、江苏、上海、天津、浙江、广东进行单因素方差分析,发现个体特质层面的企业家精神在不同城市间没有显著差异。这与企业家个人的高度流动性有关,而企业组织层面的企业家精神中,则存在较为显著的统计差异。在企业绩效及其各维度中,城市之间也没有显著差异,这与我国市场经济中省际竞争,以及企业家逐利有关。

不同城市,各维度得分均值与标准差等相关数据如表 7.7 所列。根据方差齐性假设检验结果,如表 7.8 所列,所有维度的方差齐性 Levene 检验均不显著,可以认为企业组织层面的企业家精神的方差齐性成立。

表 7.7　不同城市的均值与标准差比较

维度	城市	N	均值	标准差
企业创新活动	北京	135	3.6870	0.86318
	福建	113	3.5973	0.87080
	江苏	106	3.7476	0.79320
	上海	172	3.9026	0.74509
	天津	96	3.6641	0.82385
	浙江	117	3.6603	0.73729
	广东	108	3.5463	0.84427
	总数	847	3.7022	0.81428
企业风险活动	北京	135	3.5130	0.99828
	福建	113	3.4690	0.90887
	江苏	106	3.6627	0.82883
	上海	172	3.7660	0.81612
	天津	96	3.5417	0.86425
	浙江	117	3.5983	0.84522

（续表）

维度	城市	N	均值	标准差
企业风险活动	广东	108	3.5856	0.94607
	总数	847	3.6015	0.89002
企业战略更新	北京	135	3.7037	0.89237
	福建	113	3.5115	0.87462
	江苏	106	3.7208	0.80979
	上海	172	3.8570	0.74756
	天津	96	3.6042	0.93222
	浙江	117	3.6718	0.82272
	广东	108	3.6426	0.78826
	总数	847	3.6878	0.83784
企业家精神企业组织层面	北京	135	3.6346	0.74249
	福建	113	3.5260	0.73988
	江苏	106	3.7104	0.66083
	上海	172	3.8419	0.61291
	天津	96	3.6033	0.66310
	浙江	117	3.6434	0.64767
	广东	108	3.5915	0.70953
	总数	847	3.6639	0.68631

表 7.8 不同城市的各维度单因素方差分析与方差齐性检验

维度	来源	df	平方和	均方	F	显著性	Levene统计量	Levene统计量显著性
企业创新活动	组间	6	11.371	1.895	2.897	0.008	0.909	0.488
	组内	840	549.567	0.654				
	总数	846	560.938					
企业风险活动	组间	6	8.465	1.411	1.791	0.098	1.446	0.194
	组内	840	661.678	0.788				
	总数	846	670.143					

维度	来源	df	平方和	均方	F	显著性	Levene 统计量	Levene 统计量 显著性
企业战略更新	组间	6	9.506	1.584	2.277	0.035	0.756	0.605
	组内	840	584.358	0.696				
	总数	846	593.865					
企业家精神企业组织层面	组间	6	8.910	1.485	3.202	0.004	1.163	0.324
	组内	840	389.574	0.464				
	总数	846	398.484					

基于单因素方差分析的结果，如表 7.8 所列，不同城市（北京、福建、江苏、上海、天津、浙江、广东）的企业，除企业风险活动维度的得分的综合均值在 10% 的显著性水平上有统计显著外，其他维度的 P 值均小于 0.05，可以认为企业组织层面的企业家精神的得分综合均值上存在显著统计差异，$F_{(3,843)}=3.238$，P 值＝0.022，这就导致在企业家精神的企业组织层面的总得分的综合均值上也存在近似显著的统计差异，其中企业家精神企业组织层面的 $F_{(3,843)}=3.202$，P 值＝0.004。

为进一步进行研究，进行单因素方差分析的续后分析的结果表明，如表 7.9 所列，比较各维度的得分综合均值，结合表 7.7 的均值结果，可得出如下结论：①企业创新活动维度中，上海与广东存在显著差异（P 值为 0.046），上海显著高于广东 0.3563。②企业风险活动维度和企业战略更新维度中，城市之间没有显著差异。③企业家精神企业组织层面，上海与福建存在显著差异（P 值为 0.024），上海高于福建 0.3159。显然，仅个别城市之间有统计显著差异，总体上可认为城市之间的差异是可以忽略的。

表 7.9　不同城市单因素方差分析的 Dunnett T3 多重"续后分析"比较

因变量	I	J	均值差(I-J)	标准误	显著性	因变量	I	J	均值差(I-J)	标准误	显著性
企业创新活动	北京	福建	0.0897	0.1031	0.9932	企业战略更新	北京	福建	0.1922	0.1063	0.7746
		江苏	-0.0606	0.1050	0.9993			江苏	-0.0171	0.1082	1.0000
		上海	-0.2156	0.0930	0.4975			上海	-0.1533	0.0959	0.8621
		天津	0.0230	0.1080	1.0000			天津	0.0995	0.1114	0.9921
		浙江	0.0268	0.1022	1.0000			浙江	0.0319	0.1054	1.0000
		广东	0.1407	0.1044	0.9356			广东	0.0611	0.1077	0.9994
	福建	北京	-0.0897	0.1031	0.9932		福建	北京	-0.1922	0.1063	0.7746
		江苏	-0.1503	0.1094	0.9295			江苏	-0.2093	0.1128	0.7515
		上海	-0.3053	0.0979	0.1387			上海	-0.3455	0.1010	0.0703
		天津	-0.0667	0.1123	0.9992			天津	-0.0927	0.1158	0.9957
		浙江	-0.0629	0.1067	0.9992			浙江	-0.1603	0.1100	0.9078
		广东	0.0510	0.1088	0.9998			广东	-0.1311	0.1122	0.9679
	江苏	北京	0.0606	0.1050	0.9993		江苏	北京	0.0171	0.1082	1.0000
		福建	0.1503	0.1094	0.9295			福建	0.2093	0.1128	0.7515
		上海	-0.1550	0.0999	0.8784			上海	-0.1362	0.1030	0.9411
		天津	0.0836	0.1140	0.9973			天津	0.1166	0.1175	0.9861
		浙江	0.0874	0.1085	0.9955			浙江	0.0490	0.1118	0.9999
		广东	0.2013	0.1106	0.7682			广东	0.0782	0.1140	0.9982

因变量：企业创新活动

I	J	均值差(I−J)	标准误	显著性
上海	北京	0.2156	0.0930	0.4975
	福建	0.3053	0.0979	0.1387
	江苏	0.1550	0.0999	0.8784
	天津	0.2386	0.1030	0.4992
	浙江	0.2424	0.0969	0.3965
	广东	0.35632*	0.0993	0.0462
天津	北京	−0.0230	0.1080	1.0000
	福建	0.0667	0.1123	0.9992
	江苏	−0.0836	0.1140	0.9973
	上海	−0.2386	0.1030	0.4992
	浙江	0.0038	0.1114	1.0000
	广东	0.1178	0.1135	0.9824
浙江	北京	−0.0268	0.1022	1.0000
	福建	0.0629	0.1067	0.9992
	江苏	−0.0874	0.1085	0.9955
	上海	−0.2424	0.0969	0.3965
	天津	−0.0038	0.1114	1.0000
	广东	0.1140	0.1079	0.9808

因变量：企业战略更新

I	J	均值差(I−J)	标准误	显著性
上海	北京	0.1533	0.0959	0.8621
	福建	0.3455	0.1010	0.0703
	江苏	0.1362	0.1030	0.9411
	天津	0.2528	0.1063	0.4629
	浙江	0.1852	0.1000	0.7528
	广东	0.2144	0.1024	0.6251
天津	北京	−0.0995	0.1114	0.9921
	福建	0.0927	0.1158	0.9957
	江苏	−0.1166	0.1175	0.9861
	上海	−0.2528	0.1063	0.4629
	浙江	−0.0676	0.1149	0.9992
	广东	−0.0384	0.1170	1.0000
浙江	北京	−0.0319	0.1054	1.0000
	福建	0.1603	0.1100	0.9078
	江苏	−0.0490	0.1118	0.9999
	上海	−0.1852	0.1000	0.7528
	天津	0.0676	0.1149	0.9992
	广东	0.0292	0.1113	1.0000

（续表）

因变量	I	J	均值差(I-J)	标准误	显著性
企业创新活动	广东	北京	-0.1407	0.1044	0.9356
		福建	-0.0510	0.1088	0.9998
		江苏	-0.2013	0.1106	0.7682
		上海	-0.35632*	0.0993	0.0462
		天津	-0.1178	0.1135	0.9824
		浙江	-0.1140	0.1079	0.9808
	北京	福建	0.0439	0.1132	0.9999
		江苏	-0.1498	0.1152	0.9456
		上海	-0.2530	0.1021	0.4077
		天津	-0.0287	0.1185	1.0000
		浙江	-0.0853	0.1121	0.9967
		广东	-0.0727	0.1146	0.9988
企业风险活动	福建	北京	-0.0439	0.1132	0.9999
		江苏	-0.1937	0.1200	0.8562
		上海	-0.2970	0.1075	0.2674
		天津	-0.0726	0.1232	0.9992
		浙江	-0.1293	0.1171	0.9758
		广东	-0.1166	0.1194	0.9873

因变量	I	J	均值差(I-J)	标准误	显著性
企业战略更新	广东	北京	-0.0611	0.1077	0.9994
		福建	0.1311	0.1122	0.9679
		江苏	-0.0782	0.1140	0.9982
		上海	-0.2144	0.1024	0.6251
		天津	0.0384	0.1170	1.0000
		浙江	-0.0292	0.1113	1.0000
	北京	福建	0.1086	0.0868	0.9549
		江苏	-0.0758	0.0884	0.9937
		上海	-0.2073	0.0783	0.3213
		天津	0.0313	0.0909	1.0000
		浙江	-0.0089	0.0860	1.0000
		广东	0.0431	0.0879	0.9997
企业家精神企业组织层面	福建	北京	-0.1086	0.0868	0.9549
		江苏	-0.1844	0.0921	0.6752
		上海	-.31590*	0.0825	0.0238
		天津	-0.0773	0.0945	0.9951
		浙江	-0.1175	0.0898	0.9441
		广东	-0.0656	0.0916	0.9977

因变量	I	J	均值差(I-J)	标准误	显著性	因变量	I	J	均值差(I-J)	标准误	显著性
企业风险活动	江苏	北京	0.1498	0.1152	0.9456	企业家精神企业组织层面	江苏	北京	0.0758	0.0884	0.9937
		福建	0.1937	0.1200	0.8562			福建	0.1844	0.0921	0.6752
		上海	-0.1033	0.1096	0.9895			上海	-0.1315	0.0841	0.8744
		天津	0.1211	0.1250	0.9878			天津	0.1071	0.0959	0.9745
		浙江	0.0644	0.1190	0.9995			浙江	0.0669	0.0913	0.9973
		广东	0.0771	0.1213	0.9988			广东	0.1189	0.0931	0.9502
	上海	北京	0.2530	0.1021	0.4077		上海	北京	0.2073	0.0783	0.3213
		福建	0.2970	0.1075	0.2674			福建	.31590*	0.0825	0.0238
		江苏	0.1033	0.1096	0.9895			江苏	0.1315	0.0841	0.8744
		天津	0.2243	0.1131	0.6853			天津	0.2386	0.0868	0.2734
		浙江	0.1677	0.1064	0.8698			浙江	0.1984	0.0816	0.4340
		广东	0.1803	0.1090	0.8406			广东	0.2503	0.0836	0.1770
	天津	北京	0.0287	0.1185	1.0000		天津	北京	-0.0313	0.0909	1.0000
		福建	0.0726	0.1232	0.9992			福建	0.0773	0.0945	0.9951
		江苏	-0.1211	0.1250	0.9878			江苏	-0.1071	0.0959	0.9745
		上海	-0.2243	0.1131	0.6853			上海	-0.2386	0.0868	0.2734
		浙江	-0.0566	0.1222	0.9998			浙江	-0.0401	0.0938	0.9999
		广东	-0.0440	0.1245	1.0000			广东	0.0118	0.0955	1.0000

（续表）

因变量	I	J	均值差(I-J)	标准误	显著性
企业家精神企业组织层面	浙江	北京	0.0089	0.0860	1.0000
		福建	0.1175	0.0898	0.9441
		江苏	-0.0669	0.0913	0.9973
		上海	-0.1984	0.0816	0.4340
		天津	0.0401	0.0938	0.9999
		广东	0.0519	0.0909	0.9994
	广东	北京	-0.0431	0.0879	0.9997
		福建	0.0656	0.0916	0.9977
		江苏	-0.1189	0.0931	0.9502
		上海	-0.2503	0.0836	0.1770
		天津	-0.0118	0.0955	1.0000
		浙江	-0.0519	0.0909	0.9994

因变量	I	J	均值差(I-J)	标准误	显著性
企业风险活动	浙江	北京	0.0853	0.1121	0.9967
		福建	0.1293	0.1171	0.9758
		江苏	-0.0644	0.1190	0.9995
		上海	-0.1677	0.1064	0.8698
		天津	0.0566	0.1222	0.9998
		广东	0.0126	0.1184	1.0000
	广东	北京	0.0727	0.1146	0.9988
		福建	0.1166	0.1194	0.9873
		江苏	-0.0771	0.1213	0.9988
		上海	-0.1803	0.1090	0.8406
		天津	0.0440	0.1245	1.0000
		浙江	-0.0126	0.1184	1.0000

注：*表示均值差的显著性水平为 0.05。

根据续后分析结果,企业创新活动维度中,上海与广东之间的科恩 d 值为 0.4484,根据科恩(1988)的定义,这是中偏低的效应尺度。同理,企业家精神企业组织层面,上海与福建的 d 值为 0.4670,这也是中偏低的效应尺度。

四、不同创建动机下的企业差异分析

对企业不同的创建动机,包括生存推动型、机会拉动型和创新驱动型三者进行单因素方差分析,发现企业绩效在不同创建动机之间没有显著差异,个体特质层面企业家精神中仅个人诚信维度存在显著差异,企业组织层面企业家精神中的企业战略更新维度存在显著差异,企业组织层面企业家精神也存在显著差异,这可能是由于不同创建动机下企业战略目标与规划上有所差异造成的。

不同创建动机,各维度得分均值与标准差等相关数据如表 7.10 所列。根据方差齐性假设检验结果,如表 7.11 所列,在 5% 的显著性水平下仅风险活动维度的方差非齐性,其他均显著。

为进一步进行研究,考虑方差齐性检验结果,进行单因素方差分析的"续后分析"的结果表明,如表 7.12 所列,除企业风险活动维度采用 Dunnett T3 方法外,其他均采用 Scheffe 方法。比较各维度的得分综合均值,可得出如下结论:①个人诚信精神维度中,生存推动型与机会拉动型相比,存在显著统计差异(P 值为 0.04)。进一步对照表 7.10 的均值结果,生存推动型的均值高于机会拉动型 0.15878,这与生存推动型是企业家出于生存需要创立企业,为此较机会拉动型的企业家更注重商业信誉与自身诚信有关。②企业战略更新维度和企业家精神企业组织层面的均值,后续分析发现都是在 10% 的显著性水平上显著,其中生存推动型与创新驱动型两者都较机会拉动型高(P 值分别为 0.085 和 0.079)。进一步对照均值结果,生存推动型与创新驱动型分别较机会拉动型高出 0.1629 和 0.1517。③在企业家精神企业组织层面,创新驱动型与机会拉动型两者间在 10% 的显著性水平上显著差异(P 值为 0.053)。进一步对照均值结果,创新驱动型的均值较机会拉动型的均值高出 0.134。这可能是由于创新驱动型企业更多是内在创新动力驱动,较机会拉动型寻求外部机会具有更长远的发展潜力,也需要更高层次的企业家精神有一定关系。

表 7.10 不同创建动机下的变量均值与标准差比较

维度	创建动机	N	均值	标准差	维度	创建动机	N	均值	标准差
个人创新精神	生存推动型	230	4.0870	0.6613	企业家精神个体特质层面	生存推动型	230	4.1045	0.5154
	机会拉动型	299	4.0435	0.7317		机会拉动型	299	4.0383	0.5887
	创新驱动型	318	4.0409	0.7429		创新驱动型	318	4.0764	0.5446
	总数	847	4.0543	0.7171		总数	847	4.0706	0.5530
个人学习精神	生存推动型	230	4.1145	0.6916	企业创新活动	生存推动型	230	3.7207	0.7784
	机会拉动型	299	4.1059	0.7294		机会拉动型	299	3.6254	0.8475
	创新驱动型	318	4.1604	0.7088		创新驱动型	318	3.7610	0.8046
	总数	847	4.1287	0.7112		总数	847	3.7022	0.8143
个人诚信精神	生存推动型	230	4.1989	0.6574	企业风险活动	生存推动型	230	3.6370	0.8068
	机会拉动型	299	4.0401	0.7922		机会拉动型	299	3.5293	0.9411
	创新驱动型	318	4.0991	0.6696		创新驱动型	318	3.6439	0.8964
	总数	847	4.1054	0.7141		总数	847	3.6015	0.8900
个人敬业精神	生存推动型	230	3.9710	0.7057	企业战略更新	生存推动型	230	3.7496	0.7849
	机会拉动型	299	3.9476	0.7586		机会拉动型	299	3.5866	0.8769
	创新驱动型	318	3.9937	0.7342		创新驱动型	318	3.7384	0.8309
	总数	847	3.9713	0.7348		总数	847	3.6878	0.8378

维度	创建动机	N	均值	标准差	维度	创建动机	N	均值	标准差
个人责任精神	生存推动型	230	4.1511	0.6861	企业家精神企业组织层面	生存推动型	230	3.7024	0.6329
	机会拉动型	299	4.0543	0.7896		机会拉动型	299	3.5804	0.7136
	创新驱动型	318	4.0881	0.7383		创新驱动型	318	3.7144	0.6920
	总数	847	4.0933	0.7435		总数	847	3.6639	0.6863

表 7.11　不同创建动机下的各维度单因素方差分析与方差齐性检验

维度	来源	平方和	df	均方	F	显著性	Levene统计量	Levene统计量显著性
个人创新精神	组间	0.338	2	0.169	0.328	0.721	0.904	0.405
	组内	434.664	844	0.515				
	总数	435.002	846					
个人学习精神	组间	0.521	2	0.260	0.514	0.598	0.111	0.895
	组内	427.341	844	0.506				
	总数	427.862	846					
个人诚信精神	组间	3.298	2	1.649	3.251	0.039	2.665	0.070
	组内	428.110	844	0.507				
	总数	431.408	846					
个人敬业精神	组间	0.328	2	0.164	0.303	0.739	0.032	0.969
	组内	456.418	844	0.541				
	总数	456.745	846					
个人责任精神	组间	1.230	2	0.615	1.113	0.329	0.807	0.447
	组内	466.401	844	0.553				
	总数	467.632	846					
企业家精神个体特质层面	组间	0.587	2	0.294	0.960	0.383	0.728	0.483
	组内	258.094	844	0.306				
	总数	258.681	846					

创业政策图谱：企业家精神视域下政策供给强化研究

维度	来源	平方和	df	均方	F	显著性	Levene统计量	Levene统计量显著性
企业创新活动	组间	2.941	2	1.470	2.224	0.109	0.998	0.369
	组内	557.998	844	0.661				
	总数	560.938	846					
企业风险活动	组间	2.420	2	1.210	1.530	0.217	3.417	0.033
	组内	667.723	844	0.791				
	总数	670.143	846					
企业战略更新	组间	4.751	2	2.376	3.404	0.034	0.858	0.425
	组内	589.113	844	0.698				
	总数	593.865	846					
企业家精神企业组织层面	组间	3.235	2	1.618	3.454	0.032	1.645	0.194
	组内	395.248	844	0.468				
	总数	398.484	846					

表 7.12　不同所有制类型下单因素方差分析的多重"续后分析"比较

因变量	I	J	均值差（I−J）	标准误	显著性
个人创新精神	生存推动型	机会拉动型	0.0435	0.0629	0.788
		创新驱动型	0.0461	0.0621	0.760
	机会拉动型	生存推动型	−0.0435	0.0629	0.788
		创新驱动型	0.0026	0.0578	0.999
	创新驱动型	生存推动型	−0.0461	0.0621	0.760
		机会拉动型	−0.0026	0.0578	0.999
个人学习精神	生存推动型	机会拉动型	0.0086	0.0624	0.991
		创新驱动型	−0.0459	0.0616	0.758
	机会拉动型	生存推动型	−0.0086	0.0624	0.991
		创新驱动型	−0.0545	0.0573	0.637
	创新驱动型	生存推动型	0.0459	0.0616	0.758
		机会拉动型	0.0545	0.0573	0.637

因变量	I	J	均值差（I—J）	标准误	显著性
个人诚信精神	生存推动型	机会拉动型	.15878*	0.0625	0.040
		创新驱动型	0.0999	0.0616	0.270
	机会拉动型	生存推动型	—.15878*	0.0625	0.040
		创新驱动型	−0.0589	0.0574	0.590
	创新驱动型	生存推动型	−0.0999	0.0616	0.270
		机会拉动型	0.0589	0.0574	0.590
个人敬业精神	生存推动型	机会拉动型	0.0234	0.0645	0.936
		创新驱动型	−0.0227	0.0637	0.938
	机会拉动型	生存推动型	−0.0234	0.0645	0.936
		创新驱动型	−0.0461	0.0592	0.739
	创新驱动型	生存推动型	0.0227	0.0637	0.938
		机会拉动型	0.0461	0.0592	0.739
个人责任精神	生存推动型	机会拉动型	0.0967	0.0652	0.333
		创新驱动型	0.0630	0.0643	0.619
	机会拉动型	生存推动型	−0.0967	0.0652	0.333
		创新驱动型	−0.0337	0.0599	0.854
	创新驱动型	生存推动型	−0.0630	0.0643	0.619
		机会拉动型	0.0337	0.0599	0.854
企业家精神个体特质层面	生存推动型	机会拉动型	0.0662	0.0485	0.394
		创新驱动型	0.0281	0.0479	0.842
	机会拉动型	生存推动型	−0.0662	0.0485	0.394
		创新驱动型	−0.0381	0.0445	0.694
	创新驱动型	生存推动型	−0.0281	0.0479	0.842
		机会拉动型	0.0381	0.0445	0.694
企业创新活动	生存推动型	机会拉动型	0.0952	0.0713	0.410
		创新驱动型	−0.0404	0.0704	0.848
	机会拉动型	生存推动型	−0.0952	0.0713	0.410
		创新驱动型	−0.1356	0.0655	0.118
	创新驱动型	生存推动型	0.0404	0.0704	0.848
		机会拉动型	0.1356	0.0655	0.118

（续表）

因变量	I	J	均值差（I−J）	标准误	显著性
企业风险活动	生存推动型	机会拉动型	0.1077	0.0761	0.402
		创新驱动型	−0.0069	0.0732	1.000
	机会拉动型	生存推动型	−0.1077	0.0761	0.402
		创新驱动型	−0.1146	0.0741	0.324
	创新驱动型	生存推动型	0.0069	0.0732	1.000
		机会拉动型	0.1146	0.0741	0.324
企业战略更新	生存推动型	机会拉动型	0.1629	0.0733	0.085
		创新驱动型	0.0112	0.0723	0.988
	机会拉动型	生存推动型	−0.1629	0.0733	0.085
		创新驱动型	−0.1517	0.0673	0.079
	创新驱动型	生存推动型	−0.0112	0.0723	0.988
		机会拉动型	0.1517	0.0673	0.079
企业家精神企业组织层面	生存推动型	机会拉动型	0.1220	0.0600	0.128
		创新驱动型	−0.0120	0.0592	0.980
	机会拉动型	生存推动型	−0.1220	0.0600	0.128
		创新驱动型	−0.1340	0.0551	0.053
	创新驱动型	生存推动型	0.0120	0.0592	0.980
		机会拉动型	0.1340	0.0551	0.053

注：＊表示均值差的显著性水平为 0.05。

根据续后分析结果，诚信精神维度中，生存推动型与机会拉动型之间的科恩 d 值为 0.2191，根据科恩（1988）的定义，这是偏低的效应尺度。

第三节　基于企业家精神与营商环境的城市创新类型划分与战略选择

一、城市企业家精神排名比较

为深入剖析不同城市创新创业的内在机制，并为制订分类策略提供依据，有必要对不同城市企业家精神指数进行排名比较与类型划分。我们首先依据表 6.22 中的四组衡量城市企业家精神的指数进行排名比较。排名规则如下：

(1)"全市"与"市辖区"分开排名。

(2)仅比较直辖市、省会城市、计划单列市、苏州市和佛山市等共39座城市，其中苏州市是我国当前GDP十强中唯一的非直辖市和省会城市，而佛山市与广州市同城化深度融合，且广州市部分数据有缺失，故作为替代参考城市列入比较。

(3)缺失数据的项目不列入排名，如表7.13与表7.14，其中"－"表示缺失。

(3)分不同城市企业家精神指数排名，得到排名1到排名4的四组排序；同时加入"按从业人员综合排名""按总人口综合排名""综合排名"三项排名，其中"按从业人员综合排名"是第一组（排名1）和第三组（排名3）衡量城市企业家精神指数的排名取均值，然后再排名；"按总人口综合排名"是第二组（排名2）和第四组（排名4）衡量城市企业家精神指数的排名取均值，然后再排名；"综合排名"是四组衡量城市企业家精神指数的排名取均值，然后再排名。

如表7.13和表7.14所列，无论从全市综合表现还是从市辖区综合表现来看，东莞市、宁波市和苏州市均分列前三，而北上广深由于私营和个体企业比例相对偏低，导致综合排名不高。按从业人员综合排名来看，除东莞市、宁波市和苏州市外，杭州市、青岛市、济南市、长沙市和重庆市均表现较好，而私营和个体企业相对不发达的城市，如拉萨市、成都市、贵阳市、太原市、哈尔滨市、兰州市等中西部城市普遍居末，北京市、上海市等国有企业和外资企业比重较高的城市排名也相对靠后。按总人口综合排名来看，东莞市、深圳市稳居前二，苏州市、宁波市、杭州市、厦门市也居前列，上海市、广州市、南京市等也在十名左右。在衡量城市企业家精神的四个指数排名中，根据与城市创新创业综合指数的回归分析结果来看，对应的排名2和排名4较为可靠，但排名2的市辖区数据缺失较多，为此根据排名4来看，东莞市、深圳市、苏州市、佛山市、宁波市均居前五，上海市、广州市也进入了前十，但北京市排名仅有22，这是因为北京市作为首都的职能，以及超大规模企业较多，这在一定程度上对北京市的排名构成一定影响。

表 7.13 城市企业家精神指数排名对比（全市）

城市	r-spir11	排名 1	r-spir21	排名 2	r-spir31	排名 3	r-spir41	排名 4	按从业人员综合排名	按总人口综合排名	综合排名 1
东莞市	1.9261	5	2.0126	1	31.78	4	33.21	1	2	1	1
宁波市	—	—	—	—	50.40	1	12.61	5	1	5	2
苏州市	1.8290	7	0.7538	4	35.82	3	14.76	3	4	3	3
青岛市	—	—	—	—	24.20	6	4.29	10	5	11	4
杭州市	1.5689	13	0.5659	6	19.45	8	7.02	7	7	6	5
深圳市	1.1549	20	1.2348	2	16.34	12	17.47	2	14	2	6
厦门市	1.7274	8	1.1060	3	12.76	19	8.17	6	12	4	7
长沙市	1.9654	4	0.3220	16	24.56	5	4.02	11	3	12	8
南京市	2.2168	2	0.6970	5	11.66	23	3.67	13	11	10	9
济南市	1.9947	3	0.3958	13	15.70	13	3.12	15	6	13	10
佛山市	0.9586	29	0.3583	14	38.00	2	14.20	4	13	7	11
广州市	—	—	—	—	13.41	16	5.04	9	15	9	12
上海市	1.1186	23	0.4902	10	12.71	20	5.57	8	26	8	13

190

城市	r－spir11	排名 1	r－spir21	排名 2	r－spir31	排名 3	r－spir41	排名 4	按从业人员综合排名	按总人口综合排名	综合排名 1
沈阳市	1.6823	11	0.2666	21	—	—	—	—	9	22	14
大连市	1.3891	16	0.2303	24	17.00	9	2.82	19	10	23	15
银川市	1.4692	15	0.2685	20	13.24	17	2.42	20	16	19	16
福州市	1.1067	25	0.2743	18	12.86	18	3.19	14	25	15	17
武汉市	1.1732	19	0.2784	17	12.64	21	3.00	18	22	16	18
重庆市	1.6864	10	0.1938	28	16.46	11	1.89	26	8	32	19
昆明市	1.7183	9	0.4016	12	7.59	27	1.77	28	20	20	20
郑州市	1.1098	24	0.2414	23	14.29	14	3.11	16	21	18	21
乌鲁木齐市	1.6751	12	0.5523	7	4.70	33	1.55	29	29	17	22
呼和浩特市	2.4847	1	0.4249	11	5.37	32	0.92	37	18	28	23
天津市	0.7916	32	0.1902	30	16.51	10	3.97	12	23	21	24
长春市	1.2546	18	0.1978	27	13.78	15	2.17	25	17	30	25
南昌市	1.1231	21	0.2481	22	10.18	24	2.25	23	28	24	26
海口市	1.9004	6	0.5403	9	2.90	37	0.83	38	27	27	27

（续表）

城市	r－spir11	排名 1	r－spir21	排名 2	r－spir31	排名 3	r－spir41	排名 4	按从业人员综合排名	按总人口综合排名	综合排名 1
石家庄市	0.9796	27	0.0957	33	22.81	7	2.23	24	19	34	28
北京市	0.9158	30	0.5453	8	3.90	36	2.32	22	38	14	29
合肥市	0.7981	31	0.1930	29	12.48	22	3.02	17	33	25	30
兰州市	1.5205	14	0.3482	15	4.29	34	0.98	36	30	29	31
南宁市	1.3423	17	0.1760	32	9.94	25	1.30	32	24	37	32
成都市	0.4979	33	0.2070	25	5.60	31	2.33	21	37	26	33
西安市	1.0294	26	0.2047	26	7.06	30	1.40	30	34	33	34
西宁市	1.1216	22	0.1843	31	7.41	28	1.22	33	31	38	35
太原市	0.9741	28	0.2688	19	4.19	35	1.16	34	36	31	36
哈尔滨市	—	—	—	—	8.66	26	1.10	35	32	39	37
贵阳市	0.3690	34	0.0939	34	7.26	29	1.85	27	35	35	38
拉萨市	—	—	—	—	2.61	38	1.40	31	39	36	39

表 7.14　城市企业家精神指数排名对比（市辖区）

城市	r－spir12	排名 1	r－spir22	排名 2	r－spir32	排名 3	r－spir42	排名 4	按从业人员综合排名	按总人口综合排名	综合排名 2
东莞市	—	—	—	—	31.78	3	33.21	1	2	1	1
宁波市	—	—	—	—	38.38	1	12.98	4	1	3	2
苏州市	1.8416	5	0.7755	3	30.80	4	12.97	5	3	4	3
深圳市	1.1549	15	1.2348	1	16.34	9	17.47	2	13	2	4
厦门市	1.7274	6	1.1060	2	12.76	14	8.17	6	10	5	5
杭州市	1.4605	9	0.6128	6	17.81	6	7.47	7	6	6	6
青岛市	—	—	—	—	18.19	5	4.08	10	4	10	7
南京市	2.2168	3	0.6970	4	11.66	17	3.67	13	11	7	8
佛山市	0.9586	19	0.3583	15	38.00	2	14.20	3	12	8	9
广州市	—	—	—	—	13.41	12	5.04	9	14	9	10
长沙市	2.7138	1	0.6595	5	11.42	18	2.78	18	8	12	11
大连市	—	—	—	—	15.17	10	3.39	14	9	14	12
济南市	1.6892	8	0.3749	14	13.45	11	2.99	17	7	15	13

（续表）

城市	r-spir12	排名 1	r-spir22	排名 2	r-spir32	排名 3	r-spir42	排名 4	按从业人员综合排名	按总人口综合排名	综合排名 2
上海市	1.1186	16	0.4902	12	12.71	15	5.57	8	16	11	14
福州市	1.2076	13	0.5060	11	9.25	20	3.88	12	19	13	15
重庆市	—	—	—	—	16.73	7	2.35	21	5	23	16
武汉市	1.1732	14	0.2784	20	12.64	16	3.00	16	15	18	17
天津市	0.7916	24	0.1902	24	16.51	8	3.97	11	18	17	18
长春市	1.2278	12	0.2969	18	11.17	19	2.70	19	17	20	19
乌鲁木齐市	1.6910	7	0.5650	8	4.65	30	1.55	29	21	21	20
北京市	0.9158	20	0.5453	9	3.90	32	2.32	22	33	16	21
石家庄市	0.8341	22	0.1409	25	13.36	13	2.26	23	20	27	22
呼和浩特市	2.5845	2	0.5984	7	2.10	37	0.49	38	24	25	23
海口市	1.9004	4	0.5403	10	2.90	35	0.83	36	23	26	24
合肥市	0.5354	25	0.2764	21	5.92	25	3.06	15	31	19	25
银川市	1.3314	10	0.3093	17	4.91	29	1.14	33	22	31	26
南昌市	—	—	—	—	7.12	22	2.25	24	28	29	27

城市	r-spir12	排名 1	r-spir22	排名 2	r-spir32	排名 3	r-spir42	排名 4	按从业人员综合排名	按总人口综合排名	综合排名 2
南宁市	0.8271	23	0.1927	23	8.40	21	1.96	25	27	28	28
西宁市	1.0567	17	0.2898	19	5.47	26	1.50	31	26	30	29
西安市	1.0314	18	0.2327	22	6.72	24	1.52	30	25	33	30
郑州市	0.9023	21	0.3536	16	4.35	31	1.70	28	32	24	31
兰州市	1.3037	11	0.4082	13	2.54	36	0.79	37	30	32	32
成都市	—	—	—	—	3.38	33	2.44	20	36	22	33
昆明市	0.2701	26	0.0939	26	5.23	27	1.82	27	34	35	34
贵阳市	—	—	—	—	4.96	28	1.83	26	35	34	35
哈尔滨市	—	—	—	—	6.79	23	1.29	32	29	36	36
太原市	—	—	—	—	3.15	34	1.05	35	37	38	37
拉萨市	—	—	—	—	1.19	38	1.13	34	38	37	38
沈阳市	—	—	—	—	—	—	—	—	—	—	—

二、城市聚类分析结果比较

在对不同城市企业家精神指数排名基础上,首先根据不同城市企业家精神对城市进行分类。为了避免因缺失数据导致多个城市不显示在分类中,故不考虑数据缺失较多的衡量城市企业家精神的第一组和第二组指数,仅考虑衡量企业家精神的第三组和第四组指数(仅缺失"沈阳市"的数据)。考虑到这些指数均为比例,故分别根据该比例的分母和分子绘制散点图,为便于比较,分别对该比例的分母和分子进行了标准化处理,得到图7.1和图7.2,其中图7.1为38座城市规模以上工业企业数与从业人员之间的散点图,图7.2为分别38座城市规模以上工业企业数与总人口之间的散点图。散点图中,均绘制了横纵轴正负1个标准差的线段,如果以大于1个标准差的为超大规模,1个标准差以内的为大规模,再根据企业家精神指数(城市所在点的 y 轴与 x 轴之比)的大小,可得到如表7.15所列的38座城市按企业家精神的分类结果。可以看出,虽然上海市与重庆市均为超大规模均衡型城市,但是重庆市有些牵强,其人口数相对规模以上工业企业数明显高得多。佛山市、苏州市等为超大规模的强企业家精神城市,而深圳市如按从业人口看为均衡型城市,按总人口看则为强精神型城市,说明深圳市的非从业人口比例较少,这也符合实际。宁波市如按市辖区来看,为大规模强精神城市,而按全市来看则为超大规模强精神城市,这是因为宁波市的市辖区相对全市略小,而非市辖区的工业企业数量也较多的缘故。北京市和成都市则是较为典型的超大规模弱精神型城市,这与这两座城市各自定位与单个企业规模有一定联系。

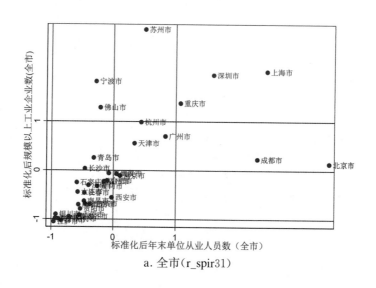

a. 全市(r_spir31)

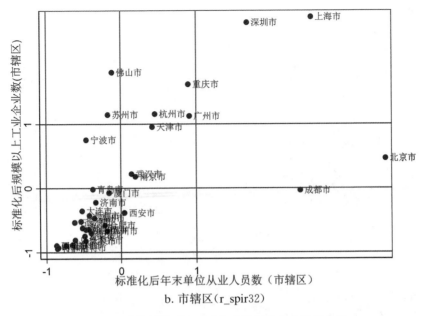

b. 市辖区（r_spir32）

图 7.1　城市规模以上工业企业数与从业人员散点图

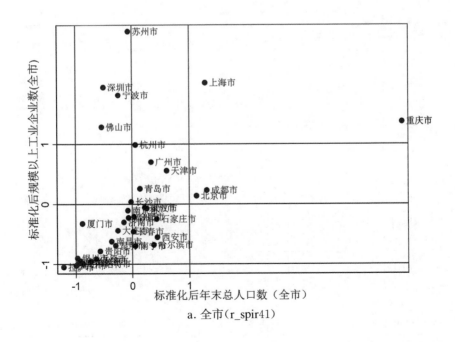

a. 全市（r_spir41）

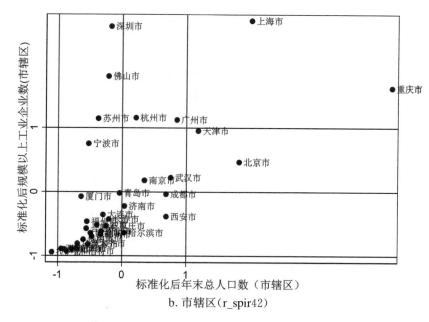

b. 市辖区（r_spir42）

图 7.2　城市规模以上工业企业数与总人口散点图

表 7.15　38 座城市的企业家精神指标分类结果（不含"沈阳市"）

组别	按全市 （r_spir31）分	按市辖区 （r_spir32）分	按全市 （r_spir41）分	按市辖区 （r_spir42）分
超大规模均衡型城市	上海市、深圳市、重庆市	上海市、深圳市	重庆市、上海市	重庆市、上海市
超大规模强精神型城市	宁波市、佛山市、苏州市	佛山市、苏州市、杭州市、广州市、重庆市	苏州市、深圳市、宁波市、佛山市	苏州市、深圳市、佛山市、杭州市、广州市
超大规模弱精神型城市	成都市	成都市、北京市	成都市、北京市	北京市、天津市
大规模均衡型城市	杭州市、广州市、天津市	天津市、武汉市、南京市	杭州市、广州市、天津市、青岛市	武汉市、南京市
大规模强精神型城市	青岛市、长沙市	宁波市	长沙市	宁波市
大规模弱精神性城市	南京市、武汉市	西安市	石家庄市、西安市、哈尔滨市、武汉市、南宁市	成都市、西安市、哈尔滨市、济南市
中小规模城市	其他城市	其他城市	其他城市	其他城市

注：城市次序不表示强弱。

在对不同城市企业家精神分类基础上,进一步分别根据城市营商环境、城市企业家精神指数和城市创新创业综合指数进行分类,采用层次聚类分析法,以平均连接法(average linkage),按绝对值距离进行聚类,并根据聚类结果按下列条件进行处理:一是仅对直辖市、省会城市、计划单列市、苏州市和佛山市等共39座城市进行分类;二是城市企业家精神聚类变量选择时,不考虑缺失数据较多的第一组和第二组(个体占比衡量的企业家精神指数)变量,分别按第三组每万从业人员企业数(r_spir31和r_spir32)和第四组每万人企业数(r_spir41和r_spir42)进行聚类;三是组别设定为5组,既不会太多也不会太少,同时确保每组至少包括3座或以上城市。为此,首先按5组进行聚类,然后根据聚类变量从高到低分组,如果出现只有1座或2座城市的组,则并入相邻的差值较低的一组,归并后如果总的聚类组数少于5组,则聚类组数扩大1重新进行聚类,再按聚类变量从高到低分组,最终直到同时满足三个条件为止。通过STATA软件聚类发现,城市创新产业综合指数(inno)和城市营商环境指数(envi1和envi2)分别聚类到6组时达到要求,按每万从业人员企业数的企业家精神指数聚类到7组时达到要求,按每万人企业数的企业家精神指数聚类到8组时达到要求。最终结果如表7.16所列。

从城市创新创业综合指数分组来看,北上深无可争议排在第1组,天津市、广州市、苏州市和杭州市同在第二组,第三组的西安市、宁波市、武汉市等8个城市多为中部强省会城市,第4组的城市创新创业水平又要较第五组高一些。从城市营商环境来看,上海市略高于北京市,北上深依然居于第一组,与2017年城市营商环境指数相比,2018年第四组明显分化,大连市、昆明市、合肥市和沈阳市跌出第四组。从城市企业家精神来看,按每万从业人员企业数来看,宁波市、佛山市和苏州市居首,石家庄市和长沙市也与青岛市和杭州市携手进入第二组,而深圳市、上海市则落入第三组,北京市更是在第五组,这与该指标衡量的是工业企业平均规模有关,越是顶级城市,工业企业的平均规模越大,这也就导致顶级城市该指标得分偏低。按每万人企业数来衡量,深圳市、佛山市、苏州市和宁波市进入第一组,上海市、广州市也与厦门市、杭州市一道跃居第二组,而北京市也进入了第四组。考虑到前述回归分析结果及其组排名情况,按"每万人企业数"较按"每万从业人数"显然更能反映城市企业家精神的分类情况。

表 7.16 不同关键指标的城市聚类结果

组别	按城市产业综合创新指数 (inno)分	按城市营商环境指数 (envi1)分	按城市营商环境指数 (envi2)分	按每万从业人员企业数 (r_spir31 和 r_spir32)分	按每万人企业数 (r_spir41 和 r_spir42)分
第一组	北京市*、上海市、深圳市	上海市*、北京市*、深圳市	上海市*、北京市*、深圳市	宁波市*、佛山市*、苏州市	深圳市*、佛山市、苏州市、宁波市
第二组	天津市、广州市、苏州市、杭州市、成都市	广州市、天津市、重庆市	天津市、广州市、重庆市	青岛市、杭州市、石家庄市、长沙市	厦门市*、杭州市*、上海市、广州市
第三组	西安市、武汉市、宁波市、长沙市、南京市、青岛市、重庆市、成都市	南京市、苏州市、武汉市、杭州市、成都市	南京市、武汉市、杭州市、苏州市、成都市	重庆市、天津市、深圳市、大连市、济南市、广州市、厦门市、上海市、武汉市、长春市、南京市、福州市	青岛市、天津市、南京市、福州市、市、长沙市、大连市、济南市、合肥市、武汉市
第四组	佛山市、厦门市、郑州市、合肥市、沈阳市、济南市、大连市、长春市、昆明市、福州市、哈尔滨市	宁波市、西安市、青岛市、长沙市、郑州市、济南市、大连市、昆明市、合肥市、沈阳市	宁波市、西安市、郑州市、长沙市、青岛市、济南市	郑州市、合肥市、南宁市、银川市、南昌市、哈尔滨市、西安市、西宁市、昆明市、贵阳市	长春市、郑州市、成都市、北京市、南昌市、石家庄市、重庆市、银川市

组别	按城市创新产业综合指数（inno）分	按城市营商环境指数（envi1）分	按城市营商环境指数（envi2）分	按每万从业人员企业数（r_spir31 和 r_spir32）分	按每万人企业数（r_spir41 和 r_spir42）分
第五组	太原市、呼和浩特市、乌鲁木齐市、石家庄市、海口市、兰州市、南昌市、贵阳市、银川市、南宁市、西宁市	佛山市、哈尔滨市、长春市、厦门市、福州市、石家庄市、太原市、贵阳市、南宁市、拉萨市、乌鲁木齐市、兰州市、呼和浩特市、银川市、海口市、西宁市	厦门市、昆明市、合肥市、长春市、佛山市、大连市、哈尔滨市、沈阳市、南昌市、福州市、石家庄市、太原市、贵阳市、南宁市、乌鲁木齐市、兰州市、拉萨市、呼和浩特市、盐城市、海口市、西宁市	乌鲁木齐市、成都市、北京市、呼和浩特市、太原市、兰州市、海口市、拉萨市	贵阳市、昆明市、南宁市、乌鲁木齐市、西安市、西宁市、兰州市、拉萨市、哈尔滨市、太原市、海口市、呼和浩特市
缺失数据	拉萨市	无	无	沈阳市	沈阳市

注：*是指因不满足"每组至少包括3座或以上城市"条件而进行归并的城市；城市次序表示指数高低。

三、城市不同梯队分类比较

在对我国 39 座主要城市排序和分类的基础上，综合城市营商环境、城市企业家精神和城市创新产业综合指数这三个指标对城市进行分类，分类条件包括：一是给 1～5 组分别赋 1～5 分；二是城市营商环境 envi 取 envi1 和 envi2 的均值，城市企业家精神也取均值；三是两指标之间的差异小于等于 1 分的，视为相对均衡；四是三个指标的均值小于等于 2 分的列为第一梯队城市，大于 2 分但小于等于 3 分的列为第二梯队城市，大于 3 分但小于等于 4 分的列为第三梯队城市，大于 4 分的列为第四梯队城市。据此可得表 7.17 所列的城市分类结果。

表 7.17　城市分类结果

特征	第一梯队城市	第二梯队城市	第三梯队城市	第四梯队城市
envi≈lnspir	深圳市	广州市、杭州市、天津市、南京市、武汉市	济南市、西安市、郑州市、合肥市	昆明市、哈尔滨市、银川市、南昌市、贵阳市、南宁市、西宁市、乌鲁木齐市、拉萨市、太原市、兰州市、呼和浩特市、海口市
envi＞lnspir	上海市	北京市、重庆市	成都市	无
lnspir＞envi	苏州市	宁波市	青岛市、长沙市、佛山市、厦门市、大连市、福州市	长春市、石家庄市

第一梯队城市中，又可以分为三类，以深圳市为代表的"超优环境超强精神"类属于发展均衡型，重点是对标国际超一流创新创业城市，持续通过创业政策推动营商环境进一步优化，激发企业家精神，促进经济转型升级，实现创新突破。以上海市为代表的"超优环境强精神"类具有优越的营商环境，但当地企业家精神相对略弱，这需要推进创业教育，提升创业意识，打破企业家精神顺利发挥的桎梏，促进城市向"超优环境超强精神"的均衡型创新城市方向发展。以苏州市为代表的"优环境超强精神"类具有较高的企业家精神，但营商环境相对较弱，这需要改善营商环境，促进城市向"超优环境超强精神"的均衡型创新城市方向发展。

第二梯队城市中,有发展相对均衡的"优环境强精神"如广州市、杭州市、天津市、南京市和武汉市,也有北京市、重庆市这类"优环境中精神"的营商环境相对优越的城市,还有宁波市这类紧密依托第一梯队城市实现创新突破的企业家精神相对较高的"良环境强精神"城市,第二梯队城市亟需补齐短板,突出自身发展重点的同时,充分接受和吸纳第一梯队城市的经济辐射,与第一梯队城市联合做大做强。

第三梯队城市中,有发展相对均衡的"良环境较强精神"类如济南市、西安市、郑州市和合肥市等城市,也有成都市这类"良环境中精神"的营商环境相对较强的城市,以及青岛市、长沙市、佛山市等城市企业家精神更为突出的"中环境较强精神"的城市。

第四梯队多数是发展均衡型的"中环境中精神"省会城市,也有如长春市、石家庄市这类企业家精神相对较强的"差环境中精神"类城市。第三梯队城市需要在补齐自身发展短板,提升整体实力的同时,积极吸纳第一梯队和第二梯队的产业转移,提升自身创新造血功能,努力向第二梯队转变。

第四节 政府宏观供给战略选择导向研究

一、激发企业家精神的痛点与难点分析

（一）完善创业政策,促进企业家精神的有效发挥和传播扩散

建立有效的城市企业家精神,需要由点到面地传播和扩散企业家精神,而这是实现企业家精神有效传导和扩散的难点。完善的创业政策,能够有效激发企业家精神,有效促进企业家精神从量变到质变,进而带动企业绩效的提高。调查数据中,个体特质层面企业家精神的均值为4.071,高于企业组织层面的企业家精神3.66,从各个维度来看,个体特质层面企业家精神的个人敬业精神均值相对较低,只有3.971,而企业组织层面的企业家精神各维度更是在3.6～3.7,说明个体特质层面企业家精神向企业组织层面企业家精神"传递"过程中发生了损失,这需要加强企业执行能力,改善企业组织架构与制度安排的设计。通过创业政策,有助于强化企业产权保护环境,缓解政府行政干预的负面性,激发企业家精神的有效发挥,同时促进企业家精神在全社会的传播与扩散。

（二）完善营商环境,建立适合弘扬企业家精神的创业政策分类体系

不同城市经济发达程度不同,营商环境与企业家精神也有差异,对于不同城市,在遵守中央制定的统一创业政策部署的同时,应该结合自身发

展实际,明确定位与目标,补齐短板,发扬优势,制定和实施适合自身的地方创业政策,营造良好的营商环境,有效弘扬企业家精神。其中营商环境是关键,好的营商环境可以促进创业文化的形成,促进企业家精神的有效弘扬,形成全社会的创业创新文化氛围。

二、创业政策宏观供给强化激发企业家精神的政策举措

创业政策要激发企业家精神,需要思想上尊重企业家,行动上培育企业家,制度上营造创新经济发展机制,市场上建构统一大市场,数据上构建企业家品牌价值成长库。同时,企业家自身要提高服务社会的意识,将"自我价值创造"作为人生追求的目标,这样就更能有效实现全社会的"万众创业、万众创新",实现创业的"星星之火,可以燎原"。

（一）树立尊重企业家、建立健全企业家合法权益保护机制

一是通过各种媒体,在转型升级、创业创新、诚信经营、守法守纪、绿色生态等方面取得的突出成就进行大量宣传报道,加强对有突出贡献的企业家、优秀企业家、企业中高级经营管理人才等先进典型的宣传和表彰力度,充分展示优秀企业家风采,激发和保护企业家精神,支持企业家持续创新、转型发展,从而树立企业家的正面形象,在全社会形成尊重企业家、理解企业家、关怀企业家、支持企业家的社会氛围。二是着力依法保障民营企业的合法权益,依法妥善处理涉产权保护案件,保持涉企政策的连续性与稳定性,对政策有效期内企业应当按规定享有而未兑现的政策优惠及时兑现,并设立过渡期解决企业需要适应政策规定,有序调整过渡;对各级政府因规划调整、政策变化等因素造成企业利益受损的,依法依规进行补偿和救济;对于部分涉困企业,协助其挽回损失,并盘活其优质资产。三是形成企业家参与创业政策制定的机制。在召开涉企创业政策讨论等重要会议和决策时,可以邀请各类企业家代表参加;出台重大经济政策时,考虑先行通过政府网站、报刊等媒体向全社会特别是企业家征集意见;对于政策执行过程中存在的一些差错或问题,也要及时倾听企业家的意见,并勇于纠错纠偏。

（二）大力普及创新创业教育,从企业到社会,培育创新创业意识,倡导企业家文化

基于企业家精神的重要性,通过创新创业教育有利于促进创新型经济的发展,形成创新创业良好营商环境。创新创业教育不仅可以采取线上方式,还可以采取线下方式,从观念和意识角度看,通过创新创业教育,可以普及创业知识、让参与者更深入地理解企业家精神的内涵,提高人们的创

新创业意识,改变就业观念,促进更多人员主动创新、主动创业;从行为角度看,通过创新创业教育,有助于提高人们的创业能力,了解和掌握创新创业所需的基本知识和组织利用各种资源的能力,通过学习企业家的特质,开展创业教育实践,锻炼了团队合作能力,并逐步培养和树立起企业家精神;从效果角度看,通过创新创业教育,形成了"大众创新、万众创业"的良好局面,也增加了创新创业成功的几率,同时加快了产业结构调整与转型升级步伐,催生了一些新的职业和岗位,对创新型经济的发展起到了积极的推动作用。

(三)加快完善创新型经济发展机制,形成驱动创新型的系统正反馈

创新是企业家精神的内核,企业家通过从产品创新到技术创新、商业模式创新、组织形式创新等,在创新中寻找商机,在获取创新红利后再投资,促进新的创新,从而形成良性循环。对创业政策而言,需要树立创新是企业家精神灵魂的思想,让创新成为企业家的本能和基因,成为驱动创新型经济发展的推动力。为此,建议大力发展以企业为主体、产学研相结合的技术创新体系和科技创新服务平台,建立有效的创新激励机制,制定协同的支持创新型经济发展的政策。企业是技术创新的内在动力,需要由企业作为技术创新集成和产业化的主导,充分发挥科研机构和高校的作用,提升创新产品、商业模式、独特设计等创新指标在激励机制考核中的比重,制定稳定增长的科研投入机制,利用税收优惠的杠杆作用,使创新创业的供给更好地与创新创业需求相协调,在全社会形成鼓励创新、勇于创新的良好氛围,加快我国创新型经济的发展步伐。

(四)建立健全国内统一大市场,促进企业家能够有效发挥自身的创造性

当前世界经济全球化受阻,逆全球化浪潮兴起,强化区域经济一体化成为各国的选择。但是对我国而言,为增强经济的韧性和供应链的可控性,需要建立健全全国统一大市场,完善国内循环与国外循环双循环,提升抵御外部风险的能力。对企业家精神的弘扬而言,建立健全国内统一大市场,各种阻碍区域间、城市间资源自由流动的障碍和壁垒需要打破,使企业家精神更有效地在国内统一大市场传播与扩散,促进企业家、管理者和员工增强创新、学习、诚信、敬业和责任意识,提升企业创新能力、抵御风险能力和灵活应对外部变化更新战略的能力。

(五)打造企业家品牌,建立企业家品牌价值成长库,形成良性机制

建议把企业家作为一种特殊品牌进行打造,以品牌的力量在全社会中形成创新创业激情,让品牌的力量引领企业家成长,让具有企业家精神的

企业家能带领更多企业投身于社会经济建设。同时，需要合理评价并推动企业家品牌价值的合理估值，建立企业家品牌价值追踪数据库。充分发挥现代信息数据系统作用，通过数据库记录和体现企业家品牌价值变化过程，为企业和社会合理甄选具有企业家精神的企业家，也使企业家本人清楚了解自身的品牌价值曲线，关注自己的品牌成长和社会影响，及时纠偏并提升自身企业经营管理能力。

第八章　创业政策供需匹配分析

政策的供给与需求之间出现了错位及偏差,是导致公共政策实施效果不理想的主要原因(王进富等,2018)。创业政策作为公共政策的一个分支,其供需出现偏差可能造成政策实施受阻、实施不到位或收效甚微等后果,进而打击创业主体的信心,阻碍创业活动的发展进程。追求创业政策供需均衡是创业政策体系构建与完善的重点所在,其主要包括:首先,合理评价已有创业政策的供给效果;其次,准确把握社会对创业政策的需求情况;最后,深入量化分析创业政策供需的实际匹配水平。解决好上述三个问题,有助于创业政策的供给侧改革,保障创业政策工具体系的合理制定与有效实施,提高政策效率,避免创业政策的缺失、过度及重复性发布,并完善创业政策的实施与反馈机制。因而,分析并研究创业政策的供需是否匹配、匹配程度如何、匹配效果如何,就显得尤为重要。

因此,本章从"供需匹配"视角出发,构建创业政策供需匹配模型,通过问卷调查收集创业主体对创业政策供给和需求的评价数据,并以供给序值和需求序值作为具体的量化手段,以匹配度、匹配环境、匹配等级及匹配类型等作为衡量政策供需匹配情况的量化指标,实现对我国创业政策供需匹配的实证研究。在此基础上,分别基于创业动机、发展阶段、企业规模、企业类型和不同地区,对异质企业的创业政策供需匹配情况进行深入分析。最后,分别基于问卷数据和创业政策文本数据,对创业政策实际供给与创业主体感知的偏差进行分析。研究有助于深度挖掘创业政策供需不匹配的深层次细化原因。

第一节　创业政策供需匹配机制

在市场环境下,需求的出现会引发供给的产生,而供给的增加又会进一步刺激需求的产生,因此,供给和需求的变化是一个互相刺激互相促进的动态过程(纪尽善,2002)。但无论是供给大于需求还是需求大于供给都不是理想的稳定状态，很多时候人们希望达到供给和需求的平衡态。由此，产生了供需匹配的思想，即供给和需求相互匹配才是人们追求的理想状态（张省等，2017）。近年来，这种思想被广泛应用于社会发展的各个方面（李博闻等，2019）。

运用供需匹配思想研究具体问题，要求该问题所涉及的两方主体之间存在相互选择过程，且各方至少有两个主体（王进富等，2018）。创业政策供需匹配问题，政策供需双方均有多个主体，国家级创业政策的供给主体主要包括国务院及其下属各部委等多个行政机关，创业政策的需求主体主要是各类创业企业和创业者，这些主体之间通过各类创业政策彼此作用彼此联系。同时，创业政策是政策需求方各种意愿的反映，是在政策需求主体的实际需求下产生的，是政策制定者在全面系统调研、分析的基础上产生的智力成果。因此，供需匹配思想应用于创业政策评估具有良好的理论基础。

创业企业和创业者作为推动技术进步、经济发展的主要实体，直接或间接参与政策体系运行的全过程。创业者和创业企业在实施创业行为的过程中会遇到各种各样的问题，而创业政策对创业行为起着激励、引导、支持和约束等作用，通过这些作用的发挥解决创业主体面临的实际问题，这也正是政府的作用所在。创业者及创业企业对创业政策的需求会倒逼政府机构进行创业政策的供给，随着国家对创业活动的倡导和重视，创业政策供给也随之增多，而政策供给的增加又会进一步刺激更多的创业主体投身于创业活动，因此又会使社会上产生更多的创业需求。如果政府对创业政策的供给力度远远达不到大众对创业政策的需求，那么创业活动就会受到抑制，创业的失败率就会提高，大众的创业积极性就会慢慢减弱；反之，如果政府对创业政策的供给力度远远大于大众对创业政策的需求，那么就会降低政策的效率，浪费行政和公共资源，也可能导致政策的执行大打折扣。可见，政策缺位和政策过溢都是不可取的。

因此，创业政策供给与需求之间的作用机制描述如下（见图8.1）：

第一，创业企业和创业者作为政策的需求方存在获取创业支持的愿望，或是国家或地区存在鼓励或支持创业行为的愿望，这种支持包含多方面内容，其中对政策支持的需求构成了创业政策需求。

第二，政府等部门为了满足大众对创业政策的需求以及提升国家或地区创业整体发展水平的需要，通过制定新政策或完善现有政策体系，针对上述需求给予部分或全部支持。

第三，创业企业和创业者在创业过程中，通过某些渠道获知并享用到

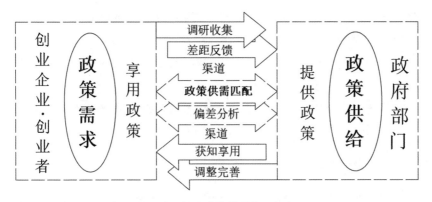

图 8.1　创业政策供需作用机制

上述创业政策的支持,而政策支持的力度与创业企业和创业者的实际需求之间通常存在某种差距。

第四,这些差距将通过某些途径反馈给政府部门,政府部门以此为依据,进一步完善已有创业政策,纠正偏差政策,并制定新的创业政策。

第五,调整完善后的创业政策及新的创业政策再次通过某些渠道传递到创业企业和创业者当中,这些政策一方面会改善原有的创业行为,提高创业成功率;另一方面,也会进一步引导出新的创业方向并刺激产生新的创业行为需求,而新的创业行为需求又进一步产生新的创业政策需求,新的创业政策需求又引发新的创业政策供给,循环往复。

综上所述,创业政策供给与需求之间按照"政策需求—政策供给—分析供需差距—调整完善政策—产生新的政策需求……"的过程不断循环。创业政策供需匹配研究旨在探寻创业政策实际供给与实际需求之间的均衡,提升创业政策实施的精准度与实施效率。值得注意的是,获取政策的渠道和反馈问题的渠道的便利性和畅通性也是影响政策供需匹配的重要因素。另外,政策供给的调整和完善并不是一蹴而就的,而往往是需要经过多次的反复才一步步地接近预期。

第二节　创业政策供需匹配模型构建

通过对国内外政策供需匹配相关文献的梳理可知(见第二章第四节),目前对该领域的研究已经从定性分析为主逐步过渡到以量化分析为主的阶段。目前采用的主流供需匹配度模型是基于余弦相似性原理的匹配模型,并且取得了良好的效果,其中以学者徐德英和韩伯棠(2015)的研究最有代表性并得到理论界的广泛认可。王进富等(2018)和强国凤(2020)又在徐德英研究的基础上,提出用供需序值代替问卷量表的直接调研数据,并在匹配度和匹配环境变量的基础上,进一步提出用匹配等级和匹配类型综合衡量政策的供需匹配情况,使匹配模型更为合理。因此,本书即借鉴学者徐德英的研究成果建立创业政策供需匹配模型,并将供需匹配模型和供需序值相结合,确定创业政策供需的综合匹配情况。

一、创业政策供需匹配度

匹配度在学术上一般指两种物质的相似度的数据化衡量,常用的计算方法为余弦相似度计算法,即在空间中存在两个不同的个体,每个个体都可以用一个空间向量来表示,那么这两个个体的相似度就可以用这两个向量夹角的余弦值表示(徐德英、韩伯棠,2015)。借鉴上述思想,在本研究中,两个不同的个体即为创业政策供给和创业政策需求,它们对应的两个向量退化成两个数值,即创业政策的供给值和需求值。这两个数值构成二维空间中的一个点,如图 8.2 中的 A 点所示,该点的横坐标 x_A 表示政策的需求值,该点的纵坐标 y_A 表示政策的供给值,(x_A, y_A) 即为创业政策工具 A 的供需坐标。

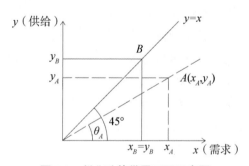

图 8.2　创业政策供需匹配示意图

在这里,我们要研究的是政策需求和供给的关系,即二维坐标系中横纵坐标的关系。可知,当横纵坐标相等时,政策的需求正好等于政策的供给,即政策的供需完全匹配,这是我们想得到的最理想的情况,此时,该点应该落在坐标系中 $y=x$ 的直线上(如图 8.2 中的 B 点所示)。因此,直线 $y=x$ 上的点是政策供需匹配的理想点,此时,其与横坐标形成的夹角为 $45°$。因此,我们在构建创业政策供需匹配模型时,并不关心该点本身的余弦值是多少,而是重点关注该点与供需匹配理想点的偏差有多大,即与供需匹配理想点的相似度有多大。相似性越大,则说明该点的供需匹配度越大;反之,则说明该点的供需匹配度越小。设该点与坐标原点所组成的直线与横坐标轴的夹角为 θ,因此,我们用 $\cos(\theta-45°)$ 表示点 (x,y) 与供需匹配理想点的相似度,即当创业政策的需求为 x,供给为 y 时,其对应的供需匹配度。

综上所述,有:

$$\cos\theta=\frac{x}{\sqrt{x^2+y^2}} \tag{8.1}$$

$$\lambda=\cos(\theta-45°),其中\ \theta\in[0°,90°] \tag{8.2}$$

式中,x、y 分别表示创业政策的需求值与供给值;θ 为点 (x,y) 与原点连成的直线与横坐标的夹角;λ 即为创业政策的供需匹配度,即创业政策的供给程度与实际需求程度之间的匹配程度;

根据余弦的性质,并考虑到政策的供给和需求值都是非负数,因此有 $\in[0°,90°]$,供需匹配度 $\lambda=\cos(\theta-45°)$ 的取值在 $\left[\frac{\sqrt{2}}{2},1\right]$ 之间,并且有 $\cos(\theta-45°)=\cos(45°-\theta)$。$\theta$ 越远离 $45°$,$|\theta-45°|$ 的值越大,相似度 $\cos(\theta-45°)$ 就越小,即创业政策的供需匹配度 λ 越小,说明创业政策的供给情况和需求情况差距越大;反之,θ 越接近 $45°$,$|\theta-45°|$ 的值越小,相似度 $\cos(\theta-45°)$ 就越大,即创业政策的供需匹配度 λ 越大,说明创业政策的供给情况和需求情况差距越小;当 $\theta=45°$ 时,$\cos0°=1$,$\lambda=1$,匹配度达到最大值,此时 (x,y) 为供需完全匹配点(即理想点),该点落于 $y=x$ 的直线上,即供给等于需求。因此,余弦相似度的性质与创业政策供需匹配的性质一致。

我们可以进一步总结:当 $\lambda=1$ 时,说明创业政策的供给情况恰好等于大众对政策的需求情况,供需完全匹配;但当 $\lambda\neq1$ 时,说明创业政策的供需情况不完全匹配,且 λ 值越接近 1,说明创业政策的供需匹配度越高。供需匹配度的大小与创业政策供给与需求相互协调的程度呈正相关关系,即匹配度数值越大,创业政策的供需系统就越协调;反之,匹配度数值越小,创业政策供需系统的协调性就越不理想。

二、创业政策供需匹配环境

创业政策供需匹配度 λ 反映的是创业政策供给和需求的匹配程度,但当创业政策的供给和需求不完全匹配时,仅通过匹配度指标无法知道创业政策供需的偏移方向,即是政策的供给大于需求,还是需求大于供给,也就为后续的政策调整造成不便。因此，我们进一步引入供需匹配环境变量，来揭示创业政策供给和需求的大小关系。

设创业政策供需匹配环境变量为 φ，且 φ 只有 -1 和 1 两个取值。当创业政策的供给程度大于等于政策的实际需求程度时，匹配环境变量 $\varphi=1$，说明此时企业所处于的创业政策环境良好；当创业政策的供给程度小于政策的实际需求程度时，匹配环境变量 $\varphi=-1$，说明此时企业所处于的政策环境不甚理想，政府需适度加大创业政策的支持力度。因此，有公式如下：

$$\varphi=\begin{cases}1, \theta\geqslant45° \\ -1, \theta<45°\end{cases} \tag{8.3}$$

由此可知，在图 8.2 的坐标系中，夹在直线 $y=x$ 与纵坐标轴之间的点（包含纵坐标轴和直线 $y=x$ 上的点），环境变量 φ 均为 1，即创业政策的供给大于或等于需求；夹在直线 $y=x$ 与横坐标轴之间的点（包含横坐标轴上的点），环境变量 φ 均为 -1，即政策的需求大于供给。落在直线 $y=x$ 上的点，即为政策供需完全匹配点（理想点），说明创业政策的供给程度与政策的需求程度完全一致，此时政策供需匹配度 $\lambda=1$，且匹配环境变量为 $\varphi=1$。

三、供需序值及匹配等级的确定

在现有研究中，多数学者直接采用政策供给或需求的评价均值作为供需匹配的供给值和需求值，带入供需匹配模型。但通过实践发现，问卷中获得的对政策供给或需求的评价均值通常较为接近，两者直接匹配会导致匹配度非常集中，不利于后续对政策匹配情况的进一步分析。另外，在本章第七节对创业政策感知偏差的研究中，政策的供给数据和需求数据来源不同，供给数据来自对政策文本的政策工具分类，而需求数据仍来自问卷调查，因此，两者在数据类型和量级上都不尽相同，不能直接带入供需匹配模型进行分析。王进富等（2018）和强国凤（2020）在徐德英研究的基础上，提出用供需序值代替问卷量表中的供需均值，并在匹配度和匹配环境变量的基础上，进一步引入匹配等级和匹配类型综合衡量政策的供需匹配情况，使匹配模型更为完善、合理。因此，本研究即采用将供需匹配模型和供需序值相结合的方式，以确定创业政策供需的综合匹配情况。

首先，本研究采用供需序值代替创业政策供需的评价均值，而供需序值确定的是否合理会对匹配结果产生较大影响。在强国凤（2020）研究成果的基础上，本研究打破维度限制，将 12 类创业政策工具分别按照供给均值和需求均值综合排序,以增加序值的区分度,进一步提升供需匹配度的分析效果。最后,以创业政策的供给序值和需求序值为基础,带入模型,计算匹配度。

其次,在供需匹配度的基础上,本研究进一步划分匹配等级,即将各类创业政策工具按照匹配度的大小划入各个匹配等级中,并根据匹配环境变量确定其匹配类型,这将更有助于直观清晰地展示出创业政策的匹配情况,更有利于政策制定者对匹配等级不佳的政策工具进行调整和完善。对于匹配类型和匹配等级的确定问题,一些学者进行了讨论(张倩、李百吉,2017;刘晓君、强国风,2019),其划分方法是在理论匹配度最小值与理论匹配度最大值之间,等距离划分多个匹配等级。本研究即借鉴等距离划分法确定创业政策供需匹配等级。具体方法如下:本研究中创业政策工具共分为 3 个维度 12 个子类别,打破维度限制将 12 个类别的政策工具分别按照供给均值和需求均值从小到大排序。供给均值越大的政策类别,其供给序值越大,说明该类政策的供给力度越大;反之,则说明该类政策的供给力度越小。同理,需求均值越大的政策类别,其需求序值越大,说明创业主体对该类政策的需求程度越大;反之,则说明创业主体对该类政策的需求程度越小。因此,根据供需匹配模型,供需序值分别为 1 和 12 时匹配度最低,此时匹配度为 0.7634;供需序值相同时匹配度最高,此时匹配度为 1,即为供需完全匹配。因此,本研究中创业政策工具供需匹配度区间为[0.7634,1]。将该区间按等距离方法划分为 5 个子区间,并按照匹配程度进行命名,即得到如表 8.1 所示的创业政策供需匹配等级及匹配类型划分标准。

表 8.1　创业政策供需匹配等级及匹配类型划分标准

匹配区间	匹配等级	匹配环境	匹配类型
(0.9526,1]	优秀匹配	1(供给＞需求)	供给过度
		1(供给＝需求)	供需平衡
		−1(供给＜需求)	供给不足
(0.9053,0.9526]	良好匹配	1(供给＞需求)	供给过度
		−1(供给＜需求)	供给不足
(0.8580,0.9053]	一般匹配	1(供给＞需求)	供给过度
		−1(供给＜需求)	供给不足
(0.8107,0.8580]	勉强匹配	1(供给＞需求)	供给过度
		−1(供给＜需求)	供给不足

（续表）

匹配区间	匹配等级	匹配环境	匹配类型
[0.7634,0.8107]	匹配失调	1(供给＞需求)	供给过度
		−1(供给＜需求)	供给不足

第三节　样本收集

通过第二章对国内外相关文献的分析，我们发现目前几乎所有有关政策供需匹配的文献均采用了问卷调查的方法获取数据，说明该方法无疑是学术界公认的获得这类数据的最直接和最有效的方法。因此，本书也采用问卷调查的方法获取创业政策的供给与需求数据。本章重点讨论创业政策量表的设计及数据分析，而对另外两个量表的讨论已在第六章中详细介绍。

一、创业政策量表设计

通过第五章的研究，我们可以认为创业政策工具体系是创业政策主题更为准确、细致的体现。一方面，现有创业政策是在对创业主体的需求深入调研分析的基础上形成的；另一方面，创业政策正是多种不同政策工具的选择和综合运用，创业政策的要素或着力点也是通过政策工具传达和体现出来的。因此，可以认为，现有创业政策的政策工具体系能够比较全面地反映创业主体对政策的需求要素。同时，结合我们在调查访谈中获取的信息，可以认为第五章的创业政策工具体系较好地满足了创业企业和创业者对政策供给和需求的观测点。因此，我们借助创业政策工具体系构建创业政策评价量表。

为了使问卷设计的题项更为具体且更易于理解，我们在二级创业政策工具体系的基础上，针对每个二级指标又设计了若干三级指标，作为问卷调查的核心题项(共 38 项)，这样可以避免直接调研二级指标而产生的题项宽泛不易理解等问题，有助于帮助调查对象更准确充分地理解每个题项的指向和意图，以提高问卷质量。创业政策量表的具体题项如表 8.2 所示(问卷进行了预调研，内容详见第六章第二节)。

表 8.2 创业政策工具三级指标体系

一级要素	二级要素	三级要素（量表题项）
供给型政策	人才培养	人才教育培训方面的政策
		人才引进与交流的政策
		人才发展规划方面的政策
	财税扶持	加大税收优惠及税收减免的政策
		规范并降低行政事业性收费及经营服务性收费的政策
		提供扶持资金或创业基金方面的政策
		贷款贴息等财政补贴方面的政策
	技术支持	促进科技成果转移转化方面的政策
		促进产学研合作方面的政策
		提高技术创新能力和产品质量方面的政策
	基础设施	完善创业园区和产业集群建设方面的政策
		完善众创空间和孵化器建设方面的政策
需求型政策	政府购买	优先向创业企业进行政府采购的政策
		优先购买企业研发成果及服务的政策
	服务外包	行政及事业单位将研发设计外包给企业的政策
		行政及事业单位将公共服务外包给企业的政策
	贸易管制	放宽对企业的贸易管制的政策
		简化进出口手续及通关流程的政策
		鼓励企业产品或服务出口的政策
	海外交流	鼓励企业与海外进行管理及技术交流的政策
		鼓励企业在海外设立研发机构的政策
		鼓励企业进行海外销售的政策
环境型政策	法规管制	加强法律法规及行业规范的政策
		完善市场监督审查机制的政策
		保护知识产权方面的政策
	金融服务	鼓励各类创业（风险）投资的政策
		拓宽创业融资渠道的政策
		鼓励金融机构为企业提供各类贷款的政策
		鼓励互联网金融的政策

一级要素	二级要素	三级要素（量表题项）
环境型政策	公共服务	简政放权优化商事制度的政策
		行政机构优化服务的政策
		为企业提供配套公共服务的政策
		政策信息主动公布并及时告知的政策
	策略性工具	加强行政机构组织领导作用的政策
		加强行政机构协调保障作用的政策
		建立通畅的政企沟通机制的政策
		营造社会良好创业氛围的政策
		积极举办各类创业赛事的政策

二、调查对象的确定

本研究以创业政策为核心，因此本研究的调研对象主要为创业政策的作用对象，一般以创业企业和创业者为主。创业企业通常指处于创业阶段的企业，包括处于初创期、成长期、成熟期等各个发展阶段的企业，这类企业一般具有明显的创新型和开拓型特征，并同时具有高成长性和高风险性（尹玮琦，2019）。因为本研究将对创业政策对不同发展阶段的企业的影响进行细化研究，因此，本研究的调研对象包括处于各个发展阶段的创业企业。创业者指的是以一定的方式开拓新的事业或创建新的企业，并实现某种追求或目标的人（任胜钢、舒睿，2014）。创业者通过利用相应的平台或借助相应的载体，将其发现或掌握的各种资源（包括信息、技术等）加以整合和转化，以创造出更多的财富，实现更多的价值。创业者不仅包括主导创业、实施创业的人，还包括参与创业、辅助创业的人，不仅包括正在创业的人，还包括未来可能实施创业参与创业的潜在创业者。对于已经实现创业的创业者，一般已经注册成立公司企业，我们可以将其视为创业企业；而目前各类企业（包括国有企业、外资企业、合资企业等）的负责人及从业者也有可能有朝一日成为独立的创业者或合伙创业者，因此也属于潜在的创业者。综合上述分析，为了全面了解异质性的创业主体对创业政策的评价及需求，保证数据获取的全面性，本研究的调研对象包括处于不同发展阶段的各类企业及各种类型的创业者、从业者，并以民营企业、中小企业为主，而对没有从业经验的未就业人员和已退休人员暂不考虑。同时，为确保问卷的代表性与数据可靠性，问卷发放对象优先选择企业主管及以上级别管理人员,以降低普通员工因自身认知能力限制而对调研结果的影响。

第四节 描述性分析及信效度检验

本研究采用的研究工具为 SPSS 和 AMOS。对于数值型变量采用均数和标准差进行描述,对于分类变量采用频数和百分比进行描述。共同方法偏差的检验方法采用 Harman 单因素检验法。信度测量指标采用 Cronbach's α。通过探索性因子分析和验证性因子分析探讨量表的效度,用 CR 和 AVE 分别检测组合信度和收敛效度。

一、问卷的描述性统计分析

调查对象的基本特征如表 8.3 所示。在 847 份有效问卷中,受访者的男女比例基本均衡,受访者的年龄段主要集中于 26～45 岁,90% 左右的受访者为大学本科及以上学历,说明受访群体总体的受教育程度较高,这将非常有助于受访者对问卷题项的正确理解,能够保证问卷填写的准确性以及受访者对现有创业政策的认知程度。另外,从受访者的职位来看,担任主管、部门负责人、总经理或私人业主的受访者达到了 75% 以上,说明受访者中处于领导岗位有管理经验的人或独立创业的创业者比例相当高,这些人对整个公司的经营情况及对创业政策的需求情况的了解比普通员工更为全面和深入,他们更倾向于从整个公司、行业或创业企业的角度反映对创业政策的评价和需求,因此,他们的积极参与更有助于提高问卷的质量和深度。

表 8.3 调查对象基本特征

变量	描述	统计量	占比	变量	描述	统计量	占比
性别	男	480	56.7	行业	农林牧渔业	10	1.2
	女	367	43.3		工业	274	32.3
年龄段	18～25	114	13.5		交通运输、仓储和邮政业	49	5.8
	26～45	690	81.5		建筑业,组织管理服务	43	5.1
	46 以上	43	5.1		租赁和商务服务业(不含组织管理服务)	21	2.5

变量	描述	统计量	占比	变量	描述	统计量	占比
教育程度	大专及以下	88	10.4	行业	批发业	24	2.8
	大学本科	580	68.5		零售业	50	5.9
	硕士	165	19.5		住宿和餐饮业	25	3.0
	博士及以上	14	1.7		信息传输、软件和信息技术服务业	193	22.8
省市	北京	135	15.9		房地产开发经营	12	1.4
	福建	113	13.3		房地产业（不含房地产开发经营）	6	0.7
	江苏	106	12.5		科学研究和技术服务业	26	3.1
	上海	172	20.3		水利、环境和公共设施管理业	7	0.8
	天津	96	11.3		居民服务、修理和其他服务业	20	2.4
	浙江	117	13.8		教育	41	4.8
	广东	108	12.8		卫生和社会工作	23	2.7
职位	员工	195	23.0		文化、体育和娱乐业	23	2.7
	主管	260	30.7	职位	总经理	32	3.8
	部门/项目负责人	183	21.6		私营业主	177	20.9
公司类型	国有企业	158	18.7	企业规模	微型企业	161	19.0
	外资企业	87	10.3		小型企业	293	34.6
	民营企业	553	65.3		中型企业	270	31.9
	合资企业	49	5.8		大型企业	123	14.5
公司阶段	初创期	271	32.0	创建动机	生存推动型	230	27.2
	成长期	399	47.1		机会拉动型	299	35.3
	成熟期	177	20.9		创新驱动型	318	37.5

　　问卷的受访者中有 65.3%来自民营企业，比例相当高。创业政策最大的受众就是民营企业，其他所有制类型的企业也会在某种程度上享受到创业政策，因此，样本中公司的所有制类型能够很好地满足问卷目标的要求。问卷涉及的行业也比较丰富，但其中比例最高的两个行业是工业（占比为32.3%）和信息传输、软件和信息技术服务业（占比为 22.8%），这两个行业通常也是创业者最容易涉足的，因此进一步佐证了受访群体与创业的相关

性较高。另外,近 80% 受访者所在企业处于初创期和成长期,企业规模属于中小微企业的更是达到了 85% 以上,因此受访者及其所在企业能够很好地体现出创业者和创业企业的特征。在企业的创建动机上,三种创建动机基本均衡。

此外,本研究对七个不同地区展开调研,均为我国创业活跃度较高的地区(李守伟,2021),包括北京、广东、浙江、江苏、天津、福建以及上海,且各地区的样本数量基本均衡,因此问卷具有较高的代表性。

二、变量描述

利用 SPSS 对 847 份有效样本进行统计分析,由各测量题项的均值(Mean)、标准差(Standard Deviation)、最小值(Minimum)、最大值(Maximum)、偏度(Skewness)和峰度(Kurtosis)等统计指标(数据见附录C)可知,本研究样本数据分布状态近似为正态分布,满足后续分析条件。

三、共同方法偏差检验

本研究采用 Harman 单因素检验法作为共同方法偏差的检验方法(Podsakoff et al.,2003)。对问卷的所有量表题项进行 Harman 单因素检验,结果见表 8.4,未旋转的第一个因子的方差解释率为 16.489%,小于50%,故认为问卷不存在严重的共同方法偏差。

表 8.4 共同方法偏差检验

Component	Initial Eigenvalues		
	Total	% of Variance	Cumulative %
1	18.137	16.489	16.489
2	11.495	10.450	26.938
3	4.999	4.544	31.483
4	3.625	3.295	34.778
5	3.180	2.891	37.669
6	2.802	2.547	40.216
7	2.714	2.467	42.683
8	2.434	2.213	44.896
9	1.992	1.811	46.707
10	1.782	1.620	48.326

（续表）

Component	Initial Eigenvalues		
	Total	% of Variance	Cumulative %
11	1.610	1.464	49.790
12	1.558	1.416	51.207
13	1.518	1.380	52.586
14	1.436	1.306	53.892
15	1.411	1.283	55.175
16	1.396	1.269	56.444
17	1.373	1.248	57.692
18	1.285	1.168	58.860
19	1.206	1.096	59.956
20	1.184	1.077	61.033
21	1.162	1.056	62.089
22	1.132	1.029	63.118
23	1.093	0.993	64.112
24	1.069	0.972	65.083
25	1.046	0.951	66.034

四、信度检验与效度检验

本章只对创业政策量表的信效度检验进行说明。

（一）信度检验

对创业政策量表中所涉及的变量进行信度分析，所测得各变量及其各测量题项的 Cronbach's α 值如表 8.5 所示。从该表中可以看出各维度的 Cronbach's α 值均在 0.7 以上，说明这些变量均具有良好的一致性和稳定性。此外，CITC 值最小为 0.579，大于其最低标准的接受值 0.4，且各测量题项的 CAID 值均比对应维度的 Cronbach's α 小，表明政策量表中各变量均具有较高的信度，能够较为稳定地、一致地反映出样本情况。

表 8.5　政策量表信度分析

Item	Mean	Std. Deviation	CITC	CAID	Cronbach's α	N of Items
人才培养政策 1	3.80	0.889	0.668	0.786	0.830	3

Item	Mean	Std. Deviation	CITC	CAID	Cronbach's α	N of Items
人才培养政策 2	3.89	0.945	0.695	0.759		
人才培养政策 3	3.85	0.919	0.705	0.749		
财税扶持政策 1	3.87	0.962	0.684	0.785	0.835	3
财税扶持政策 2	3.88	0.957	0.685	0.783		
财税扶持政策 3	3.89	0.974	0.722	0.747		
技术支持政策 1	3.82	0.938	0.634	0.741	0.801	3
技术支持政策 2	3.76	0.981	0.661	0.713		
技术支持政策 3	3.80	0.961	0.644	0.731		
基础设施政策 1	3.80	0.959	0.603		0.752	2
基础设施政策 2	3.77	0.975	0.603			
政府购买政策 1	3.76	0.957	0.619		0.765	2
政府购买政策 2	3.66	0.987	0.619			
服务外包政策 1	3.65	0.981	0.652		0.789	2
服务外包政策 2	3.69	0.975	0.652			
贸易管制政策 1	3.63	0.987	0.634	0.727	0.796	3
贸易管制政策 2	3.73	1.013	0.646	0.714		
贸易管制政策 3	3.68	0.999	0.637	0.725		
海外交流政策 1	3.69	1.026	0.637		0.778	2
海外交流政策 2	3.73	1.035	0.637			
法规管制政策 1	3.81	0.946	0.656	0.764	0.818	3
法规管制政策 2	3.76	0.953	0.666	0.754		
法规管制政策 3	3.80	0.946	0.689	0.731		
金融服务政策 1	3.79	0.962	0.685	0.857	0.875	4
金融服务政策 2	3.81	0.986	0.727	0.841		
金融服务政策 3	3.80	0.979	0.750	0.832		
金融服务政策 4	3.81	0.981	0.761	0.827		
公共服务政策 1	3.86	0.922	0.634	0.728	0.796	3
公共服务政策 2	3.88	0.905	0.621	0.741		
公共服务政策 3	3.88	0.911	0.662	0.698		

Item	Mean	Std. Deviation	CITC	CAID	Cronbach's α	N of Items
策略工具政策 1	3.84	0.937	0.662	0.795	0.836	4
策略工具政策 2	4.00	0.906	0.637	0.805		
策略工具政策 3	3.92	0.914	0.702	0.777		
策略工具政策 4	3.95	0.919	0.665	0.793		

注：当维度只有 2 个题目时，无法计算 CAID。

（二）探索性因子分析

首先，通过 KMO 与巴特利特球形度检验验证因子分析的可行性，分析结果如表 8.6 所示。KMO＝0.941＞0.7，巴特利特球形度检验显示，卡方值＝29069.568，自由度 df＝561，P＜0.001，表明本量表满足因子分析条件，可以进行后续分析。

表 8.6　KMO and Bartlett's Test

Kaiser-Meyer-Olkin Measure of Sampling Adequacy.		0.941
Bartlett's Test of Sphericity	Approx. Chi-Square	29 069.568
	df	561
	Sig.	0.000

探索性因子分析结果见表 8.7。创业政策量表在提取 12 个公因子时累计方差贡献率为 75.251%＞60%，表明采用主成分分析策略能较好地涵盖该量表的主要信息。采用最大方差法旋转因子矩阵，因子载荷均高于0.4。旋转后的各公因子成分符合原始假设，公因子分别为：金融服务政策、策略工具政策、人才培养政策、财税扶持政策、贸易管制政策、法规管制政策、技术支持政策、公共服务政策、海外交流政策、服务外包政策、基础设施政策、政府购买政策。各题项的因子载荷和共同度提取值均大于 0.5。故认为从探索性因子分析角度而言创业政策量表效度佳。

（三）验证性因子分析

基于量表理论结构与探索性因子分析结果，进一步用验证性因子分析探讨问卷效度。采用 AMOS 建立量表一阶 12 因子分析模型（见图 8.3）。

表 8.7 创业政策量表探索性因子分析

| Item | Component | | | | | | | | | | | | Extraction |
	1	2	3	4	5	6	7	8	9	10	11	12	
金融服务政策 1	0.668												0.671
金融服务政策 2	0.726												0.718
金融服务政策 3	0.825												0.773
金融服务政策 4	0.853												0.802
策略工具政策 1		0.666											0.654
策略工具政策 2		0.685											0.651
策略工具政策 3		0.812											0.738
策略工具政策 4		0.793											0.715
人才培养政策 1			0.689										0.705
人才培养政策 2			0.743										0.748
人才培养政策 3			0.867										0.825
财税扶持政策 1				0.735									0.730
财税扶持政策 2				0.728									0.734

（续表）

Item	Component												Extraction
	1	2	3	4	5	6	7	8	9	10	11	12	
财税扶持政策 3				0.870									0.831
贸易管制政策 1					0.678								0.679
贸易管制政策 2					0.725								0.702
贸易管制政策 3					0.880								0.815
法规管制政策 1						0.704							0.704
法规管制政策 2						0.731							0.723
法规管制政策 3						0.864							0.811
技术支持政策 1							0.641						0.678
技术支持政策 2							0.674						0.713
技术支持政策 3							0.873						0.838
公共服务政策 1								0.680					0.701
公共服务政策 2								0.656					0.674
公共服务政策 3								0.851					0.812
海外交流政策 1									0.790				0.808

Item	Component												Extraction
---	1	2	3	4	5	6	7	8	9	10	11	12	
海外交流政策2									0.811				0.821
服务外包政策1										0.807			0.825
服务外包政策2										0.790			0.813
基础设施政策1											0.753		0.780
基础设施政策2											0.764		0.793
政府购买政策1												0.758	0.789
政府购买政策2												0.778	0.809
Eigenvalue	3.033	2.873	2.331	2.329	2.218	2.217	2.069	2.058	1.654	1.652	1.607	1.545	
% of Variance	8.921	8.449	6.856	6.850	6.524	6.520	6.086	6.052	4.864	4.859	4.727	4.543	
Cumulative %	8.921	17.370	24.226	31.076	37.600	44.120	50.206	56.258	61.122	65.981	70.708	75.251	

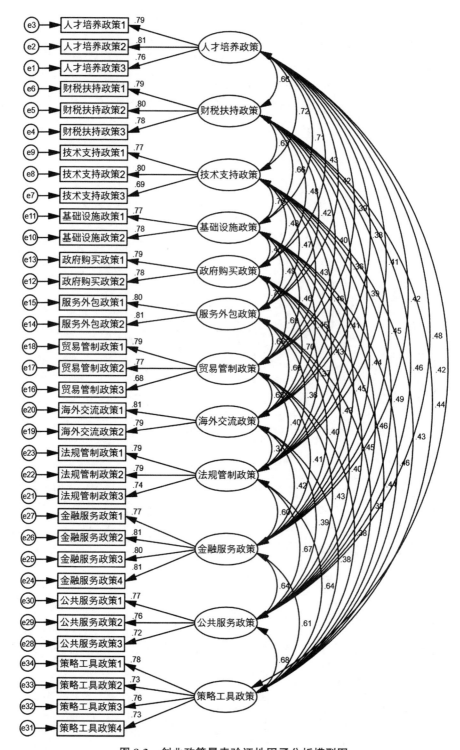

图 8.3　创业政策量表验证性因子分析模型图

模型拟合度见表8.8,可知,验证性因子分析模型拟合指数均达到拟合标准,认为该因子分析模型能够得到数据支撑,模型结构佳,维度间区分效度佳。验证性因子分析结果见表8.9。

表 8.8 验证性因子分析模型拟合度

Fit	χ^2	df	χ^2/df	RMEA	GFI	NFI	IFI	TLI	CFI
Model	1412.243	461	3.063	0.035	0.955	0.952	0.967	0.960	0.967
Criteria			<5	<0.08	>0.9	>0.9	>0.9	>0.9	>0.9

表 8.9 创业政策量表验证性因子分析

Road		Standard	Unstandard	SE	t	P	CR	AVE
人才培养政策3	← 人才培养政策	0.757	1.000				0.829	0.618
人才培养政策2	← 人才培养政策	0.809	1.099	0.035	31.618	***		
人才培养政策1	← 人才培养政策	0.791	1.011	0.033	31.003	***		
财税扶持政策3	← 财税扶持政策	0.777	1.000				0.834	0.627
财税扶持政策2	← 财税扶持政策	0.804	1.016	0.032	32.126	***		
财税扶持政策1	← 财税扶持政策	0.794	1.008	0.032	31.788	***		
技术支持政策3	← 技术支持政策	0.688	1.000				0.798	0.569
技术支持政策2	← 技术支持政策	0.803	1.191	0.043	27.754	***		
技术支持政策1	← 技术支持政策	0.768	1.090	0.040	26.937	***		
基础设施政策2	← 基础设施政策	0.778	1.000				0.752	0.603
基础设施政策1	← 基础设施政策	0.775	0.979	0.034	28.400	***		

（续表）

Road		Standard	Unstandard	SE	t	P	CR	AVE
政府购买政策2	← 政府购买政策	0.784	1.000				0.765	0.619
政府购买政策1	← 政府购买政策	0.790	0.976	0.034	28.816	***		
服务外包政策2	← 服务外包政策	0.814	1.000				0.789	0.652
服务外包政策1	← 服务外包政策	0.801	0.990	0.034	29.301	***		
贸易管制政策3	← 贸易管制政策	0.684	1.000				0.793	0.561
贸易管制政策2	← 贸易管制政策	0.772	1.143	0.043	26.312	***		
贸易管制政策1	← 贸易管制政策	0.787	1.137	0.043	26.622	***		
海外交流政策2	← 海外交流政策	0.786	1.000				0.778	0.637
海外交流政策1	← 海外交流政策	0.810	1.021	0.036	28.423	***		
法规管制政策3	← 法规管制政策	0.744	1.000				0.816	0.596
法规管制政策2	← 法规管制政策	0.787	1.065	0.036	29.397	***		
法规管制政策1	← 法规管制政策	0.785	1.055	0.036	29.354	***		
金融服务政策4	← 金融服务政策	0.811	1.000				0.875	0.638
金融服务政策3	← 金融服务政策	0.804	0.990	0.028	35.843	***		
金融服务政策2	← 金融服务政策	0.811	1.006	0.028	36.226	***		
金融服务政策1	← 金融服务政策	0.767	0.928	0.027	33.833	***		

Road		Standard	Unstandard	SE	t	P	CR	AVE
公共服务政策3	← 公共服务政策	0.715	1.000				0.794	0.562
公共服务政策2	← 公共服务政策	0.763	1.059	0.039	27.352	***		
公共服务政策1	← 公共服务政策	0.770	1.089	0.040	27.538	***		
策略工具政策4	← 策略供给政策	0.725	1.000				0.835	0.560
策略工具政策3	← 策略供给政策	0.762	1.046	0.036	28.746	***		
策略工具政策2	← 策略供给政策	0.727	0.988	0.036	27.505	***		
策略工具政策1	← 策略供给政策	0.777	1.093	0.037	29.244	***		

注：***表示 P＜0.001。

由表 8.9 可知：第一，标准化路径系数（Standard，即因子载荷）均大于 0.5，表明因子载荷均满足设计需要；第二，各变量的平均方差提取量（AVE）均大于 0.5，表明本研究中各变量具有较好的收敛效度。各变量的组合信度（CR）均高于 0.7，表明本研究中各变量具有较好的组合信度。因此从验证性因子分析的角度可以认为创业政策量表具有较高效度。综合上述分析，问卷数据均通过信度效度检验，可以用于后续分析。

第五节　创业政策供需匹配总况分析

对所有 847 份有效样本进行创业政策供需匹配情况总体分析。首先，按照 12 类创业政策工具的供给评价均值将其排序，得到各类政策对应的供给序值；同理，获得各类政策工具对应的需求序值。其次，将供需序值带入创业政策供需匹配模型当中，得到每类创业政策对应的供需匹配度和匹配环境变量。例如，财税扶持类政策工具的供给均值为 3.62，在 12 类创业政策中排名第四，其供给序值即为 4；该政策类别的需求均值为 4.13，在 12 类创业政策中需求最大，因此其需求序值即为 12。将供给序值 4 和需求序值 12 带入到公式(8.1)(其中 $x_{A2}=12$，$y_{A2}=4$)，得到：

$$\cos\theta_{A2}=\frac{x_{A2}}{\sqrt{(x_{A2})^2+(y_{A2})^2}}=\frac{12}{\sqrt{(12)^2+(4)^2}}=0.075$$

$$\theta_{A2}=18.4349°$$

将上述结果带入到公式(8.2)，得到：

$$\lambda_{A2}=\cos(\theta_{A2}-45°)=0.8944$$

即财税扶持类政策工具的供需匹配度为 0.8944，按照公式(8.3)其匹配环境变量为 -1。

最后，根据表 8.1 的划分标准，可知财税扶持类政策工具的匹配等级为"一般匹配"，匹配类型为"供给不足"。同理，可获得其他类别创业政策工具的匹配度、匹配环境、匹配等级及匹配类型(见表 8.10)。

表 8.10　创业政策供需匹配总体情况

政策维度	政策类型	供给		需求		匹配度	匹配环境	匹配等级	匹配类型
		均值	序值	均值	序值				
供给型政策	人才培养	3.70	9	3.99	10	0.9986	-1	优秀匹配	供给不足
	财税扶持	3.62	4	4.13	12	0.8944	-1	一般匹配	供给不足
	技术支持	3.67	7	3.92	7	1.0000	1	优秀匹配	供需平衡
	基础设施	3.69	8	3.87	5	0.9744	1	优秀匹配	供给过度
需求型政策	政府购买	3.51	1	3.91	6	0.8137	-1	勉强匹配	供给不足
	服务外包	3.54	2	3.79	3	0.9806	-1	优秀匹配	供给不足
	贸易管制	3.61	3	3.75	1	0.8944	1	一般匹配	供给过度
	海外交流	3.65	6	3.77	2	0.8944	1	一般匹配	供给过度

政策维度	政策类型	供给		需求		匹配度	匹配环境	匹配等级	匹配类型
		均值	序值	均值	序值				
环境型政策	法规管制	3.74	10	3.83	4	0.9191	1	良好匹配	供给过度
	金融服务	3.63	5	3.97	9	0.9615	−1	优秀匹配	供给不足
	公共服务	3.78	11	3.97	8	0.9878	1	优秀匹配	供给过度
	策略工具	3.82	12	4.03	11	0.9991	1	优秀匹配	供给过度

通过分析表 8.10 可知：首先，各类创业政策的供给均值均低于需求均值，说明我国创业政策普遍存在着供给力度小于需求程度的情况，即政策供给普遍不足，说明我国政府应继续加大创业政策的供给力度。其次，在政策供给普遍不足的情况下，有些政策工具的匹配度相对比较理想，如人才培养、技术支持、基础设施、服务外包、法规管制、金融服务、公共服务、策略工具等，它们的匹配等级均在良好以上，其中技术支持最为突出，其供需基本平衡，对于这类政策，政策制定者可以考虑在保持现有供给力度的基础上适当优化；有些政策类别的匹配度则不够理想，如财税扶持、政府购买、贸易管制、海外交流等，它们的匹配度均在一般以下，其中政府购买只能达到勉强匹配，这类政策需要政策制定者重点关注，并及时予以调整改善。再次，从匹配环境和匹配类型的角度来看，在所有创业政策工具类别中，基础设施、贸易管制、海外交流、法规管制、公共服务和策略工具等相对过度，而人才培养、财税扶持、政府购买、服务外包和金融服务等政策工具相对不足，其中政府购买尤为突出，政策制定者需要根据匹配类型的不同将它们向不同方向进行调整。最后，按照创业政策的三个维度来看，环境型政策的整体匹配情况最好，其所属的四类政策工具匹配情况都在良好以上；供给型政策次之，除了财税扶持政策，其他政策工具也均为优秀匹配；需求型政策的匹配情况最不理想，除了服务外包政策外，其他政策工具匹配情况均亟待改善，这一点也和本研究第五章中得到的研究结论相吻合。

第六节　异质企业的创业政策供需匹配分析

一、基于创业动机的政策供需匹配分析

本研究将不同创业主体的创业动机主要分为三类：生存推动型、机会拉动型和创新驱动型（黄永春等，2019）。这三类创业主体的创业政策供需匹配情况如表 8.11 所示。

通过对表 8.11 进行分析可知，对于生存推动型创业主体，其政策供需匹配的两极分化比较严重，多数政策工具的匹配情况处于良好和优秀等级，而政府购买和贸易管制等政策工具的匹配度差强人意，仅达到勉强匹配的程度，这两类政策工具均属于需求型政策，其中政府购买属于供给严重不足，而贸易管制属于供给过度。这说明对于生存推动型创业主体，主要希望从政府购买的政策中获得帮助，因此需求较大；同时，这类创业主体的首要任务是解决生存问题，而企业产品涉及的进出口贸易较少，因而对贸易管制政策的需求也比较少，出现了供给过度的情况。对于机会拉动型创业主体，其财税扶持、政府购买、服务外包的匹配度均不太理想，且均属于供给不足，说明这类创业主体对政府的直接拉动政策和资金政策比较敏感。同时，机会拉动型创业主体对贸易管制和海外交流政策的匹配情况也处于一般等级，且供给大于需求，说明这类创业者对这两类政策的需求同样较少。而对于创新驱动型创业主体，其技术支持和政府购买等政策工具的供给明显不足，因为这类主体主要致力于新产品及新服务的开发，因此对技术支持类政策尤为敏感。

对于三类不同创业动机的政策匹配情况进行横向比较，发现其在人才培养、基础设施、公共服务和策略工具等方面的匹配情况均比较理想；但在政府购买政策方面匹配情况都不乐观，甚至出现了失调匹配的情况，说明政府购买类政策无论对于哪一类创业主体来说都远远不够。另外，三类创业主体在资金政策（财税扶持和金融服务）和需求型政策工具的匹配情况上表现出较大差异。因此，政府可以优先考虑从政府购买和资金政策角度入手，调整和完善相关政策供给，进一步激发潜在创业者的创业动机。

表 8.11 基于创业动机的创业政策供需匹配情况

政策维度	政策类型	生存推动型			机会拉动型			创新驱动型		
		匹配度	匹配环境	匹配等级	匹配度	匹配环境	匹配等级	匹配度	匹配环境	匹配等级
供给政策	人才培养	0.9939	−1	优秀	0.9939	1	优秀	0.9594	−1	优秀
	财税扶持	0.9247	−1	良好	0.8944	−1	一般	0.9671	−1	优秀
	技术支持	0.9848	1	优秀	0.9648	1	优秀	0.8944	−1	一般
	基础设施	0.9806	1	优秀	0.9104	1	良好	1.0000	1	优秀 *
需求政策	政府购买	0.8321	−1	勉强	0.8742	−1	一般	0.8000	−1	失调
	服务外包	0.9806	−1	优秀	0.8137	−1	勉强	0.9487	1	良好
	贸易管制	0.8137	1	勉强	0.8944	1	一般	0.9487	1	良好
	海外交流	0.9487	1	良好	0.8944	1	一般	0.9104	1	良好
环境政策	法规管制	0.9648	1	优秀	0.9615	1	优秀	0.9191	1	一般
	金融服务	0.8944	−1	一般	0.9487	−1	良好	0.9806	1	优秀
	公共服务	0.9878	1	优秀	0.9950	1	优秀	0.9878	1	优秀
	策略工具	0.9991	1	优秀	0.9991	1	优秀	0.9959	1	优秀

注:受表格限制,优秀匹配等级中的供需平衡类型用 * 表示。

二、基于发展阶段的政策供需匹配分析

本研究将不同创业企业的发展阶段分为三类:初创期、成长期和成熟期。这三类创业主体的创业政策供需匹配情况如表 8.12 所示。

通过对表 8.12 进行分析可知，对于初创期的企业，其整体政策供需匹配情况较好，尤其是在人才培养、技术支持、服务外包、贸易管制和海外交流几方面都达到了优秀匹配，一方面说明这几方面的政策供需匹配情况非常好，另一方也说明初创期企业对于除政府购买外的需求型创业政策需求不大。另外，这类企业对于政府购买及资金类政策的需求普遍较大。对于成长期的企业，其政策供需匹配两极分化比较明显，其中人才培养、技术支持、金融服务和公共服务等政策工具表现都非常突出，达到了供需平衡的水平；而财税扶持和政府购买政策供给严重不足，说明处于成长期的企业对于政府在资金和购买方面的支持是非常需要的；另外，成长期企业的贸易管制政策则供给明显过度。对于成熟期的企业，其在财税扶持和政府购买政策上与成长期企业的特征基本相同，在贸易管制和海外交流方面则存在明显的政策过度。因此，对于成熟期的企业，其需求型政策的供需匹配情况最不理想。

对于三类不同发展阶段企业的政策匹配情况进行横向比较，发现其在人才培养、技术支持、服务外包、公共服务和策略工具等方面匹配情况都比较好；而在政府购买政策方面都出现比较严重的供给不足；在财税扶持、贸易管制、海外交流等几类政策工具方面的匹配情况差异较大。可以看出随着企业发展阶段的演进，企业对贸易管制和海外交流的政策需求越来越大，说明成长期和成熟期的企业开始出现了以国内发展为主向国际化发展转变的特征。

表 8.12　基于发展阶段的创业政策供需匹配情况

政策维度	政策类型	初创期			成长期			成熟期		
		匹配度	匹配环境	匹配等级	匹配度	匹配环境	匹配等级	匹配度	匹配环境	匹配等级
供给政策	人才培养	0.9983	−1	优秀	1.0000	1	优秀 *	0.9848	−1	优秀
	财税扶持	0.9487	−1	良好	0.8575	−1	勉强	0.8944	−1	一般
	技术支持	0.9971	1	优秀	1.0000	1	优秀 *	0.9806	−1	优秀
	基础设施	0.9487	1	良好	0.9285	1	良好	0.9923	1	优秀

政策维度	政策类型	初创期			成长期			成熟期		
		匹配度	匹配环境	匹配等级	匹配度	匹配环境	匹配等级	匹配度	匹配环境	匹配等级
需求政策	政府购买	0.8742	−1	一般	0.8000	−1	失调	0.8321	−1	勉强
	服务外包	1.0000	1	优秀*	0.9191	−1	良好	0.9806	−1	优秀
	贸易管制	0.9806	1	优秀	0.8575	1	勉强	0.8321	1	勉强
	海外交流	0.9899	1	优秀	0.9191	1	良好	0.8321	1	勉强
环境政策	法规管制	0.9333	1	良好	0.9191	1	良好	0.9487	1	良好
	金融服务	0.9487	−1	良好	1.0000	1	优秀*	0.9104	−1	良好
	公共服务	0.9878	1	优秀	1.0000	1	优秀*	0.9594	1	优秀
	策略工具	0.9991	1	优秀	0.9959	1	优秀	0.9991	1	优秀

注：受表格限制，优秀匹配等级中的供需平衡类型用＊表示。

三、基于企业规模的政策供需匹配分析

本研究将不同创业企业按照企业规模分为四类：微型企业、小型企业、中型企业和大型企业。这四类创业主体的创业政策供需匹配情况如表8.13所示。

通过对表8.13进行分析可知，对于微型和小型企业，两者的创业政策供需匹配度具有高度的相似性。首先，两者在人才培养、技术支持、贸易管制和海外交流政策方面都达到了优秀的匹配水平。分析其原因主要是因为多数小微企业处于发展初期，以生存为主要目标，因此其对于与创新发展高度相关的人才及技术政策需求还不显著；另外，这两类企业主要专注于国内发展，对贸易管制和海外交流政策的需求也普遍不高。其次，小微

表 8.13 基于企业规模的创业政策供需匹配情况

政策维度	政策类型	微型企业			小型企业			中型企业			大型企业		
		匹配度	匹配环境	匹配等级	匹配度	匹配环境	匹配等级	匹配度	匹配环境	匹配等级	匹配度	匹配环境	匹配等级
供给政策	人才培养	0.9986	−1	优秀	1.0000	1	优秀*	0.9986	−1	优秀	0.9939	1	优秀
	财税扶持	0.9487	−1	良好	0.9487	−1	良好	0.8137	−1	勉强	0.8944	−1	一般
	技术支持	0.9971	1	优秀	0.9978	−1	优秀	0.9744	1	优秀	0.9971	−1	优秀
	基础设施	0.9487	1	良好	0.9744	1	良好	0.9959	−1	优秀	0.9744	1	优秀
	政府购买	0.8575	−1	勉强	0.8137	−1	勉强	0.8000	−1	失调	0.8137	−1	勉强
需求政策	服务外包	1.0000	1	优秀*	0.9487	1	良好	1.0000	1	优秀*	0.9899	−1	优秀*
	贸易管制	0.9806	1	优秀	0.9806	1	优秀	0.8137	1	勉强	0.8321	1	勉强
	海外交流	0.9701	1	优秀*	0.9899	1	优秀*	0.9487	1	良好	0.8437	1	勉强
	法规管制	0.9487	1	良好	0.9191	1	良好	0.9062	1	良好	0.8682	1	一般
环境政策	金融服务	0.9333	−1	良好	0.9864	1	优秀	0.9923	−1	优秀	0.8321	−1	勉强
	公共服务	0.9762	1	优秀	0.9959	1	优秀	0.9939	1	优秀	0.9899	1	优秀
	策略工具	0.9991	1	优秀	1.0000	1	优秀*	0.9991	1	优秀	0.9762	−1	优秀

注：受表格限制，优秀匹配等级中的供需平衡类型用 * 表示。

企业对于服务外包政策的匹配度也普遍较高,主要是因为近年来国家比较重视众包众扶等创业政策的供给,而这类政策的主要面向对象就是小微企业。再次,小微企业在政府购买政策的匹配度普遍较低,这主要也是由于这类企业多处于发展初期,企业的核心竞争力还没有形成,因此还没有找到合适的发展方向或还没有明确的市场定位,还非常需要通过政府购买的拉动作用来帮助企业发展。最后,这两类企业在供给型政策和环境型政策方面匹配度普遍较高,说明政府在资金、人才、技术、设施、法治及公共服务等方面对小微企业的帮扶力度都较大。

对于大中型企业来说,两者在人才、技术、基础设施等供给型政策中匹配情况都比较理想,说明国家对这几方面的重视程度非常高,政策输出力度也非常大。但两者在财税扶持政策的匹配情况都不理想,甚至比小微企业的匹配度更低,说明随着企业规模的扩大和企业的高速发展,很多企业会处于发展的攻坚阶段和瓶颈阶段,企业能否实现发展的进阶和突破,很大程度上依赖于资金的支持,因此其对资金扶持政策非常渴求,这一点从大型企业金融服务政策处于失调匹配状态也可以得到印证。

对于四类不同规模企业的政策匹配情况进行横向比较,发现其在人才培养、技术支持、基础设施、服务外包、公共服务及策略工具方面匹配情况都比较理想;而在政府购买政策上供需匹配水平都不甚理想;另外,他们在资金政策和需求型政策方面的匹配情况区别较大。因此,政府可以优先考虑从资金政策和需求型政策方面入手,对不同规模企业的创业政策进行有针对性的调整和完善。

四、基于企业类型的政策供需匹配分析

本书将不同创业企业按照企业类型分为四类:国有企业、民营企业、外资企业和合资企业。这四类创业主体的创业政策供需匹配情况如表8.14所示。

通过对表8.14进行分析可知,对于国有企业来说,不同类型创业政策工具匹配情况两极分化比较严重,其中2/3以上类型的创业政策工具达到了优秀匹配的等级,尤其是环境型政策的匹配情况整体都非常理想;但在财税扶持、政府购买和贸易管制政策上匹配情况不甚理想。因此对于国有企业,政府应首先重点关注和改善这几类政策工具的运用情况。

表 8.14 基于企业类型的创业政策供需匹配情况

政策维度	政策类型	国有企业			民营企业			外资企业			合资企业		
		匹配度	匹配环境	匹配等级	匹配度	匹配环境	匹配等级	匹配度	匹配环境	匹配等级	匹配度	匹配环境	匹配等级
供给政策	人才培养	0.9989	-1	优秀	0.9986	-1	优秀	0.9978	-1	优秀	0.9986	-1	优秀
	财税扶持	0.8575	-1	勉强	0.8944	-1	一般	0.7634	-1	失调	0.9487	-1	良好
	技术支持	0.9971	1	优秀*	1.0000	1	优秀*	1.0000	1	优秀*	0.9989	-1	优秀
	基础设施	0.9333	1	良好	0.9744	1	优秀	0.8944	1	一般	0.9615	-1	优秀
需求政策	政府购买	0.7809	-1	失调	0.8137	-1	勉强	0.8437	-1	勉强	0.9939	-1	优秀
	服务外包	1.0000	1	优秀*	0.9806	-1	优秀	0.9806	1	优秀	1.0000	1	优秀*
	贸易管制	0.8575	1	勉强	0.8944	1	一般	0.9487	1	一般	1.0000	1	优秀*
	海外交流	0.9701	1	优秀	0.9191	1	优秀	0.7894	1	失调	0.9487	1	良好
环境政策	法规管制	0.9744	1	优秀	0.9191	1	良好	0.9762	1	优秀	0.8000	1	失调
	金融服务	0.9899	-1	优秀	0.9899	-1	优秀	0.8805	-1	一般	0.8000	-1	失调
	公共服务	0.9762	1	优秀	0.9950	1	优秀	0.9701	1	优秀	0.9594	1	优秀
	策略工具	0.9959	1	优秀	0.9991	1	优秀	0.9991	1	优秀	0.9806	1	优秀

注：受表格限制，优秀匹配等级中的供需平衡类型用 * 表示。

对于民营企业来说,其政策的整体匹配情况要弱于国有企业,由表8.14可知,有一半的创业政策工具达到了优秀匹配,但其在金融、法规管制和海外交流等政策上的匹配等级都有所下降,这一点政府应予以关注;然而其在财税、政府购买和贸易管制等政策的匹配上等级比国有企业有不同程度的提高,但距离供需平衡仍有一段距离,因此在这几方面政府应努力进一步改善。民营企业是我国"大众创业"的主战场,因此也是创业政策的重点关注对象,国家应从政策角度加大对民营企业的扶持和关注力度,这样才更有助于我国各类创业活动的良性发展。

对于外资企业和合资企业,由于两者的企业所有制类似,因此两者在政策工具的匹配上有一定的相似性,但合资企业的匹配情况明显优于外资企业。与民营企业相比,两者并不是创业政策作用的主要对象,但也会在不同程度上受惠于创业政策,而外资企业和合资企业的发展也会对我国本土的创业企业起到正面的示范和带动作用,因此政府在政策上也应予以适当关注。从表8.14来看,这两类企业对财税和金融政策仍然有较大程度的需求,但在贸易管制和海外交流方面需求较少,这主要是因为两者都具有海外背景,与海外的交流渠道本就比较畅通,因此不需要再从政策上予以过多扶持。

因此,综合分析不同创业动机、不同发展阶段、不同企业规模、不同企业类型的创业主体的创业政策供需匹配情况,我们总结并绘制出异质企业创业政策供需匹配特征图(见图8.4所示):人才培养、技术支持、公共服务和策略工具等政策工具普遍可以达到优秀匹配水平;财税扶持和政府购买政策普遍存在比较严重的政策供给不足;而贸易管制和海外交流政策则普遍存在政策供给过度的情况。

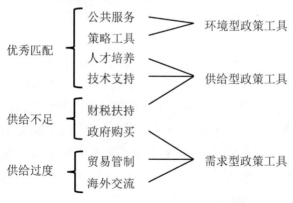

图8.4　异质企业创业政策供需匹配特征图

五、基于不同地区的政策供需匹配分析

本研究主要对我国的七个创业活跃度较高的地区进行了调研，主要包括北京、天津、上海三个直辖市以及浙江、江苏、广东和福建四个省份。这七个地区创业政策供需匹配情况如表 8.15 和 8.16 所示。

表 8.15　基于不同地区的创业政策供需匹配度

政策维度	政策类型	广东省	江苏省	福建省	上海市	浙江省	北京市	天津市
供给政策	人才培养	0.9833	0.9950	1.0000	0.9950	0.9062	1.0000	0.9848
	财税扶持	0.9062	0.9806	0.9247	0.9487	0.8575	0.8944	0.7634
	技术支持	0.9989	0.9615	0.9487	1.0000	1.0000	0.9848	0.8437
	基础设施	0.7894	1.0000	1.0000	0.9971	1.0000	0.9062	0.9487
需求政策	政府购买	0.8000	0.9487	0.8944	0.8321	0.8437	0.8137	0.9806
	服务外包	0.9806	0.9806	0.9487	1.0000	0.9487	0.8742	0.9191
	贸易管制	0.9806	0.9806	0.8944	0.9191	0.9285	0.9487	0.8137
	海外交流	0.9648	0.9487	0.9899	0.8944	0.7809	0.9487	0.9363
环境政策	法规管制	0.9806	0.8000	0.9487	0.8805	0.9191	1.0000	0.8944
	金融服务	0.9989	0.9487	0.9701	0.8742	0.9978	0.8805	0.9104
	公共服务	0.9899	0.9363	0.9878	0.9950	0.9878	1.0000	0.9848
	策略工具	0.9959	0.9671	0.9991	0.9959	0.9959	0.9991	0.9991

通过对表 8.16 进行对比分析，我们发现这七个地区按照创业政策供需匹配情况可以比较明显地分为三个层级，按照匹配度由高到低分析如下：

第一层级为广东省一枝独秀，其政策供需匹配情况在七个地区当中最为突出，优秀匹配等级的创业政策工具达到 75%，其政策供需匹配情况远远高于其他地区，只有在基础设施和政府购买方面有所欠缺。说明广东省的创业政策供给情况非常理想，这也正为广东省作为我国经济发展最为活跃的地区之一以及我国的创业大省奠定了重要基础，也为其他地区进一步改善创业政策供给树立了榜样。

表 8.16 基于不同地区的创业政策供需匹配环境及匹配等级

政策维度	政策类型	广东省 匹配环境	广东省 匹配等级	江苏省 匹配环境	江苏省 匹配等级	福建省 匹配环境	福建省 匹配等级	上海市 匹配环境	上海市 匹配等级	浙江省 匹配环境	浙江省 匹配等级	北京市 匹配环境	北京市 匹配等级	天津市 匹配环境	天津市 匹配等级
供给政策	人才	-1	优秀	-1	优秀*	1	优秀*	1	优秀	-1	良好	1	优秀*	-1	优秀
	财税	-1	良好	-1	优秀	-1	良好	-1	良好	-1	勉强	-1	一般	-1	失调
	技术	1	优秀	-1	优秀	1	良好	1	优秀*	1	优秀*	1	优秀*	-1	勉强
	设施	1	失调	1	优秀*	1	优秀*	1	优秀	1	优秀*	1	良好	1	良好
需求政策	政采	-1	失调	-1	良好	-1	一般	-1	勉强	-1	勉强	-1	勉强	-1	优秀
	外包	-1	优秀	-1	优秀	-1	良好	1	优秀*	-1	良好	1	一般	1	良好
	贸易	1	优秀	1	优秀	1	一般	1	良好	1	良好	1	良好	1	勉强
	海外	1	优秀	1	良好	1	优秀	1	一般	1	失调	1	良好	1	良好
环境政策	法规	1	优秀	1	失调	1	良好	1	一般	1	良好	1	优秀*	1	一般
	金融	1	优秀	-1	良好	-1	优秀	-1	一般	1	优秀	-1	一般	-1	良好
	服务	1	优秀	1	良好	1	优秀	-1	优秀	1	优秀*	1	优秀*	1	优秀
	策略	-1	优秀	1	优秀	1	优秀	1	优秀	1	优秀	1	优秀	1	优秀

注：受表格限制，优秀匹配等级中的供需平衡型用*表示。

第二层级为江苏省、福建省和上海市，这三个地区的政策供需匹配情况虽不及广东省，但也较为乐观。其政策供需匹配达到优秀等级的政策工具在 50%～60%，并且其中均有 1～2 类政策工具达到供需平衡；同时，除江苏省在法规管制政策上处于匹配失调等级外，这三个地区在其他政策工具上均不存在匹配明显错位的情况。因此，这三个地区创业政策供需匹配的特点可以总结为"头大尾小"，即高匹配等级的政策工具较多而拖后腿的政策工具非常少，这也是导致这三个地区创业政策整体匹配水平较高的重要原因。上述特征也为其他地区改善创业政策供给提供了一个新思路：即可以从"扫尾"入手，优先对匹配严重失衡的政策工具进行调整和改善。

第三个层级为浙江省、北京市和天津市，这三个地区供需匹配等级达到优秀的政策工具约在 30%～40%，其中浙江省的技术支持和基础设施政策，以及北京市的人才培养、法规管制和公共服务政策都较为突出，到达供需平衡。此外，除北京市不存在明显的匹配错位的情况外，其他两个地区均存在不同程度的勉强匹配和匹配失调的情况，而其中天津市的匹配情况最不理想。因而，这类地区的创业政策匹配存在明显的"拖尾"特征，这也是导致这类地区总体政策匹配水平不高的原因。

另外，将七个地区进行横向比较来看，可以发现不同地区在政策供需匹配上的优势不同：广东省虽没有匹配水平特别突出的政策工具，但其胜在各类政策工具的整体匹配程度都较高；江苏省在基础设施政策方面优势显著；福建省在人才培养和基础设施方面表现突出；上海市在技术支持和服务外包政策方面独具优势；浙江省在技术支持和基础设施方面表现抢眼；而北京市则在人才培养、法规管制和公共服务上均有上佳表现。因此，这些地区都在不同方面为其他省市地区的创业政策供给优化及改善做出了很好的榜样，国家也可以将这些地区在创新政策供给方式、提升政策供给效果上的有益经验和做法加以推广，让我国更多地区的创业政策供给能够得到更快更有效的改善。

第七节　创业政策感知偏差分析

一、基于政策文本的创业政策供需匹配

上一节我们将通过问卷调查获取的创业政策的供给情况和需求情况进行了匹配分析，得出从创业主体的视角对我国创业政策供需情况的整体反馈。通过问卷调研获得的创业政策需求数据能够真实地反映创业主体

对政策的实际需求情况。但通过问卷获得的创业政策的供给数据,则明显受到受访者对创业政策的认知程度的影响,因此在某种程度上可能与真实的创业政策供给情况有所偏差,而这种偏差恰恰能够反映出创业政策在宣传、落实和执行环节上的问题,因而具有一定的研究价值。

因此,为了进一步弄清创业主体对政策的认知度与实际政策供给之间存在的偏差,本节将基于政策文本对创业政策的供需匹配情况进行实证分析。对于创业政策需求,我们仍然使用调研数据并采用序值分析,但对于创业政策的供给数据,我们则采用第五章通过政策工具分类获得的创业政策工具的统计结果,将各类政策工具按供给数量排序,并将排序作为创业政策供给序值。最后,将两者带入供需匹配模型中,得到创业政策的实际供给与创业主体实际需求间的匹配关系(见表 8.17)。

表 8.17 创业政策供需匹配总体情况(基于政策工具分类结果)

政策维度	政策类型	供给		需求		匹配度	匹配环境	匹配等级	匹配类型
		数值	序值	均值	序值				
供给型政策	人才培养	1 075	8	3.99	10	0.9939	−1	优秀匹配	供给不足
	财税扶持	1 474	11	4.13	12	0.9991	−1	优秀匹配	供给不足
	技术支持	1 042	6	3.92	7	0.9971	−1	优秀匹配	供给不足
	基础设施	768	5	3.87	5	1.0000	1	优秀匹配	供需平衡
需求型政策	政府购买	26	1	3.91	6	0.8137	−1	勉强匹配	供给不足
	服务外包	106	2	3.79	3	0.9806	−1	优秀匹配	供给不足
	贸易管制	159	4	3.75	1	0.8575	1	勉强匹配	供给过度
	海外交流	108	3	3.77	2	0.9806	1	优秀匹配	供给过度

（续表）

政策维度	政策类型	供给		需求		匹配度	匹配环境	匹配等级	匹配类型
		数值	序值	均值	序值				
环境型政策	法规管制	1 080	9	3.83	4	0.9333	1	良好匹配	供给过度
	金融服务	1 066	7	3.97	9	0.9923	−1	优秀匹配	供给不足
	公共服务	2 634	12	3.97	8	0.9806	1	优秀匹配	供给过度
	策略工具	1 427	10	4.03	11	0.9989	−1	优秀匹配	供给不足

二、两种匹配方式的偏差分析

问卷数据更多的反映了创业主体对政策供给的感知度，主观性偏强，而政策工具分类数据则更多的反映了国家真实的政策供给情况，较为客观，两者出现偏差则更多的反映出创业主体对政策供给的主观感受与我国创业政策实际客观供给情况之间的错位和偏差。通过将表 8.17 和表 8.10 的匹配结果进行对比可知，两种匹配方式的结果差异主要出现在财税扶持、贸易管制和海外交流等政策工具上。

在财税扶持方面，通过问卷数据获得的匹配情况为一般匹配且供给不足，通过政策工具分类数据获得的匹配情况则为优秀匹配且供给不足。这说明，虽然都是供给力度不足，但财税扶持政策的实际供给情况要好于创业主体的感知程度，也就是说这类政策的实际供给情况并没创业主体评价得那么糟。由表 8.17 数据可知，财税扶持类政策的实际供给程度在所有政策供给中名列第二，仅次于公共服务类政策的供给程度，单从其供给情况来看已经非常理想。那么产生这种差距的原因可能主要有以下三方面：首先，财税扶持类创业政策的宣传、落实或执行不到位。在我国，全国人民代表大会常务委员会、国务院及国务院下属各部委，都是制定和发布创业政策的主体，几乎每天都会有新的政策出台，那么这些海量政策是否及时让创业主体获知并了解，是否及时下达并切实落实，在执行环节是否遇到阻碍并及时调整，这些都会在很大程度上影响创业者对政策的感知度和认知度。本研究通过前期对创业企业的调研和访谈，发现受访者反映的一个比较集中的问题就是对创业政策"不知情""对政策不了解""不知从哪里获取或查询相关政策"等，这些都反映出政策的宣传、落实或执行不到位。其次,财税扶持类创业政策工具的内容、方式、政策要素及政策着力点与需求不匹配。我国财税类创业政策工具占所有创业政策工具的 13.44%,比例已经很高,但其政策效果远远没有达到预期,究其原因很可能是政策的具体内容条款、适用条件、适用对象、适用范围、适用尺度等不能很好地满足创业主体的预期及需求,导致政策名存实亡,发挥不出预期作用,政策效果大打折扣。最后,创业主体对财税扶持类政策的需求程度极大,导致该类政策工具虽然绝对数量较高,但仍然存在较大缺口。综合前面对创业政策供需匹配情况的统计分析,我们发现资金政策(财税扶持和金融服务)一直是各类创业主体需求的重点,其中,财税扶持类政策的匹配水平更是普遍偏低。究其原因,主要是因为金融服务的实施主体是社会上的各类金融机构,如商业银行及其他各类投融资运作机构,他们对创业主体的帮扶通常建立在公平交易的前提下,即有借有还或有偿借贷;而财税扶持的实施主体通常是政府机构,主要通过各类税费的直接减免为创业主体提供扶持,因此这种帮扶更加直接、有效,不会让创业主体有过多的还款及利息压力,更有助于解决创业者的后顾之忧。相比之下,后者更受创业者欢迎。

另外,两种匹配方式的匹配结果在贸易管制和海外交流方面也出现了较大分歧。虽然这两类政策工具同属于需求型政策,但其出现变化的方向并不相同。第一,对于贸易管制类政策工具,通过问卷数据获得的匹配情况为一般匹配且供给过度,通过政策工具分类数据获得的匹配情况则为勉强匹配且供给过度。这说明,虽然都是供给相对过度,但贸易管制政策的实际供给力度要比创业主体实际感知到的供给力度更大,因此其在 12 类政策工具当中相对过剩的程度也更大。分析上述现象我们发现:一方面,在两种匹配方式下贸易管制政策的匹配结果均为"供给过度",说明贸易管制类政策工具的运用确实存在一定的相对过度的情况,政府可以考虑适当降低这类政策工具的运用比例或创新其运用方式,让其与创业者的需求更加匹配;另一方面,创业主体对该类政策供给的感知程度仍然弱于其实际供给程度,说明贸易管制类政策也存在一定的宣传、落实或执行不到位的现象。第二,对于海外交流类政策工具,通过问卷数据获得的匹配情况为一般匹配且供给过度,通过政策工具分类数据获得的匹配情况则为优秀匹配且供给过度。这说明,虽然都是供给相对过度,但创业主体实际感知到的海外交流政策的供给力度比其实际供给力度更大,因此其在问卷数据中的供需匹配情况偏差更大。这说明,海外交流政策存在一定的供给过剩情况,政府应该根据创业主体的需求情况适度降低这类政策工具的运用比例或创新其运用方式,减小创业者感知与政策实际供给之间的偏差,改善其匹配效果。

第九章　创业政策对企业绩效的影响机制分析

　　创业政策的实际效果如何，是否能达到预期目标，政策对象的接受度、感知度、享用度如何，创业政策能否促进企业绩效的提升，创业政策能否激发企业家精神，这些都是政策制定者亟需了解和掌握的重要信息，可以对创业政策的合理制定、有效调整及精准发力提供依据。因此，本章基于政策工具理论体系及问卷调查，借助结构方程模型，实证分析不同类型的创业政策、不同层面的企业家精神和不同维度的企业绩效之间的影响关系，以及企业家精神在创业政策与企业绩效之间的中介作用；并在此基础上，对异质性的企业类别进行多群组分析，深入探讨不同影响路径对不同类型企业影响的差异性。

第一节　问题的提出

　　目前，我国初创企业的创业成功率仍然较低，新创企业存活率也较低。这是因为：一方面，我国富于企业家精神（entrepreneurship）的创业领导者还比较匮乏（黄永春、朱帅，2018）；另一方面，我国现有的创业政策供给对创业者的企业家精神和企业绩效的促进作用还不够精准（秦雪征等，2012），创业政策的供需匹配度不高，政策享用度不高。显然，仅有营商环境和政策还不够，创业成败的关键还在于创业政策能否有效激发和调动创业者的企业家精神，提升企业绩效，而企业家精神被认为是促进企业持续发展提升企业绩效的核心动力（曾铖等，2018）。

　　创业活动是一项复杂的工程，它从开始到创业成功受众多因素影响，既有外部的政策因素，又有行业的市场及竞争因素，更有企业自身的内部因素。创业政策处于创业活动的上游，作为创业活动的起点，它的目的是引领创业，鼓励和激发创业者的创业热情和动力，并促使这种热情和动力升华成一种企业家精神，并为更多具有企业家精神的创业者从事创新与创业活动营造良好的市场环境和社会氛围,因此,创业政策属于创业的上层建筑和创业根基。然而,研究创业政策的目的最终还是要促进企业绩效,提高经济微观单元的经济效益,从而构成宏观组成后的整体效益格局和发展质量。企业家精神是企业侧主导创业成败的最重要的主观要素,因此创业政策的研究绕不开企业家精神这个重要课题,企业家精神也是影响创业成败最关键的企业内部核心要素。而企业绩效处于创业活动的下游阶段,是创业活动成功与否的评价标准,企业家精神的充分运用和有效发挥能够引领企业提升绩效并走向创业成功。因此,创业政策、企业家精神和企业绩效贯穿于企业发展的始终,三者正向传导并反向促进,相互影响,相辅相成。

党的十九大报告指出,"激发和保护企业家精神,鼓励更多社会主体投身创新创业"。党的二十大报告指出,完善促进创业带动就业的保障制度,支持和规范发展新就业形态。因此,如何优化创业政策环境,强化政策供给,通过政策的供给来激发和保护企业家精神,并进一步通过企业领导者个人层面的企业家精神和企业组织层面的企业家精神的充分发挥提升企业绩效,帮助企业突破发展瓶颈,进而提高创业企业的成功率和存活率,已经成为当前我国创业企业发展中一个非常现实和紧迫的问题。因而,有必要厘清并深入探讨创业政策、企业家精神和企业绩效三者的相互作用关系及路径影响机制,为创业政策的精准定位及充分发挥政策效用提供依据和参考。

当前,企业家的创业意识和创新精神已经上升到国家政策层面,在经济新常态的背景下,如何更好地发挥企业家精神助推产业转型升级,已经成为经济发展的重要引擎。这不仅需要发挥企业家精神的主观能动性,还需要有创业的土壤,即广义的营商环境,而好的营商环境需要创业政策的支持,需要政府相机提供创业服务,这是企业家精神得以发挥作用的客观条件。因此,我国政府应充分考虑异质性创业者和创业企业的特征,从不同角度不同路径出发,提供差异化的、有针对性的创业扶持政策,以进一步激发创业者的企业家精神,提升企业绩效。

综上分析,本章将基于政策工具理论体系,从供给型政策、需求型政策和环境型政策三个维度出发,对创业政策与企业绩效的影响关系进行全貌描述,并将企业家精神纳入其中,实证分析并验证创业政策、企业家精神和企业绩效三者之间的影响机制。研究旨在探讨如何通过创业政策供给激发企业家精神,提升企业绩效,从而提高创业的成功率和创业企业的竞争力,进而推动我国创新型经济的健康发展。

第二节　企业绩效量表设计

在第八章中，我们已经对创业政策量表进行了设计，在第六章中我们已经对企业家精神量表进行了设计，因此，本章重点讨论企业绩效量表的设计。

企业绩效是一个多维度概念，虽然对新创企业的绩效没有一个统一的衡量标准，相关绩效评价的名称界定、指标选取都各有不同，但从分析内容来看基本一致，主要包括生存绩效、成长绩效、创新绩效和财务绩效等几大维度。

在生存绩效指标方面，Bruno & Tyebjee(1982)追踪创业企业历史，对企业生存年限进行纵向对比，以衡量生存绩效。Venkatraman & Ramanujam(1986)认为生存绩效还可以从企业当下生存年限与未来若干年持续生存可能性角度进行综合考量。向薇等(2019)重点对长三角地区制造业中的创业企业进行集中走访考察，初步选取销售利润率、资产收益率、投资回报率、存货周转率、资产负债率和现金流动比率作为企业生存绩效的衡量指标。

在成长绩效指标方面，王永贵等(2003)利用员工规模、销售收入、企业净资产等从量的角度对创业企业的成长进行评价，同时利用公司创业技术水平、市场占有能力、企业品质文化等从质的角度对创业企业的成长进行评价。向薇等(2019)对制造企业创业绩效的研究中，将客户增长率、客户满意度、员工满意度、员工增长率、市场占有率和市场增长率作为衡量企业成长绩效的指标。

在创新绩效指标方面，一些学者将创新产品销售率、创新投入能力、创新产出能力、管理制度创新能力、落后产能的淘汰程度、技术创新、员工创新激励程度、员工学习与成长、创新产品市场占有率、研究人员比率等指标纳入其中(顾国爱,2012;郭劲松,2017)。李军(2008)在研发配置、创新技术营利效应、制造投入产出比以及市场占有率等方面进行综合评价。朱珠和许莉(2013)结合可持续发展理念的相关知识，综合运用资源环境指标和可持续发展指标，为企业自身的健康成长、行业的合理发展、社会的逐渐认可、生态环境的可持续发展提供意见。向薇等(2019)将研发人员占比、研发经费占比、企业专利授权量、新产品销售占比等指标作为企业创新绩效的衡量指标。

此外，在财务绩效指标方面，向薇等(2019)集中整理了能够体现企业财务健康发展水平的若干指标,在销售能力、投入产出能力、财务风险平衡能力、投资回报水平等层面提供衡量依据,主要包括:销售收入、净利润、息税前收益、利润率、资产收益率、投资回报率等。

这里需要指出的是,本章对企业绩效的研究并不是孤立的,而是关注于创业政策和企业家精神对企业绩效的影响,因此我们需要同时获得同一企业的上述三方面数据。虽然我们可以从企业年报等统计数据中获取到一部分客观数据(如财务指标等)作为企业绩效的衡量标准,但对于该企业享用创业政策的情况以及该企业所表现出来的企业家精神情况仍然需要通过问卷获取。因而,为了保证三方面数据的一致性和匹配性,本研究对企业绩效数据的获取也采用问卷调研的方式。

因此,综合上述分析,考虑到问卷的可实施性和数据的可信性,本研究将企业绩效分为生存绩效、成长绩效和创新绩效三个维度。同时考虑到问卷调查过程中受访者对于问题的理解和数据的可获知性,本研究在题项的设计上尽量避免采用难以理解的专业术语,并尽量避免调研受访者难以获知的情况。最终,本研究共设置11个题项作为企业绩效的衡量指标(见表9.1),其中包括生存绩效 3 个指标,成长绩效 5 个指标以及创新绩效 3 个指标。

表 9.1 企业绩效指标体系

企业绩效维度	企业绩效指标
生存绩效	(1) 企业的利润相比总业务收入
	(2) 企业利润相比资产规模
	(3) 企业利润相比总投资
成长绩效	(4) 企业的员工数量及总体学历水平
	(5) 企业为员工提供的学习与培训机会
	(6) 顾客的满意度及忠诚度
	(7) 员工的满意度及归属感
	(8) 企业的市场份额
创新绩效	(9) 研发或营销人员的比重及素质
	(10) 企业的研发及创新经费投入
	(11) 新产品及服务的销售占比

第三节　研究假设

一、创业政策对企业绩效的影响假设

（一）供给型政策对企业绩效的影响假设

供给型政策工具让创业主体可以更便捷地获得更多更丰富的创业资源，进而提高创业效率和企业绩效（张长江等，2010）。在人才培养政策方面，创业教育培训政策、人才引进与交流政策以及人才发展规划政策都是促进创业成功的关键要素之一（王化成等，2004；季开胜，2009；李毅中，2010）。企业最基本的单位是人员，是一个个从业者，员工的文化水平、认知水平、技术水平的提高，无疑会使企业的经营水平、管理水平、创新水平都有所提高，进而提高企业的整体绩效。在财税政策方面，政府一方面通过提供各类扶持资金、创业基金或创业补贴为创业主体提供直接的资金支持，另一方面通过加大税收优惠和税收减免、降低行政事业性收费及经营服务性收费从而降低企业的支出及经营成本。上述两方面都可以在一定程度上减轻企业的负担并解决一定的资金问题，帮助中小企业度过创业艰难期（王红强，2009；方世建、桂玲，2009），并且使企业有更多的资金用于员工培训和技术研发，有更多的资金用于提高企业自身竞争力，进而提高企业绩效。在技术支持政策方面，政府通过产学研合作政策缓解企业缺少技术人员的问题，通过促进科技成果转移转化政策帮助企业实现技术及产品创新并提高企业的市场份额，最终提高企业的核心竞争力，进而提高企业绩效。在基础设施建设方面，政府通过出台相关政策不断完善创业空间、创业园以及孵化器的建设，为广大创业者提供充足的创业、经营空间，降低企业的运营成本；通过鼓励和引领相关产业集群建设，让企业能够更加高效便捷地获取各种发展资源，与上下游企业充分交流互动，提高企业的市场参与度和市场份额，从而提高企业绩效。因此，供给型政策工具的运用，可以有效缓解创业主体开展各种创业活动的后顾之忧，能够在一定程度上增强企业的竞争实力和抗风险能力，使企业从事各种经营活动也更有信心，也就更愿意为员工提供各种培训和学习机会，并积极投身各类创新活动，进而对企业的生存绩效、成长绩效和创新绩效都会有一定的正向影响。基于此，我们提出如下假设：

H1　供给型政策正向影响企业绩效

H1-1　供给型政策正向影响生存绩效

H1-2　供给型政策正向影响成长绩效

H1-3　供给型政策正向影响创新绩效

（二）需求型政策对企业绩效的影响假设

需求型政策工具会使创业企业开展创业活动以及获得创业成功变得更加容易（林嵩，2007）。对于政府购买政策，政府通过出台相应的措施以鼓励相关企事业单位、社会团体及人民群众扩大对创业产品及创业成果的需求和购买，主动为创业企业的产品提供销路，通过优先采购创业产品和服务，帮助创业企业产品和服务获得更多的推广和输出，提高创业企业产品和服务的知名度和市场占有率，促进创业企业成长及提升产品质量，进而提高企业销售收入等，从而提高企业绩效；同时，为了能够满足政府购买及采购的要求，获得更多的政府订单，企业又会加大对员工的培训和学习以及增加科研投入，进而提高企业的成长绩效和创新绩效，实现以需求为导向拉动创业企业的发展。对于服务外包政策，政府通过对创业活动进行跟踪分析，努力降低外部因素对创业的不良影响，通过政策鼓励企事业单位将研发设计、公共服务等外包给创业企业，一方面可以帮助企业度过创业艰难期，另一方面，可以从需求端促进企业提高研发设计水平和服务水平，助推创业企业发展，提高企业绩效。另外，政府通过放松贸易管制政策，降低企业原材料及相关资源的输入门槛以及企业产品及服务的输出门槛；同时，促进企业与海外企业及机构进行管理及技术交流、联合研发等，企业与国际接轨，有助于企业获得海外订单，进一步提升企业竞争力。而在此期间，企业的各方面绩效都有所提高。基于此，我们提出如下假设：

H2　需求型政策正向影响创业绩效

H2-1　需求型政策正向影响生存绩效

H2-2　需求型政策正向影响成长绩效

H2-3　需求型政策正向影响创新绩效

（三）环境型政策对企业绩效的影响假设

环境型政策工具中法规管制政策有助于加强法律法规和行业规范的建设，有助于完善市场监督审查机制，可以保护中小企业的知识产权，维护企业正当利益，让企业经营处于一个公平、公正、公开的市场环境，从而提高企业绩效。融资难、融资贵、融资渠道不畅，一直是困扰中小企业的主要问题（张旭、伍海华，2002），而金融服务政策能够通过鼓励金融机构以多种方式（如抵押贷款、信用贷款、风险投资等）为企业提供资金支持缓解企业的资金压力。同时，金融服务政策还可以通过拓宽企业获得资金的渠道和方式优化企业资金的形成机制，通过多种投融资方式的综合运用促进资金的催化机制，通过金融服务政策的引导，资金的导向机制可以被更好地发挥出来，进而促进企业提升绩效，促使产业结构升级。对于公共服务政策，近年来我国政府通过角色转变促发展，努力建设服务型政府，提出"简政放权，放管结合，优化服务"，通过一系列商事制度改革，不断降低准入门槛和创业成本，优化营商环境，例如，为企业提供开业指导、法律咨询、代理记账、信息服务等，并为创业者提供子女教育、医疗、体育等公共服务等。公共服务政策让更多人愿意创业、敢于创业，为创业活动提供最大的便利性，让企业员工能够获得更多的学习机会和学习资源，有助于解除从业人员的后顾之忧，让他们可以安心工作，专注于提升个人和企业的核心竞争力，从而提升企业绩效。另外，政府的态度和作用对企业发展至关重要。政府的作用主要体现于组织领导、统筹协调、强化推进等保障措施，政府对创业的态度则主要体现在对大众创业舆论的引导、对创业政策的宣传、繁荣创业文化、举办各种赛事活动、发掘典型案例、推广成功经验等。这些都提高了社会对创业和中小企业的认知，提高了社会对创业失败的宽容度，为企业发展提供了良好的环境氛围，让企业可以放开手脚，大胆发展、大胆创新，进而有利于企业绩效的提升。基于此，我们提出如下假设：

H3　环境型政策正向影响创业绩效

H3-1　环境型政策正向影响生存绩效

H3-2　环境型政策正向影响成长绩效

H3-3　环境型政策正向影响创新绩效

二、创业政策对企业家精神的影响假设

（一）创业政策对个人层面企业家精神的影响假设

创业政策的目的是增加创业机会、提高创业成功率，进而提高大众参与创业和创业实践的积极性。在创业者进行创业的过程中，创业政策有助于提升创业者的创业技能，并在创业者遇到困难和阻碍时，减轻创业者的心理压力。也就是说，通过各项创业政策的积极作用，能够提升企业家个人的技能和资源配置能力，增加企业家创业胜任力。创业能力与后天的教育、实训有更为密切的关系，采取恰当的创业政策能够造就更多的企业家并且促使更多的创业企业获得发展（黄永春、朱帅，2018）。

首先，财税扶持政策和金融服务政策可以降低创业者的创业成本和创业门槛，减少创业者的资金压力，分散创业者的市场风险，降低创业者对风险的恐惧，从而激发其创新精神、敬业精神和责任精神等。其次，人才培养和技术支持不仅可以提高创业者的创业技能，降低其风险恐惧感，提高创

业者获取、整合资源的能力,增加创业成功的预期;还能强化其创业意识,坚定创业者的创业信念,激发创业者的创造力,以及帮助创业者识别和开发创业机会,提升其创业自我效能,增强其创业意愿,进而能提升创业者的创新精神和学习精神等。再次,基础设施政策能为创业者提供良好的硬件条件,通过创业园、创业空间、孵化器等平台的建设,保障创业行为的实施空间。通过基础设施平台的搭建,不但能降低创业成本、提高创业便利性,还能够通过共享空间的开放,让创业者获得更多更便利的交流平台,并通过信息的充分传递和共享帮助创业者进一步挖掘商机,进而优化创业资源配置;法规管制、金融服务、公共服务和策略工具则能为创业者提供良好的软环境,塑造良好的创业氛围,让创业者在公平公开公正的市场环境中从事企业经营,并为创业者提供逐步健全完善的公共服务,通过政府的组织引导、协调保障和宣传作用赋予创业者荣誉感和自豪感。最后,需求型政策可以通过对创业企业的拉动,提振创业者的自信心和创业动力。可见,不同类型的创业政策供给都能够在一定程度上激发创业者的个人企业家精神。基于此,我们提出如下假设:

H4-1　供给型政策正向影响个人层面企业家精神

H4-2　需求型政策正向影响个人层面企业家精神

H4-3　环境型政策正向影响个人层面企业家精神

(二)创业政策对企业层面企业家精神的影响假设

勇于创新、勇担风险并适时进行战略更新,是企业组织层面企业家精神的三大要素。首先,创业政策能为企业提供税收减免、融资贷款等优惠措施,增加企业从事创新活动的资金实力;创业政策能够为企业发展提供技术支持,提供人才储备,以及提供基础设施支持,从而提升所在企业的创新精神和冒险精神,使企业对抗风险的能力更强,并使整个企业对内部和外部的创新都持有乐观态度并充满信心。另外,创业政策能够为企业的创新活动提供良好的软环境,如法治环境、公共服务环境和策略环境,让企业的创新活动既有法可依,又能享受到优质的服务,还能得到政府和社会的充分支持。创业政策能够通过政府购买、服务外包、贸易及海外交流政策为企业的新产品及新服务提供有效的输出渠道,能够提升企业新产品及新服务的市场认同度,从而有助于新产品及新服务的市场化。而且,企业的创新成果一旦在市场上受到认可,会进一步激励企业从事创新活动,因而形成创新的良性循环,更有助于企业的国内外拓展。因此,创业政策在一定程度上有助于促进企业的创新活动。

其次,创业政策中的财税和金融政策可以为企业进行新市场开拓、建立新公司等风险活动提供重要的资金基础；创业政策中的人才、技术和基础设施政策可以为企业从事风险活动提供可行性和可实施性；创业政策中的环境政策能够为企业从事风险活动提供友好而稳定的外部环境，让企业不畏惧失败，同时提高企业风险活动的成功率；创业政策中的需求政策可以为企业在风险活动中产生的产品或服务提供基本的销售渠道，为企业的基本生存提供保障。因此，创业政策在一定程度上有助于促进企业的风险活动。

再次，企业要进行部门重组、创新管理体系或在经营中引进新的商业概念，首先要向先进的企业进行学习，因此要对员工进行培训教育，组织员工学习，因此需要企业具备一定的资金基础、人才基础、技术基础和环境（场地）基础；还要有一定的法治环境基础、公共服务基础，以保障企业的战略更新能够顺利进行，因此离不开供给型政策和环境型政策的支持；另外，需求型政策能够有效减少战略更新给企业带来的震动，为企业的生存和稳定提供保障。

最后，企业的战略更新活动离不开与其他上下游企业的沟通协调，更离不开政府的有效组织、协调和引导，这也是企业战略更新能够成功的重要保障。因此，创业政策在一定程度上有助于促进企业进行战略更新。基于此，我们提出如下假设：

H5-1　供给型政策正向影响企业层面企业家精神

H5-2　需求型政策正向影响企业层面企业家精神

H5-3　环境型政策正向影响企业层面企业家精神

三、企业家精神对企业绩效的影响假设

（一）个人层面企业家精神对企业绩效的影响假设

在一个企业中，高层管理者的影响力要明显高于普通员工，而具备企业家精神的高层管理者，其对企业的影响力更大，因而这样的管理者可以被称为企业家（Marimuthu et al.，2016）。对于创业企业来说，企业家的个人精神对企业发展的影响更为明显，因此是更为重要的企业资源（刘凤侠，2020；张祥建等，2015）。良好的企业家精神可以促使企业管理者实施高质量高效率的企业管理和经营行为，根据市场环境制定并调整企业的发展战略，能够对环境有敏锐的洞察力，善于及时把握国家的各项新政策并抓住机遇，能够根据市场状况及时解决生产经营中的各类状况，能够及时进行技术和产品的更新以满足消费者需求，增加企业竞争力，不断扩大市场份额（龚光明、曾照存，2013）；同时，具备个人企业家精神的企业管理者还具

备良好的精神品质，能够信守承诺、遵规守法，对事业有坚忍不拔的信念和乐于奉献的精神，愿意主动承担社会责任并具有时代的使命感（何邓娇、吕静宜，2018）。

关于个人企业家精神和企业绩效的关系：首先，具有良好个人企业家精神的企业管理者具有冒险精神并敢于承担风险，同时也愿意宽容员工的失败，能够促使员工最大程度地发挥主观能动性；同时，经济活动中管理者诚实守信，践行诚信原则，能够通过信任关系降低交易成本，能够赢得更多消费者的认可并增加产品销售量，从而提升企业的生存绩效。其次，具有良好个人企业家精神的管理者通常是一个充满"个人魅力"的管理者，这种"个人魅力"能够为企业吸引更多优秀的员工、合作伙伴甚至顾客，因此员工和顾客的满意度和忠诚度都会显著提高，进而提升企业的成长绩效（王洪岩，2017；伍刚，2012）。再次，具有良好个人企业家精神的管理者，能够更好地支持内部员工进行创新活动，能够更好地促进企业各部门的合作，提高企业内部的沟通效率，优化企业内部资源配置，激发创新灵感，提升创新效率（Yu，2014）。因此，个人层面的企业家精神对提升企业绩效有一定的支持作用。基于此，本我们提出如下假设：

H6　个人层面企业家精神正向影响企业绩效

H6-1　个人层面企业家精神正向影响生存绩效

H6-2　个人层面企业家精神正向影响成长绩效

H6-3　个人层面企业家精神正向影响创新绩效

（二）企业层面企业家精神对企业绩效的影响假设

企业层面的企业家精神与个人层面的企业家精神有所不同，它是由企业组织中的创业者、管理者、员工及其相互作用，在特定环境中形成的企业组织层面的精神体现，并由此塑造出企业独特的文化，形成企业特有的价值取向，并最终影响和决定着企业的组织架构与发展战略决策（杨东、李垣，2008）。因此，企业层面的企业家精神是企业在经营活动中体现出的整体特质，其主要集中于企业的创新活动、风险活动和战略更新活动中。一个具有企业家精神的企业，首先对创新活动非常积极，愿意投入时间、精力、人力、财力等各种成本进行新产品或新技术的开发，在产品或服务提升方面投入的精力可能远高于行业平均水平，因此其创新能力在行业中非常突出（黄菁菁、原毅军，2014）。其次，一个具有企业家精神的企业，勇于尝试有风险的活动，例如，寻找新的商业机会并对其投资，敢于进入新的市场领域或在现有市场上找到新的立足点，甚至敢于创立新的企业（陈红涛，2013）。最后，一个具有企业家精神的企业，敢于主动进行战略更新，例如，在企业的经营发展过程中对一些沟通合作出现问题的部门进行改制重组，或是主动剥离一些不盈利的部门，在公司中尝试引进创新的人力资源管理体系，以及在行业中率先引进新的商业概念并付诸实践（刘向东，2010）。

企业层面的企业家精神与企业绩效的关系：首先，一个富有企业家精神的企业可以通过剥离不盈利的部门降低企业的运作成本，改善企业的财务状况，把企业的每一分钱都花在刀刃上；企业善于找到新的商业机会和进入新的市场领域，并敢于进行产品和服务的创新，因此企业有机会获得更大的利润空间。这些都有助于提高企业的生存绩效。其次，一个富有创新精神、敢于尝试风险活动并主动进行自我战略更新的企业通常在行业中甚至在社会上具有良好的声誉和口碑，因此可以为企业带来良好的社会效应，这种效应不但会增加企业产品及服务的销售量，更会提升员工的满意度和忠诚度，增加员工自豪感，并为企业吸引更多更优秀的员工。同样，这种效应也会增加企业客户的满意度和忠诚度，也可能会为企业吸引更多的合作伙伴并激发更多潜在的顾客，进而帮助企业快速成长并发展壮大。这些都有助于提升企业的成长绩效。最后，一个富有企业家精神的企业愿意不断地尝试创新活动，愿意增加科研经费和创新经费的投入，愿意在提高研发人员和技术人员的比重和素质上下功夫，因此其新产品或新服务的销售占比也会逐步增加，从而提升企业的创新绩效。因此，企业层面的企业家精神在一定程度上对企业绩效有正向促进作用。基于此，我们提出如下假设：

H7 企业层面企业家精神正向影响企业绩效

H7-1 企业层面企业家精神正向影响生存绩效

H7-2 企业层面企业家精神正向影响成长绩效

H7-3 企业层面企业家精神正向影响创新绩效

四、企业家精神的中介作用假设

前面我们已经对创业政策对企业绩效的影响、创业政策对企业家精神的影响以及企业家精神对企业绩效的影响关系进行了论述。而企业家精神在创业政策与企业绩效之间的中介作用可以从以下两个方面进行阐释。

（一）个人层面企业家精神在创业政策与企业绩效间的中介作用假设

前面我们已经讨论了创业政策对个人企业家精神具有一定的正向影响作用，个人企业家精神对企业绩效具有一定的正向影响作用。供给型创业政策可以降低创业者的创业成本和创业门槛，减少创业者的资金压力，提高创业者的创业技能，提高创业者的心理素质和抗风险能力，提高创业者对创业的认识和创业信心,从而激发和提升企业管理者的个人企业家精神(Shin & Park,2019);需求型政策可以通过对创业企业的拉动,提振创业者的自信心和创业动力,通过政府购买、服务外包等活动,增加企业管理者与政府部门的沟通机会,进一步激发管理者的创新精神、学习精神、诚信精神、敬业精神和责任精神等(Gurau & Dana,2020);环境型政策能够让企业家在公平公开公正的市场环境中从事企业经营,并为企业家提供逐步健全完善的公共服务,通过政府的组织引导、协调保障和宣传作用赋予企业家荣誉感和自豪感,从而进一步激发企业家的个人精神(李兰等,2019;谢雪燕、常倩倩,2017)。而企业管理者个人企业家精神的提升又会促使其进一步表现出善于思考、勇于创新、坚忍不拔、乐于奉献、诚实守信、有责任有担当的精神特质,这种特质会增加企业各方利益相关者对企业的满意度、忠诚度和认同度,从而提升企业绩效(张玉臣、吕宪鹏,2013)。综合上述分析,个人企业家精神在创业政策与企业绩效间起到了一定程度的中介作用,基于此,我们提出如下假设:

H8 个人层面企业家精神在供给型政策与企业绩效间发挥中介作用

H8-1 个人层面企业家精神在供给型政策与生存绩效间发挥中介作用

H8-2 个人层面企业家精神在供给型政策与成长绩效间发挥中介作用

H8-3 个人层面企业家精神在供给型政策与创新绩效间发挥中介作用

H9 个人层面企业家精神在需求型政策与企业绩效间发挥中介作用

H9-1 个人层面企业家精神在需求型政策与生存绩效间发挥中介作用

H9-2 个人层面企业家精神在需求型政策与成长绩效间发挥中介作用

H9-3 个人层面企业家精神在需求型政策与创新绩效间发挥中介作用

H10 个人层面企业家精神在环境型政策与企业绩效间发挥中介作用

H10-1 个人层面企业家精神在环境型政策与生存绩效间发挥中介作用

H10-2　个人层面企业家精神在环境型政策与成长绩效间发挥中介作用

H10-3　个人层面企业家精神在环境型政策与创新绩效间发挥中介作用

（二）企业层面企业家精神在创业政策与企业绩效间的中介作用假设

前面我们已经讨论了创业政策对企业层面企业家精神具有一定的正向影响作用，企业层面企业家精神对企业绩效具有一定的正向影响作用。供给型创业政策通过为企业提供必要的资金、人才、技术和基础设施支持，帮助企业提升自身软实力和硬实力，让企业能够有信心、有能力开展更多的创新活动、风险活动和战略更新活动，从而激发和提升整个企业的企业家精神（Bojica & Fuentes，2012）；需求型政策通过为企业提供政府购买、服务外包等支持，让企业可以保有一定比例的稳定的销售渠道，让企业不会因为担心失败影响企业生存而不敢进行创新活动、风险活动或战略更新活动（Ndemezo & Kayitana，2018），同时，贸易管制和海外交流政策能够增加企业产品走向国际的机会，让企业有更多的机会与境外进行技术及管理方面的沟通交流和学习（Davidsson & Wiklund，2007），开阔企业视野，让企业更愿意主动出击，开展各类创新活动、风险活动和战略更新活动，从而进一步激发企业的企业家精神；环境型政策通过为企业提供法律法规、金融、公共服务等方面的支持，并辅以政府的宣传、引导和协调，能够为企业从事创新活动、风险活动和战略更新活动保驾护航，成为企业的强大后盾，减少企业的顾忌和后顾之忧，让企业层面的企业家精神充分释放。而企业层面企业家精神的激发和提升，会大大提升企业对创新的兴趣和热情，提升企业的创新绩效（蒋春燕、赵曙明，2006）；新产品和新技术的应用和推广又会进一步促进企业销售量的增加，提高企业利润，提升企业的生存绩效（罗淀、章刘成，2020）；企业各方利益相关者看到企业的进步和成长会对其未来发展更有信心，而这种信心无形中增加了各利益相关者的满意度、忠诚度和认同度，从而提升企业的成长绩效（彭泗清、李兰，2014）。综合上述分析，企业层面的企业家精神在创业政策与企业绩效间起到了一定程度的中介作用，基于此，本研究提出如下假设：

H11　企业层面企业家精神在供给型政策与企业绩效间发挥中介作用

H11-1　企业层面企业家精神在供给型政策与生存绩效间发挥中介作用

H11-2　企业层面企业家精神在供给型政策与成长绩效间发挥中介作用

H11-3 企业层面企业家精神在供给型政策与创新绩效间发挥中介作用

H12 企业层面企业家精神在需求型政策与企业绩效间发挥中介作用
H12-1 企业层面企业家精神在需求型政策与生存绩效间发挥中介作用
H12-2 企业层面企业家精神在需求型政策与成长绩效间发挥中介作用
H12-3 企业层面企业家精神在需求型政策与创新绩效间发挥中介作用

H13 企业层面企业家精神在环境型政策与企业绩效间发挥中介作用
H13-1 企业层面企业家精神在环境型政策与生存绩效间发挥中介作用
H13-2 企业层面企业家精神在环境型政策与成长绩效间发挥中介作用
H13-3 企业层面企业家精神在环境型政策与创新绩效间发挥中介作用

五、研究框架

综上所述,本研究提出如下研究框架(见图9.1):创业政策对企业绩效具有显著的正向促进作用,创业政策对企业家精神具有显著的正向促进作用,企业家精神对企业绩效具有显著的正向促进作用;同时,企业家精神在创业政策和企业绩效之间发挥中介作用。

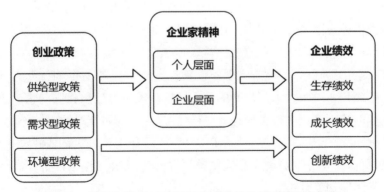

图9.1 创业政策、企业家精神与企业绩效关系的研究框架

第四节　实证分析

我们通过相关分析考察各变量之间的相互关系。在徐枫等(2018)、黄永春等(2019)和余绍忠(2013)的基础上，通过 AMOS 建立混合变量结构方程模型，探讨个人层面企业家精神、企业层面企业家精神在供给型政策、需求型政策、环境型政策与企业绩效及其各维度间的多重中介作用。

一、数据来源及信效度检验

本章研究所需数据均来自问卷调查，具体量表及题项详见附录 B。

需要说明的是，本章引入创业政策享用度指标(黄永春等，2019)来研究创业政策对企业绩效的影响。创业政策享用度定义为：创业主体实际享用到的创业政策供给与创业主体对创业政策实际需求的比值，即：

$$\sigma = \frac{y}{x} \tag{9.1}$$

其中，x 和 y 分别表示创业主体对创业政策的实际需求值与创业主体实际享用到的政策供给值；σ 即为创业主体对创业政策的享用度。

该指标重点观测创业主体对政策的享用情况，即政策对企业的惠及力度，主要考察创业主体是否处于一个良好的政策环境之中。政策供给与政策需求的比值越大，则创业政策的享用度越大，说明创业主体能够享用到的政策供给越大，也就越能满足企业对政策的需求，企业所处的政策环境也就越好；反之，该比值越小，则创业政策的享用度越小，说明创业主体能够享用到的政策供给越有限，也就越难满足企业对政策的需求，企业所处的政策环境也就越差。由第八章的研究可知，我国目前创业政策的供给程度普遍小于对政策的需求程度，在这种情况下，政策享用度指标比政策供需匹配指标更能直接反映出创业政策对企业的惠及力度。另外，政策享用度指标比单纯的政策供给指标更能反映出创业政策对企业的影响。因为某类政策供给越多、力度越大并不能说明它对该企业的影响就越大，还要看它与该企业对政策需求之间的关系。在政策供给程度相同的情况下，不同企业的政策享用度很可能是不一样的。此外，为了让受访者能够充分理解指标的含义，本研究在问卷调研中并不直接让受访者对创业政策享用度作出评价，而是分别对创业政策供给情况和需求情况作出评价，以保证数据的真实性和有效性。

另外，由于本章研究所用的基础数据与第六、第八章研究所用数据均出自同一问卷,因此对于问卷整体的描述性统计分析、变量描述、共同方法偏差检验,以及对问卷中创业政策量表的信效度检验已经在第八章完成(见第八章第四节),本章不再赘述。企业家精神量表的信度和效度的检验已在第六章第三、第四两节中阐述。接下来,本章重点对问卷中的企业绩效量表进行信度和效度的检验。

对企业绩效量表中所涉及的变量进行信度分析,所测得各维度的Cronbach's α值均在 0.7 以上,说明这些变量均具有良好的一致性和稳定性。此外,CITC 的值最小为 0.571>0.4,且各测量题项的 CAID 值均比Cronbach's α 小,表明企业绩效量表中各变量均具有较高的信度,能够较为稳定地、一致地反映出样本情况。

另外,企业绩效量表的 KMO=0.881>0.7,巴特利特球形度检验卡方值为 3921.088,自由度 df=55,P<0.001,因此该量表适合进行因子分析。经探索性因子分析,该量表提取 3 个公因子时,其所包含的信息占总信息的 67.498%>60%,说明采用主成分分析策略能较好地涵盖主要信息。采用最大方差法旋转因子矩阵,因子载荷均>0.4。旋转后的各公因子分别为成长绩效、生存绩效和创新绩效,符合原始假设。各题项的因子载荷及各题项共同度提取值均大于 0.5。因此,从探索性因子分析角度而言企业绩效量表效度良好。

基于量表理论结构与探索性因子分析结果,进一步用验证性因子分析探讨问卷效度。采用 AMOS 建立二阶 3 因子分析模型(见图 9.2),验证性因子分析模型拟合指数均达到拟合标准,认为该因子分析模型能够得到数据支撑,模型结构佳,维度间区分效度佳。另外,标准化路径系数和各变量的平均方差提取量(AVE)均大于 0.5,认为量表中变量具有较好的收敛效度;同时,量表中各变量的组合信度较好(CR 均高于 0.7)。因此,从验证性因子分析角度认为企业绩效量表效度良好,可以用于后续分析。关于企业绩效量表的信效度检验数据详见附录 C。

二、相关性分析

在社会科学研究中,通常采用 Pearson 系数来衡量变量之间的相关性。如果相关系数通过显著性检验,那么表明变量之间存在正相关或者负相关关系。本研究中的相关性指标见表 9.2。其中,供给型政策与需求型政策间的相关系数为 0.230(P≤0.01),因此可以认为两者存在正相关关系。同理可知,本研究中 P 值均小于 0.01,Pearson 相关系数在 0.129~0.432 内,即各变量之间存在弱相关或者中等强度正相关关系,变量相关性符合预期假设。

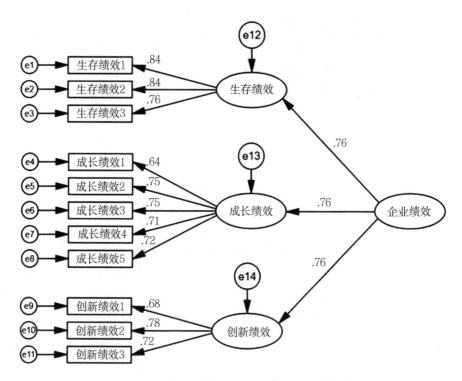

图 9.2　企业绩效验证性因子分析模型图

表 9.2　变量间的相关性

	1	2	3	4	5	6
1. 供给型政策	1					
2. 需求型政策	0.230**	1				
3. 环境型政策	0.216**	0.167**	1			
4. 个体特质层面企业家精神	0.248**	0.129**	0.244**	1		
5. 企业组织层面企业家精神	0.351**	0.296**	0.282**	0.324**	1	
6. 企业绩效	0.432**	0.370**	0.373**	0.361**	0.407**	1

注：*表示 P＜0.05，**表示 P＜0.01。

三、研究假设验证

（一）创业政策、企业家精神与企业绩效间的影响关系

对于创业政策、企业家精神与企业绩效的影响关系，通过 AMOS 建立潜变量结构方程模型（见图 9.3），纳入供给型政策、需求型政策、环境型政策为自变量，个体特质层面企业家精神、企业组织层面企业家精神为中介变量，企业绩效为结局变量。

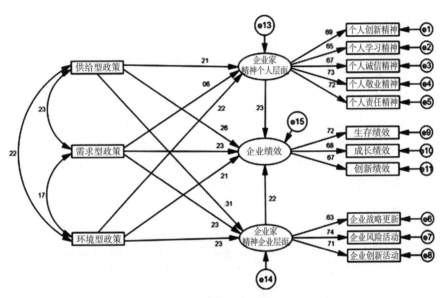

图 9.3　结构方程模型图

结构方程模型拟合指数见表 9.3，可知，结构方程模型拟合指数均达到拟合标准，认为结构方程模型能够得到数据支撑，结构方程模型结构佳。

表 9.3　结构方程模型拟合度

Fit	χ^2	df	χ^2/df	RMSEA	GFI	NFI	IFI	TLI	CFI
Model	129.073	68	1.898	0.034	0.979	0.961	0.981	0.973	0.980
Criteria	—	—	<5	<0.08	>0.9	>0.9	>0.9	>0.9	>0.9

结构方程模型分析结果如表 9.4 所示。通过对结果分析可知，测量模型的标准化系数均大于 0.5，测量模型结构佳。对于结构模型分析可知：供给型政策对个体特质层面企业家精神存在显著正向影响（P<0.001，标准

化路径系数＝0.213），假设 H4－1 成立；环境型政策对个体特质层面企业家精神存在显著正向影响（P＜0.001，标准化路径系数＝0.216），假设 H4－3 成立；供给型政策对企业组织层面企业家精神存在显著正向影响（P＜0.001，标准化路径系数＝0.310），假设 H5－1 成立；需求型政策对企业组织层面企业家精神存在显著正向影响（P＜0.001，标准化路径系数＝0.230），假设 H5－2 成立；环境型政策对企业组织层面企业家精神存在显著正向影响（P＜0.001，标准化路径系数＝0.229），假设 H5－3 成立；供给型政策对企业绩效存在显著正向影响（P＜0.001，标准化路径系数＝0.255），假设 H1 成立；需求型政策对企业绩效存在显著正向影响（P＜0.001，标准化路径系数＝0.235），假设 H2 成立；环境型政策对企业绩效存在显著正向影响（P＜0.001，标准化路径系数＝0.207），假设 H3 成立；个体特质层面企业家精神对企业绩效存在显著正向影响（P＜0.001，标准化路径系数＝0.234），假设 H6 成立；企业组织层面企业家精神对企业绩效存在显著正向影响（P＜0.001，标准化路径系数＝0.218），假设 H7 成立。

但是，需求型政策对个体特质层面企业家精神不存在显著的正向影响（P＞0.05），因此，假设 H4－2 不成立。

表 9.4　结构方程模型分析结果

Road		Standard	Unstandard	SE	t	P
个体特质层面企业家精神	← 供给型政策	0.213	0.501	0.090	5.541	***
个体特质层面企业家精神	← 需求型政策	0.059	0.119	0.076	1.577	0.115
个体特质层面企业家精神	← 环境型政策	0.216	0.575	0.101	5.686	***
企业组织层面企业家精神	← 供给型政策	0.310	0.785	0.101	7.804	***
企业组织层面企业家精神	← 需求型政策	0.230	0.503	0.083	6.029	***
企业组织层面企业家精神	← 环境型政策	0.229	0.656	0.109	6.024	***
企业绩效	← 供给型政策	0.255	0.836	0.125	6.710	***
企业绩效	← 需求型政策	0.235	0.664	0.101	6.605	***

Road			Standard	Unstandard	SE	t	P
企业绩效	←	环境型政策	0.207	0.768	0.134	5.737	***
企业绩效	←	个体特质层面 企业家精神	0.234	0.325	0.055	5.891	***
企业绩效	←	企业组织层面 企业家精神	0.218	0.282	0.061	4.591	***
个人创新精神	←	个体特质层面 企业家精神	0.685	1.000	—	—	—
个人学习精神	←	个体特质层面 企业家精神	0.653	0.944	0.058	16.165	***
个人诚信精神	←	个体特质层面 企业家精神	0.671	0.975	0.059	16.537	***
个人敬业精神	←	个体特质层面 企业家精神	0.734	1.098	0.062	17.761	***
个人责任精神	←	个体特质层面 企业家精神	0.717	1.084	0.062	17.440	***
企业战略更新	←	企业组织层面 企业家精神	0.630	1.000	—	—	—
企业风险活动	←	企业组织层面 企业家精神	0.741	1.250	0.085	14.789	***
企业创新活动	←	企业组织层面 企业家精神	0.714	1.102	0.075	14.643	***
生存绩效	←	企业绩效	0.721	1.000	—	—	—
成长绩效	←	企业绩效	0.675	0.775	0.048	16.143	***
创新绩效	←	企业绩效	0.668	0.822	0.051	16.024	***

注：***表示 P<0.001。

　　进一步对个体特质层面企业家精神、企业组织层面企业家精神在供给型政策、需求型政策、环境型政策与企业绩效间的中介作用进行探讨。采用 Bootstrap 法估计中介效应量，结果如表 9.5 所示。

表 9.5　中介效应量估计

Variable	Parameter	Estimate	SE	95%LCI	95%UCI
供给型政策	Total Effect	0.372	0.034	0.307	0.440
	Direct Effect	0.255	0.038	0.182	0.331
	Total Indirect Effect	0.117	0.026	0.071	0.171
	供给型政策→个体特质层面企业家精神→企业绩效	0.050	0.016	0.024	0.087
	供给型政策→企业组织层面企业家精神→企业绩效	0.067	0.021	0.031	0.114
需求型政策	Total Effect	0.299	0.036	0.228	0.368
	Direct Effect	0.235	0.037	0.166	0.308
	Total Indirect Effect	0.064	0.022	0.024	0.111
	需求型政策→个体特质层面企业家精神→企业绩效	0.014	0.013	−0.009	0.042
	需求型政策→企业组织层面企业家精神→企业绩效	0.050	0.017	0.022	0.089
环境型政策	Total Effect	0.308	0.037	0.234	0.379
	Direct Effect	0.207	0.042	0.128	0.290
	Total Indirect Effect	0.100	0.023	0.060	0.149
	环境型政策→个体特质层面企业家精神→企业绩效	0.050	0.015	0.025	0.087
	环境型政策→企业组织层面企业家精神→企业绩效	0.050	0.017	0.021	0.090

　　对于个体特质层面企业家精神、企业组织层面企业家精神在供给型政策与企业绩效间的中介作用进行分析：总效应、直接效应及总中介效应对应的95%置信区间均不包含0，即等价于P<0.05，因此可以认为，其总效应、直接效应、中介效应均显著，并且总效应、直接效应和总中介效应标准化效应量分别为0.372、0.255和0.117，总中介效应占总效应的31.45%，说明为部分中介作用。进一步对各中介路径进行分析：个体特质层面企业家精神在供给型政策与企业绩效间的中介效应95%置信区间为[0.024,0.087]，不包含0，因此认为个体特质层面企业家精神在供给型政策与企业绩效间中介作用显著，中介效应量为0.050，假设H8成立；企业组织层面

企业家精神在供给型政策与企业绩效间中介效应95%置信区间为[0.031，0.114]，不包含0，因此认为企业组织层面企业家精神在供给型政策与企业绩效间中介作用显著，中介效应量为0.067，假设H11成立。

同理，由表9.7可知，企业组织层面企业家精神在需求型政策与企业绩效间中介作用显著，且中介效应量为0.050，假设H12成立；个体特质层面企业家精神在环境型政策与企业绩效间中介作用显著，且中介效应量为0.050，假设H10成立；企业组织层面企业家精神在环境型政策与企业绩效间中介作用显著，且中介效应量为0.050，假设H13成立。

但是，个体特质层面企业家精神在需求型政策与企业绩效间中介效应的95%置信区间为[-0.009，0.042]，包含0，即等价于P>0.05，说明个体特质层面企业家精神在需求型政策与企业绩效间的中介作用不显著，因此假设H9不成立。

（二）创业政策、企业家精神与企业绩效各维度间影响关系的深入探讨

进一步对不同类型的创业政策、不同层面的企业家精神和不同维度的企业绩效之间的影响关系进行深入探讨。利用AMOS建立潜变量结构方程模型（见图9.4），纳入供给型政策、需求型政策、环境型政策为自变量，个体特质层面企业家精神、企业组织层面企业家精神为中介变量，生存绩效、成长绩效、创新绩效为结局变量。

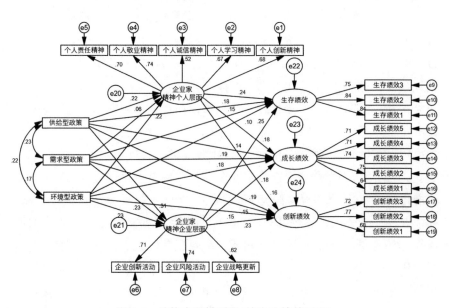

图9.4 结构方程模型图（按企业绩效展开）

　　结构方程模型拟合指数见表9.6。可知,结构方程模型拟合指数均达到拟合标准,认为结构方程模型能够得到数据支撑,结构方程模型结构佳。

表 9.6　结构方程模型拟合度(按企业绩效展开)

Fit	χ^2	df	χ^2/df	RMSEA	GFI	NFI	IFI	TLI	CFI
Model	501.384	188	2.667	0.044	0.946	0.924	0.951	0.940	0.951
Criteria	—	—	<5	<0.08	>0.9	>0.9	>0.9	>0.9	>0.9

　　结构方程模型分析结果如表9.7所示。通过对结果分析可知,测量模型的标准化系数均大于0.5,测量模型结构佳。对于结构模型分析可知:供给型政策对生存绩效存在显著正向影响(P<0.001,标准化路径系数＝0.177),假设 H1-1 成立;需求型政策对生存绩效存在显著正向影响(P<0.001,标准化路径系数＝0.152),假设 H2-1 成立;环境型政策对生存绩效存在显著正向影响(P＝0.006<0.05,标准化路径系数＝0.097),假设 H3-1成立;供给型政策对成长绩效存在显著正向影响(P<0.001,标准化路径系数＝0.140),假设 H1-2 成立;需求型政策对成长绩效存在显著正向影响(P<0.001,标准化路径系数＝0.189),假设 H2-2 成立;环境型政策对成长绩效存在显著正向影响(P<0.001,标准化路径系数＝0.181),假设 H3-2成立;供给型政策对创新绩效存在显著正向影响(P<0.001,标准化路径系数＝0.193),假设 H1-3 成立;需求型政策对创新绩效存在显著正向影响(P<0.001,标准化路径系数＝0.147),假设 H2-3 成立;环境型绩效存在显著正向影响(P<0.001,标准化路径系数＝0.150),假设 H3-3成立;个体特质层面企业家精神对创新绩效存在显著正向影响(P<0.001,标准化路径系数＝0.164),假设 H6-3 成立;企业组织层面企业家精神对创新绩效存在显著正向影响(P<0.001,标准化路径系数＝0.230),假设 H7-3成立;个体特质层面企业家精神对生存绩效存在显著正向影响(P<0.001,标准化路径系数＝0.244),假设 H6-1 成立;企业组织层面企业家精神对生存绩效存在显著正向影响(P<0.001,标准化路径系数＝0.250),假设 H7-1成立;个体特质层面企业家精神对成长绩效存在显著正向影响(P<0.001,标准化路径系数＝0.181),假设 H6-2 成立;企业组织层面企业家精神对成长绩效存在显著正向影响(P<0.001,标准化路径系数＝0.176),假设 H7-2成立。

表 9.7 结构方程模型分析结果（按企业绩效展开）

	Road	Standard	Unstandard	SE	t	P
个体特质层面 企业家精神	← 供给型政策	0.221	0.514	0.090	5.688	***
个体特质层面 企业家精神	← 需求型政策	0.059	0.119	0.076	1.571	0.116
企业组织层面 企业家精神	← 需求型政策	0.232	0.504	0.083	6.055	***
企业组织层面 企业家精神	← 环境型政策	0.231	0.656	0.109	6.048	***
个体特质层面 企业家精神	← 环境型政策	0.218	0.574	0.101	5.687	***
企业组织层面 企业家精神	← 供给型政策	0.313	0.785	0.100	7.830	***
生存绩效	← 供给型政策	0.177	0.679	0.142	4.763	***
生存绩效	← 需求型政策	0.152	0.500	0.115	4.368	***
生存绩效	← 环境型政策	0.097	0.418	0.153	2.741	***
成长绩效	← 供给型政策	0.140	0.495	0.136	3.645	***
成长绩效	← 需求型政策	0.189	0.577	0.110	5.243	***
成长绩效	← 环境型政策	0.181	0.722	0.147	4.901	***
创新绩效	← 供给型政策	0.193	0.680	0.142	4.773	***
创新绩效	← 需求型政策	0.147	0.447	0.114	3.914	***
创新绩效	← 环境型政策	0.150	0.597	0.153	3.904	***
创新绩效	← 个体特质层面 企业家精神	0.164	0.247	0.063	3.892	***
创新绩效	← 企业组织层面 企业家精神	0.230	0.322	0.072	4.494	***
生存绩效	← 个体特质层面 企业家精神	0.244	0.401	0.066	6.122	***
生存绩效	← 企业组织层面 企业家精神	0.250	0.381	0.073	5.245	***
成长绩效	← 个体特质层面 企业家精神	0.181	0.274	0.061	4.469	***

Road		Standard	Unstandard	SE	t	P
成长绩效	← 企业组织层面企业家精神	0.176	0.248	0.068	3.660	***
个人创新精神	← 个体特质层面企业家精神	0.677	1.000	—	—	—
个人责任精神	← 个体特质层面企业家精神	0.698	1.069	0.064	16.596	***
个人学习精神	← 个体特质层面企业家精神	0.670	0.982	0.061	16.091	***
个人诚信精神	← 个体特质层面企业家精神	0.521	1.048	0.081	12.983	***
个人敬业精神	← 个体特质层面企业家精神	0.737	1.115	0.065	17.227	***
企业战略更新	← 企业组织层面企业家精神	0.625	1.000	—	—	—
企业风险活动	← 企业组织层面企业家精神	0.736	1.252	0.085	14.724	***
企业创新活动	← 企业组织层面企业家精神	0.706	1.098	0.076	14.522	***
生存绩效3	← 生存绩效	0.755	1.000	—	—	—
生存绩效2	← 生存绩效	0.836	1.107	0.048	23.107	***
生存绩效1	← 生存绩效	0.841	1.180	0.051	23.179	***
成长绩效3	← 成长绩效	0.744	1.000	—	—	—
成长绩效2	← 成长绩效	0.750	1.025	0.051	20.160	***
成长绩效1	← 成长绩效	0.641	0.918	0.053	17.328	***
创新绩效3	← 创新绩效	0.722	1.000	—	—	—
创新绩效2	← 创新绩效	0.772	1.075	0.062	17.400	***
创新绩效1	← 创新绩效	0.682	0.941	0.057	16.417	***
成长绩效4	← 成长绩效	0.708	1.031	0.054	19.103	***
成长绩效5	← 成长绩效	0.714	0.896	0.047	19.253	***

注：***表示 P＜0.001。

进一步对个体特质层面企业家精神、企业组织层面企业家精神在供给型政策、需求型政策、环境型政策与生存绩效、成长绩效、创新绩效间的中介作用进行探讨。采用 Bootstrap 法估计中介效应量，结果如表 9.8 所示：

表 9.8　中介效应量估计（按企业绩效展开）

Road	Parameter	Estimate	SE	95%LCI	95%UCI
供给型政策 → 生存绩效	Total Effect	0.309	0.031	0.250	0.372
	Direct Effect	0.177	0.043	0.094	0.255
	Total Indirect Effect	0.132	0.032	0.082	0.196
	供给型政策→个体特质层面企业家精神→生存绩效	0.054	0.017	0.026	0.095
	供给型政策→企业组织层面企业家精神→生存绩效	0.078	0.032	0.034	0.145
供给型政策 → 成长绩效	Total Effect	0.235	0.035	0.165	0.303
	Direct Effect	0.140	0.045	0.056	0.223
	Total Indirect Effect	0.095	0.033	0.045	0.159
	供给型政策→个体特质层面企业家精神→成长绩效	0.040	0.016	0.014	0.078
	供给型政策→企业组织层面企业家精神→成长绩效	0.055	0.033	0.008	0.122
供给型政策 → 创新绩效	Total Effect	0.301	0.035	0.229	0.369
	Direct Effect	0.193	0.046	0.106	0.277
	Total Indirect Effect	0.108	0.033	0.058	0.176
	供给型政策→个体特质层面企业家精神→创新绩效	0.036	0.016	0.012	0.075
	供给型政策→企业组织层面企业家精神→创新绩效	0.072	0.033	0.025	0.140

Road	Parameter	Estimate	SE	95%LCI	95%UCI
需求型政策 → 生存绩效	Total Effect	0.224	0.032	0.161	0.287
	Direct Effect	0.152	0.039	0.078	0.225
	Total Indirect Effect	0.072	0.028	0.026	0.126
	需求型政策→个体特质层面企业家精神→生存绩效	0.014	0.014	−0.009	0.046
	需求型政策→企业组织层面企业家精神→生存绩效	0.058	0.024	0.025	0.109
需求型政策 → 成长绩效	Total Effect	0.241	0.036	0.166	0.308
	Direct Effect	0.189	0.041	0.109	0.264
	Total Indirect Effect	0.052	0.027	0.011	0.107
	需求型政策→个体特质层面企业家精神→成长绩效	0.011	0.011	−0.006	0.038
	需求型政策→企业组织层面企业家精神→成长绩效	0.041	0.025	0.007	0.095
需求型政策 → 创新绩效	Total Effect	0.210	0.036	0.136	0.280
	Direct Effect	0.147	0.042	0.065	0.226
	Total Indirect Effect	0.063	0.028	0.020	0.121
	需求型政策→个体特质层面企业家精神→创新绩效	0.010	0.010	−0.005	0.035
	需求型政策→企业组织层面企业家精神→创新绩效	0.053	0.026	0.017	0.112
环境型政策 → 生存绩效	Total Effect	0.208	0.034	0.141	0.273
	Direct Effect	0.097	0.042	0.016	0.177
	Total Indirect Effect	0.111	0.027	0.070	0.166
	环境型政策→个体特质层面企业家精神→生存绩效	0.053	0.017	0.026	0.091
	环境型政策→企业组织层面企业家精神→生存绩效	0.058	0.025	0.024	0.111

Road	Parameter	Estimate	SE	95％LCI	95％UCI
环境型政策 → 成长绩效	Total Effect	0.261	0.036	0.192	0.332
	Direct Effect	0.181	0.044	0.097	0.264
	Total Indirect Effect	0.080	0.027	0.040	0.132
	环境型政策→个体特质层面企业家精神→成长绩效	0.039	0.016	0.013	0.077
	环境型政策→企业组织层面企业家精神→成长绩效	0.041	0.026	0.006	0.094
环境型政策 → 创新绩效	Total Effect	0.239	0.038	0.163	0.312
	Direct Effect	0.150	0.046	0.062	0.238
	Total Indirect Effect	0.089	0.028	0.048	0.145
	环境型政策→个体特质层面企业家精神→创新绩效	0.036	0.015	0.012	0.073
	环境型政策→企业组织层面企业家精神→创新绩效	0.053	0.026	0.017	0.109

对表9.8中的总效应、直接效应、中介效应以及各中介路径进行分析，并以其对应的95%置信区间是否包含0为判断依据，经分析发现：个体特质层面企业家精神在供给型政策与生存绩效间中介作用显著，中介效应量为0.054，假设H8-1成立；企业组织层面企业家精神在供给型政策与生存绩效间中介作用显著，中介效应量为0.078，假设H11-1成立；个体特质层面企业家精神在供给型政策与成长绩效间中介作用显著，中介效应量为0.040，假设H8-2成立；企业组织层面企业家精神在供给型政策与成长绩效间中介作用显著，中介效应量为0.055，假设H11-2成立；个体特质层面企业家精神在供给型政策与创新绩效间中介作用显著，中介效应量为0.036，假设H8-3成立；企业组织层面企业家精神在供给型政策与创新绩效间中介作用显著，中介效应量为0.072，假设H11-3成立；企业组织层面企业家精神在需求型政策与生存绩效间中介作用显著，中介效应量为0.058，假设H12-1成立；企业组织层面企业家精神在需求型政策与成长绩效间中介作用显著，中介效应量为0.041，假设H12-2成立；企业组织层面企业家精神在需求型政策与创新绩效间中介作用显著，中介效应量为0.053，假设H12-3成立；个体特质层面企业家精神在环境型政策与生存绩

效间中介作用显著，中介效应量为 0.053，假设 H10-1 成立；企业组织层面企业家精神在环境型政策与生存绩效间中介作用显著，中介效应量为 0.058，假设 H13-1 成立；个体特质层面企业家精神在环境型政策与成长绩效间中介作用显著，中介效应量为 0.039，假设 H10-2 成立；企业组织层面企业家精神在环境型政策与成长绩效间中介作用显著，中介效应量为 0.041，假设 H13-2 成立；个体特质层面企业家精神在环境型政策与创新绩效间中介作用显著，中介效应量为 0.036，假设 H10-3 成立；企业组织层面企业家精神在环境型政策与创新绩效间中介作用显著，中介效应量为 0.053，假设 H13-3 成立。

但是，个体特质层面企业家精神在需求型政策与生存绩效间中介效应 95%置信区间为[-0.009,0.046]，包含 0，因此认为个体特质层面企业家精神在需求型政策与生存绩效间中介作用不显著，假设 H9-1 不成立；同理可知，个体特质层面企业家精神在需求型政策与成长绩效间中介作用不显著，假设 H9-2 不成立；个体特质层面企业家精神在需求型政策与创新绩效间中介作用不显著，假设 H9-3 不成立。

四、异质企业影响路径的差异性比较

在上述研究的基础上，进一步对异质性的企业类别进行多群组分析，以深入探讨不同影响路径对不同类型企业影响的差异性。

（一）基于创业动机的影响路径的差异性比较

对于不同创业动机企业间影响路径的差异性进行比较，采用 AMOS 构建多群组结构方程模型。测量限制模型与结构限制模型间模型拟合度差异见表 9.9，结果显示：卡方值之差为 34.528，自由度之差为 22，模型差异显著性 P=0.043<0.05，表明测量限制模型与结构限制模型间存在显著差异，因此进一步对模型路径进行比较，比较结果如表 9.10 所示。

表 9.9　基于创业动机的模型拟合度差异

Model	ΔDF	ΔCMIN	P	ΔNFI	ΔIFI	ΔRFI	ΔTLI
Structural weights	22	34.528	0.043	0.01	0.01	0.001	0.001

表 9.10 基于创业动机的模型差异比较结果

Road		生存推动型 （n＝230）		机会拉动型 （n＝299）		创新驱动型 （n＝318）		P比较
		Estimate	S.E.	Estimate	S.E.	Estimate	S.E.	
个人 层面	← 供给型 政策	0.515	0.143	0.255	0.154	0.806	0.170	0.056
个人 层面	← 需求型 政策	0.286	0.141	0.120	0.159	0.003	0.105	0.273
个人 层面	← 环境型 政策	0.344	0.175	0.618	0.188	0.682	0.155	0.327
企业 层面	← 供给型 政策	0.764	0.148	0.750	0.163	0.912	0.190	0.779
企业 层面	← 需求型 政策	0.583	0.145	0.535	0.166	0.414	0.117	0.636
企业 层面	← 环境型 政策	0.554	0.178	0.490	0.195	0.799	0.173	0.438
企业 绩效	← 供给型 政策	0.709	0.209	0.715	0.200	0.992	0.245	0.616
企业 绩效	← 需求型 政策	0.543	0.193	0.922	0.198	0.558	0.141	0.270
企业 绩效	← 环境型 政策	0.669	0.230	1.076	0.235	0.594	0.220	0.282
企业 绩效	← 个人 层面	0.568	0.107	0.141	0.084	0.383	0.094	0.006
企业 绩效	← 企业 层面	0.411	0.131	0.319	0.101	0.164	0.094	0.264

由表 9.10 可知，就个体特质层面企业家精神对于企业绩效的影响路径而言，$P_{比较}＝0.006＜0.05$，说明该路径对不同创业动机的企业影响差异显著。经比较其路径系数（Estimate）可知，该路径对于生存推动型企业影响更大，其次是创新驱动型企业，而对机会拉动型企业影响最小。而其余路径影响差异均不显著。

（二）基于企业发展阶段的影响路径的差异性比较

对处于不同发展阶段的企业间影响路径的差异性进行比较，同样采用 AMOS 构建多群组结构方程模型。测量限制模型与结构限制模型间模型拟合度差异见表 9.11，结果显示：卡方值之差为 50.506，自由度之差为 22，模型差异显著性 $P=0.001<0.05$，表明测量限制模型与结构限制模型间存在显著差异，因此进一步对模型路径进行比较，比较结果如表 9.12 所示。

表 9.11　基于企业发展阶段的模型拟合度差异

Model	ΔDF	$\Delta CMIN$	P	ΔNFI	ΔIFI	ΔRFI	ΔTLI
Structural weights	22	50.506	0.001	0.014	0.015	0.007	0.008

由表 9.12 可知，对于环境型政策对个体特质层面企业家精神的影响路径而言，$P_{比较}=0.008<0.05$，说明该路径对不同发展阶段的企业影响差异显著，经比较其路径系数可知，该路径对初创期企业的影响高于成长期和成熟期企业；对于环境型政策对企业组织层面企业家精神的影响路径而言，$P_{比较}=0.011<0.05$，说明该路径对不同发展阶段的企业影响差异显著，经比较其路径系数可知，该路径对于初创期企业的影响高于成长期和成熟期企业；对于供给型政策对企业绩效的影响路径而言，$P_{比较}=0.003<0.05$，说明该路径对不同发展阶段的企业影响差异显著，经比较其路径系数可知，该路径对于成长期和成熟期企业的影响高于初创期企业。而其余路径影响差异均不显著。

表 9.12　基于企业发展阶段的模型差异比较结果

Road		初创期（n=271）		成长期（n=399）		成熟期（n=177）		$P_{比较}$
		Estimate	S.E.	Estimate	S.E.	Estimate	S.E.	
个人层面 ←	供给型政策	0.653	0.136	0.291	0.146	0.444	0.223	0.190
个人层面 ←	需求型政策	−0.015	0.122	0.222	0.118	0.078	0.175	0.373
个人层面 ←	环境型政策	0.956	0.174	0.416	0.141	0.116	0.239	0.008

Road		初创期（n=271）		成长期（n=399）		成熟期（n=177）		P比较
		Estimate	S.E.	Estimate	S.E.	Estimate	S.E.	
企业层面	← 供给型政策	0.781	0.142	0.688	0.165	0.586	0.222	0.748
企业层面	← 需求型政策	0.594	0.127	0.385	0.131	0.530	0.175	0.510
企业层面	← 环境型政策	1.095	0.181	0.453	0.158	0.372	0.237	0.011
企业绩效	← 供给型政策	0.343	0.191	1.229	0.192	1.041	0.291	0.003
企业绩效	← 需求型政策	0.566	0.160	0.751	0.150	1.017	0.230	0.269
企业绩效	← 环境型政策	0.679	0.253	0.706	0.181	1.160	0.300	0.381
企业绩效	← 个人层面	0.314	0.090	0.287	0.077	0.434	0.119	0.578
企业绩效	← 企业层面	0.424	0.119	0.274	0.079	0.190	0.145	0.413

（三）基于企业规模的影响路径的差异性比较

对于不同规模的企业间影响路径的差异性进行比较，采用 AMOS 构建多群组结构方程模型。测量限制模型与结构限制模型间模型拟合度差异见表 9.13，结果显示：卡方值之差为 49.429，自由度之差为 33，模型差异显著性 P＝0.033＜0.05，表明测量限制模型与结构限制模型间存在显著差异，因此进一步对模型路径进行比较，比较结果如表 9.14 所示。

表 9.13 基于企业规模的模型拟合度差异

Model	ΔDF	ΔCMIN	P	ΔNFI	ΔIFI	ΔRFI	ΔTLI
Structural weights	33	49.429	0.033	0.013	0.014	−0.001	−0.001

表 9.14 基于企业规模的模型差异比较结果

Road		微型企业 (n=162)		小型企业 (n=294)		中型企业 (n=267)		大型企业 (n=124)		$P_{比较}$
		Estimate	S.E.	Estimate	S.E.	Estimate	S.E.	Estimate	S.E.	
个人层面	← 供给型政策	0.667	0.177	0.843	0.173	−0.009	0.167	0.489	0.261	0.003
个人层面	← 需求型政策	−0.102	0.212	−0.015	0.150	0.193	0.112	0.292	0.215	0.398
个人层面	← 环境型政策	0.985	0.210	0.527	0.179	0.690	0.180	0.005	0.275	0.038
企业层面	← 供给型政策	0.637	0.195	0.819	0.192	0.738	0.162	0.546	0.272	0.836
企业层面	← 需求型政策	0.724	0.236	0.549	0.168	0.381	0.107	0.621	0.224	0.478
企业层面	← 环境型政策	1.075	0.232	0.436	0.199	0.621	0.171	0.512	0.287	0.189
企业绩效	← 供给型政策	0.552	0.251	0.739	0.211	1.084	0.247	0.901	0.340	0.481
企业绩效	← 需求型政策	0.820	0.284	0.565	0.173	0.666	0.159	1.251	0.285	0.211
企业绩效	← 环境型政策	0.384	0.323	0.732	0.206	0.906	0.261	1.154	0.351	0.403
企业绩效	← 个人层面	0.533	0.130	0.388	0.081	0.152	0.100	0.278	0.138	0.100
企业绩效	← 企业层面	0.297	0.139	0.329	0.080	0.286	0.162	0.159	0.142	0.779

由表 9.14 可知，对于供给型政策对个体特质层面企业家精神的影响路径而言，$P_{比较}=0.003<0.05$，说明该路径对不同规模的企业影响差异显著，经比较其路径系数可知，该路径对于小微企业的影响较大；对于环境型政策对个体特质层面企业家精神的影响路径而言，$P_{比较}=0.038<0.05$，说明该路径对不同规模的企业影响差异显著，经比较其路径系数可知，除大型企业外，该路径对于中小微企业的影响均较大，而其余路径影响差异均不显著。

第五节　结果讨论

综上分析，将研究结论汇总如表 9.15 所示。

表 9.15　研究结论汇总

编号	假设	结论
H1	供给型政策正向影响企业绩效	成立
H1-1	供给型政策正向影响生存绩效	成立
H1-2	供给型政策正向影响成长绩效	成立
H1-3	供给型政策正向影响创新绩效	成立
H2	需求型政策正向影响企业绩效	成立
H2-1	需求型政策正向影响生存绩效	成立
H2-2	需求型政策正向影响成长绩效	成立
H2-3	需求型政策正向影响创新绩效	成立
H3	环境型政策正向影响企业绩效	成立
H3-1	环境型政策正向影响生存绩效	成立
H3-2	环境型政策正向影响成长绩效	成立
H3-3	环境型政策正向影响创新绩效	成立
H4-1	供给型政策正向影响个人层面企业家精神	成立
H4-2	需求型政策正向影响个人层面企业家精神	不成立
H4-3	环境型政策正向影响个人层面企业家精神	成立
H5-1	供给型政策正向影响企业层面企业家精神	成立
H5-2	需求型政策正向影响企业层面企业家精神	成立
H5-3	环境型政策正向影响企业层面企业家精神	成立

编号	假设	结论
H6	个人层面企业家精神正向影响企业绩效	成立
H6-1	个人层面企业家精神正向影响生存绩效	成立
H6-2	个人层面企业家精神正向影响成长绩效	成立
H6-3	个人层面企业家精神正向影响创新绩效	成立
H7	企业层面企业家精神正向影响企业绩效	成立
H7-1	企业层面企业家精神正向影响生存绩效	成立
H7-2	企业层面企业家精神正向影响成长绩效	成立
H7-3	企业层面企业家精神正向影响创新绩效	成立
H8	个人层面企业家精神在供给型政策与企业绩效间发挥中介作用	成立
H8-1	个人层面企业家精神在供给型政策与生存绩效间发挥中介作用	成立
H8-2	个人层面企业家精神在供给型政策与成长绩效间发挥中介作用	成立
H8-3	个人层面企业家精神在供给型政策与创新绩效间发挥中介作用	成立
H9	个人层面企业家精神在需求型政策与企业绩效间发挥中介作用	不成立
H9-1	个人层面企业家精神在需求型政策与生存绩效间发挥中介作用	不成立
H9-2	个人层面企业家精神在需求型政策与成长绩效间发挥中介作用	不成立
H9-3	个人层面企业家精神在需求型政策与创新绩效间发挥中介作用	不成立
H10	个人层面企业家精神在环境型政策与企业绩效间发挥中介作用	成立
H10-1	个人层面企业家精神在环境型政策与生存绩效间发挥中介作用	成立
H10-2	个人层面企业家精神在环境型政策与成长绩效间发挥中介作用	成立

编号	假设	结论
H10-3	个人层面企业家精神在环境型政策与创新绩效间发挥中介作用	成立
H11	企业层面企业家精神在供给型政策与企业绩效间发挥中介作用	成立
H11-1	企业层面企业家精神在供给型政策与生存绩效间发挥中介作用	成立
H11-2	企业层面企业家精神在供给型政策与成长绩效间发挥中介作用	成立
H11-3	企业层面企业家精神在供给型政策与创新绩效间发挥中介作用	成立
H12	企业层面企业家精神在需求型政策与企业绩效间发挥中介作用	成立
H12-1	企业层面企业家精神在需求型政策与生存绩效间发挥中介作用	成立
H12-2	企业层面企业家精神在需求型政策与成长绩效间发挥中介作用	成立
H12-3	企业层面企业家精神在需求型政策与创新绩效间发挥中介作用	成立
H13	企业层面企业家精神在环境型政策与企业绩效间发挥中介作用	成立
H13-1	企业层面企业家精神在环境型政策与生存绩效间发挥中介作用	成立
H13-2	企业层面企业家精神在环境型政策与成长绩效间发挥中介作用	成立
H13-3	企业层面企业家精神在环境型政策与创新绩效间发挥中介作用	成立

一、创业政策与企业绩效的关系

从实证分析的结果来看,供给型创业政策对企业绩效具有显著的正向影响。进一步,针对企业绩效的不同维度,供给型创业政策对企业的生存绩效、成长绩效和创新绩效均有显著的正向影响。这是因为通过供给型创业政策的供给,使企业在人才发展、资金运用、技术研发以及基础设施的利用上都得到了进一步的保障,企业有更多的资金可以投入到新产品、新技术的研发以及员工培训;同时通过人才政策的支持,企业可以招募并引进更优秀的员工;通过技术政策的支持,企业可以更快地突破技术研发的瓶颈,让新产品、新技术更快落地;政府在基础设施方面的支持既可以让企业有充分的运营空间和研发空间,又可以降低企业的成本支出。因此,在供给型创业政策的支持下企业的生存绩效、发展绩效和创新绩效都有所提升。

需求型创业政策对企业绩效具有显著的正向影响。进一步,针对企业绩效的不同维度,需求型创业政策对企业的生存绩效、成长绩效和创新绩效均有显著的正向影响。这是因为需求型创业政策主要体现为对创业行为和企业发展的拉动作用,通过政府直接下订单购买企业的产品或服务,可以有效保障企业产品的销售量和经营收益,因此企业的生存绩效得到提升;政府直接将服务或技术研发外包给创业企业,不但可以保证企业的营业收入,还能进一步促进企业的技术研发,因此企业的创新绩效也会有所提升;通过政府对贸易管制和海外交流政策的调整与促进,企业原材料的进口和产品的出口都会更加便捷高效,企业和境外的各种交流合作也就越来越便利,这些都会大大促进包括成长绩效在内的企业绩效的各方面的提升。

环境型创业政策对企业绩效具有显著的正向影响。进一步,针对企业绩效的不同维度,环境型创业政策对企业的生存绩效、成长绩效和创新绩效均有显著的正向影响。这是因为环境型政策能够为企业的发展提供一个良好的政策软环境和发展空间。企业发展首先离不开资金的扶持,对于初创期企业或中小企业尤其是这样,金融政策的支持可以提供多种形式的投融资服务,可以帮助企业更快更灵活地获得生存、发展及创新资金。同时,法规管制政策、公共服务政策和策略工具又可以全方位多角度地为企业的发展保驾护航,为企业提供更加友善的市场环境,想企业之所想,及时优质地解决企业发展中遇到的各种困难。因此,环境型政策可以促进企业绩效的提升。

综上分析,创业政策各维度对于企业绩效各维度均具有显著的正向促进作用。这说明创业政策的力度越强越有利于企业绩效的提升;反之,政府如果想要提升企业绩效,可以考虑从创业政策入手,即增加创业政策的力度。

二、创业政策与企业家精神的关系

从实证分析的结果来看，一方面，供给型政策工具对个人层面的企业家精神具有显著的正向影响。这是因为供给型政策可以减少创业者的资金压力，提高企业的技术研发及创新能力，帮助企业引进更多优秀人才，并通过基础设施建设上的支持降低企业的成本，这些措施都会降低企业领导者对风险的恐惧，会提振其对市场的预期，因此其创新精神、学习精神、诚信精神、敬业精神和责任精神都会得到激发和促进。另一方面，环境型政策工具对个人层面的企业家精神也具有显著的正向影响。这是因为环境型政策能够为创业者营造良好的创业氛围，让创业者在公平公开公正的市场环境中创办公司、从事企业经营，并通过宣传引导赋予创业者创业的荣誉感和自豪感，进一步提振创业者的信心和动力，因此其个人企业家精神被大大激发和促进。

然而，与上述不同的是，需求型创业政策对个人层面的企业家精神并没有显著的正向影响，即需求型政策的供给并不能激发企业管理者个人的企业家精神。这主要是因为需求型政策中所体现的政府干预过于直接，这样就会使市场竞争因素被弱化，使创业者或企业管理者不能充分感受到市场激烈竞争带来的压力和紧迫感，也就不利于激发企业家个人层面的精神品质。这说明需求型政策的运用要特别注意适合的方式和尺度，否则容易产生一定的温室效应，尤其容易使企业领导者产生一定的依赖性和惰性，不利于其创新精神、学习精神、诚信精神、敬业精神和责任精神的培养和激发，因此不利于企业领导者个人能力的提升。

另外，供给型政策对企业组织层面的企业家精神具有显著的正向影响。这是因为供给型政策能够让企业获得更多的资金用于创新活动、风险活动和战略更新活动，此外还能为这些活动提供所需的人才、教育培训、技术支持和基础设施等，因此能够全面促进组织层面的企业家精神的提升。需求型政策对企业组织层面的企业家精神具有显著的正向影响。这是因为需求型政策可以为企业提供基本的生存保障和利润保障，有了这种保障企业就更有信心和底气去尝试各种创新活动、风险活动，并进行各种战略更新活动，因此，企业组织层面的企业家精神得到促进和提升。环境型政策对企业组织层面的企业家精神具有显著的正向影响。这是因为环境型政策能够为企业开展各种创新活动、风险活动和战略更新活动提供良好的软环境，让企业处于一个公平公正公开的市场环境，同时能享受到优质的公共服务，并能够得到政府的支持和社会的认可，因此其组织层面的企业家精神得以提升。

综上分析,供给型政策、需求型政策和环境型政策对企业组织层面的企业家精神均具有显著的正向促进作用;供给型政策和环境型政策对个人层面的企业家精神均有显著的正向促进作用;但需求型政策对个人层面的企业家精神不具有显著的正向促进作用。

三、企业家精神与企业绩效的关系

从实证分析的结果来看,首先,个人层面的企业家精神对企业绩效具有显著的正向影响。进一步,针对企业绩效的不同维度,个人层面的企业家精神对企业的生存绩效、成长绩效和创新绩效都有显著的正向影响。也就是说,一个企业的领导者其个人企业家精神特质越突出,越利于提升企业的绩效。这是因为一个具有企业家精神特质的领导者对环境有敏锐的洞察力,善于把握政策,并能够抓住机遇带领企业在市场上占领先机,因此能够促进企业的生存绩效。一个具有企业家精神特质的领导者善于学习和思考并具有前瞻性,能够结合当前形势,规划企业的未来发展,因此能够促进企业的成长绩效。一个具有企业家精神特质的领导者敢于冒险不怕失败,勇于创新乐于挑战,能够为了企业的创新及长远发展不计较眼前得失,因此能够促进企业的创新绩效。

此外,企业组织层面的企业家精神对企业绩效具有显著的正向影响。进一步,针对企业绩效的不同维度,组织层面的企业家精神对企业的生存绩效、成长绩效和创新绩效都有显著的正向影响。也就是说,一个企业组织层面企业家精神特质越突出,越利于提升企业的绩效。这是因为一个勇于尝试创新活动和风险活动的企业,会在这些活动中发现新的商机并获得丰厚的回报,这样的企业也更愿意在创新上进行投入,因此企业的生存绩效和创新绩效都会得到提升。企业剥离、重组一些不营利的部门,或引入新的人力资源管理体系,这些战略更新活动会使企业的内部结构更加优化和合理,让企业保持一个健康的发展状态,能够使企业的未来发展受益,因此能够提升企业的成长绩效。

综上分析,企业家精神各维度对企业绩效各维度均具有显著的正向促进作用。

四、企业家精神的中介作用

从实证分析的结果来看,一方面,个人层面企业家精神在供给型政策与企业绩效间存在中介作用,并属于部分中介作用。进一步,将企业绩效的各维度展开,个人企业家精神在供给型政策与生存绩效、成长绩效和创新绩效间均具有显著的中介作用,且均属于部分中介作用。这说明,供给型政策可以通过影响企业领导者的个人企业家精神来影响企业的各方面绩效。另一方面,个人层面企业家精神在环境型政策与企业绩效间存在中介作用,并属于部分中介作用。进一步,将企业绩效的各维度展开,个人企业家精神在环境型政策与生存绩效、成长绩效和创新绩效间均具有显著的中介作用,且均属于部分中介作用。这说明环境型政策可以通过影响企业领导者的个人企业家精神来影响企业的各方面绩效。

然而,值得注意的是,个人层面企业家精神在需求型政策与企业绩效间中介作用不显著。进一步,将企业绩效的各维度展开,个人企业家精神在需求型政策与生存绩效、成长绩效和创新绩效间的中介作用均不显著。这说明,需求型政策无法通过影响企业领导者的个人企业家精神来影响企业的绩效。这主要是因为需求型政策对个人层面的企业家精神没有显著影响(前面已验证),因而导致个人企业家精神在需求型政策和企业绩效之间的中介作用不显著,但需求型政策对企业绩效的直接效应依然是显著的。也就是说,虽然需求型政策无法通过影响企业领导者的个人企业家精神来影响企业的绩效,但并不能否定需求型政策对企业绩效的直接促进作用。

通过对企业组织层面企业家精神中介作用的验证,首先,企业组织层面企业家精神在供给型政策与企业绩效间存在中介作用,并属于部分中介作用。进一步,将企业绩效的各维度展开,企业组织层面企业家精神在供给型政策与生存绩效、成长绩效和创新绩效间均具有显著的中介作用,且均属于部分中介作用。这说明,供给型政策可以通过影响企业组织的企业家精神来影响企业的各方面绩效。其次,企业组织层面企业家精神在需求型政策与企业绩效间存在中介作用,并属于部分中介作用。进一步,将企业绩效的各维度展开,企业组织层面企业家精神在需求型政策与生存绩效、成长绩效和创新绩效间均具有显著的中介作用,且均属于部分中介作用。这说明,需求型政策可以通过影响企业组织的企业家精神来影响企业的各方面绩效。最后,企业组织层面企业家精神在环境型政策与企业绩效间存在中介作用,并属于部分中介作用。进一步,将企业绩效的各维度展开,企业组织层面企业家精神在环境型政策与生存绩效、成长绩效和创新绩效间均具有显著的中介作用,且均属于部分中介作用。这说明,环境型政策可以通过影响企业组织的企业家精神来影响企业的各方面绩效。综上所述,创业政策可以通过影响企业组织层面的企业家精神进而影响企业绩效。

综上分析,企业组织层面的企业家精神在创业政策各维度与企业绩效各维度间均具有显著的中介作用;个人层面的企业家精神在供给型政策与企业绩效各维度间、环境型政策与企业绩效各维度间均具有显著的中介作用;但个人层面的企业家精神在需求型政策与企业绩效各维度间的中介作用均不显著。

五、异质企业影响路径差异及激发策略

(一)基于创业动机的影响路径剖析及激发策略

对不同创业动机的企业进行路径影响的差异性比较,发现在个人层面企业家精神对企业绩效的影响路径上,不同创业动机的群组受到的影响是有差别的,其中生存推动型企业受到的影响最大(0.568),创新驱动型企业次之(0.383),而机会拉动型企业受到的影响最小(0.141)。这说明在个人层面的企业家精神对企业绩效有显著的正向影响的前提下,这种影响对生存推动型企业体现得更为显著。也就是说,相比于机会拉动型和创新驱动型企业,生存推动型企业领导者的个人企业家精神对企业绩效的影响更大。这主要是因为对于生存推动型企业来说,其创建之初的主要目的是维持生存和满足个人就业,因此通常这样的企业规模较小,人员、资金、技术都十分有限,企业的经营和发展水平对企业领导者个人的依赖程度很大。如果该领导者具有突出的企业家精神特质,那么企业的绩效就会有明显提升;反之,如果该领导者个人的企业家精神比较薄弱,那么就会对企业的绩效带来较为明显的负面影响。因此,要提升生存推动型企业的绩效,可以考虑从激发和促进企业领导者的个人企业家精神入手。

(二)基于企业发展阶段的影响路径剖析及激发策略

对于处于不同发展阶段的企业进行路径影响的差异性比较,可以发现:首先,对于环境型政策对个人层面企业家精神影响的路径而言,处于不同发展阶段的企业受到的影响有明显差别,其中初创期企业受到的影响(0.956)明显高于其他两类企业,成长期企业次之(0.416),而成熟期企业受到的影响最小(0.116)。其次,对于环境型政策对企业组织层面企业家精神影响的路径而言,处于不同发展阶段的企业受到的影响也有明显差别,其中初创期企业受到的影响最大(1.095),成长期企业次之(0.453),而成熟期企业受到的影响最小(0.372)。综合上述两点结论,说明在环境型政策对个人层面企业家精神和企业组织层面企业家精神都存在显著的正向影响的前提下,这种影响对于初创期企业体现得更为明显。也就是说,相比

于成长期和成熟期企业,环境型政策对于初创期的个人企业家精神和组织层面的企业家精神都会有更大的影响,即初创期企业的企业家精神对环境型政策更敏感;并且,这种影响会随着企业发展阶段的升级而逐渐减弱。这主要是因为初创期的企业刚刚起步,各方面基础和资源都比较薄弱,在市场竞争中处于相对劣势,企业领导者和企业本身都迫切需要政府政策的支持和引导。这种情况下,环境型政策的支持能够使初创企业处于一个公平公正的市场环境之中,并享受到优质充分的公共服务,金融政策的支持可以帮助初创企业尽快立足,这些都可以有效降低企业领导者对未来发展的不确定性预期,缓解企业家对创业失败的恐惧心理,能够极大地激发企业家的个人精神并促使企业更多地尝试创新活动、风险活动和战略更新活动。同时,随着企业不断发展壮大,企业的竞争力越来越强,市场地位越来越稳固,企业的领导者也得到了充分的成长和锻炼,领导者个人和企业都逐渐趋于成熟,因而对于环境型政策的依赖也就越来越弱。因此,要激发和促进初创期企业的企业家精神,可以考虑从环境型政策入手,增加环境型创业政策的供给和调节作用。

另外,对于供给型政策对企业绩效影响的路径而言,处于不同发展阶段的企业受到的影响也有明显差别,其中成长期企业受到的影响最大(1.229),成熟期企业次之(1.041),而初创期企业受到的影响最小(0.343)。这说明在供给型政策对企业绩效有显著的正向影响的前提下,相比于初创期和成熟期企业,供给型政策对成长期企业绩效的影响更为显著。这主要是因为成长期的企业处于迅速发展壮大的进程之中,对人才、资金、技术和基础设施的需求都十分迫切;同时,在发展壮大的过程中,企业会遇到更多的困难和更大的挑战,因此也特别需要政府供给型政策的帮扶。换句话说,在企业的成长期如果供给型政策能够充分发挥作用,则更有利于企业排除万难突破发展的困难期和瓶颈期,企业的利润会随之攀升,市场份额会不断加大,创新能力和创新产出也会大大提高,从而会促使企业的绩效大大提升。因此,要提升成长期企业的绩效,可以考虑从供给型政策入手,增加供给型政策对成长期企业的帮扶作用。

(三)基于企业规模的影响路径剖析及激发策略

对于不同规模的企业进行路径影响的差异性比较,可以发现:对于供给型政策对个人层面企业家精神影响的路径而言,不同规模的企业受到的影响有明显差别,其中,小型企业受到的影响最大(0.843),其次是微型企业(0.667)。这说明在供给型政策对个人企业家精神有显著的正向影响的前提下,这种影响对小微企业体现得更为显著。换句话说,相对于大中型企业,供给型政策对小微企业领导者的个人企业家精神影响更大。这主要是因为小微企业由于自身规模有限,企业的各方面资源和综合实力都存在一定局限性,与大中型企业相比,小微企业在市场竞争中受到人、财、技术和基础设施的限制非常突出,使得企业的领导者无法摆脱束缚放开手脚。供给型政策正如雪中送炭,能够极大地缓解和改善小微企业各项资源紧张的局面,给小微企业松绑,让企业领导者放下思想包袱、大胆进取,锐意创新,使领导者身上的各项有助于企业发展的精神特质能够被充分地激发出来。因此,要激发小微企业领导者的个人企业家精神,可以考虑从供给型政策入手,增加供给型政策对小微企业的帮扶作用。

对于环境型政策对个人层面企业家精神影响的路径而言,不同规模的企业受到的影响也有明显差别,其中,微型企业受到的影响最大(0.985),其次是中型企业(0.690)和小型企业(0.527)。这说明在环境型政策对个人企业家精神有显著的正向影响的前提下,这种影响对中小微企业体现得更为显著。换句话说,相对于大型企业,环境型政策对中小微企业领导者的个人企业家精神影响更大。这主要是因为中小微企业一般自身的资源和竞争力相对大型企业来说都比较薄弱,其产品和服务在市场上的占有率不高,企业发展充满了不确定性和不稳定因素,企业的领导者也容易因为缺乏经营和管理经验而显得信心不足。而环境型政策的供给可以为中小微企业营造一个友好、宽松的外部环境,让企业可以专注于自身核心竞争力的开发,可以全方位多角度地提振企业领导者的信心,使得领导者潜在的精神特质被充分地激发出来。因此,要激发中小微企业领导者的个人企业家精神,可以考虑从环境型政策入手,增加环境型政策对中小微企业的促进作用。

第十章　结论、对策与展望

以创业带动就业,不仅能稳定就业形势,优化就业格局,还有助于提升资源配置效率,以创业活力带动和促进经济增长,转变经济发展方式,不断积累和沉淀经济发展的新动能,最终形成经济增长的长效机制。以创业政策为研究对象,研究中国创业政策供给、企业家精神、供需匹配及其对企业绩效的影响机制,优化和完善我国创业政策供给环境。

本章归纳总结本书结论,指出本研究刻画了中国创业政策知识图谱,实现了创业政策工具的自动分类,构建了三大层面的企业家精神指标体系及其逻辑关系,基于政策匹配视角研究了创业政策感知偏差,明确了创业政策精准供给方向,提出了激发企业家精神的创业政策强化供给举措。

第一节　研究的主要结论

一、我国创业政策的基本面特征

我国国家级创业政策的府际关系特征:创业政策所涉及的发文机构众多,共有 91 个,其中独立发文、两机构联合发文以及三个及以上机构联合发文分别占比 63%、17% 和 20%。其中,人力资源和社会保障部、财政部、教育部、工业和信息化部、国家发展和改革委员会以及科学技术部位居前列,说明这些部门是我国创业政策的集中制定和发布部门。对创业政策府际关系进行网络特征分析:第一,人力资源和社会保障部、财政部、教育部、国家发展和改革委员会处于发文网络的核心地位,说明这些部门与其他部门的协作关系更强;第二,发文网络边缘出现了由中共中央、国务院和国务院办公厅组成的紧密群集,从侧面反映出他们与其他发文主体的区别,为本书将国务院办公厅单独设置为一个法规层级提供了依据;第三,创业政策府际关系网络的总体合作水平偏弱,大部分发文主体对其他主体的影响较小,即较强的合作能力主要体现在少数机构之间。

经过对政策类别和政策发布机构进行综合分析,本书将我国创业政策文本分为:以全国人民代表大会常务委员会发布的法律文件为载体的创业政策,以中共中央或国务院发布的纲要、条例、意见或通知为载体的创业政策,以国务院办公厅发布的意见或通知为载体的创业政策以及国务院各部委发布的创业政策。

我国国家级创业政策文本的时序面特征:2014年以前,我国创业政策发展比较平稳,虽偶有回落,但基本是稳中有升;从2015年开始,我国创业政策呈现出明显的激增趋势。从总体来看,我国创业政策总体呈现S形扩散趋势,即渐进式与激增式相结合的发展趋势。将我国地方与国家创业政策进行交叉比对,发现2008年以前,我国创业政策主要以平行扩散形式为主,并伴随着隐形的自下而上的扩散趋势;2008—2014年,三种扩散方式并存;2015年之后,形成了典型的自上而下的扩散趋势。

二、我国创业政策的阶段性演进特征

一方面,通过构建创业政策引文网络识别核心创业政策。具体通过对其最大子网的度中心性、中介中心性和特征向量中心性进行分析,本研究识别出22个核心创业政策,并按其重要度划分为三个梯队。

另一方面,参考20年来中国创业发展的重要事件,从历史沿革的时序角度出发,结合对核心及纲领性政策文件的具体研读,本研究将我国创业政策的发展阶段划分为促进就业期、法治提升期、创新成长期和强化推进期四个阶段。各阶段的演进特征如下:促进就业期的创业政策具有鲜明的促进就业的特征,旨在激发创业热情,培育企业家精神。法治提升期的突出特点是出台了多个较高层次的法律法规,与其他三个发展阶段相比,这一时期的法律体系最为健全,政策文件的法律层次最高,而且高层次政策文本数量最多。另外,这一时期,国家对农民工创业、"三农"问题以及其他重点群体的就业创业关注度明显上升。创新成长期时间短,发文量集中,政策力度大,是这一发展阶段的突出特点。这一时期的创业政策既保持了"以创业带动就业"的核心主旨,又凸显出"以创新引领创业"的新发展目标。强化推进期创业政策的核心是"三农"问题、精准扶贫和创新创业,本阶段平均年创业政策发文数量较第三阶段有所回落并趋于稳定,但政策内容和政策力度明显向纵深发展。

三、我国创业政策工具的运用特征

通过对创业政策工具的运用进行"政策工具—法规层级—发展阶段"

三维交叉分析,发现:

第一,我国政府比较倾向于采取具有直接推动作用的供给型政策工具和以间接影响为主的环境型创业政策工具,而对起拉动作用的需求型政策工具运用比例明显失衡。12项政策工具分类当中,公共服务、财税扶持、法规管制类政策工具的运用最为突出,其运用的频次和法规层级都较高。

第二,我国创业政策工具在运用上形成以国务院各部委的政策工具为主,其他较高级别的政策工具为辅的结构。

第三,随着政策发展的阶段性演进,我国创业政策工具的运用整体呈上升趋势。供给型和环境型政策工具在法治提升期和强化推进期均有明显的跳跃性增长,而需求型政策工具则在创新成长期增长比较明显。从政策工具运用比例的发展趋势来看,供给型政策工具的总体比例有所提高,环境型政策工具的总体比例有所下降,而需求型政策工具的总体比例在四个发展阶段一直在低位徘徊。

第四,随着创业政策的阶段性发展,各二级政策工具的运用比例发生了较为明显的动态变化。其中,上升趋势比较明显的主要有财税扶持、技术支持、基础设施及法规管制类政策工具;下降趋势比较明显的主要有人才培养、金融支持、公共服务及策略工具类政策工具;而外贸管制类政策工具的走势基本平稳。可见,二级政策工具的变化趋势与一级政策工具的变化趋势基本一致,即环境型政策工具的运用比例下降而供给型政策工具上升。

第五,对于每一个法规层级来说,其政策工具的阶段性演进趋势高度一致,即在法治提升期运用比例出现明显提升,但在创新发展期又出现了不同程度的回落,最后又在强化推进期出现运用比例激增的现象。

第六,对于同一发展阶段中政策工具在不同法规层级中的运用比例进行分析发现,对于同一个发展阶段来说,低层级政策工具的运用比例远高于高层级政策工具的运用比例;同时,随着发展阶段的不断演进,高层级政策工具的运用比例显著提升。即形成了以低层级政策工具为主,高层级政策工具比例不断攀升的发展态势。

四、我国创业政策中的企业家精神特征

通过不同层面企业家精神量表或模型的构建,在实证测度的基础上,针对不同类型企业的差异化进行分析,并结合城市企业家精神排名和城市分类比较结果,给出不同城市的分类发展策略建议,以及创业政策供给激发企业家精神的政策举措。研究发现:

第一，从应用角度看，企业家精神可划分为个体特质层面、企业组织层面和社会空间层面的企业家精神。三者存在紧密联系，建立在个体特质层面的企业文化、管理制度与管理风格，由创业者、管理者与员工相互作用、相互影响形成了企业组织层面的企业家精神，而区域内众多企业的博弈则形成区域特有的商业文化、商业管理惯例与营商做法，在广义营商环境大背景下最终形成社会空间层面的企业家精神。而正是广义营商环境与社会空间层面的企业家精神的共同"合力"导致区域创新创业的"结果"。

第二，西方学者以自我雇佣比率来衡量城市企业家精神，并用TEAOPP/TEANEC统计值来衡量的做法不适合我国公有制为主体的实际情况，实证分析表明，采用具有企业家精神的"企业数占比"在衡量城市企业家精神对城市创新创业综合指数的影响中更适合，也更有助于体现城市企业家精神与城市创新创业水平和城市营商环境之间的关系，在此基础上，可进一步通过间接途径测度出社会空间层面的企业家精神。

第三，实证分析发现城市营商环境指数和城市企业家精神指数在影响城市创新产业综合指数中具有明显的替代关系，且都具有显著的正向促进作用。整体而言，城市营商环境作为调节变量，对城市企业家精神与城市创新产业综合指数之间的影响关系具有显著的削弱抑制作用和显著的负向调节效应。创业政策宏观供给发展研究也表明：改革开放以来经历了四个阶段的创业发展，我国制度创新在创业中的贡献愈加明显，营商环境日益改善，创业生态趋于完善，企业家精神得到广泛弘扬并形成社会主义建设的强大力量。

第四，所有制类型中，合资企业较国有企业的企业风险活动均值在统计学上显著更高，在企业组织层面企业家精神均值也显著高于民营企业和国有企业。企业不同发展阶段中，在个人特质层面上，初创期与成长期相比在个人敬业精神维度上显著更高；在企业组织层面上，与成熟期相比，初创期和成长期在成长绩效维度和企业绩效总得分上均显著更高。七座城市中，在企业创新活动维度均值上，上海较广东有更高的得分，在企业组织层面的企业家精神均值方面，上海较福建也有更高的得分。不同创新动机下，在个人特质层面的个人诚信精神维度方面，生存推动型的均值显著高于机会拉动型；在企业组织层面的企业战略更新维度和企业家精神企业组织层面的均值方面，生存推动型与创新驱动型两者都较机会拉动型高；从企业组织层面总均值来看，创新驱动型也较机会拉动型有显著更高的得分。

第五，我国39座主要城市中，根据聚类分析结果，并结合城市营商环境与城市企业家精神的比较,可划分为均衡型、强精神型和优环境型的三种不同特征的四个梯队的城市类型。均衡型城市中,第一梯队为深圳市,第二梯队有广州市、杭州市、天津市、南京市和武汉市,第三梯队有济南市、西安市、郑州市和合肥市等;强精神型城市中,第一梯队为苏州市,第二梯队有宁波市,第三梯队有青岛市、长沙市和佛山市等城市,第四梯队有长春市、石家庄市等;优环境型城市中,第一梯队有上海市,第二梯队有北京市、重庆市,第三梯队有成都市。为此,需要提升城市创新创业发展水平,在实施创业政策供给方面,需要结合城市类型进行相机抉择,即"补短板、强优势、向高梯队城市靠拢"。其中,对城市营商环境相对较弱的城市重点改善供给型政策与需求型政策,对城市企业家精神相对较弱的城市优先重点增强企业抗风险能力,并辅之以鼓励创新政策,对于两者都较弱的城市则需实施集中化发展策略,聚焦特定城市的亮点与优势,通过创业政策供给提升城市竞争力水平,从而最终激发城市企业家精神,促进城市创新创业水平的提升。

五、我国创业政策的供需匹配特征

首先,对 847 份有效样本进行创业政策供需匹配情况总体分析,发现各类创业政策的供给均值均低于需求均值,说明我国创业政策普遍存在供给力度小于需求程度的情况,即政策供给普遍不足;其次,在政策供给普遍不足的情况下,有些政策工具的匹配度相对比较理想,如人才培养、技术支持、基础设施、服务外包、法规管制、金融服务、公共服务、策略工具等,而有些政策工具的匹配度则不够理想,如财税扶持、政府购买、贸易管制、海外交流等;另外,按照创业政策的三个维度来看,环境型政策的整体匹配情况最好,供给型政策次之,而需求型政策的匹配情况最不理想。

其次,分别从创业动机、发展阶段、企业规模及企业类型等角度对异质企业的创业政策供需匹配情况进行分析,总结并绘制出异质企业创业政策供需匹配特征图(见图 8.4):人才培养、技术支持、公共服务和策略工具等政策工具普遍可以达到优秀匹配水平;财税扶持和政府购买政策普遍存在比较严重的供给不足;而贸易管制和海外交流政策则普遍存在供给过度的情况。最后,基于不同地区分析创业政策供需匹配情况,发现七个地区可以明显地分为三个层级:第一层级为广东省,第二层级为江苏省、福建省和上海市,第三个层级为浙江省、北京市和天津市,且不同地区在政策的供需匹配上又有着各自的优势和特征。

最后,对创业政策实际供给与创业主体感知的偏差进行分析。发现创业主体主要在财税扶持、贸易管制和海外交流等政策工具上存在明显的感知偏差。其中，财政扶持政策存在比较严重的供给不足问题，并且创业主体对于该类政策的感知度偏低；而在贸易管制和海外交流政策方面都存在不同程度的供给过度，而且创业主体的感知度也与政策实际供给情况出现了不同程度的偏差。

六、创业政策、企业家精神与企业绩效的影响机制

基于政策工具理论体系及问卷调查，对创业政策、企业家精神与企业绩效三者之间的影响机制进行实证分析，可以发现：

其一，创业政策对于企业绩效具有显著的正向促进作用，并且这种作用在不同类型的创业政策与不同维度的企业绩效间均成立；企业家精神对企业绩效具有显著的正向促进作用，并且这种作用在不同层面的企业家精神与不同维度的企业绩效间均成立。

其二，供给型政策、需求型政策和环境型政策对企业组织层面的企业家精神均具有显著的正向促进作用；供给型政策和环境型政策对个人层面的企业家精神均有显著的正向促进作用；但需求型政策对个人层面的企业家精神不具有显著的正向促进作用。

其三，企业组织层面的企业家精神在创业政策各维度与企业绩效各维度间均具有显著的中介作用；个人层面的企业家精神在供给型政策与企业绩效各维度间、环境型政策与企业绩效各维度间均具有显著的中介作用；但个人层面的企业家精神在需求型政策与企业绩效各维度间的中介作用均不显著。

在此基础上，进一步探讨不同影响路径在各个群组中对不同类型企业影响的差异性，可以发现：

（1）相比于机会拉动型和创新驱动型企业，生存推动型企业领导者的个人企业家精神对企业绩效的影响更为显著。

（2）相比于成长期和成熟期企业，环境型政策对于初创期企业的企业家精神各维度影响更为显著，即初创期企业的企业家精神对环境型政策更敏感，并且，这种影响会随着企业发展阶段的升级而逐渐减弱；相比于初创期和成熟期企业，供给型政策对成长期企业绩效的影响更为显著。

（3）相对于大中型企业，供给型政策对小微企业领导者的个人企业家精神影响更大；相对于大型企业，环境型政策对中小微企业领导者的个人企业家精神影响更大。

第二节　我国创业政策供给强化对策

本书通过对创业政策供给情况的深入挖掘,发现我国创业政策工具在运用中存在的一些潜在问题。政府部门及政策的制定者可以从这些问题入手,改善和优化创业政策供给现状,努力实现创业政策供给与创业主体的实际需求相一致,创业主体对政策的感知与创业政策的实际供给相一致,并进一步促进创业政策对企业家精神及企业绩效的正向影响。

一、深入调研政策需求畅通政策反馈渠道

应深入调研创业主体对各类创业政策的需求情况。政策的供给情况如何、供给效果是否达到预期,不能单纯通过政策供给的比例和力度来衡量,还要关注政策的需求端反馈。就本研究对创业政策的分析,发现有些创业政策供给的比例并不低,但仍然存在比较严重的供小于求的情况(如财税扶持类政策);而有些类型政策供给的比例虽然较低,但却存在供大于求的情况(如贸易管制、海外交流类政策)。这主要是由于创业主体对不同类型政策的需求不同所导致的。为了提高调研的针对性和调研效果,调研切忌笼统,否则很容易导致政策不落地以及难以落实的情况,使政策效果差强人意。本书从创业动机、发展阶段、企业规模及企业类型等角度对异质企业的创业政策供需匹配情况进行分析,发现不同类型的企业在政策供需匹配上体现出一定的差异,说明企业的异质性特征会影响企业对创业政策的需求。因此在调研时,可以考虑将调研对象细化分类,如按照企业类型、发展规模、发展阶段或创建动机进行分类,深入且有针对性地了解不同类别创业主体对各类创业政策的需求点,包括需要帮扶的内容、帮扶的方式、帮扶的力度以及对以往相关政策的反馈评价等。必要时,可以将二级政策工具再进一步细分,将需求细化,以提高政策供需匹配的精准度。

另外,需要畅通创业主体获知政策、解读政策、反馈意见的渠道,让政策真正落实落地。在我国,确实存在政出多门的现象,这点在本研究第三章对创业政策的府际关系研究中已经充分体现。我国国家级创业政策的发布机构共有 91 个,17%的创业政策文本是由两个机构联合发布的,20%的政策文本是由三个及以上机构联合发布的,因此府际关系相当复杂。这就难免会给政策的传达和落实造成一定障碍。另外,通过创业政策实际供给与创业主体感知的偏差分析,发现在财税扶持、贸易管制和海外交流等政策工具上,创业主体对政策的感知情况与政策的实际供给情况存在较大

偏差,并且多数情况下创业主体的感知度会低于政策的实际供给情况。这说明创业政策在被充分获知和切实落实方面存在一定问题,主要体现在以下几个方面:第一,创业者往往不能通过一个统一、固定的渠道获取与创业有关的政策,缺乏统一规范的政策发布平台;第二,即使获取了某项创业政策,也可能因为缺乏权威、专业、简洁的解读而造成对政策的不理解甚至产生误解的情况;第三,创业者和创业企业在创业或企业经营中遇到困难或阻碍时,往往缺少一个直接、快速、有效地寻求帮助、反映诉求及反馈意见的渠道。这些都非常不利于创业政策的落实落地,不利于政策发挥其应有的作用和效果,更不利于政策制定者及时收集政策实施过程中可能出现的错位、失效等问题,不利于政策的及时调整及优化完善。因此,政府可以考虑建设一个统一的平台,在该平台统一进行创业政策发布,统一进行创业政策解读,统一进行创业政策的反馈咨询等,以此来提高创业政策的落实率和落实效果,提高创业主体对创业政策的感知度和认知度。

二、优化政策工具的运用比例及运用方式

根据研究结果,政策制定者应努力调整创业政策工具的运用比例,并创新政策工具的运用方式。

针对一级创业政策工具,政策制定者对于需求型创业政策应予以高度关注。需求型政策工具主要体现政策对创业行为的拉动力,其重点关注创业企业的生存和发展,提高创业成功率,避免创业企业夭折,解决创业企业的从有到优的问题。因此,这类政策对提高创业的成功率和创业企业的存活率非常重要。但目前来看,需求型创业政策的供给情况非常令人担忧。第一,本书在研究中发现,我国创业政策在需求型政策工具的运用比例上严重失调,政府购买、服务外包、贸易管制和海外交流四项政策工具合计只占所有政策工具的3.66%。第二,从发展趋势来看,供给型政策工具的总体比例有所提高,环境型政策工具的总体比例有所下降,而需求型政策工具的总体比例在四个发展阶段一直在低位徘徊。第三,需求型政策所属的四项政策工具的匹配情况两极分化严重,其中政府购买和服务外包政策在各类创业主体中普遍存在比较严重的供给不足的情况,而贸易管制和海外交流政策在各类创业主体中又普遍存在比较明显的供给过度的情况。这说明,创业主体并不是不需要需求型创业政策,而是现有需求型政策工具与创业主体的需求匹配度不高,因此呈现出对企业帮扶作用大的政策供给严重不足,如政府购买和服务外包,而对企业帮扶作用不大的政策供给又出现过剩,如贸易管制和海外交流政策。上述这些问题导致需求型创业政

策的作用远远没有发挥出来，甚至导致政策的失效和失灵。因此，对于需求型政策工具不能单纯增加其数量及比例，还应在创新其政策工具类型上下功夫。对于需求型创业政策要特别注意其适用对象的特征并将适用对象细化，提高对企业帮扶作用大的政策工具的运用比例，如政府购买和服务外包等政策，及时调整甚至大胆放弃不适用的政策工具，并根据创业主体的需求，努力创新政策工具的种类及运用方式，出台能够真正拉动创业企业生存和发展的可操作性强的相关政策，使需求型政策工具的整体比例有所提高，并发挥更大的作用。

对于二级创业政策工具，政策制定者对于财税扶持政策应予以重视。研究发现，虽然企业的异质性会在政策供需匹配上体现出一定的差异，但对于绝大多数企业来说，财税扶持、政府购买、贸易管制、海外交流等政策工具的匹配情况均不太理想，前两项表现为供给严重不足，而后两项表现为供给过度。进一步分析，同是供给不足，财税扶持政策与政府购买政策又有明显差异：政府购买政策在供给的数量上存在"先天"缺陷，因此在供需匹配中表现为供给不足并不奇怪；但财税扶持类政策工具的运用比例并不低（12 型政策工具中排名第二，在供给型政策工具中排名第一），因此其在供需匹配中表现为供给不足就更值得关注。一方面，这种情况进一步告诉我们，财税扶持类政策的缺口依然很大，政府仍应加大这类政策的供给力度；另一方面，更为主要的，本研究发现创业主体对于该类政策的感知度偏低，说明现有财税扶持政策的效果远远没有达到预期，可能是政策的落实不到位，也可能是政策的具体内容条款、适用条件、适用对象、适用范围、适用尺度等与创业主体的预期及需求存在较大偏差，导致政策效果大打折扣。如今，创业主体已经不是单纯的需要政策，而且需要与其需求相匹配的政策。因此政策的出台不能只重"量"而忽视"质"，更不能寄希望于用"量"替代"质"。所谓"质"，就是指政策供给的着力点与供给要素是否能够与创业主体的需求着力点及需求要素相吻合，以提高创业政策供需匹配的效果。因此，应该在保证政策供需的着力点及政策要素不出现大的偏差的情况下，进一步调整政策供给的力度，即在保证"质"的基础上优化供给的"量"。如何保证"质"，就是要真正搞清楚创业主体在创业中遇到的困难和障碍，不断创新政策工具的运用方式，并将各地区的优势及正面经验加以提炼、推广、运用，提高政策工具运用的效果。

三、创业政策宏观供给激发企业家精神

各地区需要结合自身发展定位与目标，补齐短板，发扬优势，通过制定

与实施适合自身的地方创业政策，营造良好的营商环境，有效弘扬企业家精神。激发企业家精神需要从完善创业政策与营商环境两大层面出发，思想上尊重企业家，行动上培育企业家，制度上营造创新经济发展机制，市场上建构统一大市场，数据上构建企业家品牌价值成长库，从而通过创业政策供给达到激发创业者的创业行为，提升企业绩效，进而提高创业成功率和创业企业生存率的目的。一要树立尊重企业家、建立健全企业家合法权益保护机制。二要大力普及创新创业教育，培育创新创业意识，激发企业家精神。通过创新创业教育，有助于提高人们的创业能力；通过学习企业家的特质，开展创业教育实践，锻炼了团队合作能力，并逐步培养和树立起企业家精神。三要建立健全国内统一大市场，促进企业家精神的有效传播与扩散。建立健全国内统一大市场，各种阻碍区域间、城市间资源自由流动的障碍和壁垒需要打破，让企业家精神更有效地在国内统一大市场传播与扩散，促进企业家、管理者和员工增强创新、学习、诚信、敬业和责任意识，提升企业创新能力、抵御风险能力和灵活应对外部变化更新战略的能力。四要打造企业家品牌，建立企业家品牌价值成长库。建议把企业家作为一种特殊品牌进行打造，以品牌的力量在全社会中形成创新创业激情，让品牌的力量引领企业家成长，让具有企业家精神的企业家能带领更多企业投身于社会经济建设。

四、强化政策对企业家精神及企业绩效的影响及政策供给

创业政策供给旨在激发创业者的创业行为，提升企业绩效，进而提高创业成功率和创业企业生存率。本研究发现，首先，创业政策对于企业绩效均有显著的正向促进作用，而且这种作用在不同类型的创业政策与不同维度的企业绩效间均成立。因此，政策制定者可以通过优化并强化创业政策供给来促进企业绩效的提升。其次，研究发现，创业政策对企业层面的企业家精神具有显著的正向促进作用，除需求型政策外，供给型政策和环境型政策对个人层面的企业家精神也都有显著的正向促进作用。同时，企业家精神在创业政策与企业绩效间起到一定的中介作用（只有个人企业家精神在需求型政策与企业绩效间的中介作用不显著）。因此，在今后创业政策的制定和完善中，应进一步增加对企业家精神有促进作用的政策要素的供给，以强化企业家精神，并在此基础上，通过企业家精神的中介作用，达到提高企业绩效的双重目的。

此外，通过本研究对异质企业影响路径的差异性比较发现，第一，相比于机会拉动型和创新驱动型企业，生存推动型企业领导者的个人企业家精

神对企业绩效的影响更为显著。因此,可以通过有针对性的创业政策供给,进一步激发和强化企业领导者的个人企业家精神,从而着力提升生存推动型企业的绩效。第二,相比于成长期和成熟期企业,环境型政策对于初创期企业的企业家精神影响更显著,即初创期企业的企业家精神对环境型政策更敏感,并且,这种影响会随着企业发展阶段的升级而逐渐减弱。因此,要激发和促进初创企业的企业家精神,可以考虑从环境型政策入手,增加环境型创业政策的供给和调节作用,从而提升初创企业的绩效。第三,相比于初创期和成熟期企业,供给型政策对成长期企业绩效的影响更为显著。因此,要提升成长期企业的绩效,可以考虑从供给型政策入手,增加供给型政策对成长期企业的帮扶作用。第四,相对于大中型企业,供给型政策对小微企业领导者的个人企业家精神影响更大。因此,要激发小微企业领导者的个人企业家精神,可以考虑从供给型政策入手,增加供给型政策对小微企业的帮扶作用。第五,相对于大型企业,环境型政策对中小微企业领导者的个人企业家精神影响更大。因此,要激发中小微企业领导者的个人企业家精神,可以考虑从环境型政策入手,增加环境型政策对中小微企业的促进作用。

综上分析,政策制定者可以通过不同类型创业政策的精准供给,针对不同类型的企业强化不同路径的影响作用,以更好地实现对企业家精神的激发和对企业绩效的促进作用。

五、激发企业家精神的政策举措

创业政策要激发企业家精神,需要从思想上正确认识企业家精神,倡导正确的企业家精神观;大力普及创新创业教育,培育企业家精神意识,激发社会活力;尊重合格企业家、建立健全企业家合法权益保护机制;行动上培育企业家,制度上营造创新经济发展机制,市场上建构统一大市场,数据上构建企业家品牌价值成长库,形成个体孕育企业家精神,企业弘扬正能量的价值观,社会生机勃勃"万众创新万众创业"的良好局面。

(一)思想上:正确认识企业家精神,倡导正确的企业家精神观

企业家精神具有冒险性、开拓性与创新性的观点受到广泛的共识(曾铖、李元旭、开燕华,2018),而与"科学没有国界,但科学家是有国界的"类似,"企业家精神是没有国界的,但企业家是有国界的",这是因为企业家必然是处于一定的政治经济大环境中,尊重市场经济客观规律情形下"孵化"出来的。为此,需要在社会中倡导合理正确的企业家精神观念,基于个体特质层面的企业家精神量表,不仅提倡企业家要具备"创新性、学习性",也

要有使命感、有担当、严于律己，要成为"诚信做人、敬业做事、责任为国"的企业家。这样的企业家，才能有家国情怀，有担当有使命，不会卷款外逃、损人利己，也不会坑蒙拐骗、祸害社会，这需要从上到下，倡导树立正确的价值观和是非观，发扬传统文化与现代文化的合理精神，抛弃精致的利己主义与崇洋媚外的立场，倡导全社会形成正确的企业家精神观。

（二）行动上：大力普及创新创业教育，培育企业家精神意识，激发社会活力

通过教育和普及创新创业教育，围绕个体特质企业家精神培育有创新思维与学习意识、讲诚信、敬业、勇于承担责任的新一代。具体来说，针对九年制义务教育的学生，建议学生每天坚持早晨半小时的朗读，让学生们敢于去表达；建议提高学生升学的体育成绩的比重，让学生们重视体育锻炼，养成健康的体魄和拼搏的体育精神；建议让学生们自行多参与组织和设计活动，锻炼学生们统筹思考、解决问题的实际能力。针对有创业意向的人群，健全再创业评估机制，构建风险共担协同机制，帮助这类人群中有潜力、有创新的项目实现落地。针对就业困难人群，通过完善系统性岗位培训和就业辅导，帮助这类人群实现再就业。

在创新创业教育方式上，不仅可以采取线上方式，还可以采取线下方式；从观念和意识角度看，通过创新创业教育，可以普及创业知识，让参与者更深入地理解企业家精神的内涵，提高人们的创新创业意识，改变就业观念，促进更多人主动创新、主动创业；从行为角度看，通过创新创业教育，有助于提高人们的创业能力，了解和掌握创新创业所需的基本知识和组织利用各种资源的能力，通过学习企业家的特质，开展创业教育实践，锻炼团队合作能力，并逐步培养和树立起企业家精神；从效果角度看，通过创新创业教育，形成了"大众创新、万众创业"的良好局面，也增加了创新创业成功的几率，同时加快了产业结构调整与转型升级步伐，催生了一些新的职业和岗位，对创新型经济的发展起到了积极的推动作用。进而，可以促进全国各地创新型经济的发展，形成创新创业正反馈机制，孕育良好的营商环境，激发社会创新创业活力。

（三）机制上：尊重合格企业家、建立健全企业家合法权益激励与约束机制

一是通过各种媒体，更多宣传报道在转型升级、创业创新、诚信经营、守法守纪、绿色生态等方面取得的突出成就，树立企业家正面典型，加强对有突出贡献的企业家、优秀企业家、企业中高级经营管理人才等先进典型的宣传和表彰力度，充分展示优秀企业家风采，鼓励企业家争相成为有信

誉、有担当和有责任感的正直企业家,以此激发全社会尊重合格企业家,推崇正确企业家精神的潮流;同时,对于合法合规经营失败的企业家,应该给予支持和鼓励,扶持其持续创新、转型发展,实现再创业和再创新,从而在全社会形成尊重企业家、理解企业家、关怀企业家、支持企业家的社会氛围。

二是着力依法保障民营企业的合法权益,依法妥善处理涉产权保护案件,保持涉企政策的连续性与稳定性,对政策有效期内企业应当按规定享有而未兑现的政策优惠及时兑现,并设立过渡期解决企业需要适应政策规定,有序调整过渡;对各级政府因规划调整、政策变化等因素造成企业利益受损的,依法依规进行补偿和救济;对于部分涉困企业,协助其挽回损失,并盘活其优质资产。

三是形成企业家参与创业政策制定的机制。在召开涉企创业政策讨论等重要会议和决策时,可以邀请各类企业家代表参加;出台重大经济政策时,考虑先行通过政府网站、报刊等媒体向全社会特别是企业家征集意见;对于政策执行过程中存在的一些差错或问题,也要及时倾听企业家的意见,并勇于纠错纠偏。

四是构建企业家风险评估机制,切实做到有激励也有约束,避免少数不法企业高层人员破坏企业家精神。建议通过加大宣传对不良企业家的社会舆论谴责、法律责任与行政责任,加大企业家违法违规风险成本,严格控制避免出现财产转移海外、家属移民等现象发生。

(四)平台上:加快完善创新型经济发展平台支撑体系

创新是企业家精神的内核,企业家通过从产品创新到技术创新、商业模式创新、组织形式创新等,在创新中寻找商机,在获取创新红利后再投资,促进新的创新,从而形成良性循环。对创业政策而言,需要树立创新是企业家精神灵魂的思想,让创新成为企业家的本能和基因,成为驱动创新型经济发展的推动力。为此,建议汇集高校、科研院所、企业、协会等各类组织和力量,形成"官政企校研"的社会合力,大力发展以企业为主体、产学研相结合的技术创新体系和科技创新服务平台,建立有效的创新激励平台,制定协同的支持创新型经济发展的政策,从而成为创新型经济的有力支撑。

企业是技术创新的内在动力,需要由企业作为技术创新集成和产业化的主导,充分发挥科研机构和高校的作用,提升创新产品、商业模式、独特设计等创新指标在激励机制考核中的比重,制定稳定增长的科研投入机制,利用税收优惠的杠杆作用,使创新创业的供给更好地与创新创业需求相协调,在全社会形成鼓励创新、勇于创新的良好氛围,加快我国创新型经济的发展步伐。

（五）市场上：建立健全国内统一大市场,通过国内国际双循环实现两条腿走路,促进企业家精神的可持续传播与扩散

当前世界经济全球化受阻,逆全球化浪潮兴起,强化区域经济一体化成为各国的选择。但是对我国而言,为增强经济的韧性和供应链的可控性,需要建立健全全国统一大市场,完善国内循环与国外循环双循环,提升抵御外部风险的能力。对企业家精神的弘扬而言,建立健全国内统一大市场,需要打破各种阻碍区域间、城市间资源自由流动的障碍和壁垒,形成全国范围内资源的有效流动与合理配置,在省际、城市间形成良性竞争体系,为企业家精神更有效地在国内统一大市场传播与扩散,促进企业家、管理者和员工增强创新、学习、诚信、敬业和责任意识,提升企业创新能力、抵御风险能力和灵活应对外部变化更新战略的能力。

（六）价值上：建议构建企业家品牌价值成长库,提升企业家品牌价值

建议把企业家作为一种特殊品牌进行打造,以品牌的力量在全社会中形成创新创业激情,让品牌的力量引领企业家成长,让具有企业家精神的企业家能带领更多企业投身于社会经济建设。同时,需要合理评价并推动企业家品牌价值的合理估值,建立企业家品牌价值追踪数据库。这不仅有助于激励与约束企业家本身,而且对于鼓励后来者、促进企业家精神的有效传播也大有裨益。

充分发挥现代信息数据系统作用,通过数据库记录和体现企业家品牌价值变化过程,为企业和社会合理甄选具有企业家精神的企业家,也使企业家本人清楚了解自身的品牌价值曲线,关注自己的品牌成长和社会影响,及时纠偏并提升自身企业经营管理能力,形成企业家珍视自身名誉,合理合法经营的内在驱动力量。

第三节　研究的创新点、不足与展望

一、主要创新点

（1）提出了中国创业政策量化研究框架,拓展了中国创业政策量化研究的深度。首先,以往对创业政策的研究多是针对某个地区或某类群体进行的,而缺乏对我国创业政策现状及发展趋势的整体把握,而本研究立足于国家层面,打破地域和群体限制,关注我国创业政策的宏观供给。构建

了 2001—2020 年较为全面且相关性强的中国创业政策文本库,该文本库具有一定通用性,不但是本研究的基础,亦可作为基础数据库辅助其他学者开展各类创业政策的相关研究。最后,现有对创业政策供给的研究仍以定性分析为主,量化分析的深度和广度有明显局限。而本书突破了以往研究角度单一的问题,从府际关系、法规层级、时序特征、政策引文关系、主题词共现、阶段性演进特征以及政策工具交叉分析等多维视角,对我国创业政策进行了系统化立体分析,拓展了研究的宽度;而对每一个研究环节均有定量分析的参与,每一个主要研究结论的产生都有相应的量化研究为支撑,大大增强了研究的客观性,从而拓展了中国创业政策量化研究的深度。

(2)建立了创业政策工具分类模型,实现了创业政策工具的自动分类。政策工具一直是各类政策研究的基石,以往研究中对政策工具的分类多采用人工编码并复核的方式,不但主观性强,而且分类数量有限,大大降低了政策工具的研究效率,对于政策工具的自动分类算法目前尚缺乏研究。而本研究采用基于预训练语言模型的文本分析技术,建立了创业政策工具分类模型,实现了创业政策工具的自动分类,最终测试集的 F1 值达到 0.86,取得了良好的分类效果。正是这种自动分类算法的应用,使本研究获取到万余条较为准确的政策工具分类数据,为后续的创业政策工具三维量化交叉分析以及创业政策感知偏差分析提供了充足且扎实的数据基础,因此获得了可信度更高、更有价值的研究成果。本研究提出的模型大大提高了政策工具的分类效率和分类的客观性,不仅为创业政策,更为广义的政策工具研究提供了新思路。

(3)构建了三大层面的企业家精神指标体系,并进行了实证分析与验证。其中,针对社会空间层面企业家精神,改变了现有的以城市企业家精神实施"效果"或者说是城市企业家精神与城市营商环境"合力"结果作为衡量的方法或依据,创造性地在模型拟合基础上提出社会空间层面企业家精神指数的间接测算模型。同时,围绕创业政策宏观供给,对不同所有制类型、不同发展阶段、不同城市和不同创建动机的企业之间的差异进行了分析,并对我国不同城市类型进行了划分,从而为创业政策供给方向与激发企业家精神的政策举措的提出提供了重要依据。

(4)构建了多维的政策供需匹配研究框架,并从供需匹配视角对创业政策感知偏差给予关注,完善了创业政策精准供给路径。现有研究对政策供需匹配的分析多限于获得研究对象的总体匹配度,而对研究对象异质性匹配特征的分析凤毛麟角。而本研究基于创业动机、企业发展阶段、企业规模和企业类型等不同角度,对异质企业的创业政策匹配情况进行了较为详细的分析，归结出异质企业创业政策供需匹配特征图；并对不同地区的创业政策供需匹配情况进行对比分析，总结出不同地区创业政策供需匹配等级分类。另外，现有研究尚缺乏从供需匹配视角分析创业政策实际供给与创业主体感知的差异性，而本研究通过将基于问卷数据的供需匹配分析结果与基于政策工具自动分类的供需匹配分析结果进行对比分析，发现创业主体主要在财税扶持、贸易管制和海外交流等政策工具上存在明显的感知偏差。研究不仅有助于政策匹配理论的进一步完善和深化，更有助于为创业政策供给的精准优化提供基础。

(5)提出了创业政策、企业家精神与企业绩效的互动机理，提高了创业政策制定及完善的精准性。以往对创业政策与企业绩效关系的研究，缺乏从政策工具视角对创业政策的全貌描述及整体考虑，并且鲜有学者对创业政策、企业家精神和企业绩效三者的相互作用关系进行深入探讨。本研究正是基于这种考虑，尝试从供给型、需求型和环境型政策三个维度出发，对创业政策与企业绩效的影响关系进行全貌描述，并借助结构方程模型，实证分析不同类型的创业政策、不同层面的企业家精神和不同维度的企业绩效之间的互动机理，以及企业家精神在创业政策与企业绩效之间的中介作用。并在此基础上，依据企业的异质性特征进行多群组分析，深入探讨不同影响路径对不同类型企业影响的差异性。研究使创业政策、企业家精神与企业绩效的关系得到了进一步明晰和拓展，通过对创业政策影响企业家精神和企业绩效路径的准确把握，有利于政策制定者进一步提高政策制定及完善的精准性和针对性。

二、研究的不足与展望

首先，本研究虽然建立了地方创业政策文本库，但并未对地方创业政策进行深入研究。这主要是由于地方创业政策在发文机构、文件级别、文件类型、适用范围上存在较大差异，难以统一，政策文件的规范性较弱，因此造成地方创业政策文本总体噪声较大。在后续研究中，将从探寻有效的地方政策文本数据清洗方式入手，对地方创业政策进行深入研究，分析地方创业政策的发展趋势和政策供给效果，为地方政府之间相互学习借鉴以及进一步提升我国创业政策供给的总体水平提供参考。

其次，对于创业政策工具运用比例失调的情况，本研究并没有从政策工具体系的结构上加以改进。从本节的研究结论看，我国创业政策工具体系明显比例失调：需求类政策工具的运用比例整体偏低，而环境类政策中的公共服务类政策工具的运用比例严重偏高。这种某类或某项政策工具严重偏低或偏高的情况,除了对未来政策的制定有提示作用外,也从侧面反映出现有创业政策工具体系的结构性问题。虽然本研究采用的是目前理论界较为认可的政策工具体系,但该体系可能与我国创业政策工具的实际运用存在一定偏差。因此,在后续研究中,将通过对创业政策文本的进一步研读,重点调整需求类政策工具的具体类别,并将公共服务类政策工具进一步细化,以提高创业政策工具体系的合理性和适配性。

再次,在构建社会空间层面企业家精神体系时,受数据可得性的限制,主要从截面数据的角度对城市企业家精神进行了测算、排名与分类,缺乏从纵向数据角度探讨城市企业家精神的动态变化和调整。此外,在分析不同所有制类型、不同发展阶段、不同城市和不同创建动机的企业之间的差异时,仅涉及我国 7 座城市,缺乏更多不同类型城市的数据,这也就使得分析结果的可信性受到一定限制。因此,后续研究中,将进一步获取更多权威二手数据和一手数据,进一步探讨在动态情形下各关键因素的变化特征与规律,以便为创业政策的宏观供给提供更多的启迪与智慧。

最后,对于政策工具分类模型的准确性,本研究并没有做进一步的深入探讨。一方面,本研究将政策文本按照段落来划分政策工具分析单元的方法较为粗糙,这主要是由于不同发文主体的政策文本结构差异较大,因此很难通过一个通用的规则对所有政策文本实现政策工具的准确分割,本研究采用根据换行符对政策文本进行政策工具分割,这种简单粗暴的分割方式会对预测结果造成一定的影响。另一方面,针对创业政策工具中存在的类别不平衡问题,本研究并未对损失函数的优化作进一步的讨论。因此,在后续研究中,将尝试在大规模政策文本语料中继续对 Bert 模型进行预训练和优化,以增加 Bert 模型在政策领域的相关知识,从而对政策工具分析单元的划分和政策工具类别不均衡等问题进行优化,以进一步提高政策文本分类器的效能。

附录 A

表 A1 预调研阶段调查对象基本特征

变量	描述	统计量	占比	变量	描述	统计量	占比
性别	男	59	52.7	行业	农林牧渔业	0	0
	女	53	47.3		工业	44	39.3
年龄段	18—25	13	11.6		交通运输、仓储和邮政业	5	4.5
	26—45	91	81.3		建筑业,组织管理服务	6	5.4
	46 以上	8	7.1		租赁和商务服务业（不含组织管理服务）	5	4.5
教育程度	大专及以下	11	9.8		批发业	2	1.8
	大学本科	80	71.4		零售业	6	5.4
	硕士	18	16.1		住宿和餐饮业	2	1.8
	博士及以上	3	2.7		信息传输、软件和信息技术服务业	17	15.2
省市	北京	20	17.9		房地产开发经营	2	1.8
	福建	10	8.9		房地产业（不含房地产开发经营）	0	0
	江苏	14	12.5		科学研究和技术服务业	8	7.1
	上海	26	23.2		水利、环境和公共设施管理业	1	0.9
	天津	14	12.5		居民服务、修理和其他服务业	3	2.7
	浙江	15	13.4		教育	6	5.4
	广东	13	11.6		卫生和社会工作	3	2.7
职位	员工	27	24.1		文化、体育和娱乐业	2	1.8
	主管	29	25.9	职位	总经理	1	0.9
	部门/项目负责人	26	23.2		私营业主	29	25.9

变量	描述	统计量	占比	变量	描述	统计量	占比
公司类型	国有企业	21	18.8	企业规模	微型企业	22	19.6
	外资企业	12	10.7		小型企业	34	30.4
	民营企业	73	65.2		中型企业	40	35.7
	合资企业	6	5.4		大型企业	16	14.3
公司阶段	初创期	37	33.0	创建动机	生存推动型	33	29.5
	成长期	54	48.2		机会拉动型	37	33.0
	成熟期	21	18.8		创新驱动型	42	37.5

表 A2　预调研阶段变量描述

Variable	N	Min	Max	Mean	Std. Deviation	Skewness	Kurtosis
人才培养供给 1	112	2.000	5.000	3.607	0.863	−0.167	−0.577
人才培养供给 2	112	1.000	5.000	3.759	0.932	−0.449	0.022
人才培养供给 3	112	2.000	5.000	3.732	0.880	−0.253	−0.605
人才培养供给	112	1.667	5.000	3.699	0.779	−0.216	−0.358
财税扶持供给 1	112	1.000	5.000	3.589	0.973	−0.286	−0.631
财税扶持供给 2	112	1.000	5.000	3.705	1.001	−0.528	−0.073
财税扶持供给 3	112	1.000	5.000	3.571	1.088	−0.357	−0.551
财税扶持供给 4	112	1.000	5.000	3.589	0.916	−0.520	0.365
财税扶持供给	112	1.000	5.000	3.614	0.779	−0.585	0.572
技术支持供给 1	112	1.000	5.000	3.839	0.844	−0.692	0.596
技术支持供给 2	112	1.000	5.000	3.607	0.962	−0.311	−0.564
技术支持供给 3	112	1.000	5.000	3.598	1.009	−0.354	−0.519
技术支持供给	112	1.333	5.000	3.682	0.811	−0.477	0.027
基础设施供给 1	112	1.000	5.000	3.696	0.928	−0.593	0.159
基础设施供给 2	112	1.000	5.000	3.714	0.924	−0.442	−0.254
基础设施供给	112	1.500	5.000	3.705	0.842	−0.533	−0.236
供给型政策供给	112	1.792	5.000	3.675	0.649	−0.429	0.095
政府购买供给 1	112	1.000	5.000	3.375	1.058	−0.524	−0.241
政府购买供给 2	112	1.000	5.000	3.411	1.062	−0.245	−0.788
政府购买供给	112	1.000	5.000	3.393	0.969	−0.493	−0.286

Variable	N	Min	Max	Mean	Std. Deviation	Skewness	Kurtosis
服务外包供给1	112	1.000	5.000	3.518	1.004	−0.484	−0.124
服务外包供给2	112	1.000	5.000	3.402	1.009	−0.343	−0.359
服务外包供给	112	1.500	5.000	3.460	0.918	−0.342	−0.434
贸易管制供给1	112	1.000	5.000	3.446	0.976	−0.469	−0.334
贸易管制供给2	112	1.000	5.000	3.518	1.048	−0.454	−0.201
贸易管制供给3	112	1.000	5.000	3.482	1.065	−0.567	−0.200
贸易管制供给	112	1.000	5.000	3.482	0.887	−0.400	−0.266
海外交流供给1	112	1.000	5.000	3.384	1.125	−0.381	−0.583
海外交流供给2	112	1.000	5.000	3.545	1.114	−0.532	−0.375
海外交流供给3	112	1.000	5.000	2.357	1.003	0.483	−0.166
海外交流供给	112	1.333	4.667	3.095	0.817	−0.241	−0.478
需求型政策供给	112	1.583	4.917	3.358	0.697	−0.433	0.002
法规管制供给1	112	1.000	5.000	3.696	0.948	−0.518	−0.022
法规管制供给2	112	1.000	5.000	3.634	0.900	−0.788	0.720
法规管制供给3	112	1.000	5.000	3.679	0.913	−0.762	0.707
法规管制供给	112	1.000	5.000	3.670	0.816	−0.825	1.020
金融服务供给1	112	1.000	5.000	3.518	0.930	−0.601	0.436
金融服务供给2	112	1.000	5.000	3.500	1.048	−0.502	−0.233
金融服务供给3	112	1.000	5.000	3.580	0.887	−0.485	0.201
金融服务供给4	112	1.000	5.000	3.482	0.986	−0.466	−0.074
金融服务供给	112	1.000	5.000	3.520	0.817	−0.404	0.247
公共服务供给1	112	1.000	5.000	3.768	0.920	−0.508	−0.147
公共服务供给2	112	1.000	5.000	3.625	1.023	−0.473	−0.302
公共服务供给3	112	1.000	5.000	3.732	0.890	−0.613	0.113
公共服务供给4	112	1.000	5.000	3.821	0.872	−0.638	0.316
公共服务供给	112	1.750	5.000	3.737	0.702	−0.642	−0.023
策略工具供给1	112	1.000	5.000	3.723	1.006	−0.767	0.350
策略工具供给2	112	1.000	5.000	3.598	0.915	−0.691	0.463
策略工具供给3	112	1.000	5.000	3.875	0.931	−0.973	1.143

Variable	N	Min	Max	Mean	Std. Deviation	Skewness	Kurtosis
策略工具供给 4	112	1.000	5.000	3.795	0.960	−0.695	0.164
策略工具供给 5	112	1.000	5.000	3.732	1.022	−0.727	0.217
策略工具供给	112	1.600	5.000	3.745	0.741	−0.561	−0.022
环境型政策供给	112	2.075	4.938	3.668	0.604	−0.399	−0.185
政策供给	112	2.150	4.826	3.567	0.523	−0.388	−0.025
人才培养需求 1	112	2.000	5.000	3.884	0.756	−0.439	0.121
人才培养需求 2	112	2.000	5.000	3.982	0.805	−0.389	−0.407
人才培养需求 3	112	2.000	5.000	4.009	0.765	−0.507	0.075
人才培养需求	112	2.000	5.000	3.958	0.647	−0.558	0.174
财税扶持需求 1	112	1.000	5.000	4.063	0.893	−0.742	0.223
财税扶持需求 2	112	2.000	5.000	4.107	0.787	−0.645	0.091
财税扶持需求 3	112	2.000	5.000	4.134	0.788	−0.468	−0.598
财税扶持需求 4	112	2.000	5.000	4.152	0.774	−0.508	−0.445
财税扶持需求	112	2.500	5.000	4.114	0.609	−0.401	−0.399
技术支持需求 1	112	1.000	5.000	3.839	0.916	−0.676	0.446
技术支持需求 2	112	1.000	5.000	3.821	0.922	−0.687	0.095
技术支持需求 3	112	1.000	5.000	3.875	0.950	−0.707	0.269
技术支持需求	112	1.000	5.000	3.845	0.759	−0.876	1.275
基础设施需求 1	112	2.000	5.000	3.839	0.876	−0.335	−0.576
基础设施需求 2	112	1.000	5.000	3.777	0.956	−0.418	−0.431
基础设施需求	112	1.500	5.000	3.808	0.820	−0.260	−0.462
供给型政策需求	112	2.146	5.000	3.931	0.528	−0.357	0.453
政府购买需求 1	112	1.000	5.000	3.830	1.003	−0.795	0.295
政府购买需求 2	112	1.000	5.000	3.759	1.068	−0.859	0.100
政府购买需求	112	1.000	5.000	3.795	0.907	−0.843	0.544
服务外包需求 1	112	1.000	5.000	3.625	1.032	−0.593	0.113
服务外包需求 2	112	1.000	5.000	3.696	1.038	−0.736	0.269
服务外包需求	112	1.000	5.000	3.661	0.950	−0.715	0.536
贸易管制需求 1	112	1.000	5.000	3.509	1.115	−0.599	−0.294

Variable	N	Min	Max	Mean	Std. Deviation	Skewness	Kurtosis
贸易管制需求 2	112	1.000	5.000	3.732	1.048	−0.731	0.245
贸易管制需求 3	112	1.000	5.000	3.643	1.138	−0.603	−0.203
贸易管制需求	112	1.000	5.000	3.628	0.958	−0.801	0.413
海外交流需求 1	112	1.000	5.000	3.652	1.129	−0.769	−0.045
海外交流需求 2	112	1.000	5.000	3.741	1.137	−0.821	0.084
海外交流需求 3	112	1.000	5.000	2.571	1.221	0.209	−0.929
海外交流需求	112	1.000	5.000	3.321	0.864	−0.605	0.233
需求型政策需求	112	1.125	4.917	3.601	0.713	−1.179	2.216
法规管制需求 1	112	2.000	5.000	3.902	0.900	−0.483	−0.493
法规管制需求 2	112	1.000	5.000	3.723	0.903	−0.394	−0.190
法规管制需求 3	112	2.000	5.000	3.804	0.847	−0.335	−0.426
法规管制需求	112	1.667	5.000	3.810	0.754	−0.562	0.178
金融服务需求 1	112	2.000	5.000	3.821	0.851	−0.272	−0.557
金融服务需求 2	112	1.000	5.000	4.000	0.920	−0.918	0.869
金融服务需求 3	112	2.000	5.000	3.938	0.786	−0.342	−0.320
金融服务需求 4	112	1.000	5.000	4.000	0.827	−0.777	0.893
金融服务需求	112	2.000	5.000	3.940	0.674	−0.284	−0.213
公共服务需求 1	112	1.000	5.000	3.875	0.902	−0.725	0.636
公共服务需求 2	112	1.000	5.000	3.866	0.935	−0.604	0.202
公共服务需求 3	112	1.000	5.000	3.955	0.904	−0.655	0.109
公共服务需求 4	112	1.000	5.000	3.920	0.969	−1.046	1.266
公共服务需求	112	1.500	5.000	3.904	0.728	−0.662	0.464
策略工具需求 1	112	3.000	5.000	4.080	0.699	−0.111	−0.926
策略工具需求 2	112	1.000	5.000	3.893	0.831	−0.754	1.307
策略工具需求 3	112	1.000	5.000	4.098	0.849	−0.821	0.693
策略工具需求 4	112	1.000	5.000	4.027	0.832	−1.005	1.896
策略工具需求 5	112	1.000	5.000	4.063	0.893	−0.973	1.187
策略工具需求	112	1.600	5.000	4.032	0.645	−0.754	1.207
环境型政策需求	112	1.988	4.888	3.921	0.572	−0.640	0.551

Variable	N	Min	Max	Mean	Std. Deviation	Skewness	Kurtosis
政策需求	112	2.332	4.679	3.818	0.497	−0.594	0.068
个人创新精神1	112	1.000	5.000	3.991	0.777	−0.571	0.831
个人创新精神2	112	1.000	5.000	3.830	1.039	−0.536	−0.651
个人创新精神3	112	1.000	5.000	4.152	0.932	−1.125	1.176
个人创新精神4	112	1.000	5.000	4.098	0.859	−0.799	0.548
个人创新精神	112	1.000	5.000	4.018	0.759	−1.078	1.403
个人学习精神1	112	1.000	5.000	4.116	0.857	−0.927	0.903
个人学习精神2	112	1.000	5.000	4.045	0.943	−0.811	0.413
个人学习精神3	112	1.000	5.000	4.161	0.886	−0.956	0.670
个人学习精神	112	1.000	5.000	4.107	0.757	−1.234	2.254
个人诚信精神1	112	1.000	5.000	4.250	0.885	−1.150	1.065
个人诚信精神2	112	1.000	5.000	4.089	0.916	−1.111	1.334
个人诚信精神3	112	1.000	5.000	4.188	0.906	−1.049	0.752
个人诚信精神4	112	1.000	5.000	3.571	1.071	−0.413	−0.277
个人诚信精神	112	1.000	5.000	4.025	0.788	−1.173	1.620
个人敬业精神1	112	1.000	5.000	3.571	0.946	−0.144	−0.289
个人敬业精神2	112	1.000	5.000	4.036	0.869	−0.992	1.474
个人敬业精神3	112	1.000	5.000	4.107	1.017	−1.109	0.822
个人敬业精神	112	1.000	5.000	3.905	0.816	−0.983	1.661
个人责任精神1	112	1.000	5.000	3.991	0.973	−0.939	0.803
个人责任精神2	112	1.000	5.000	4.098	0.986	−1.348	1.888
个人责任精神3	112	1.000	5.000	4.205	0.850	−1.125	1.398
个人责任精神4	112	1.000	5.000	4.000	0.900	−0.829	0.823
个人责任精神	112	1.000	5.000	4.074	0.780	−1.420	2.969
企业家精神个人层面	112	1.000	5.000	4.026	0.601	−1.447	4.764
企业创新活动1	112	1.000	5.000	3.804	0.919	−0.307	−0.416
企业创新活动2	112	1.000	5.000	3.580	0.992	−0.142	−0.761
企业创新活动3	112	1.000	5.000	3.661	0.945	−0.378	−0.138
企业创新活动4	112	1.000	5.000	3.982	0.859	−0.833	0.784

Variable	N	Min	Max	Mean	Std. Deviation	Skewness	Kurtosis
企业创新活动	112	1.250	5.000	3.757	0.734	−0.660	0.437
企业风险活动 1	112	1.000	5.000	3.696	1.021	−0.341	−0.762
企业风险活动 2	112	1.000	5.000	3.375	1.116	−0.273	−0.647
企业风险活动 3	112	2.000	5.000	3.732	0.958	−0.187	−0.938
企业风险活动 4	112	1.000	5.000	3.527	1.022	−0.435	−0.224
企业风险活动	112	1.500	5.000	3.583	0.838	−0.486	−0.163
企业战略更新 1	112	1.000	5.000	3.580	1.175	−0.553	−0.632
企业战略更新 2	112	1.000	5.000	3.786	1.017	−0.759	0.341
企业战略更新 3	112	1.000	5.000	3.795	1.050	−1.005	0.802
企业战略更新 4	112	1.000	5.000	3.429	1.183	−0.358	−0.678
企业战略更新 5	112	1.000	5.000	3.670	1.017	−0.918	0.719
企业战略更新	112	1.000	5.000	3.652	0.902	−1.198	1.675
企业家精神企业层面	112	1.417	5.000	3.664	0.654	−0.669	0.377
生存绩效 1	112	1.000	5.000	3.545	1.237	−0.555	−0.658
生存绩效 2	112	1.000	5.000	3.518	1.162	−0.447	−0.680
生存绩效 3	112	1.000	5.000	3.500	1.057	−0.373	−0.469
生存绩效	112	1.000	5.000	3.521	1.019	−0.617	−0.430
成长绩效 1	112	1.000	5.000	3.357	1.012	−0.185	−0.609
成长绩效 2	112	1.000	5.000	3.429	1.145	−0.390	−0.605
成长绩效 3	112	1.000	5.000	3.598	1.119	−0.329	−0.832
成长绩效 4	112	2.000	5.000	3.670	0.990	−0.143	−1.019
成长绩效 5	112	1.000	5.000	3.938	0.998	−0.870	0.491
成长绩效	112	1.600	5.000	3.598	0.820	−0.269	−0.389
创新绩效 1	112	1.000	5.000	3.875	1.032	−1.046	0.924
创新绩效 2	112	1.000	5.000	3.768	1.065	−0.568	−0.355
创新绩效 3	112	1.000	5.000	3.607	1.068	−0.330	−0.609
创新绩效	112	1.000	5.000	3.750	0.892	−0.709	0.164
企业绩效	112	1.422	5.000	3.623	0.734	−0.693	0.628

表 A3 预调研阶段共同方法偏差检验

Component	Initial Eigenvalues		
	Total	% of Variance	Cumulative %
1	17.166	14.548	14.548
2	12.964	10.987	25.535
3	6.010	5.093	30.628
4	4.876	4.132	34.760
5	4.006	3.395	38.154
6	3.794	3.215	41.369
7	3.445	2.919	44.289
8	3.115	2.640	46.928
9	2.815	2.386	49.314
10	2.691	2.281	51.595

表 A4 预调研阶段创业政策量表信度分析

Item	Mean	Std. Deviation	CITC	CAID	Cronbach's Alpha	N of Items
人才培养政策 1	3.75	0.822	0.652	0.784	0.824	3
人才培养政策 2	3.87	0.876	0.727	0.707		
人才培养政策 3	3.87	0.834	0.662	0.774		
财税扶持政策 1	3.83	0.962	0.672	0.710	0.795	4
财税扶持政策 2	3.91	0.921	0.629	0.734		
财税扶持政策 3	3.85	0.989	0.658	0.718		
财税扶持政策 4	3.87	0.892	0.473	0.805		
技术支持政策 1	3.84	0.879	0.596	0.754	0.791	3
技术支持政策 2	3.71	0.946	0.655	0.690		
技术支持政策 3	3.74	0.987	0.649	0.698		
基础设施政策 1	3.77	0.903	0.628		0.771	2
基础设施政策 2	3.75	0.939	0.628			
政府购买政策 1	3.60	1.054	0.617		0.763	2
政府购买政策 2	3.58	1.076	0.617			
服务外包政策 1	3.57	1.017	0.674		0.805	2
服务外包政策 2	3.55	1.032	0.674			

（续表）

Item	Mean	Std. Deviation	CITC	CAID	Cronbach's Alpha	N of Items
贸易管制政策 1	3.48	1.046	0.666	0.796	0.834	3
贸易管制政策 2	3.63	1.051	0.731	0.732		
贸易管制政策 3	3.56	1.103	0.686	0.778		
海外交流政策 1	3.52	1.132	0.584	0.266	0.615	3
海外交流政策 2	3.64	1.127	0.479	0.433		
海外交流政策 3	2.46	1.120	0.240	0.757		
法规管制政策 1	3.80	0.928	0.708	0.777	0.841	3
法规管制政策 2	3.68	0.901	0.697	0.787		
法规管制政策 3	3.74	0.881	0.711	0.773		
金融服务政策 1	3.67	0.902	0.694	0.814	0.853	4
金融服务政策 2	3.75	1.016	0.702	0.812		
金融服务政策 3	3.76	0.855	0.725	0.803		
金融服务政策 4	3.74	0.945	0.667	0.825		
公共服务政策 1	3.82	0.910	0.671	0.670	0.774	4
公共服务政策 2	3.75	0.985	0.438	0.795		
公共服务政策 3	3.84	0.902	0.662	0.676		
公共服务政策 4	3.87	0.921	0.556	0.730		
策略工具政策 1	3.90	0.883	0.455	0.853	0.838	5
策略工具政策 2	3.75	0.885	0.729	0.781		
策略工具政策 3	3.99	0.896	0.627	0.809		
策略工具政策 4	3.91	0.904	0.708	0.787		
策略工具政策 5	3.90	0.972	0.696	0.790		

注：当维度只有两个题目时，无法计算 CAID。

表 A5　预调研阶段创业政策量表 KMO and Bartlett's Test

Kaiser-Meyer-Olkin Measure of Sampling Adequacy.		0.894
Bartlett's Test of Sphericity	Approx. Chi-Square	4366.232
	df	703
	Sig.	0.000

表 A6　预调研阶段创业政策量表探索性因子分析

| Item | Component | | | | | | | | | | | | Extraction |
	1	2	3	4	5	6	7	8	9	10	11	12	
金融服务政策 1	0.707												0.708
金融服务政策 2	0.762												0.733
金融服务政策 3	0.774												0.740
金融服务政策 4	0.803												0.708
贸易管制政策 1		0.710											0.695
贸易管制政策 2		0.818											0.777
贸易管制政策 3		0.795											0.720
海外交流政策 1		0.496										0.449	0.733
海外交流政策 2		0.411											0.649
海外交流政策 3												0.899	0.856
策略工具政策 1													0.615
策略工具政策 2			0.760										0.782
策略工具政策 3			0.565										0.608
策略工具政策 4			0.774										0.739
策略工具政策 5			0.836										0.793
法规管制政策 1				0.749									0.758

（续表）

Item	Component												Extraction
	1	2	3	4	5	6	7	8	9	10	11	12	
法规管制政策2				0.750									0.732
法规管制政策3				0.872									0.804
财税扶持政策1					0.807								0.756
财税扶持政策2					0.690								0.668
财税扶持政策3					0.795								0.745
财税扶持政策4					0.437					0.597			0.704
技术支持政策1						0.775							0.731
技术支持政策2						0.730							0.728
技术支持政策3						0.785							0.722
人才培养政策1							0.664						0.712
人才培养政策2							0.786						0.785
人才培养政策3							0.841						0.798
公共服务政策1								0.691					0.754
公共服务政策2				0.454									0.528
公共服务政策3								0.636					0.703
公共服务政策4								0.804					0.770

Item	Component												Extraction
	1	2	3	4	5	6	7	8	9	10	11	12	
政府购买政策 1									0.698				0.743
政府购买政策 2									0.768				0.730
基础设施政策 1										0.624			0.735
基础设施政策 2										0.733			0.797
服务外包政策 1											0.676		0.786
服务外包政策 2											0.698		0.763
Eigenvalue	3.257	3.064	2.924	2.690	2.491	2.393	2.334	2.219	2.043	1.676	1.445	1.274	
% of Variance	8.572	8.064	7.693	7.078	6.555	6.298	6.141	5.841	5.377	4.411	3.802	3.352	
Cumulative %	8.572	16.636	24.329	31.407	37.962	44.260	50.401	56.242	61.619	66.031	69.832	73.184	

表 A7　预调研阶段优化后创业政策量表 KMO and Bartlett's Test

Kaiser-Meyer-Olkin Measure of Sampling Adequacy.		0.889
Bartlett's Test of Sphericity	Approx. Chi-Square	3966.054
	df	561
	Sig.	0.000

表 A8 预调研阶段优化后创业政策量表探索性因子分析

Item	Component												Extraction
	1	2	3	4	5	6	7	8	9	10	11	12	
金融服务政策 1	0.713												0.711
金融服务政策 2	0.740												0.722
金融服务政策 3	0.800												0.761
金融服务政策 4	0.817												0.729
策略工具政策 1													
策略工具政策 2		0.753											0.769
策略工具政策 3		0.594											0.600
策略工具政策 4		0.793											0.752
策略工具政策 5		0.844											0.794
贸易管制政策 1			0.706										0.726
贸易管制政策 2			0.819										0.805
贸易管制政策 3			0.831										0.765
法规管制政策 1				0.763									0.779
法规管制政策 2				0.769									0.765
法规管制政策 3				0.875									0.820
技术支持政策 1					0.760								0.710

Item	Component												Extraction
	1	2	3	4	5	6	7	8	9	10	11	12	
技术支持政策 2					0.753								0.745
技术支持政策 3					0.799								0.738
财税扶持政策 1						0.819							0.788
财税扶持政策 2						0.719							0.728
财税扶持政策 3						0.823							0.771
人才培养政策 1							0.645						0.703
人才培养政策 2							0.797						0.792
人才培养政策 3							0.854						0.812
公共服务政策 1								0.702					0.782
公共服务政策 3								0.615					0.693
公共服务政策 4								0.836					0.828
海外交流政策 1									0.748				0.793
海外交流政策 2									0.786				0.785
政府购买政策 1										0.766			0.813
政府购买政策 2										0.817			0.825
服务外包政策 1											0.740		0.807

（续表）

Item	Component												Extraction
	1	2	3	4	5	6	7	8	9	10	11	12	
服务外包政策2											0.810		0.853
基础设施政策1												0.752	0.826
基础设施政策2												0.707	0.761
Eigenvalue	3.010	2.918	2.492	2.371	2.330	2.249	2.242	1.949	1.671	1.662	1.614	1.541	
% of Variance	8.854	8.583	7.330	6.972	6.854	6.614	6.595	5.734	4.916	4.889	4.747	4.532	
Cumulative %	8.854	17.437	24.767	31.739	38.593	45.208	51.803	57.536	62.452	67.341	72.088	76.620	

表 A9　预调研阶段个体特质层面企业家精神信度分析

Item	Mean	Std. Deviation	CITC	CAID	Cronbach's Alpha	N of Items
个人创新精神 1	3.99	0.777	0.687	0.829	0.858	4
个人创新精神 2	3.83	1.039	0.708	0.822		
个人创新精神 3	4.15	0.932	0.738	0.803		
个人创新精神 4	4.10	0.859	0.700	0.820		
个人学习精神 1	4.12	0.857	0.679	0.692	0.799	3
个人学习精神 2	4.04	0.943	0.622	0.753		
个人学习精神 3	4.16	0.886	0.635	0.735		
个人诚信精神 1	4.25	0.885	0.641	0.833	0.852	4
个人诚信精神 2	4.09	0.916	0.720	0.800		
个人诚信精神 3	4.19	0.906	0.722	0.800		
个人诚信精神 4	3.57	1.071	0.700	0.813		
个人敬业精神 1	3.57	0.946	0.600	0.845	0.828	3
个人敬业精神 2	4.04	0.869	0.778	0.680		
个人敬业精神 3	4.11	1.017	0.695	0.756		
个人责任精神 1	3.99	0.973	0.777	0.792	0.861	4
个人责任精神 2	4.10	0.986	0.719	0.818		
个人责任精神 3	4.21	0.850	0.689	0.831		
个人责任精神 4	4.00	0.900	0.651	0.845		
个体特质层面企业家精神			0.919	18		

表 A10　预调研阶段个体特质层面企业家精神 KMO and Bartlett's Test

Kaiser-Meyer-Olkin Measure of Sampling Adequacy.		0.887
Bartlett's Test of Sphericity	Approx. Chi-Square	1109.639
	df	153
	Sig.	0.000

表 A11　预调研阶段个体特质层面企业家精神探索性因子分析

Item	Component					Extraction
	1	2	3	4	5	
个人创新精神 1	0.746					0.720
个人创新精神 2	0.803					0.721
个人创新精神 3	0.778					0.749
个人创新精神 4	0.758					0.697
个人诚信精神 1		0.705				0.673
个人诚信精神 2		0.744				0.744
个人诚信精神 3		0.824				0.770
个人诚信精神 4		0.839				0.752
个人责任精神 1			0.783			0.783
个人责任精神 2			0.701			0.728
个人责任精神 3			0.711			0.672
个人责任精神 4			0.801			0.707
个人敬业精神 1				0.768		0.699
个人敬业精神 2				0.776		0.832
个人敬业精神 3				0.730		0.742
个人学习精神 1					0.702	0.752
个人学习精神 2					0.820	0.747
个人学习精神 3					0.683	0.671
Eigenvalue	3.123	2.805	2.794	2.256	2.183	
% of Variance	17.350	15.582	15.521	12.536	12.127	
Cumulative %	17.350	32.932	48.453	60.989	73.116	

表 A12　预调研阶段企业组织层面企业家精神信度分析

Item	Mean	Std. Deviation	CITC	CAID	Cronbach's Alpha	N of Items
企业创新活动 1	3.80	0.919	0.572	0.766	0.798	4
企业创新活动 2	3.58	0.992	0.577	0.766		
企业创新活动 3	3.66	0.945	0.654	0.726		
企业创新活动 4	3.98	0.859	0.646	0.733		
企业风险活动 1	3.70	1.021	0.638	0.792	0.829	4

Item	Mean	Std. Deviation	CITC	CAID	Cronbach's Alpha	N of Items
企业风险活动 2	3.38	1.116	0.710	0.759		
企业风险活动 3	3.73	0.958	0.610	0.804		
企业风险活动 4	3.53	1.022	0.668	0.778		
企业战略更新 1	3.58	1.175	0.735	0.856	0.884	5
企业战略更新 2	3.79	1.017	0.694	0.866		
企业战略更新 3	3.79	1.050	0.756	0.852		
企业战略更新 4	3.43	1.183	0.708	0.864		
企业战略更新 5	3.67	1.017	0.724	0.859		
企业组织层面企业家精神					0.883	13

表 A13　预调研阶段企业组织层面企业家精神 KMO and Bartlett's Test

Kaiser-Meyer-Olkin Measure of Sampling Adequacy.		0.860
Bartlett's Test of Sphericity	Approx. Chi-Square	686.416
	df	78
	Sig.	0.000

表 A14　预调研阶段企业组织层面企业家精神探索性因子分析

Item	Component			Extraction
	1	2	3	
企业战略更新 1	0.833			0.717
企业战略更新 2	0.792			0.663
企业战略更新 3	0.803			0.736
企业战略更新 4	0.757			0.662
企业战略更新 5	0.764			0.689
企业风险活动 1		0.691		0.645
企业风险活动 2		0.844		0.750
企业风险活动 3		0.732		0.598
企业风险活动 4		0.774		0.685
企业创新活动 1			0.744	0.600

（续表）

Item	Component			Extraction
	1	2	3	
企业创新活动 2			0.698	0.558
企业创新活动 3			0.806	0.675
企业创新活动 4			0.804	0.694
Eigenvalue	3.401	2.669	2.602	
% of Variance	26.158	20.535	20.017	
Cumulative %	26.158	46.693	66.709	

表 A15　预调研阶段企业绩效量表信度分析

Item	Mean	Std. Deviation	CITC	CAID	Cronbach's Alpha	N of Items
生存绩效 1	3.54	1.237	0.756	0.782	0.858	3
生存绩效 2	3.52	1.162	0.758	0.778		
生存绩效 3	3.50	1.057	0.695	0.838		
成长绩效 1	3.36	1.012	0.639	0.804	0.837	5
成长绩效 2	3.43	1.145	0.642	0.803		
成长绩效 3	3.60	1.119	0.679	0.792		
成长绩效 4	3.67	0.990	0.621	0.809		
成长绩效 5	3.94	0.998	0.615	0.810		
创新绩效 1	3.88	1.032	0.599	0.774	0.800	3
创新绩效 2	3.77	1.065	0.693	0.676		
创新绩效 3	3.61	1.068	0.645	0.727		
企业绩效					0.874	11

表 A16　预调研阶段企业绩效量表 KMO and Bartlett's Test

Kaiser-Meyer-Olkin Measure of Sampling Adequacy.		0.851
Bartlett's Test of Sphericity	Approx. Chi-Square	553.517
	df	55
	Sig.	0.000

表 A17　预调研阶段企业绩效量表探索性因子分析

Item	Component			Extraction
	1	2	3	
成长绩效 1	0.787			0.639
成长绩效 2	0.757			0.633
成长绩效 3	0.799			0.697
成长绩效 4	0.735			0.579
成长绩效 5	0.616			0.595
生存绩效 1		0.832		0.794
生存绩效 2		0.850		0.801
生存绩效 3		0.798		0.731
创新绩效 1			0.784	0.669
创新绩效 2			0.867	0.792
创新绩效 3			0.744	0.706
Eigenvalue	2.946	2.473	2.217	
% of Variance	26.779	22.483	20.153	
Cumulative %	26.779	49.263	69.416	

附录 B

创业调查问卷

此次问卷目的是了解创业者及创业企业在创业及企业发展过程中面临的政策环境和营商环境，进一步了解创业者及企业对现有政策及服务的评价反馈以及对未来政策及服务的需求情况，以便为相关部门科学合理地制订和改进政策，为创业者及企业提供更多优质、精准的政策服务提供参考。所有信息严格保密，感谢您的参与和支持！

一、个人信息

1. 您的性别：
   ○男　　　　○女

2. 您的年龄段：
   ○18—25　　○26—45　　○46 以上

3. 您的教育程度：
   ○大专及以下(高职)　　○大学本科　　○硕士　　○博士及以上

4. 所在省市：

   _____

5. 您目前从事的行业：
   ○1 农林牧渔业
   ○2 工业(采矿业，制造业，电力、热力、燃气及水生产和供应业)
   ○3 交通运输、仓储和邮政业
   ○4 建筑业，组织管理服务
   ○5 租赁和商务服务业(不含组织管理服务)
   ○6 批发业
   ○7 零售业
   ○8 住宿和餐饮业
   ○9 信息传输、软件和信息技术服务业
   ○10 房地产开发经营
   ○11 房地产业(不含房地产开发经营)
   ○12 科学研究和技术服务业
   ○13 水利、环境和公共设施管理业

○14 居民服务、修理和其他服务业

○15 教育

○16 卫生和社会工作

○17 文化、体育和娱乐业

6. 您目前的职位：

○1 员工

○2 主管

○3 部门/项目负责人(含正副职)

○4 总经理(含正副职)

○5 私营业主

二、企业基本情况

1. 请问贵公司的所有制类型是：

○1 国有企业

○2 外资企业

○3 民营企业

○4 合资企业

2. 请问贵公司所处发展阶段：

○初创期(一般为6年及以下)

○成长期(一般为7—14年)

○成熟期(一般为15年及以上)

3. 贵公司的企业规模：

○微型企业

○小型企业

○中型企业

○大型企业

4. 贵公司创建动机是：

○生存推动型,对原有就业不满意或没有其他就业机会,选择创业；

○机会拉动型,发现市场中的创业商机,抓住机会,主动创业；

○创新驱动型,致力于新产品或新服务的研发与供给,创新创业；

三、企业绩效调研(分值"1－5"，分别表示"显著下降－显著提高")

企业绩效指标	1	2	3	4	5
1.企业的利润相比总业务收入	○	○	○	○	○
2.企业利润相比资产规模	○	○	○	○	○
3.企业利润相比总投资	○	○	○	○	○
4.企业的员工数量及总体学历水平	○	○	○	○	○
5.企业为员工提供的学习与培训机会	○	○	○	○	○
6.顾客的满意度及忠诚度	○	○	○	○	○
7.员工的满意度及归属感	○	○	○	○	○
8.企业的市场份额	○	○	○	○	○
9.研发或营销人员的比重及素质	○	○	○	○	○
10.企业的研发及创新经费投入	○	○	○	○	○
11.新产品及服务的销售占比	○	○	○	○	○

四、现有创业政策供给及需求调研(分值"1－5"，分别表示供给程度的"供给力度小－供给力度大"以及需求程度的"不需要－非常需要")

创业政策工具指标	供给程度					需求程度				
	1	2	3	4	5	1	2	3	4	5
1.人才教育培训方面的政策	○	○	○	○	○	○	○	○	○	○
2.人才引进与交流的政策	○	○	○	○	○	○	○	○	○	○
3.人才发展规划方面的政策	○	○	○	○	○	○	○	○	○	○
4.加大税收优惠及税收减免的政策	○	○	○	○	○	○	○	○	○	○
5.规范并降低行政事业性收费及经营服务性收费的政策	○	○	○	○	○	○	○	○	○	○
6.提供扶持资金或创业基金方面的政策	○	○	○	○	○	○	○	○	○	○
7.促进科技成果转移转化方面的政策	○	○	○	○	○	○	○	○	○	○
8.促进产学研合作方面的政策	○	○	○	○	○	○	○	○	○	○
9.提高技术创新能力和产品质量方面的政策	○	○	○	○	○	○	○	○	○	○

创业政策工具指标	供给程度					需求程度				
	1	2	3	4	5	1	2	3	4	5
10. 完善创业园区和产业集群建设方面的政策	○	○	○	○	○	○	○	○	○	○
11. 完善众创空间和孵化器建设方面的政策	○	○	○	○	○	○	○	○	○	○
12. 优先向创业企业进行政府采购的政策	○	○	○	○	○	○	○	○	○	○
13. 优先购买企业研发成果及服务的政策	○	○	○	○	○	○	○	○	○	○
14. 行政及事业单位将研发设计外包给企业的政策	○	○	○	○	○	○	○	○	○	○
15. 行政及事业单位将公共服务外包给企业的政策	○	○	○	○	○	○	○	○	○	○
16. 放宽对企业的贸易管制的政策	○	○	○	○	○	○	○	○	○	○
17. 简化进出口手续及通关流程的政策	○	○	○	○	○	○	○	○	○	○
18. 鼓励企业产品或服务出口的政策	○	○	○	○	○	○	○	○	○	○
19. 鼓励企业与海外进行管理及技术交流的政策	○	○	○	○	○	○	○	○	○	○
20. 鼓励企业在海外设立研发机构的政策	○	○	○	○	○	○	○	○	○	○
21. 加强法律法规及行业规范的政策	○	○	○	○	○	○	○	○	○	○
22. 完善市场监督审查机制的政策	○	○	○	○	○	○	○	○	○	○
23. 保护知识产权方面的政策	○	○	○	○	○	○	○	○	○	○
24. 鼓励各类创业(风险)投资的政策	○	○	○	○	○	○	○	○	○	○
25. 拓宽创业融资渠道的政策	○	○	○	○	○	○	○	○	○	○

（续表）

创业政策工具指标	供给程度					需求程度				
	1	2	3	4	5	1	2	3	4	5
26.鼓励金融机构为企业提供各类贷款的政策	○	○	○	○	○	○	○	○	○	○
27.鼓励互联网金融的政策	○	○	○	○	○	○	○	○	○	○
28.简政放权优化商事制度的政策	○	○	○	○	○	○	○	○	○	○
29.为企业提供配套公共服务的政策	○	○	○	○	○	○	○	○	○	○
30.政策信息主动公布并及时告知的政策	○	○	○	○	○	○	○	○	○	○
31.加强行政机构协调保障作用的政策	○	○	○	○	○	○	○	○	○	○
32.建立通畅的政企沟通机制的政策	○	○	○	○	○	○	○	○	○	○
33.营造社会良好创业氛围的政策	○	○	○	○	○	○	○	○	○	○
34.积极举办各类创业赛事的政策	○	○	○	○	○	○	○	○	○	○

五、个人企业家精神评价（分值"1—5"，依次表示"完全不同意—完全同意"）

个人（企业领导）企业家精神评价指标	1	2	3	4	5
1.企业领导者对环境有敏锐的洞察力	○	○	○	○	○
2.企业领导者有冒险精神敢于承担风险	○	○	○	○	○
3.企业领导者勇于创新	○	○	○	○	○
4.企业领导者善于抓住机遇	○	○	○	○	○
5.企业领导者善于及时把握国家及地方新政策	○	○	○	○	○
6.企业领导者善于独立思考	○	○	○	○	○
7.企业领导者重视团队学习	○	○	○	○	○
8.企业领导者信守承诺	○	○	○	○	○

个人（企业领导）企业家精神评价指标	1	2	3	4	5
9.企业领导者遵规守法	○	○	○	○	○
10.企业领导者尊重他人	○	○	○	○	○
11.企业领导者宽容员工的失败	○	○	○	○	○
12.企业领导者事业和家庭平衡发展	○	○	○	○	○
13.企业领导者对事业坚韧不拔	○	○	○	○	○
14.企业领导者勇担责任乐于奉献	○	○	○	○	○
15.企业领导者具有时代使命感	○	○	○	○	○
16.企业领导者对员工负责	○	○	○	○	○
17.企业领导者具有社会责任感	○	○	○	○	○
18.企业领导者注重保护环境	○	○	○	○	○

六、企业层面企业家精神评价（分值"1－5"，依次表示"完全不同意－完全同意"）

企业层面企业家精神评价指标	1	2	3	4	5
1.贵公司对开发新产品新服务非常积极	○	○	○	○	○
2.贵公司的突破式创新在行业中突出	○	○	○	○	○
3.贵公司在产品或服务提升方面投入的精力远高于行业平均	○	○	○	○	○
4.贵公司舍得在新产品或服务上投资	○	○	○	○	○
5.贵公司敢于进入新的市场领域	○	○	○	○	○
6.贵公司敢于创立新的企业	○	○	○	○	○
7.贵公司善于在现有市场上找到新的立足点	○	○	○	○	○
8.贵公司敢于对新的商业机会投资	○	○	○	○	○
9.贵公司剥离了一些不盈利的部门	○	○	○	○	○
10.贵公司改变了一些部门的竞争战略	○	○	○	○	○
11.贵公司为了加强部门间的合作和交流重组了一些部门	○	○	○	○	○
12.贵公司引进了创新的人力资源管理体系	○	○	○	○	○
13.贵公司在行业中率先引进新的商业概念和实践	○	○	○	○	○

附录 C

表 C1 正式调研阶段变量描述

Variable	N	Min	Max	Mean	Std. Deviation	Skewness	Kurtosis
人才培养供给 1	847.00	1.00	5.00	3.65	0.920	−0.406	−0.245
人才培养供给 2	847.00	1.00	5.00	3.76	0.986	−0.547	−0.174
人才培养供给 3	847.00	1.00	5.00	3.70	0.955	−0.502	−0.176
人才培养供给	847.00	1.00	5.00	3.70	0.825	−0.518	−0.024
财税扶持供给 1	847.00	1.00	5.00	3.61	0.989	−0.415	−0.259
财税扶持供给 2	847.00	1.00	5.00	3.63	0.990	−0.474	−0.184
财税扶持供给 3	847.00	1.00	5.00	3.62	1.021	−0.443	−0.270
财税扶持供给	847.00	1.00	5.00	3.62	0.863	−0.403	−0.281
技术支持供给 1	847.00	1.00	5.00	3.70	0.961	−0.549	−0.060
技术支持供给 2	847.00	1.00	5.00	3.63	1.013	−0.433	−0.333
技术支持供给 3	847.00	1.00	5.00	3.67	0.991	−0.490	−0.266
技术支持供给	847.00	1.00	5.00	3.67	0.839	−0.483	−0.015
基础设施供给 1	847.00	1.00	5.00	3.72	0.984	−0.549	−0.118
基础设施供给 2	847.00	1.00	5.00	3.67	0.975	−0.431	−0.286
基础设施供给	847.00	1.00	5.00	3.69	0.870	−0.503	−0.119
供给型政策供给	847.00	1.00	5.00	3.67	0.690	−0.554	0.454
政府购买供给 1	847.00	1.00	5.00	3.58	0.978	−0.450	−0.151
政府购买供给 2	847.00	1.00	5.00	3.44	1.020	−0.364	−0.372
政府购买供给	847.00	1.00	5.00	3.51	0.904	−0.465	−0.107
服务外包供给 1	847.00	1.00	5.00	3.51	0.988	−0.385	−0.227
服务外包供给 2	847.00	1.00	5.00	3.57	0.977	−0.427	−0.110
服务外包供给	847.00	1.00	5.00	3.54	0.890	−0.398	−0.125
贸易管制供给 1	847.00	1.00	5.00	3.54	0.955	−0.398	−0.220
贸易管制供给 2	847.00	1.00	5.00	3.67	0.998	−0.526	−0.074
贸易管制供给 3	847.00	1.00	5.00	3.61	0.984	−0.429	−0.225

Variable	N	Min	Max	Mean	Std. Deviation	Skewness	Kurtosis
贸易管制供给	847.00	1.00	5.00	3.61	0.817	−0.436	0.184
海外交流供给 1	847.00	1.00	5.00	3.64	1.041	−0.577	−0.103
海外交流供给 2	847.00	1.00	5.00	3.66	1.041	−0.581	−0.175
海外交流供给	847.00	1.00	5.00	3.65	0.938	−0.570	−0.125
需求型政策供给	847.00	1.00	5.00	3.58	0.714	−0.588	0.884
法规管制供给 1	847.00	1.00	5.00	3.76	0.957	−0.567	−0.057
法规管制供给 2	847.00	1.00	5.00	3.71	0.950	−0.525	−0.016
法规管制供给 3	847.00	1.00	5.00	3.75	0.940	−0.595	0.179
法规管制供给	847.00	1.00	5.00	3.74	0.806	−0.622	0.487
金融服务供给 1	847.00	1.00	5.00	3.67	1.006	−0.494	−0.150
金融服务供给 2	847.00	1.00	5.00	3.61	1.016	−0.485	−0.265
金融服务供给 3	847.00	1.00	5.00	3.63	1.027	−0.535	−0.176
金融服务供给 4	847.00	1.00	5.00	3.62	1.029	−0.458	−0.285
金融服务供给	847.00	1.00	5.00	3.63	0.859	−0.570	0.182
公共服务供给 1	847.00	1.00	5.00	3.78	0.930	−0.593	0.029
公共服务供给 2	847.00	1.00	5.00	3.78	0.911	−0.472	−0.094
公共服务供给 3	847.00	1.00	5.00	3.79	0.910	−0.566	0.029
公共服务供给	847.00	1.00	5.00	3.78	0.780	−0.579	0.396
策略工具供给 1	847.00	1.00	5.00	3.73	0.958	−0.523	−0.121
策略工具供给 2	847.00	1.00	5.00	3.89	0.948	−0.809	0.523
策略工具供给 3	847.00	1.00	5.00	3.85	0.942	−0.639	0.071
策略工具供给 4	847.00	1.00	5.00	3.81	0.963	−0.647	0.125
策略工具供给	847.00	1.00	5.00	3.82	0.778	−0.653	0.440
环境型政策供给	847.00	1.00	5.00	3.74	0.646	−0.719	1.137
政策供给	847.00	1.08	5.00	3.66	0.565	−0.615	1.365
人才培养需求 1	847.00	1.00	5.00	3.96	0.830	−0.738	0.745
人才培养需求 2	847.00	1.00	5.00	4.02	0.882	−0.675	0.023
人才培养需求 3	847.00	1.00	5.00	4.00	0.855	−0.715	0.418
人才培养需求	847.00	1.00	5.00	3.99	0.732	−0.843	0.960

Variable	N	Min	Max	Mean	Std. Deviation	Skewness	Kurtosis
财税扶持需求1	847.00	1.00	5.00	4.13	0.860	−0.771	0.300
财税扶持需求2	847.00	1.00	5.00	4.12	0.856	−0.818	0.364
财税扶持需求3	847.00	1.00	5.00	4.15	0.846	−0.800	0.359
财税扶持需求	847.00	1.00	5.00	4.13	0.724	−0.784	0.624
技术支持需求1	847.00	1.00	5.00	3.94	0.901	−0.707	0.336
技术支持需求2	847.00	1.00	5.00	3.90	0.930	−0.620	−0.054
技术支持需求3	847.00	1.00	5.00	3.93	0.913	−0.658	0.173
技术支持需求	847.00	1.00	5.00	3.92	0.764	−0.731	0.564
基础设施需求1	847.00	1.00	5.00	3.88	0.927	−0.557	−0.133
基础设施需求2	847.00	1.00	5.00	3.86	0.967	−0.621	−0.027
基础设施需求	847.00	1.00	5.00	3.87	0.853	−0.577	−0.037
供给型政策需求	847.00	1.00	5.00	3.98	0.614	−1.017	1.914
政府购买需求1	847.00	1.00	5.00	3.93	0.903	−0.621	0.079
政府购买需求2	847.00	1.00	5.00	3.89	0.899	−0.716	0.426
政府购买需求	847.00	1.00	5.00	3.91	0.797	−0.720	0.544
服务外包需求1	847.00	1.00	5.00	3.78	0.955	−0.517	−0.064
服务外包需求2	847.00	1.00	5.00	3.81	0.959	−0.608	0.162
服务外包需求	847.00	1.00	5.00	3.79	0.870	−0.580	0.235
贸易管制需求1	847.00	1.00	5.00	3.72	1.011	−0.533	−0.221
贸易管制需求2	847.00	1.00	5.00	3.78	1.025	−0.553	−0.255
贸易管制需求3	847.00	1.00	5.00	3.74	1.010	−0.505	−0.261
贸易管制需求	847.00	1.00	5.00	3.75	0.862	−0.525	−0.072
海外交流需求1	847.00	1.00	5.00	3.74	1.008	−0.658	0.120
海外交流需求2	847.00	1.00	5.00	3.80	1.024	−0.619	−0.119
海外交流需求	847.00	1.00	5.00	3.77	0.923	−0.733	0.320
需求型政策需求	847.00	1.00	5.00	3.81	0.689	−0.786	1.301
法规管制需求1	847.00	1.00	5.00	3.87	0.931	−0.629	0.117
法规管制需求2	847.00	1.00	5.00	3.80	0.954	−0.442	−0.359
法规管制需求3	847.00	1.00	5.00	3.84	0.951	−0.549	−0.143

Variable	N	Min	Max	Mean	Std. Deviation	Skewness	Kurtosis
法规管制需求	847.00	1.00	5.00	3.83	0.815	−0.527	−0.005
金融服务需求 1	847.00	1.00	5.00	3.92	0.899	−0.637	0.182
金融服务需求 2	847.00	1.00	5.00	4.01	0.913	−0.699	0.089
金融服务需求 3	847.00	1.00	5.00	3.96	0.900	−0.658	0.185
金融服务需求 4	847.00	1.00	5.00	4.00	0.893	−0.641	0.014
金融服务需求	847.00	1.00	5.00	3.97	0.770	−0.654	0.423
公共服务需求 1	847.00	1.00	5.00	3.94	0.908	−0.620	0.043
公共服务需求 2	847.00	1.00	5.00	3.98	0.888	−0.683	0.154
公共服务需求 3	847.00	1.00	5.00	3.98	0.902	−0.740	0.328
公共服务需求	847.00	1.00	5.00	3.97	0.747	−0.645	0.307
策略工具需求 1	847.00	1.00	5.00	3.94	0.903	−0.623	0.115
策略工具需求 2	847.00	1.00	5.00	4.10	0.850	−0.785	0.418
策略工具需求 3	847.00	1.00	5.00	3.99	0.880	−0.735	0.503
策略工具需求 4	847.00	1.00	5.00	4.08	0.853	−0.746	0.395
策略工具需求	847.00	1.00	5.00	4.03	0.711	−0.780	0.950
环境型政策需求	847.00	1.00	5.00	3.95	0.609	−0.767	1.230
政策需求	847.00	1.08	5.00	3.91	0.516	−0.877	1.866
个人创新精神 1	847.00	1.00	5.00	3.99	0.787	−0.621	0.514
个人创新精神 2	847.00	1.00	5.00	3.91	0.963	−0.618	−0.268
个人创新精神 3	847.00	1.00	5.00	4.15	0.883	−0.937	0.660
个人创新精神 4	847.00	1.00	5.00	4.16	0.849	−0.877	0.429
个人创新精神	847.00	1.00	5.00	4.05	0.717	−1.134	1.527
个人学习精神 1	847.00	1.00	5.00	4.17	0.790	−0.753	0.326
个人学习精神 2	847.00	1.00	5.00	4.00	0.915	−0.669	−0.056
个人学习精神 3	847.00	1.00	5.00	4.22	0.859	−0.971	0.509
个人学习精神	847.00	1.00	5.00	4.13	0.711	−1.175	1.540
个人诚信精神 1	847.00	1.00	5.00	4.34	0.830	−1.304	1.690
个人诚信精神 2	847.00	1.00	5.00	4.18	0.840	−1.037	1.267
个人诚信精神 3	847.00	1.00	5.00	4.23	0.878	−1.052	0.711

（续表）

Variable	N	Min	Max	Mean	Std. Deviation	Skewness	Kurtosis
个人诚信精神 4	847.00	1.00	5.00	3.68	0.977	−0.611	0.152
个人诚信精神	847.00	1.00	5.00	4.11	0.714	−1.355	2.381
个人敬业精神 1	847.00	1.00	5.00	3.68	0.959	−0.346	−0.326
个人敬业精神 2	847.00	1.00	5.00	4.09	0.843	−0.847	0.782
个人敬业精神 3	847.00	1.00	5.00	4.14	0.881	−1.017	1.023
个人敬业精神	847.00	1.00	5.00	3.97	0.735	−0.991	1.499
个人责任精神 1	847.00	1.00	5.00	3.98	0.936	−0.746	0.168
个人责任精神 2	847.00	1.00	5.00	4.16	0.911	−1.141	1.299
个人责任精神 3	847.00	1.00	5.00	4.18	0.830	−0.964	0.915
个人责任精神 4	847.00	1.00	5.00	4.05	0.945	−0.791	0.200
个人责任精神	847.00	1.00	5.00	4.09	0.743	−1.296	2.152
个体特质层面 企业家精神	847.00	1.00	5.00	4.07	0.553	−1.065	1.903
企业创新活动 1	847.00	1.00	5.00	3.73	0.997	−0.536	−0.167
企业创新活动 2	847.00	1.00	5.00	3.53	1.049	−0.369	−0.417
企业创新活动 3	847.00	1.00	5.00	3.65	0.977	−0.519	−0.069
企业创新活动 4	847.00	1.00	5.00	3.90	0.956	−0.711	0.102
企业创新活动	847.00	1.00	5.00	3.70	0.814	−0.843	0.667
企业风险活动 1	847.00	1.00	5.00	3.74	1.041	−0.555	−0.370
企业风险活动 2	847.00	1.00	5.00	3.32	1.172	−0.343	−0.733
企业风险活动 3	847.00	1.00	5.00	3.73	0.958	−0.447	−0.196
企业风险活动 4	847.00	1.00	5.00	3.62	1.099	−0.586	−0.272
企业风险活动	847.00	1.00	5.00	3.60	0.890	−0.686	0.043
企业战略更新 1	847.00	1.00	5.00	3.52	1.098	−0.470	−0.524
企业战略更新 2	847.00	1.00	5.00	3.83	0.932	−0.714	0.385
企业战略更新 3	847.00	1.00	5.00	3.86	1.022	−0.860	0.367
企业战略更新 4	847.00	1.00	5.00	3.48	1.102	−0.489	−0.396
企业战略更新 5	847.00	1.00	5.00	3.75	1.015	−0.698	0.149
企业战略更新	847.00	1.00	5.00	3.69	0.838	−1.070	1.223

Variable	N	Min	Max	Mean	Std. Deviation	Skewness	Kurtosis
企业组织层面企业家精神	847.00	1.08	5.00	3.66	0.686	−0.677	0.530
生存绩效 1	847.00	1.00	5.00	3.53	1.125	−0.577	−0.488
生存绩效 2	847.00	1.00	5.00	3.50	1.061	−0.412	−0.460
生存绩效 3	847.00	1.00	5.00	3.41	1.061	−0.348	−0.534
生存绩效	847.00	1.00	5.00	3.48	0.952	−0.574	−0.223
成长绩效 1	847.00	1.00	5.00	3.49	1.056	−0.305	−0.492
成长绩效 2	847.00	1.00	5.00	3.56	1.009	−0.548	−0.136
成长绩效 3	847.00	1.00	5.00	3.71	0.992	−0.471	−0.263
成长绩效 4	847.00	1.00	5.00	3.60	1.074	−0.424	−0.417
成长绩效 5	847.00	1.00	5.00	3.92	0.926	−0.683	0.183
成长绩效	847.00	1.00	5.00	3.66	0.787	−0.592	0.265
创新绩效 1	847.00	1.00	5.00	3.94	1.014	−0.873	0.334
创新绩效 2	847.00	1.00	5.00	3.79	1.024	−0.545	−0.361
创新绩效 3	847.00	1.00	5.00	3.79	1.018	−0.646	−0.055
创新绩效	847.00	1.00	5.00	3.84	0.843	−0.743	0.273
企业绩效	847.00	1.00	5.00	3.66	0.695	−0.614	0.535

表 C2　正式调研阶段个体特质层面企业家精神信度分析

Item	Mean	Std. Deviation	CITC	CAID	Cronbach's Alpha	N of Items
个人创新精神 1	3.99	0.787	0.656	0.805	0.839	4
个人创新精神 2	3.91	0.963	0.660	0.806		
个人创新精神 3	4.15	0.883	0.671	0.797		
个人创新精神 4	4.16	0.849	0.714	0.779		
个人学习精神 1	4.17	0.790	0.606	0.705	0.775	3
个人学习精神 2	4.00	0.915	0.611	0.700		
个人学习精神 3	4.22	0.859	0.621	0.684		
个人诚信精神 1	4.34	0.830	0.635	0.784	0.823	4

（续表）

Item	Mean	Std. Deviation	CITC	CAID	Cronbach's Alpha	N of Items
个人诚信精神2	4.18	0.840	0.654	0.775		
个人诚信精神3	4.23	0.878	0.687	0.759		
个人诚信精神4	3.68	0.977	0.623	0.793		
个人敬业精神1	3.68	0.959	0.551	0.722	0.757	3
个人敬业精神2	4.09	0.843	0.634	0.626		
个人敬业精神3	4.14	0.881	0.582	0.680		
个人责任精神1	3.98	0.936	0.667	0.796	0.838	4
个人责任精神2	4.16	0.911	0.698	0.782		
个人责任精神3	4.18	0.830	0.671	0.796		
个人责任精神4	4.05	0.945	0.647	0.805		
个体特质层面企业家精神					0.909	18

表C3　正式调研阶段个体特质层面企业家精神 KMO and Bartlett's Test

Kaiser-Meyer-Olkin Measure of Sampling Adequacy.		0.921
Bartlett's Test of Sphericity	Approx. Chi-Square	6701.079
	df	153
	Sig.	0.000

表C4　正式调研阶段个体特质层面企业家精神探索性因子分析（旋转成分矩阵[a]）

Item	Component					Extraction
	1	2	3	4	5	
个人创新精神1	0.760					0.671
个人创新精神2	0.736					0.654
个人创新精神3	0.738					0.660
个人创新精神4	0.807					0.731
个人责任精神1		0.748				0.677
个人责任精神2		0.736				0.697
个人责任精神3		0.740				0.672

Item	Component					Extraction
	1	2	3	4	5	
个人责任精神 4		0.772				0.676
个人诚信精神 1			0.726			0.658
个人诚信精神 2			0.729			0.659
个人诚信精神 3			0.787			0.725
个人诚信精神 4			0.748			0.645
个人学习精神 1				0.739		0.676
个人学习精神 2				0.782		0.697
个人学习精神 3				0.780		0.711
个人敬业精神 1					0.782	0.697
个人敬业精神 2					0.726	0.708
个人敬业精神 3					0.671	0.653
Eigenvalue	2.814	2.721	2.642	2.126	1.963	
% of Variance	15.633	15.118	14.681	11.812	10.906	
Cumulative %	15.633	30.752	45.432	57.244	68.151	

注:提取方法:主成分。旋转法:具有 Kaiser 标准化的正交旋转法。a. 表示旋转在 6 次迭代后收敛。

表 C5 正式调研阶段个体特质层面企业家精神验证性因子分析模型拟合度

Fit	χ^2	df	χ^2/df	RMSEA	GFI	NFI	IFI	TLI	CFI
Model	332.359	130	2.557	0.043	0.957	0.951	0.969	0.964	0.969
Criteria			<5	<0.08	>0.9	>0.9	>0.9	>0.9	>0.9

表 C6 正式调研阶段个体特质层面企业家精神验证性因子分析

Road			Standard	Unstandard	S.E.	t	P	CR	AVE
个人责任精神	←	个体特质层面企业家精神	0.793	1.000				0.881	0.597
个人创新精神	←	个体特质层面企业家精神	0.748	0.947	0.067	14.052	***		
个人学习精神	←	个体特质层面企业家精神	0.741	0.887	0.067	13.239	***		
个人诚信精神	←	个体特质层面企业家精神	0.735	0.946	0.072	13.068	***		
个人敬业精神	←	个体特质层面企业家精神	0.840	1.049	0.073	14.299	***		
个人创新精神4	←	个人创新精神	0.791	1.000				0.843	0.572
个人创新精神3	←	个人创新精神	0.757	0.995	0.045	21.921	***		
个人创新精神2	←	个人创新精神	0.741	1.062	0.050	21.441	***		
个人创新精神1	←	个人创新精神	0.736	0.862	0.041	21.284	***		
个人学习精神3	←	个人学习精神	0.740	1.000				0.777	0.537
个人学习精神2	←	个人学习精神	0.716	1.031	0.058	17.829	***		
个人学习精神1	←	个人学习精神	0.742	0.923	0.051	18.265	***		
个人诚信精神4	←	个人诚信精神	0.699	1.000				0.826	0.544
个人诚信精神3	←	个人诚信精神	0.772	0.992	0.051	19.337	***		
个人诚信精神2	←	个人诚信精神	0.739	0.909	0.049	18.675	***		
个人诚信精神1	←	个人诚信精神	0.738	0.897	0.048	18.663	***		

（续表）

Road			Standard	Unstandard	S.E.	t	P	CR	AVE
个人敬业精神3	←	个人敬业精神	0.753	1.000				0.762	0.518
个人敬业精神2	←	个人敬业精神	0.760	0.966	0.050	19.272	***		
个人敬业精神1	←	个人敬业精神	0.639	0.924	0.055	16.690	***		
个人责任精神4	←	个人责任精神	0.708	1.000				0.839	0.566
个人责任精神3	←	个人责任精神	0.752	0.933	0.048	19.603	***		
个人责任精神2	←	个人责任精神	0.796	1.082	0.053	20.548	***		
个人责任精神1	←	个人责任精神	0.750	1.048	0.054	19.552	***		

注：***表示 P＜0.001。

表 C7 正式调研阶段企业组织层面企业家精神信度分析

Item	Mean	Std. Deviation	CITC	CAID	Cronbach's Alpha	N of Items
企业创新活动 1	3.73	0.997	0.680	0.786	0.835	4
企业创新活动 2	3.53	1.049	0.626	0.811		
企业创新活动 3	3.65	0.977	0.700	0.777		
企业创新活动 4	3.90	0.956	0.661	0.794		
企业风险活动 1	3.74	1.041	0.712	0.802	0.851	4
企业风险活动 2	3.32	1.172	0.702	0.808		
企业风险活动 3	3.73	0.958	0.689	0.814		
企业风险活动 4	3.62	1.099	0.673	0.819		
企业战略更新 1	3.52	1.098	0.691	0.841	0.868	5
企业战略更新 2	3.83	0.932	0.686	0.843		
企业战略更新 3	3.86	1.022	0.664	0.847		
企业战略更新 4	3.48	1.102	0.711	0.836		
企业战略更新 5	3.75	1.015	0.712	0.835		
企业组织层面企业家精神					0.894	13

表 C8 正式调研阶段企业组织层面企业家精神 KMO and Bartlett's Test

Kaiser-Meyer-Olkin Measure of Sampling Adequacy.		0.907
Bartlett's Test of Sphericity	Approx. Chi-Square	5257.752
	df	78
	Sig.	0.000

表 C9 正式调研阶段企业组织层面企业家精神探索性因子分析（旋转成分矩阵[a]）

Item	Component			Extraction
	1	2	3	
企业战略更新 1	0.795			0.664
企业战略更新 2	0.780			0.655
企业战略更新 3	0.778			0.640

Item	Component			Extraction
	1	2	3	
企业战略更新 4	0.758			0.676
企业战略更新 5	0.750			0.673
企业风险活动 1		0.777		0.706
企业风险活动 2		0.809		0.715
企业风险活动 3		0.777		0.688
企业风险活动 4		0.768		0.665
企业创新活动 1			0.801	0.700
企业创新活动 2			0.712	0.607
企业创新活动 3			0.792	0.709
企业创新活动 4			0.784	0.681
Eigenvalue	3.260	2.809	2.710	
% of Variance	25.081	21.610	20.849	
Cumulative %	25.081	46.691	67.540	

注:提取方法:主成分。旋转法:具有 Kaiser 标准化的正交旋转法。a. 旋转在 4 次迭代后收敛。

表 C10　正式调研阶段企业组织层面企业家精神验证性因子分析模型拟合度

Fit	χ^2	df	χ^2/df	RMSEA	GFI	NFI	IFI	TLI	CFI
Model	185.353	62	2.990	0.048	0.968	0.965	0.976	0.970	0.976
Criteria			<5	<0.08	>0.9	>0.9	>0.9	>0.9	>0.9

表C11 正式调研阶段企业组织层面企业家精神验证性因子分析

Road			Standard	Unstandard	S.E.	t	P	CR	AVE
企业战略更新	←	企业组织层面企业家精神	0.697	1.000				0.800	0.573
企业风险活动	←	企业组织层面企业家精神	0.805	1.181	0.098	12.074	***		
企业创新活动	←	企业组织层面企业家精神	0.764	0.977	0.080	12.168	***		
企业创新活动4	←	企业创新活动	0.746	1.000				0.837	0.563
企业创新活动3	←	企业创新活动	0.789	1.083	0.051	21.247	***		
企业创新活动2	←	企业创新活动	0.711	1.048	0.054	19.316	***		
企业创新活动1	←	企业创新活动	0.753	1.053	0.052	20.376	***		
企业风险活动4	←	企业风险活动	0.744	1.000				0.853	0.593
企业风险活动3	←	企业风险活动	0.767	0.898	0.042	21.135	***		
企业风险活动2	←	企业风险活动	0.771	1.105	0.052	21.260	***		
企业风险活动1	←	企业风险活动	0.797	1.014	0.046	21.919	***		
企业战略更新5	←	企业战略更新	0.788	1.000				0.869	0.570
企业战略更新4	←	企业战略更新	0.787	1.084	0.046	23.507	***		
企业战略更新3	←	企业战略更新	0.716	0.914	0.043	21.100	***		
企业战略更新2	←	企业战略更新	0.738	0.860	0.039	21.855	***		
企业战略更新1	←	企业战略更新	0.744	1.020	0.046	22.047	***		

表 C12 正式调研阶段企业绩效量表信度分析

Item	Mean	Std. Deviation	CITC	CAID	Cronbach's Alpha	N of Items
生存绩效 1	3.53	1.125	0.741	0.777	0.853	3
生存绩效 2	3.50	1.061	0.748	0.771		
生存绩效 3	3.41	1.061	0.683	0.831		
成长绩效 1	3.49	1.056	0.581	0.820	0.836	5
成长绩效 2	3.56	1.009	0.669	0.795		
成长绩效 3	3.71	0.992	0.668	0.795		
成长绩效 4	3.60	1.074	0.634	0.805		
成长绩效 5	3.92	0.926	0.646	0.802		
创新绩效 1	3.94	1.014	0.571	0.725	0.770	3
创新绩效 2	3.79	1.024	0.633	0.657		
创新绩效 3	3.79	1.018	0.606	0.687		
企业绩效					0.874	11

表 C13 正式调研阶段企业绩效量表 KMO and Bartlett's Test

Kaiser-Meyer-Olkin Measure of Sampling Adequacy.		0.881
Bartlett's Test of Sphericity	Approx. Chi-Square	3921.008
	df	55
	Sig.	0.000

表 C14 正式调研阶段企业绩效量表探索性因子分析

Item	Component			Extraction
	1	2	3	
成长绩效 1	0.729			0.555
成长绩效 2	0.758			0.646
成长绩效 3	0.755			0.638
成长绩效 4	0.736			0.607
成长绩效 5	0.729			0.604
生存绩效 1		0.836		0.790

（续表）

Item	Component			Extraction
	1	2	3	
生存绩效 2		0.845		0.798
生存绩效 3		0.804		0.729
创新绩效 1			0.771	0.655
创新绩效 2			0.788	0.711
创新绩效 3			0.791	0.691
Eigenvalue	3.005	2.320	2.099	
% of Variance	27.321	21.092	19.085	
Cumulative %	27.321	48.413	67.498	

表 C15　正式调研阶段企业绩效量表验证性因子分析模型拟合度

Fit	χ^2	df	χ^2/df	RMSEA	GFI	NFI	IFI	TLI	CFI
Model	127.094	41	3.100	0.050	0.972	0.968	0.978	0.970	0.978
Criteria			<5	<0.08	>0.9	>0.9	>0.9	>0.9	>0.9

表 C16　正式调研阶段企业绩效量表验证性因子分析

Road			Standard	Unstandard	S.E.	t	P	CR	AVE
创新绩效	←	企业绩效	0.762	1.000				0.805	0.580
生存绩效	←	企业绩效	0.757	1.084	0.094	11.583	***		
成长绩效	←	企业绩效	0.765	1.012	0.088	11.565	***		
生存绩效3	←	生存绩效	0.756	1.000				0.855	0.663
生存绩效2	←	生存绩效	0.842	1.113	0.048	23.427	***		
生存绩效1	←	生存绩效	0.841	1.180	0.050	23.413	***		

Road		Standard	Unstandard	S.E.	t	P	CR	AVE
成长绩效3	← 成长绩效	0.747	1.000				0.838	0.510
成长绩效2	← 成长绩效	0.749	1.019	0.050	20.378	***		
成长绩效4	← 成长绩效	0.710	1.029	0.053	19.365	***		
成长绩效5	← 成长绩效	0.719	0.898	0.046	19.589	***		
成长绩效1	← 成长绩效	0.640	0.912	0.052	17.435	***		
创新绩效3	← 创新绩效	0.722	1.000				0.771	0.529
创新绩效2	← 创新绩效	0.779	1.086	0.060	17.993	***		
创新绩效1	← 创新绩效	0.678	0.936	0.056	16.657	***		

附录 D

297 座城市名单

序号	城市	所在省市	序号	城市	所在省市	序号	城市	所在省市
1	北京市	北京市	26	包头市	内蒙古	51	辽源市	吉林省
2	天津市	天津市	27	乌海市	内蒙古	52	通化市	吉林省
3	石家庄市	河北省	28	赤峰市	内蒙古	53	白山市	吉林省
4	唐山市	河北省	29	通辽市	内蒙古	54	松原市	吉林省
5	秦皇岛市	河北省	30	鄂尔多斯市	内蒙古	55	白城市	吉林省
6	邯郸市	河北省	31	呼伦贝尔市	内蒙古	56	哈尔滨市	黑龙江省
7	邢台市	河北省	32	巴彦淖尔市	内蒙古	57	齐齐哈尔市	黑龙江省
8	保定市	河北省	33	乌兰察布市	内蒙古	58	鸡西市	黑龙江省
9	张家口市	河北省	34	沈阳市	辽宁省	59	鹤岗市	黑龙江省
10	承德市	河北省	35	大连市	辽宁省	60	双鸭山市	黑龙江省
11	沧州市	河北省	36	鞍山市	辽宁省	61	大庆市	黑龙江省
12	廊坊市	河北省	37	抚顺市	辽宁省	62	伊春市	黑龙江省
13	衡水市	河北省	38	本溪市	辽宁省	63	佳木斯市	黑龙江省
14	太原市	山西省	39	丹东市	辽宁省	64	七台河市	黑龙江省
15	大同市	山西省	40	锦州市	辽宁省	65	牡丹江市	黑龙江省
16	阳泉市	山西省	41	营口市	辽宁省	66	黑河市	黑龙江省
17	长治市	山西省	42	阜新市	辽宁省	67	绥化市	黑龙江省
18	晋城市	山西省	43	辽阳市	辽宁省	68	上海市	上海市
19	朔州市	山西省	44	盘锦市	辽宁省	69	南京市	江苏省
20	晋中市	山西省	45	铁岭市	辽宁省	70	无锡市	江苏省
21	运城市	山西省	46	朝阳市	辽宁省	71	徐州市	江苏省
22	忻州市	山西省	47	葫芦岛市	辽宁省	72	常州市	江苏省
23	临汾市	山西省	48	长春市	吉林省	73	苏州市	江苏省
24	吕梁市	山西省	49	吉林市	吉林省	74	南通市	江苏省
25	呼和浩特市	内蒙古	50	四平市	吉林省	75	连云港市	江苏省

序号	城市	所在省市	序号	城市	所在省市	序号	城市	所在省市
76	淮安市	江苏省	105	六安市	安徽省	134	烟台市	山东省
77	盐城市	江苏省	106	亳州市	安徽省	135	潍坊市	山东省
78	扬州市	江苏省	107	池州市	安徽省	136	济宁市	山东省
79	镇江市	江苏省	108	宣城市	安徽省	137	泰安市	山东省
80	泰州市	江苏省	109	福州市	福建省	138	威海市	山东省
81	宿迁	江苏省	110	厦门市	福建省	139	日照市	山东省
82	杭州市	浙江省	111	莆田市	福建省	140	莱芜市	山东省
83	宁波市	浙江省	112	三明市	福建省	141	临沂市	山东省
84	温州市	浙江省	113	泉州市	福建省	142	德州市	山东省
85	嘉兴市	浙江省	114	漳州市	福建省	143	聊城市	山东省
86	湖州市	浙江省	115	南平市	福建省	144	滨州市	山东省
87	绍兴市	浙江省	116	龙岩市	福建省	145	菏泽市	山东省
88	金华市	浙江省	117	宁德市	福建省	146	郑州市	河南省
89	衢州市	浙江省	118	南昌市	江西省	147	开封市	河南省
90	舟山市	浙江省	119	景德镇市	江西省	148	洛阳市	河南省
91	台州市	浙江省	120	萍乡市	江西省	149	平顶山市	河南省
92	丽水市	浙江省	121	九江市	江西省	150	安阳市	河南省
93	合肥市	安徽省	122	新余市	江西省	151	鹤壁市	河南省
94	芜湖市	安徽省	123	鹰潭市	江西省	152	新乡市	河南省
95	蚌埠市	安徽省	124	赣州市	江西省	153	焦作市	河南省
96	淮南市	安徽省	125	吉安市	江西省	154	濮阳市	河南省
97	马鞍山市	安徽省	126	宜春市	江西省	155	许昌市	河南省
98	淮北市	安徽省	127	抚州市	江西省	156	漯河市	河南省
99	铜陵市	安徽省	128	上饶市	江西省	157	三门峡市	河南省
100	安庆市	安徽省	129	济南市	山东省	158	南阳市	河南省
101	黄山市	安徽省	130	青岛市	山东省	159	商丘市	河南省
102	滁州市	安徽省	131	淄博市	山东省	160	信阳市	河南省
103	阜阳市	安徽省	132	枣庄市	山东省	161	周口市	河南省
104	宿州市	安徽省	133	东营市	山东省	162	驻马店市	河南省

（续表）

序号	城市	所在省市	序号	城市	所在省市	序号	城市	所在省市
163	武汉市	湖北省	192	汕头市	广东省	221	来宾市	广西
164	黄石市	湖北省	193	佛山市	广东省	222	崇左市	广西
165	十堰市	湖北省	194	江门市	广东省	223	海口市	海南省
166	宜昌市	湖北省	195	湛江市	广东省	224	三亚市	海南省
167	襄阳市	湖北省	196	茂名市	广东省	225	儋州市	海南省
168	鄂州市	湖北省	197	肇庆市	广东省	226	重庆市	重庆市
169	荆门市	湖北省	198	惠州市	广东省	227	成都市	四川省
170	孝感市	湖北省	199	梅州市	广东省	228	自贡市	四川省
171	荆州市	湖北省	200	汕尾市	广东省	229	攀枝花市	四川省
172	黄冈市	湖北省	201	河源市	广东省	230	泸州市	四川省
173	咸宁市	湖北省	202	阳江市	广东省	231	德阳市	四川省
174	随州市	湖北省	203	清远市	广东省	232	绵阳市	四川省
175	长沙市	湖南省	204	东莞市	广东省	233	广元市	四川省
176	株洲市	湖南省	205	中山市	广东省	234	遂宁市	四川省
177	湘潭市	湖南省	206	潮州市	广东省	235	内江市	四川省
178	衡阳市	湖南省	207	揭阳市	广东省	236	乐山市	四川省
179	邵阳市	湖南省	208	云浮市	广东省	237	南充市	四川省
180	岳阳市	湖南省	209	南宁市	广西	238	眉山市	四川省
181	常德市	湖南省	210	柳州市	广西	239	宜宾市	四川省
182	张家界市	湖南省	211	桂林市	广西	240	广安市	四川省
183	益阳市	湖南省	212	梧州市	广西	241	达州市	四川省
184	郴州市	湖南省	213	北海市	广西	242	雅安市	四川省
185	永州市	湖南省	214	防城港市	广西	243	巴中市	四川省
186	怀化市	湖南省	215	钦州市	广西	244	资阳市	四川省
187	娄底市	湖南省	216	贵港市	广西	245	贵阳市	贵州省
188	广州市	广东省	217	玉林市	广西	246	六盘水市	贵州省
189	韶关市	广东省	218	百色市	广西	247	遵义市	贵州省
190	深圳市	广东省	219	贺州市	广西	248	安顺市	贵州省
191	珠海市	广东省	220	河池市	广西	249	毕节市	贵州省

序号	城市	所在省市	序号	城市	所在省市	序号	城市	所在省市
250	铜仁市	贵州省	266	铜川市	陕西省	282	平凉市	甘肃省
251	昆明市	云南省	267	宝鸡市	陕西省	283	酒泉市	甘肃省
252	曲靖市	云南省	268	咸阳市	陕西省	284	庆阳市	甘肃省
253	玉溪市	云南省	269	渭南市	陕西省	285	定西市	甘肃省
254	保山市	云南省	270	延安市	陕西省	286	陇南市	甘肃省
255	昭通市	云南省	271	汉中市	陕西省	287	西宁市	青海省
256	丽江市	云南省	272	榆林市	陕西省	288	海东市	青海省
257	普洱市	云南省	273	安康市	陕西省	289	银川市	宁夏
258	临沧市	云南省	274	商洛市	陕西省	290	石嘴山市	宁夏
259	拉萨市	西藏	275	兰州市	甘肃省	291	吴忠市	宁夏
260	日喀则市	西藏	276	嘉峪关市	甘肃省	292	固原市	宁夏
261	昌都市	西藏	277	金昌市	甘肃省	293	中卫市	宁夏
262	林芝市	西藏	278	白银市	甘肃省	294	乌鲁木齐市	新疆
263	山南市	西藏	279	天水市	甘肃省	295	克拉玛依市	新疆
264	那曲市	西藏	280	武威市	甘肃省	296	吐鲁番市	新疆
265	西安市	陕西省	281	张掖市	甘肃省	297	哈密市	新疆

参考文献

[1] 白丽.大学生创新创业政策注意力演变,制度困境与对策[J].教育教学论坛,2021(5):5-8.

[2] 鲍鲁阿.公共选择:简要综述[C]//杰克逊.公共部门经济学前沿问题.北京:中国税务出版社,2000:164.

[3] 蔡昉,都阳,高文书.就业弹性,自然失业和宏观经济政策:为什么经济增长没有带来显性就业?[J].经济研究,2004(9):18-25.

[4] 曹颖,孙钰涵,逯志刚,等.创业政策与创业意愿对大学生创业绩效的组态效应研究:基于22个大学生创业公司的 PCA-fsQCA 分析[J].职业技术教育,2020,41(8):44-48.

[5] 曹钰华.社会网络、创业学习、科技创业能力与科技创业绩效[D].苏州:苏州大学,2017.

[6] 常云昆,肖六亿.有效就业理论与宏观经济增长悖论[J].经济理论与经济管理,2004(2):5-12.

[7] 陈德仙.大学生创业扶持政策:变迁轨迹与实施绩效[J].现代城市,2018,13(4):6.

[8] 陈红涛.企业家精神、动态能力与组织绩效关系研究[D].杭州:浙江理工大学,2013.

[9] 陈婷婷,黄泉星,谢小芳.高校毕业生自主创业需求与现有政策的契合性研究:以福建省为例[J].云南农业大学学报(社会科学),2016,10(6):94-100.

[10] 陈伟.转型经济中公司企业家精神与企业绩效的实证研究:环境不确定性的调节作用[D].南京:南京大学,2011.

[11] 陈振明,张敏.国内政策工具研究新进展:1998—2016[J].江苏行政学院学报,2017(6):109-116.

[12] 程华,樊笑然,张思潮,等.浙江科技人才创新创业政策的测量及演变[J].科技与经济,2018,31(3):70-74.

[13] 德鲁克.创新与创业精神[M].张炜,译.上海:上海人民出版社,2002.

[14] 邓恩.公共政策分析导论[M].北京:中国人民大学出版社,2002.

[15] 邓岩.基于制度均衡视角的中国农村金融制度变迁与创新研究[D].泰安:
山东农业大学,2009.

[16] 杜爱萍.加快推进我国创业经济发展对策思考[J].行政论坛,2011(6):
86-89.

[17] 樊霞,吴进.基于文本分析的我国共性技术创新政策研究[J].科学学与科
学技术管理,2014,35(8):69-76.

[18] 范柏乃,蓝志勇.公共管理研究与定量分析方法[M].北京:科学出版社,
2008.

[19] 范丽莉,唐珂.基于政策工具的我国政府数据开放政策内容分析[J].情报
杂志,2019,38(1):148-154.

[20] 方鸣,翟玉婧,谢敏,等.政策认知,创业环境与返乡创业培训绩效[J].管
理学刊,2021,34(6):32-44.

[21] 方世建,桂玲.创业政策视角下创业和经济增长的关系[J].经济管理,
2009,5(5):161-166.

[22] 冯江涛.供需平衡视角下的大学生创新创业政策满意度评估研究[D].天
津:天津工业大学,2017.

[23] 冯英,张卓.我国大学生创新创业政策演进及地区差异分析:基于1998—
2019年政策文本[J].国家教育行政学院学报,2021(2):52-60.

[24] 傅晋华.提升我国县(市)创新能力的科技政策需求分析[J].中国科技论
坛,2010(10):81-85.

[25] 高建,盖罗它.国外创业政策的理论研究综述[J].国外社会科学,2007,
(1):70-74.

[26] 高健海,郭安娜,桂燚,等.大学生创业阻碍因素研究综述:创业政策嬗变
与学科演进的角度[J].特区经济,2013(7):213-215.

[27] 高莉娟,刘春春.对我国公共政策协调研究的思考[J].福建行政学院学
报,2011(2):30-34.

[28] 高伟.创业政策对城市创业产出的影响研究[D].北京:清华大学,2018.

[29] 高秀娟,彭春燕.国家创业政策演化和发展的计量分析:特征与前瞻[J].
重庆大学学报(社会科学版),2021,27(1):91-99.

[30] 高扬,付冬娟,邵雨.我国创新创业教育政策历史演变,合理性分析及建议
[J].创新与创业教育,2015,6(6):18-22.

[31] 葛建新.创业学[M].北京:清华大学出版社,2004.

[32] 龚光明,曾照存.公司特有风险,管理者风险特质与企业投资效率:来自中
国上市公司的经验数据[J].经济与管理研究,2013(11):67-75.

[33] 辜胜阻.新一轮创业创新浪潮的四个重要特征[J].时事报告:大学生版,

2016(2):69-70.

[34] 顾国爱.企业科技创新对企业绩效的影响分析:中国创新型企业的实证研究[J].华东经济管理,2012(12):114-116.

[35] 郭劲松.创新型高新技术企业绩效评价研究[D].北京:华北电力大学,2017.

[36] 何邓娇,吕静宜.企业家过度自信、风险承担与创新绩效[J].新会计,2018(10):10-14.

[37] 何昕芸,李剑富.大学生创业政策发展演变及其优化建议:基于江西相关政策文本分析[J].中国大学生就业,2020(22):57-63.

[38] 贺珍.问卷设计五原则[J].秘书之友,2018(9):16-18.

[39] 赫里斯,彼得斯.创业学(第5版)[M].北京:清华大学出版社,2004.

[40] 洪伟达,马海群.我国开放政府数据政策的演变和协同研究:基于2012—2020年政策文本的分析[J].情报杂志,2021,41(10):139-147.

[41] 胡赛全,詹正茂,钱悦,等.战略性新兴产业发展的政策工具体系研究:基于政策文本的内容分析[J].科学管理研究,2013(3):66-69.

[42] 黄萃,任弢,张剑.政策文献量化研究:公共政策研究的新方向[J].公共管理学报,2015(2):137-158.

[43] 黄萃,苏竣,施丽萍,等.政策工具视角的中国风能政策文本量化研究[J].科学学研究,2011,29(6):876-882.

[44] 黄丹,唐滢,田东林.大学生创新创业政策供给与需求匹配研究:以广西高校为例[J].中国大学生就业,2020(22):50-56.

[45] 黄菁菁,原毅军.产学研合作研发中企业家精神的价值[J].科学学研究,2014,32(6):902-908.

[46] 黄曼,朱桂龙,胡军燕.创新政策工具分类选择与效应评价[J].中国科技论坛,2016(1):26-30.

[47] 黄艳.经济新常态背景下湘潭市大学生创业政策需求及供给研究[D].湘潭:湘潭大学,2016.

[48] 黄永春,陈成梦,徐军海,等.创业政策与创业模式匹配对创业绩效影响机制[J].科学学研究,2019,37(9):1632-1641.

[49] 黄永春,朱帅.创业政策供给对企业家创业行为的影响机制研究:基于GEM报告面板数据的实证分析[J].科学学与科学技术管理,2018,39(4):100-110.

[50] 黄聿舟,裴旭东,刘骏.创业支持政策对创客空间创业孵化绩效的影响[J].科技进步与对策,2019,36(3):111-116.

[51] 吉亚力,田文静,董颖.基于关键词共现和社会网络分析法的我国智库热点主题研究[J].情报科学,2015,33(3):108-111.

[52] 纪尽善.马克思供需平衡理论与扩大内需战略取向和现实选择[J].当代经济研究,2002(9):8-11.

[53] 季开胜.略论我国中小企业国际化发展的政策支持体系构建[J].经济问题,2009,(6):63-66.

[54] 蒋春燕,赵曙明.公司企业家精神制度环境的地区差异:15个国家高新技术产业开发区企业的实证研究[J].经济科学,2010(6):101-114.

[55] 蒋春燕,赵曙明.社会资本和公司企业家精神与绩效的关系:组织学习的中介作用:江苏与广东新兴企业的实证研究[J].管理世界,2006(10):90-99.

[56] 金碚,龚健健.经济走势,政策调控及其对企业竞争力的影响:基于中国行业面板数据的实证分析[J].中国工业经济,2014(3):5-17.

[57] 孔德意.我国科普政策主体及其网络特性研究:基于511项国家层面科普政策文本的分析[J].2021(2018-1):5-14.

[58] 李博闻,黄正东,刘稳.基于公交服务需求与供给匹配程度的公交站点布局评价:以武汉市为例[J].现代城市研究,2019(5):99-105.

[59] 李晨鸽.科技金融助推西安市硬科技企业发展的研究[D].西安:西安理工大学,2020.

[60] 李纯萍.创业政策感知对离校未就业高校毕业生创业绩效的影响研究[D].重庆:重庆理工大学,2021.

[61] 李芳芳,葛斌,毛星亮,等.基于语义关联的中文网页主题词提取方法研究[J].计算机应用研究,2011,28(1):105-107+123.

[62] 李慧慧,纪梦超,孙俊华.关于我国大学生创业政策的脉络分析[J].黑龙江高教研究,2020(10):97-101.

[63] 李军.创新型企业培育模式研究[D].长春:吉林大学,2008.

[64] 李俊.如何更好地解读社会?:论问卷设计的原则与程序[J].调研世界,2009(3):46-48.

[65] 李兰,仲为国,彭泗清,等.当代企业家精神:特征,影响因素与对策建议:2019中国企业家成长与发展专题调查报告[J].南开管理评论,2019,22(5):4-12.

[66] 李良成,陈欣,郑石明.科技人才与科技创新协同度测度模型及应用[J].科技进步与对策,2019,36(10):130-137.

[67] 李鹏利,张宝建,刘晓彤,等.国家科技创业政策协调性研究:基于政策工具视角[J].科学管理研究,2021,39(1):2-10.

[68] 李胜文,杨学儒,钟耿涛.产业升级过程中创新和创业的耦合效应[J].商业经济研究,2016(1):110-111.

[69] 李时椿,刘冠.关于创业与创新的内涵、比较与集成融合研究[J].经济管

理,2007(16):76-80.

[70] 李守伟.中国区域创新创业活跃度比较研究[J].调研世界,2021(5):11-37.

[71] 李婷.农民创业政策资源可获性及其对创业绩效影响研究[D].南昌:江西农业大学,2018.

[72] 李燕萍,吴绍棠,郜斐,等.改革开放以来我国科研经费管理政策的变迁,评介与走向:基于政策文本的内容分析[J].科学学研究,2009,27(10):1441-1447.

[73] 李瑶,刘晶,张雨琪.大学生创业政策供需匹配模型构建与实证分析[J].商展经济,2021(12):102-105.

[74] 李毅中.国务院关于促进中小企业发展情况的报告:2009年12月24日在第十一届全国人民代表大会常务委员会第十二次会议上[R].中华人民共和国全国人民代表大会常务委员会公报,2010(1):60-65.

[75] 李政,罗晖,李正风,等.基于质性数据分析的中美创新政策比较研究:以"中国双创"与"创业美国"为例[J].中国软科学,2018(4):18-30.

[76] 李志能,郁义鸿,罗博特·D.希斯瑞克.创业学[M].上海:复旦大学出版社,2006.

[77] 林龙飞,陈传波.中国创业政策40年:历程回顾与趋向展望[J].经济体制改革,2019(1):9-15.

[78] 林嵩.创业资源的获取与整合:创业过程的一个解读视角[J].经济问题探索,2007(6):166-169.

[79] 刘畅.大学生创业政策演进及评价研究[D].南京:南京航空航天大学,2018.

[80] 刘风侠.企业家精神,创新激励与企业创新绩效[J].财会通讯,2020,836(36):55-58.

[81] 刘刚,张再生,吴绍玉,等.我国创业政策体系探索性分析:行动逻辑与策略选择[J].经济问题,2016(6):13-18.

[82] 刘军.我国大学生创业政策:演进逻辑及其趋向[J].山东大学学报:哲学社会科学版,2015(3):46-53.

[83] 刘向东.战略领导特征及其对企业战略选择和绩效影响机制研究[D].天津:南开大学,2010.

[84] 刘晓君,强国风.基于政策工具视角的建筑节能政策评价[J].城市问题,2019(10):83-89.

[85] 刘云,叶选挺,杨芳娟,等.中国国家创新体系国际化政策概念,分类及演进特征:基于政策文本的量化分析[J].管理世界,2014(12):62-69.

[86] 吕途,林欢,陈昊.创业团队认知能力对创业绩效的影响:以双元创业即兴

为中介[J].科技进步与对策,2021(5):29-37.

[87] 罗淀,章刘成.企业家创新精神与财务绩效关系的实证研究[J].对外经贸,2020(4):156-160

[88] 罗平实,杨秀梅,羊建.创业政策,创业者能力与创业绩效的实证研究[J].时代经贸:下旬,2013(6):138-139.

[89] 罗晓光,溪璐路.基于社会网络分析方法的顾客口碑意见领袖研究[J].管理评论,2012,24(1):75-81.

[90] 倪咸林.论客观政策供给偏差及其消解:政府决策能力现代化的视角[J].行政论坛,2016,23(04):73-77.

[91] 宁鑫,韦向阳,刘淼淼.农民工返乡创业政策对创业绩效的影响机制研究[J].阜阳师范大学学报(自然科学版),2021,38(4):109-115.

[92] 牛泽民.创新与创业[M].北京:北京航空航天大学出版社,2008.

[93] 潘峰华,赖志勇,葛岳静.经贸视角下中国周边地缘环境分析:基于社会网络分析方法[J].地理研究,2015(4):775-786.

[94] 潘峰华,赖志勇,葛岳静.社会网络分析方法在地缘政治领域的应用[J].经济地理,2013,33(7):15-21.

[95] 彭纪生,仲为国,孙文祥.政策测量,政策协同演变与经济绩效:基于创新政策的实证研究[J].管理世界,2008(9):25-36.

[96] 彭泗清,李兰等.中国企业家成长20年:能力、责任与精神:2013中国企业家队伍成长20年调查综合报告[J].管理世界,2014(6):19-38

[97] 戚迪明,刘玉侠.人力资本,政策获取与返乡农民工创业绩效:基于浙江的调查[J].浙江学刊,2018(2):169-174.

[98] 强国凤.绿色建筑政策供需匹配研究[D].西安:西安建筑科技大学,2020.

[99] 秦雪征,尹志锋,周建波,等.国家科技计划与中小型企业创新:基于匹配模型的分析[J].管理世界,2012(4):70-81.

[100] 任胜钢,舒睿.创业者网络能力与创业机会:网络位置和网络跨度的作用机制[J].南开管理评论,2014(1):123-133.

[101] 沙德春,孙佳星.创业生态系统40年:主体—环境要素演进视角[J].科学学研究,2020,38(4):663-673.

[102] 邵云飞,欧阳青燕,孙雷.社会网络分析方法及其在创新研究中的运用[J].管理学报,2009(9):1188-1193.

[103] 邵志强.抽样调查中样本容量的确定方法[J].统计与决策,2012(22):12-14.

[104] 沈建通,姚乐野.多元统计与社会网络分析法在知识图谱应用的实证研究[J].情报杂志,2009(8):33-36.

[105] 盛东方,尹航.基于政策文本计算的突发公共事件下中小企业扶持政策

供需匹配研究:以新冠肺炎疫情为例[J].现代情报,2020,40(8):10-19.

[106] 施丽萍.基于内容分析法的中国科技创新政策研究[D].杭州:浙江大学,2011.

[107] 苏竣,黄萃.中国科技政策要目概览[M].北京:科学技术文献出版社,2012.

[108] 苏晓华,王科.转型经济中新兴组织场域的制度创业研究:以中国 VC/PE 行业为例[J].中国工业经济,2013(5):148-160.

[109] 谈敏.供需匹配视角下大学生创业政策研究[D].合肥:安徽大学,2019.

[110] 涂琼理.农民专业合作社的政策扶持研究[D].武汉:华中农业大学,2013.

[111] 王班班,莫琼辉,钱浩祺.地方环境政策创新的扩散模式与实施效果:基于河长制政策扩散的微观实证[J].中国工业经济,2020(8):99-117.

[112] 王红强.基于企业生命周期的现金流分析[J].商场现代化,2009,10(568):194.

[113] 王洪岩.企业家创新精神与企业成长绩效的关系研究[D].沈阳:辽宁大学,2017.

[114] 王化成,刘俊勇,孙薇.企业业绩评价[M].北京:中国人民大学出版社,2004.

[115] 王建洲.河北省高校毕业生创业激励政策解析与优化建议[J].中国成人教育,2017(22):84-87.

[116] 王进富,陈振,周镭.科技创新政策供需匹配模型构建及实证研究[J].科技进步与对策,2018,35(16):121-128.

[117] 王林春.上海市高校海归青年教师引进政策供给与个体需求的匹配研究[D].上海:上海交通大学,2018.

[118] 王苗苗.基于内容分析法的大众创新创业政策文本研究[D].西安:西安电子科技大学,2018.

[119] 王浦劬,赖先进.中国公共政策扩散的模式与机制分析[J].北京大学学报(哲学社会科学版),2013,50(6):14-23.

[120] 王霞,郭兵,苏林.基于内容分析法的上海市科技政策演进分析[J].科技进步与对策,2012,29(23):104-107.

[121] 王霞,开燕华,曾铖,等.企业家精神动态变化评价:来自北京、上海和天津的对比研究[J].经济体制改革,2017(6):131-138.

[122] 王晓珍,彭志刚,高伟,等.我国风电产业政策演进与效果评价[J].科学学研究,2016,34(12):1817-1829.

[123] 王轶.财税扶持政策何以提升返乡创业企业经营绩效[J].现代财经,2021,377(6):56-72.

[124] 王永贵,张玉利,杨永恒,等.对组织学习,核心竞争能力,战略柔性与企业竞争绩效的理论剖析与实证研究:探索中国企业增强动态竞争优势之路[J].南开管理评论,2003,6(4):54-60.

[125] 文亮,刘炼春,何善.创业政策与创业绩效关系的实证研究[J].学术论坛,2011,34(12):128-131.

[126] 吴明隆.量表统计分析实务[M].重庆:重庆大学出版社,2010.

[127] 伍刚.企业家创新精神与企业成长[D].武汉:华中科技大学,2012.

[128] 夏清华,易朝辉.不确定环境下中国创业支持政策研究[J].中国软科学,2009(1):66-72.

[129] 夏人青,罗志敏,严军.中国大学生创业政策的回顾与展望(1999—2011年)[J].高教探索,2012(1):123-127.

[130] 向薇,黄永春,骆羽.基于精益会计视角的新企业创业绩效评价研究:以制造型创业企业为例[J].资源开发与市场,2019,35(5):605-610.

[131] 向玉琼.公共政策供给滞后的理论及原因探讨[J].理论探讨,2007(5):157-160.

[132] 肖成英.创业政策、创业能力对女性创业绩效的影响研究[J].现代商贸工业,2021,(12):78-79.

[133] 肖潇,汪涛.国家自主创新示范区大学生创业政策评价研究[J].科学学研究,2015(10):1511-1519.

[134] 谢青,田志龙.创新政策如何推动我国新能源汽车产业的发展:基于政策工具与创新价值链的政策文本分析[J].科学学与科学技术管理,2015,36(6):3-14.

[135] 谢雪燕,常倩倩.企业家精神与高新技术企业绩效:基于新三板信息技术企业[J].财会月刊(下),2017(10):51-58.

[136] 熊彼特.经济发展理论[M].北京:商务印书馆,1990.

[137] 休斯.公共管理导论[M].北京:中国人民大学出版社,2001:98

[138] 徐德英,韩伯棠.政策供需匹配模型构建及实证研究:以北京市创新创业政策为例[J].科学学研究,2015,33(12):1787-1796+1893.

[139] 徐枫,马佳伟.基于投资者政策需求视角的中国创业投资发展影响因素研究[J].宏观经济研究,2018,(3):89-102.

[140] 徐福志.浙江省自主创新政策的供给、需求与优化研究[D].杭州:浙江大学,2013.

[141] 徐军海,黄永春,邹晨.长三角科技人才一体化发展的时空演变研究:基于社会网络分析法[J].南京社会科学,2020(9):49-57.

[142] 徐珊,罗帆.政策工具视角下的中国科技创新政策[J].科学学研究,2020,38(5):826-833.

[143] 徐喆,李春艳.我国科技政策演变与创新绩效研究:基于政策相互作用视角[J].经济问题,2017,(1):11-16+102.

[144] 杨东,李垣.公司企业家精神,战略联盟对创新的影响研究[J].科学学研究,2008,26(5):1114-1118.

[145] 杨微.高层次海归创业企业绩效影响因素研究[D].杭州:浙江工业大学,2018.

[146] 杨正联.公共政策文本分析:一个理论框架[J].理论与改革,2006(1):24-26.

[147] 姚蕾.政府扶持政策影响农村创业绩效的实证研究[D].北京:北京林业大学,2020.

[148] 易高峰.我国高校学术创业政策演化的过程,问题与对策:基于1985—2016年高校学术创业政策文本分析[J].教育发展研究,2017(5):70-76.

[149] 殷沈琴,张计龙,任磊.基于关键词共现和社会网络分析法的数字图书馆研究热点分析[J].大学图书馆学报,2011(4):25-30.

[150] 尹玮琦.创业型企业财务管理问题与对策[J].中国集体经济,2019(26):117-119.

[151] 应千凡.金融支持与企业家精神成长:内在机理与实证分析[J].上海金融,2011(1):16-21.

[152] 余绍忠.创业资源对创业绩效的影响机制研究:基于环境动态性的调节作用[J].科学学与科学技术管理,2013,34(6):131-139.

[153] 曾铖,李元旭,开燕华.我国中心城市企业家精神的指数评价与影响因素研究[J].上海经济,2018(4):71-81.

[154] 翟胜宝,聂小娟,童丽静,等.竞争战略,企业生命周期和企业价值[J].系统工程理论与实践,2021,41(4):846-860.

[155] 张宝建,李鹏利,陈劲,等.国家科技创新政策的主题分析与演化过程:基于文本挖掘的视角[J].科学学与科学技术管理,2019,40(11):15-31.

[156] 张兵.高校大学生创业扶持政策优化路径研究[J].国家教育行政学院学报,2016(10):47-51.

[157] 张长江,许敏,张文静.生态型企业生态经营绩效评价体系的构建与应用:基于生态效益外部性及嵌入式列报视角[J].西安财经学院学报,2010,23(3):71-76.

[158] 张超,官建成.基于政策文本内容分析的政策体系演进研究:以中国创新创业政策体系为例[J].管理评论,2020,32(5):138-150.

[159] 张钢,彭学兵.创业政策对技术创业影响的实证研究[J].科研管理,2008,29(3):60-67.

[160] 张国兴,高秀林,汪应洛,等.政策协同:节能减排政策研究的新视角[J].系统工程理论与实践,2014,34(3):545-559.

[161] 张慧玉,戴颖,张丹琦,等.中国"三农"创新创业政策的历史演进:基于中央一号文件的语料库研究[J].南方经济,2021,40(4):55-68.

[162] 张杰.市场化政策工具视阈下新农村公共服务建设研究[D].桂林:广西师范大学,2011.

[163] 张蕾,当前大学生创业问题成因及对策分析[J].河北工程大学学报:社会科学版,2010,27(1):16-17.

[164] 张林.资源整合能力对创业绩效的影响:创业政策的中介作用[D].哈尔滨:哈尔滨师范大学,2018.

[165] 张倩倩,李百吉.我国能源供需结构均衡度及其动态经济影响[J].科技管理研究,2017(15):243-249.

[166] 张省,唐嵩,龙冬.产学研用协同创新供需匹配机制的理论框架:基于扎根理论的多案例研究[J].软科学,2017,31(11):57-61.

[167] 张顺.多重视角中的公共政策与公共政策分析[J].理论探讨,2004(3):84-88.

[168] 张铁铸,沙曼.管理层能力权力与在职消费研究水[J].南开管理评论,2014,17(5):63-72.

[169] 张祥建,徐晋,徐龙炳.高管精英治理模式能够提升企业绩效吗?:基于社会连带关系调节效应的研究[J].经济研究,2015,50(3):100-114.

[170] 张旭,伍海华.论产业结构调整中的金融因素:机制,模式与政策选择[J].当代财经,2002(1):52-56.

[171] 张雅娴,苏竣.技术创新政策工具及其在我国软件产业中的应用[J].科研管理,2001,22(4):65-72.

[172] 张永安,耿喆,王燕妮.区域科技创新政策分类与政策工具挖掘:基于中关村数据的研究[J].科技进步与对策,2015,32(17):116-122.

[173] 张玉臣,吕宪鹏.高新技术企业创新绩效影响因素研究[J].科研管理,2013,34(12):58-65.

[174] 张玉利,李乾文.公司创业活动与组织绩效:基于中国成长期私营企业的实证研究[J].科研管理,2005(z1):28-39.

[175] 赵都敏,李剑力.创业政策与创业活动关系研究述评[J].外国经济与管理,2011,33(3):19-26.

[176] 赵建旭.山东省促进创业带动就业问题研究[D].济南:山东师范大学,2010.

[177] 赵永慧.试探生态视角下的区域创新创业政策体系设计:以辽宁为例[J].科学管理研究,2019,232(5):83-90.

[178] 郑石明,李佳琪,李良成.中国创新创业政策变迁与扩散研究[J].中国科技论坛,2019(9):16-24.

[179] 钟柏昌,黄峰.问卷设计的基本原则与问题分析:以某校 2011 年教育学硕士学位论文为例[J].学位与研究生教育,2012(3):67-72.

[180] 周城雄,李美桂,林慧,等.战略性新兴产业:从政策工具,功能到政策评估[J].科学学研究,2017,35(3):346-353.

[181] 周劲波,陈丽超.我国创业政策类型及作用机制研究[J].经济体制改革,2011(1):41-44.

[182] 周翼翔.新创企业创业政策效果模型构建及评估:"供-需"匹配和感知价值视角[J].科研管理,2021,43(2):18-26.

[183] 朱光喜.政策协同:功能,类型与途径:基于文献的分析[J].广东行政学院学报,2015,27(4):20-26.

[184] 朱云鹃.共识性创新型企业核心评价指标统计分析[J].经济管理,2009(3):159-162.

[185] 朱珠,许莉.基于可持续发展的企业环境绩效审计的指标构建[J].经济论坛,2013(8):105-108.

[186] Abbasi A, Chung K S K, Hossain L. Egocentric analysis of co-authorship network structure, position and performance [J]. Information Processing & Management, 2012, 48(4): 671-679.

[187] Agénor P R, Jia P. Macroprudential policy coordination in a currency union[J]. Centre for Growth and Business Cycle Research Discussion Paper Series, 2017, 137: 103791.

[188] Aiden E, Michel J B. Uncharted: Big Data as a Lens on Human Culture[M]. New York: Riverhead, 2013.

[189] Armington C, Acs Z J. The determinants of regional variation in new firm formation[J]. Regional Studies, 2002, 36(1): 33-45.

[190] Bojica A M, Fuentes M D. Knowledge Acquisition and Corporate Entrepreneurship: Insights from Spanish SMEs in the ICT Sector[J]. Journal of World Business, 2012, 47(3): 397-408.

[191] Bruno A V, Tyebjee T T. The Environment for Entrepreneurship[J]. Encyclopedia of Entrepreneurshipca, 1982.

[192] Carley S. Decarbonization of the US electricity sector: Are state energy policy portfolios the solution? [J]. Energy Economics, 2011, 33(5): 1004-1023.

[193] Chang C, Masterson M. Using word order in political text classification with long short-term memory models[J]. Political Analysis, 2020, 28

(3): 395 - 411.

[194] Chung K S K, Hossain L. Measuring performance of knowledge-intensive workgroups through social networks[J]. Project Management Journal, 2009, 40(2): 34 - 58.

[195] Collins J. Cultural diversity and entrepreneurship: Policy responses to immigrant entrepreneurs in Australia[J]. Entrepreneurship & Regional Development, 2003, 15(2): 137 - 149.

[196] Craswell E, Davis G. The search for policy coordination: Ministerial and bureaucratic perceptions of agency amalgamations in a federal parliamentary system[J]. Policy Studies Journal, 1994, 22(1): 59 - 73.

[197] Davidsson P, Wiklund J. Levels of analysis in entrepreneurship research: Current research practice and suggestions for the future[J]. Entrepreneurship, 2007: 245 - 265.

[198] Degadt J. Innovation: concept, measurability, policy—the case of Belgium[J]. Innovation Competitiveness Growth & Tradition in Smes, 2008: 1 - 10.

[199] D'Orazio V, Landis S T, Palmer G, et al. Separating the wheat from the chaff: Applications of automated document classification using support vector machines[J]. Political Analysis, 2014, 22(2): 224 - 242.

[200] Freitas I M B, Von Tunzelmann N. Mapping public support for innovation: A comparison of policy alignment in the UK and France [J]. Research Policy, 2008, 37(9): 1446 - 1464.

[201] Gonzalez X, Pazo C. Do public subsidies stimulate private R&D spending? [J]. Research Policy, 2008, 37(3): 371 - 389.

[202] Gurau C, Dana L P. Financing paths, firms' governance and corporate entrepreneurship: Accessing and applying operant and operand resources in biotechnology firms[J]. Technological Forecasting and Social Change, 2020, 153: 119935.

[203] Hitt M A, Ireland R D, Camp S M, et al. Strategic entrepreneurship: Entrepreneurial strategies for wealth creation [J]. Strategic Management Journal, 2001, 22(6-7): 479 - 491.

[204] Howlett M. Government communication as a policy tool: A framework for analysis[J]. Canadian Political Science Review, 2009, 3(2): 23 - 37.

[205] Hughes C E, Ritter A, Mabbitt N. Drug policy coordination: Identifying and assessing dimensions of coordination[J]. International

Journal of Drug Policy, 2013, 24(3): 244 - 250.

[206] Ingram S H. Behavioral Assumptions of Policy Tools[J]. Journal of Politics, 1990, 52(2): 510 - 529.

[207] Kalyan K S, Rajasekharan A, Sangeetha S. Ammus: A survey of transformer-based pretrained models in natural language processing[J]. arXiv preprint arXiv:2108.05542, 2021.

[208] Kayne J. State entrepreneurship policies and programs[J]. Available at SSRN 1260444, 2008.

[209] Krebs R R. How dominant narratives rise and fall: Military conflict, politics, and the cold war consensus[J]. International Organization, 2015, 69(4): 809 - 845.

[210] Lepori B, Van den Besselaar P, Dinges M, et al. Indicators for comparative analysis of public project funding: concepts, implementation and evaluation[J]. Research evaluation, 2007, 16(4): 243 - 255.

[211] Libecap G D. Economic variables and the development of the law: The case of western mineral rights[J]. Journal of Economic History, 1978, 38(2): 338 - 362.

[212] Liu Y, Ott M, Goyal N, et al. Roberta: A robustly optimized bert pretraining approach[J]. arXiv preprint arXiv:1907.11692, 2019.

[213] Liu Z, Guo J, Zhong W, et al. Multi - level governance, policy coordination and subnational responses to COVID - 19: Comparing China and the US [J]. Journal of Comparative Policy Analysis: Research and Practice, 2021, 23(2): 204 - 218.

[214] Lundstrom A, Stevenson L A. Patterns and trends in entrepreneurship / SME policy and practice in ten economies[R]. Stockholm: Swedish Foundation for Small Business Research, 2001.

[215] Magro E, Wilson J R. Complex innovation policy systems: Towards an evaluation mix[J]. Research policy, 2013, 42(9): 1647 - 1656.

[216] Mcdonnell L M, Elmore R F. Getting the Job Done: Alternative Policy Instruments[J]. Educational Evaluation &Policy Analysis, 1987, 9(2): 133 - 152.

[217] Mindell J, Bowen C, Herriot N, et al. Institutionalizing health impact assessment in London as a public health tool for increasing synergy between policies in other areas[J]. Public Health, 2010, 124(2): 107 - 114.

[218] Minniti M. The Dynamics of entrepreneurship: evidence from global entrepreneurship monitor data[J]. OUP Catalogue, 2013, 3(1): 66 - 70.

[219] Mukherjee A, Bhattacharyya S, Ray K, et al. A Study of Public Sentiment and Influence of Politics in COVID - 19 Related Tweets[M] //Computational Intelligence in Pattern Recognition. Springer, Singapore, 2022: 655 - 665.

[220] Mustar P, Larédo P. Innovation and research policy in France (1980— 2000) or the disappearance of the Colbertist state[J]. Research Policy, 2002, 31(1): 55 - 72.

[221] Ndemezo E, Kayitana C. Corporate Governance, Corporate Entrepreneurship and Firm Performance: Evidence from the Rwandese Manufacturing Industry[J]. Indian Journal of Corporate Governance, 2018, 11(2): 103 - 121.

[222] Peinelt N, Nguyen D, Liakata M. BERT: Topic models and BERT joining forces for semantic similarity detection[C] //Proceedings of the 58th annual meeting of the association for computational linguistics. 2020: 7047 - 7055.

[223] Piric A, Reeve N. Evaluation of public investment in R&D-towards a contingency analysis[C] //OECD Conference on policy evaluation in innovation and technology: Towards Best Practices. 1997: 26 - 27.

[224] Podsakoff P M, MacKenzie S B, Lee J Y, et al. Common method biases in behavioral research: a critical review of the literature and recommended remedies[J]. Journal of applied psychology, 2003, 88 (5): 879 - 903.

[225] Pujari R, Goldwasser D. Understanding Politics via Contextualized Discourse Processing[J]. arXiv preprint arXiv:2012.15784, 2020.

[226] Qiu X, Sun T, Xu Y, et al. Pre-trained models for natural language processing: A survey[J]. Science China Technological Sciences, 2020, 63(10): 1872 - 1897.

[227] Rogge K S, Reichardt K. Policy mixes for sustainability transitions: An extended concept and framework for analysis[J]. Research Policy, 2016, 45(8): 1620 - 1635.

[228] Rolfstam M. Public procurement as an innovation policy tool: the role of institutions[J]. Science and public policy, 2009, 36(5): 349 - 360.

[229] Ronstadt R. Entrepreneurship: text, cases and notes [M]. Lord

Publishing, 1984.

[230] Rothwell R, Zegveld W. Reindustrialization and Technology [M]. New York: Longman Group Limited, 1985.

[231] Ruhl J B, Katz D M, Bommarito M J. Harnessing legal complexity[J]. Science, 2017, 355(6332): 1377 - 1378.

[232] Shin C, Park J. How social entrepreneurs' value orientation affects the performance of social enterprises in Korea: The mediating effect of social entrepreneurship[J]. Sustainability, 2019, 11(19): 5341.

[233] Singh R P. A comment on developing the field of entrepreneurship through the study of opportunity recognition and exploitation [J]. Academy of Management Review, 2001, 26(1): 10 - 12.

[234] Smits R, Kuhlmann S. The rise of systemic instruments in innovation policy[J]. International Journal of Foresight and Innovation Policy, 2004, 1(1 - 2): 4 - 32.

[235] Stevenson L, Lunstrom A. Beyond the rhetoric: defining entrepreneurship policy and its best practice components [D]. Stockholm: Swedish Foundation for Small Business Research, 2002: 8 - 10.

[236] Suzuki K, Kim S H, Bae Z T. Entrepreneurship in Japan and Silicon Valley: a comparative study[J]. Technovation, 2002, 22(10): 595 - 606.

[237] Venkataraman S, Shane S. The promise of entrepreneurship as a field of research[J]. Academy of Management Review, 2000, 25(1): 217 - 226.

[238] Venkatraman N, Ramanujam V. Measurement of business performance in strategy research: A comparison of approaches [J]. Academy of management review, 1986, 11(4): 801 - 814.

[239] Woodward W J. A social network theory of entrepreneurship: An empirical study[D]. Chapel Hill: The University of North Carolina at Chapel Hill, 1988.

[240] Yu C F. CEO overconfidence and overinvestment under product market competition[J]. Managerial and Decision Economics, 2014, 35(8): 574 - 579.

[241] Zahra S A. Technology strategy and financial performance: Examining the moderating role of the firm's competitive environment[J]. Journal of Business Venturing, 1996, 11(3): 189 - 219.

索 引